KB022551

김일성 전기

Kim Il-sung
A Biography

김일성
전기

표도르 **째르치즈스키**(이휘성) 지음

한울
아카데미

일러두기

- '한국'과 '한반도'라는 명칭은 1948~49년 사이에 사용되기 시작했다. 그래서 이 책에서는 1948년 8월 15일 대한민국 선포 이전 시절을 서술할 때는 당시에 사용되었던 '조선', '조선반도' 등의 명칭을 사용했다.

- 조선인/한국인과 중국인, 한반도와 중국 지명을 쉽게 구별할 수 있도록 이름을 표기할 때 중국인과 중국 지명은 한자의 한국어 발음 대신 원어 발음을 사용했다. 예: 周保中 → 저우바오중; 汪清 → 왕칭

- 한국의 중국학 연구자 사이에서 중국어 단어는 번역보다 한자의 음역으로 쓰는 경향이 있다(예: 居民 → 거민). 이럴 경우 '신어'는 중국어를 구사하지 못하는 독자들이 이해하기 어려울 수도 있다. 이 책은 이러한 경향을 부정적으로 보고 중국어 명칭을 올바른 한국어로 번역해야 한다고 본다. 따라서 이 책에서는 특히 중국공산당 빨치산 부대의 명칭을 다음과 같이 번역했다. 聯軍 → 연합군, 路軍 → 집단군, 獨 → 사단, 團 → 연대

- 중국인이나 일본인 이름은 원칙적으로 괄호에 한자를 붙인다. 일관성을 위하여 본문은 모두 번체자를 사용했다. 예: 왕밍페이(王明貴)

- 각주의 정확성을 위하여 언급된 모든 참고자료 제목을 원문 그대로 썼다. 즉, 일부 기존 도서들과 달리 러시아어나 불가리아어의 키릴 문자를 라틴 문자로, 중국이나 일본의 간체자 한자를 번체자로 바꾸지 않았다. 마찬가지로 북한 도서를 인용할 때는 정확성을 위하여 북한식 문법을 유지하도록 했다. 예: 력사, 할수 있다

- 한국에서 소련 지도자의 직위는 일반적으로 '제1서기'나 '서기장'이라고 부른다. 그러나 북한의 직위와 일치시키기 위해 여기서는 북한식으로 '제1비서'나 '총비서'라고 번역했다.

한국어판 서문

서울 시청에서 불과 40km 떨어진 곳에 다른 나라가 있다. 북한이라고 부르는 이 나라를 1945년부터 하나의 가문이 다스리고 있다. 초대 지도자 김일성이 1994년 사망한 후 2011년까지 그의 아들 김정일이 최고지도자 자리에 있었고, 2011년이 끝나기 몇 주 전부터 손자 김정은이 그 자리에 앉아 있다. 우리 지구는 넓고 역사가 깊은 행성이지만 이렇게 수십 년 동안 나라를 통치하고 3대 세습까지 성공한 비군주제 정권 사례를 북한 외에 찾을 수 없다. 이제 북한 주민들 중에 김씨 일가 아닌 통치자 밑에 살던 시대를 기억하는 사람들은 많이 남지 않았다. 참으로 저 나라는 독특한 곳이다.

한국인들은 다른 나라 사람들과 달리 국가의 허락 없이 북한에 갈 수 없다. 그러나 다른 어떤 나라 사람들보다도 북한을 가장 잘 아는 사람들은 바로 한국인이라고 해도 과언이 아닐 것이다. 한국 매체에서는 탈북민들이 등장해 자신의 경험과 북한 상황에 대하여 이야기하는 것이 흔한 일이다. 또한 다른 어떤 나라보다도 북한 연구 도서를 가장 많이 출판하는 나라가 대한민국이다. 그러나 한국에서는 주로 동시대의 북한에 주목한다. 북한 역사에 관심을 갖고 있는 출판물이나 토론은 상대적으로 드물다. 하지만 역사를 아는 것은 북한에 대한 핵심 질문을 이해하는 데 도움을 줄 수 있다. 바로 '북한은 도대체 왜 그런 나라인가?'라는 질문이다. 2,000만 명 이상의 북한 주민이 전체주의 국가에서 살아가야 하는 운명은 어떻게 정해졌을까?

북한의 제도와 북한 사람의 운명을 만든 사람은 바로 이 나라의 설립자인 김일성이다. 김일성이 1994년 사망한 후 북한이 변화되지 않았다고 할 수는 없다. 특히 이 글을 쓰고 있는 지금 북한 경제는 김일성 시대보다 시장질서에 더 가깝다. 그러나 다른 분야는 그렇지가 않다. 김일성 시대 후반과 다름없이 북한 주민 대다수는 인터넷 접근이 금지되어 있다. 주민들이 합법적으로 볼 수 있는 정보는 매우 엄격한 검열을 받는다. 국경은 차단되어 있고 사람들은 나라의 허가 없이 외국에 나갈 수 없다. 모든 주민은 국가원수와 그의 가족에 대한 충성과 사랑을 보여주어야 한다. 그렇게 하지 않으면 노역수용소에 수감되거나 사형을 당할 수도 있다. 이러한 제도를 만든 사람이 바로 김일성이다.

김일성은 현대사에서 가장 안정된 독재정권을 설립한 사람이다. 사회주의권 몰락 이후 그는 중국식 개혁 개방의 길을 거부했는데, 당시 많은 사람들은 이 정권이 곧 무너질 것이라고 생각했다. 하지만 정권은 건재하다. 이 글을 쓰고 있는 지금 김일성이 사망한 지 25년이 더 지났지만 북한은 그의 손자 김정은이 통치하고 있다. 북한에서는 지금도 김일성을 거의 신으로 본다.

김일성 그는 과연 어떤 사람이었나. 1945년 권력을 장악하기 전의 그에 대해서는 상세하게 알려져 있지 않다. 당시 김일성은 유명한 사람이 아니었기 때문이다. 식민지 조선의 교원 가정에서 태어난 김일성은 3·1운동 후 부모와 함께 만주로 이주했고, 1930년대 초 중국공산당에 입당했다. 일본군이 만주를 점령하고 만주국을 설립한 후 김일성은 중국공산당 유격대에 입대했고 빨치산 투쟁에 참가했다. 1940년 그는 소련으로 탈출했고 소련 붉은 군대의 대위가 되었다. 그리고 1945년 그의 운명은 완전히 다른 길로 향했다. 붉은 육군의 위관 장교인 김일성은 갑자기 북한의 수령으로 임명되었다.

우리는 여기서 한 가지 주목할 것이 있다. 훗날 북한 당국이 김일성의 어린 시절과 청년기에 대한 수많은 도서를 출판했다는 사실이다. 김일성에 대한 공식 평전에는 역사적 사실과 다른 주장들이 대단히 많다. 북한의 공식 담론은 김일성의 평전을 객관적으로 서술하기는커녕 북한의 정치적 노선을 지원하는 방향으로 조작했다. 북한은 김일성이 어렸을 때부터 역사상 가장 위대한 인물이었고 1945년 일본제국을 처부순 세력은 바로 김일성과 그의 빨치산들이라고 주장한다. 이 주장은 사실과 완전히 다르지만, 사료가 부족한 상황에서 북한학계는 이 자료를 어느 정도 신뢰할 수 있는 사료처럼 대하게 되었다. 아쉽게도 추가 검증 없이 북한의 공식 담론에서 사실과 허위를 구분하는 것은 매우 어렵거나 완전히 불가능한 일이다.

광복 이후 김일성 평전을 연구하는 것도 쉽지 않다. 물론 이 시대에 관한 사료는 대단히 많지만, 사료 대부분은 북한 문서보관소에 있고 현재 여기에 접근할 방법은 없다. 그래서 역사 연구자는 북한에서 누설된 기밀 자료와 함께 대한민국, 중국, 소련 자료를 적극적으로 사용할 수밖에 없다.

이 책은 북한 초대 수령에 대한 완벽한 평전이 결코 아니다. 북한 정권이 무너지거나 근본적인 개혁이 일어난다면 훗날 미래의 학자들이 김일성에 대해 발견할 것들이 아주 많을 것이다. 그러나 우리 시대에는 이 변화가 언제 찾아올지 알 수 없다. 그래서 이 책에서는 한국어, 영어, 러시아어, 중국어, 일본어 자료 등을 비롯한 각국 자료들을 활용해 북한 설립자 김일성에 대해 우리가 아는 것을 수집하고 서술하려고 노력했다.

필자는 이 책이 오늘날 독자들에게 쓸모가 있고, 김씨 일가 통치 시대가 끝난 이후에도 어느 정도 가치가 남아 있기를 희망한다. 물론 실제로 그럴지는 독자 여러분께서 판단해주실 것이다.

감사의 글

먼저 아버지 콘스탄틴 쩨르치즈스키(Константин Тертицкий)께 큰 감사를 드립니다. 이 책을 쓸 때 늘 아버지의 도움과 지지를 받았습니다. 어머니 마리나 필리펜코(Марина Филипенко)와 여동생 안나 쩨르치즈스카야(Анна Тертицкая)에게도 감사를 드립니다. 제 동료인 나탈리아 마트베예바(Наталья Матвеева)에게도 감사를 드리고 싶습니다. 그녀는 이 책을 쓰도록 권유했고, 원고를 쓰면서 그리고 모두 마무리했을 때 나탈리아의 조언과 북한 경제사에 대한 폭 넓은 지식은 큰 도움을 주었습니다.

중학교 시절 저는 안드레이 란코프(Андрей Ланьков) 교수의 북한사 관련 책들을 읽고 북한에 관심을 갖게 되었습니다. 지금까지도 란코프 교수는 이 책 작성을 포함해 많은 일에 도움을 주고 계십니다. 제 가장 친한 친구인 피터 워드(Peter Ward)를 만난 지 10년이 되어갑니다. 피터는 이 책 원고를 모두 읽어주었고 도움이 되는 조언을 해주었습니다. 김일성 관련 자료를 수집하는 블로그(botw.egloos.com)를 통해 알게 된 블로거도 제게 큰 도움을 주었습니다. 그는 이 책 제1부 작성에 필요한 귀중한 자료를 제공해주었습니다. 하지만 익명을 원하는 그를 배려해 실명을 밝히지는 않겠습니다. 6·25전쟁에 관한 제6장 작성에는 6·25전쟁 최고 전문가 중 하나인 실라 미요시 제이거(Sheila Miyoshi

Jager) 교수와 그의 남편 김지율(Jiyul Kim) 퇴역 미 육군 대령에게 큰 도움을 받았습니다. 부부에게도 큰 감사를 드립니다.

한울엠플러스 출판사에서 이 책 출판 과정을 총괄하신 윤순현 차장님, 원고를 편집해주신 배소영 팀장과 전체 초고를 보시고 소중한 지적과 말씀을 주신 박행웅 고문님께 큰 감사를 드립니다. 함께 북한학을 공부한 필자의 친구 박소혜 박사는 이 책 전체 내용에 대한 많은 조언을 해주었을 뿐 아니라 한국어 원어민이 아닌 저의 어휘와 어법을 고치는 데 큰 도움을 주었습니다. 많은 도움을 준 여현준 친구에게 감사를 표합니다. 그리고 표지 디자인에 관한 조언을 준 친구이자 동료인 아그니에즈카 레브즈크(Agnieszka Lewczuk)에게도 감사를 표합니다.

1940년대에 북한에서 김일성의 주택 근처에 살았던 유리 강(Юрий Кан), 1960년대 주북한 소련대사관에서 근무했던 드미트리 카푸스틴(Дмитрий Капустин), 1970년대 주북한 호주대사관에 근무한 에드리안 부조(Adrian Buzo), 1975년에 유고슬라비아에 김일성의 국빈 방문을 준비한 팀의 단원이었던 안톤 베블러(Anton Bebler), 1979년 남한에 귀순한 안찬일 전 조선인민군 상사, 1991년 김일성과 직접 만났던 김영환 선생님 등은 저에게 귀중한 인터뷰를 해주셨습니다. 이 분들께도 큰 감사를 드립니다. 기광서 조선대학교 교수, 김선영 국립중앙도서관 직원, 노희승 고려대학교 박사 수료생, 닉 홀트(Nick Holt) 감독, 박창표 서울대학교 도서관 직원, 저의 사촌 보리스 칸토로비치(Борис Канторович), 브라이언 마이어스(Brian Myers) 동서대학교 교수, 블리디미르 도로호프(Владимир Дорохов) '독일의 소리' 기자, 아나스타시야 코롤료바(Анастасия Королёва) 한양대학교 학부생, 얼리버 호트햄(Oliver Hotham) 프랑스 통신사 아시아태평양지부 편집자, 엘리자베타 세묘노바(Елизавета Семёнова) 각본가, 이고리 셀리바노프(Игорь Селиванов) 쿠르스크 대학교 교수, 이동훈 주간조선 기자, 이미연 국방정신전력원 연구원, 조영우 연세대학교 대학원생, 정성장 세종연구소 수석연구위원, 최현준 고려대학교 학생, 타이시야 랍테바(Таисия Лаптева) 러시아 '불멸의 연대' 기념프로젝트 조정자, 게오르기 표도로프 소련군 대령의 딸 타티야나 표도로바(Татьяна Фёдорова)께도 감사의 뜻을 전해드립니다. (가나다순)

저는 이 책을 쓰기 위하여 여러 문서보관소를 방문해 사료를 수집했습니다. 이 기관 가운데 가장 개방적으로 연구자를 환영해준 곳은 대한민국 국사편찬위원회와 러시아 국립현대사문서보관소였습니다. 이 기관과 직원들에게도 감사의 말씀을 전합니다.

차례

제1부 패배 덕분에 얻은 승리

제2부 자주 독재를 위하여

제3부 어버이 수령과 그의 신민들

제1부 패배 덕분에 얻은 승리

제1장

망명자의 아들

20세기 초 대한제국은 지구상 가장 발전이 되지 않고 폐쇄된 국가들 중 하나였다. 당시 이 나라는 경제에서도 문화에서도 정치에서도 침체에서 벗어나지 못하고 있었다. 이러한 상태의 핵심 원인은 당시 정치 엘리트가 따랐던 성리학이라는 사상이었다. 성리학은 고대 중국에 존재했던 주나라의 사회적 질서를 완벽하다고 주장했다. 19세기부터 조선과 대한제국의 성리학 지지자들은 문화나 기술적인 혁신에 결사반대했다. 이 반동적인 사상은 나라를 망국의 길로 이끌었다.

그리고 독자들도 잘 알다시피 1910년에 나라는 진짜로 멸망했다. 이 해 8월 수천 년 한국의 독립 역사는 종말을 맞았다. 일본제국이 대한제국을 합병했고, 독립국가였던 이곳은 식민지가 되었다.

일본제국의 통치 초기는 식민지 조선에 대단히 큰 변화를 가져왔다. 세계 역사에서 표트르 대제의 러시아를 제외하면 비슷한 사례를 찾기 어렵다. 초대 조선 총독이었던 데라우치 마사타케(寺內正毅)는 조선에 대해 '피의 근대화'라고 부를 만한 정책을 실행했다. 물론 총독은 식민지 조선 주민들의 의견에는 관심이 없었다. 당시 일본제국의 고급 간부들에게 이러한 태도는 예외적인 것이 아니었다. 다른 식민지 제국들처럼 당시 일본은 식민지 조선을 문명화 대상으로 보았고, 아시아에서 유일하게 강대국으로 인정받았던 나라인 일본은 이 '근대의 빛'을 조선에 충분히 비출 수 있다고 보았다.

현대 한국 문화에서 이 시대 도입한 수많은 것들을 찾아볼 수 있다. 총독부는 유교적 규범을 기반으로 하는 전통 교육체계를 없앴고 근대 교육제도를 전면적으로 도입했다. 현재 한국의 관료제도나 공문서 작성 양식도 1910년대 처음 나온 것이다. 총독부는 주민들이 위생 규칙을 준수하도록 하면서 당시 조선의 아동 사망률은 감소하게 되었다. 그러나 이러한 변화를 만든 정권 자체가 식민지정부였고, 이 정권은 조선인 분리차별 정책을 시행했기 때문에 지식인을 비롯한 많은 사람들의 불만을 샀다.

조선이 식민지가 된 지 1년 반 정도 된 어느 날이었다. 1912년 4월 15일은 월요일이었는데, 이날은 평범한 날이 결코 아니었다. 바로 타이타닉호 침몰의 날이었다. 영국 여객선의 비극적인 침몰 소식을 전 세계가 알게 되었다. 또한 이날, 대서양에서 수천km 떨어진 조선에서 발생한 일은 결과적으로 세계역사에 훨씬 큰 영향을 미쳤고 훨씬 많은 사람들의 목숨을 빼앗게 되었다. 이날 개신교 활동가이자 교원이었던 김형직이라는 조선인 남자에게 아들이 태어났다.[1] 아들의 이름은 김성주(金聖柱)였다. '성주'는 한자로 '성인들의 떠받침'이라고 해석할 수 있다. 당시 김형직은 28살이었고, 김성주는 그의 첫 번째 친아들이었다.

김성주의 고향은 평안남도(平安南道) 평양부(平壤府) 용산면(龍山面) 하리(下里) 칠골(七谷)이었다.[2] 행정구역상 평양부 소속이었던 칠골은 도시 구역이 아

---

1 朝鮮總督府 政務局, 『不逞團關係雜件 朝鮮人ノ部 在內地 二』, 1918, http://db.history. go.kr/item/level.do?setId=3&itemId=haf&synonym=off&chinessChar=on&page=1&pre _page=1&brokerPagingInfo=&position=0&levelId=haf_108_0610.

2 엄주엽, "21세기는 누가 더 '열린사회'로 가느냐에서 승부", ≪문화일보≫, 2016 년 1월 1일, http://www.munhwa.com/news/view.html?no=2016010101032939173001; 『만경대』, 평양: 국립미술출판사, 1960, 19쪽; "칠골 사람들", ≪로동신문≫, 1960

1910년대의 평안남도 모습

니라 초가집이 많았던 조선 마을이었다. 김형직의 가정에서 김성주는 두 번째 아들이었다. 김성주의 형인 김룡호는 부모가 사망해 김형직이 입양한 소년이었다. 그의 나이는 김성주보다 한 살 많았다.[3] 그리고 김성주의 남동생인 김철주와 김영주는 김성주처럼 김형직의 친아들이었다. 북한의 공식 주장을 보면 김철주는 1916년생, 김영주는 1920년생이었다.

김씨 일가 아들 4명의 운명은 공통점도 있었지만 차이점도 있었다. 훗날 김성주와 김철주는 항일 빨치산이 되었지만 김철주는 일본군에 잡혔고 옥사한

년 6월 4일, 3면.

3 김룡호의 존재에 대해서는 다음과 같은 북한 책에서 언급을 찾을 수 있다. 강효순, 『노을 바낀 만경봉』, 평양: 조선 사회주의 로동청년동맹 출판사, 1964, 1쪽. 나중에 김룡호는 북한 공식 역사관에서 완전히 사라졌고, 김일성의 공식 전기는 그의 존재에 대해 언급하지 않는다.

것으로 보인다. 김영주는 북한의 고급 간부가 되었다. 맏아들 김룡호에 대해서는 아무 기록이 남아 있지 않아 그의 운명을 확인할 수는 없다. 그리고 '김일성'이라는 이름으로 개명한 김성주는 북한의 첫 번째 수령이 되었고, 이 나라를 1945년부터 1994년 사망하는 날까지 다스렸다.

이 가족에 대해 사료로 입증할 수 있는 정보는 많지 않다. 물론 김일성이 권력을 장악한 후 북한 당국은 '불요불굴의 혁명투사 김형직 선생님'에 대한 수많은 문헌들을 출판했지만, 매우 엄격한 검열하에 쓴 이 도서들의 가치에 대해서는 의심을 가질 수밖에 없다. 이 책에서도 독자들이 볼 수 있겠지만, 북한의 국가 역사관과 실제 역사의 차이는 셀 수 없을 만큼 많다. 아마 북한의 공식 역사에서 추가 검토 없이 받아들일 수 있는 부분은 김성주의 어머니 이름뿐인 것 같다. 김일성은 이를 왜곡할 이유가 없었기 때문이다. 어머니 이름은 강반석이었다.

김성주의 어린 시절에 성격에 대해 연세대학교 명예교수 김형석의 증언이 있다. 김성주와 고향이 같은 김형석은 1920년생이었고 1940년대 광복 이후에 김일성과 만난 적도 있다. 김형석은 어렸을 때에 김형직의 가족에 대한 이야기를 들었다. 이에 따르면, 김성주를 '골목대장' 또는 '동네 형'으로 기억했고 축구를 할 때에 항상 김성주가 주장을 맡았다고 한다. 한편, 이 증언을 했을 때에 김형석 교수의 나이는 약 100세였고 인간의 기억력은 정확하지 않은 경우가 적지 않는 것도 기억해야 한다.[4]

그러나 김성주가 식민지 조선 북부에 거주한 개신교 신자인 지식인 가정에서 태어났다는 사실을 감안하면, 이 사람이 앞으로 어떤 길로 갈 수 있었을지 대략 추측할 수 있다. 잘 알다시피 식민지 조선에서 기독교는 주로 반일 세력이었다. 일본제국은 국교가 있었고, 이는 기독교가 아니라 국가 신토(神道)였

---

4 "'골목대장' 김일성을 기억하는 102세 고향 후배", BBC코리아, 2021년 9월 3일, https://www.bbc.com/korean/media-58430776.

기 때문이다. 그리고 미국을 비롯한 서양의 선교사들이 창시한 기독교는 당연히 불교나 신토보다 서양 문명과의 연결이 확고했다.

김형직·강반석과 같은 부부 사이에 태어난 아들의 운명에 대해 생각해본다면, 상당히 좋은 교육을 받았을 가능성이 있고 친일보다 반일사상을 가질 것이며 서양에서 온 사상을 쉽게 받아들일 수 있을 것이라고 추정해볼 수 있다. 실제로 김성주의 진짜 운명은 그렇게 굴러갔다.

1940년대 북한 당국은 만경대라는 마을이 김일성의 고향이라고 선포했다. 그러나 '어버이 수령님'은 실제로 만경대가 아니라 칠골에서 태어났다는 증언이 있다.[5] '혁명의 요람'으로 불리는 만경대의 '고향 집'은 김일성 생가가 아니라 김형직 부모의 집이었다. 김성주는 어릴 때 이 집에서 많은 시간을 보냈으므로 어떻게 보면 태어난 곳이 아니더라도 '김일성의 고향 집'이라고 부를 수도 있다. 김성주가 칠골에서 태어난 이유는 칠골에 외갓집이 있었기 때문이다. 강반석은 첫 아이를 낳기 위해 칠골의 익숙한 부모 집으로 갔고 이러한 결정은 수긍할 만하다. 하지만 칠골 집은 1945년 광복 시점까지 남아 있지 못한 것 같다. 대신 만경대 집이 '김일성의 고향 집'이 되었다. 1945년 김형직과 강반석 모두 이미 사망한 것을 고려하면 이러한 추정은 더욱 가능성이 높아 보인다.

성주가 4살 때 제국 정부는 조선에 새로운 총독을 임명했다. 조선의 새로운 통치자인 하세가와 요시미치(長谷川好道)는 잔인한 사람이었다. 원래 그는 대한제국에 주둔한 일본 군대 사령관이었고 반란자가 있는 조선 마을들을 공격하자는 제안들을 이토 히로부미(伊藤博文) 통감(統監)[6]에게 자주 올렸다.[7] 당시

---

5 Анатолий Журин, *Сделан в СССР* // Совершенно секретно № 9/268, https://web. archive.org/web/20150628072203/http://www.sovsekretno.ru/articles/id/2889/; 엄주엽, "21세기는 누가 더 '열린사회'로 가느냐에서 승부", ≪문화일보≫, 2016년 1월 1일.
6 한국 통감은 1906년부터 1910년까지 대한제국에서 존재했던 직위였다. 1905년에 대한제국은 일본의 보호국이 된 후에 일본 정부의 대표자인 한국 통감은 한국 외

이토는 대부분 거절했지만, 조선의 최고 권력자가 된 하세가와는 조선에서 테러와 폭력 정책을 시작했다.

데라우치를 받아들일 수 있었던 사람들도 이 무시무시한 새 총독의 정책은 받아들이지 못했다. 하세가와 요시미치의 정책은 불과 3년 만에 대규모 시위라는 결과로 나타났다. 전체 조선에서 벌어진 3·1 항일운동이었다. 겁먹은 총독은 총독부 매체를 통하여 국제사회를 향해 "보통 조선인은 거짓말을 아주 잘한다"[8]와 같은 말로 조선 사람들을 절대 믿지 말라는 주장을 했다.

총독부 자료를 보면 김형직도 3·1운동에 적극적으로 참가했다는 증거를 찾을 수 있다.[9] 이에 하세가와 총독은 익숙한 방법으로 대응했다. 일본 헌병을 동원해 시위를 탄압하라고 명령했다. 시위자들은 무장 부대들과 대적이 되지 않았다. 결국 총독부는 3·1운동을 제압했고 김형직과 강반석은 조선을 떠나기로 결정했다. 1919년 5월 그들은 자녀들을 데리고 중국으로 떠났고 조선에서 멀지 않은 만주의 빠따오꺼우(八道溝)라는 지역에서 살게 되었다.[10] 물론 당시 이 지역은 '중국'이라고 부르는 게 맞지가 않다. 1911~12년 신해혁명으로 청나라가 망해버린 후 중국은 분열 상태에 들어갔다. 청나라였던 지역에는 중국의 합법정부라고 주장하는 2개의 정권이 있었다. 베이핑(北平, 현재 베이징)에 위치한 정권과 남방중국에 위치한 정권이었다. 게다가 중국의 각 지역에는 양 '중

교 비롯한 여러 가지 분야에 결정을 내리는 자가 되었다. 이토 히로부미는 초대 통감으로 3년경 동안 복무하다가 1909년 6월 14일에 통감 자리에서 사직했다.

7 Hilary Conroy, *The Japanese seizure of Korea, 1868-1910: a study of realism and idealism in international relations*, Pennsylvania: University of Pennsylvania Press, 1960, p. 367.

8 "Stories of Cruelty (March 20)" in *The Korean "Independence" Agitation*, Articles reprinted from Seoul Press, Keijo: Seoul Press, 1919, p. 4.

9 「陸軍側調査ニ係ル鴨綠江沿岸地方支那地ニ於ケル在住朝鮮人ノ戶口其他ニ關スル件」, http://db.history.go.kr/id/haf_095_0230, 24頁.

10 Ibid.

양정권'에 복종하지 않는 군벌 정권들이 많이 있었다. 이들은 형식상 중국 영토의 속했지만 사실상 독립국가와 다름이 없었다.

만주는 바로 이런 지역이었다. 당시 만주의 주인은 깡패 출신 장쭤린(張作霖)이었다. 청나라의 멸망으로 생긴 혼란 상태를 이용한 그는 1916년 이 지역에서 권력을 장악했다.[11] 장쭤린의 만주에서 현재 우리에게 익숙한 '출입국관리'나 '국적'이라는 개념은 존재하지 않았다. 만주와 일본제국의 국경선은 사실상 열려 있었다. 누구든 질서를 유지하고 장쭤린과 그의 부하들에게 세금을 내고 반정부 행위를 자제하겠다고 한다면, 만주 당국은 이런 이민자를 환영했다.

김형직과 그의 가족은 바로 이런 이민자가 되었다. 북한 당국은 훗날 김일성이 '빈곤한 가족 출신'이었다고 주장했지만 실제로는 그렇지 않았다. 일본의 기록을 보면 1925년 기준으로 김형직 가족의 재산은 1,000엔 정도였다.[12] 이 액수는 만주에서 2년간 벌어야 얻을 수 있는 평균소득보다 조금 높았다.[13]

조선의 3·1운동은 제1차 세계대전이 종결된 지 얼마 지나지 않아 벌어졌다. 일본은 세계대전에서 승리한 나라들 중 하나였다. 세계대전이 드디어 끝나자 전 세계는 이제 새로운 정의(正義)의 시대가 개막할 것을 기대하고 있었다. 이런 분위기는 일본에도 영향을 미쳤다. 따라서 일본 내지(內地)로부터 하세가와

---

11 장쭤린에 대해 Chi Man Kwong, *War and Geopolitics in Interwar Manchuria: Zhang Zuolin and the Fengtian Clique during the Northern Expedition*, Leiden: Brill, 2017 참조.

12 「陸軍側調査ニ係ル鴨綠江沿岸地方支那地ニ於ケル在住朝鮮人ノ戸口其他ニ關スル件」, http://db.history.go.kr/id/haf_095_0230, 24頁.

13 당시 만주 지역의 평균 연봉은 약 16 은본위 달러였고, 일본 엔 대 미국 달러 환율은 약 ¥2.44/$1이었다. Robert C. Allen et al., *Wages, Prices, and Living Standards in China, 1738-1925: in Comparison with Europe, Japan and India*, London School of Economics, July 2009, http://eprints.lse.ac.uk/27871/1/WP123.pdf; "Exchange Rates Between the United States Dollar and Forty-one Currencies," *Measuring Worth*, https://www.measuringworth.com/datasets/exchangeglobal/ 참조.

총독의 정책은 지지를 받지 못했다. 제국 정부는 총독에게 사직하지 않으면 해임 당할 것이라는 사실상 최후통첩을 내렸고, 하세가와는 해임 당하지 않기 위해 사직했다. 결국 무시무시한 그의 시대는 끝나버렸다.

하세가와의 후임자는 사이토 마코토(齋藤實)라는 퇴역 제독이었다. 일본제국에서 해군은 육군보다 훨씬 온건하고 자유정신이 있는 조직이었는데, 사이토 제독이 임명된 것은 육군과 민간인 사이 타협의 결과물이었다.[14] 사이토 총독은 조선에 대해 '문화 통치'라는 새로운 노선을 선포했다. 그는 교육에서 민족 분열을 없앴고, 검열을 매우 완화하면서 총독부에 대한 비판도 허용했다. 기독교인에게 신교의 자유를 주었고 조선인 기업 발전을 지지했다. 제국 정부는 식민지 조선에 대학 설립을 주저했지만 총독은 조선 역사상 첫 번째 대학교를 설립했다.

당시 조선에는 대한제국 시대의 극빈 생활을 기억하는 사람들이 많았다. 사이토 총독의 온건한 정책으로 총독부를 신뢰하는 사람들은 많아졌다. 조선에서 경제는 상당히 빨리 발전했고, 당국은 1910년대보다 조선인을 덜 차별했기에 당시 식민지 주민 상당수는 이 정권을 받아들일 수 있었다. 그러나 김형직은 그런 사람이 아니었다. 수많은 조선 지식인처럼 그는 일본을 신뢰하지 않았다. 그래서 김형직은 가족과 함께 만주에 남았다. 북한의 공식 주장에 따르면 김일성은 먼저 빠따오꺼우에서 소학교를 다녔는데, 그 이후 조선에 귀국해 평양의 창덕소학교에 다닌 뒤 다시 만주로 가서 푸쏭(撫松) 소학교를 다녔으며, 이어 화성중학교에서 공부했다고 한다.[15]

---

¹⁴ 사이토 마코토의 조선 총독 자리 위임 배경에 대해서는 전상숙, 『조선 총독 정치 연구』, 파주: 지식산업사, 2012, 127~131쪽 참조. 이 연구 도서는 매우 객관적이고 구체적인 것으로 평가할 수 있다.

¹⁵ 서대숙이 쓴 '북한 지도자 김일성'이라는 고전 김일성 전기에 나온 연대표에도 북한의 공식 기술과 같이 나와 있다. Dae-Sook Suh, *Kim Il Sung: The North Korean*

하지만 이 주장은 사실 확인이 어렵다. 학교 기록들은 20세기에 발생한 수 많은 위기에서 남아나질 못했다.[16] 따라서 그나마 역사 기록이 남아 있는 김성 주 인생의 다음 단계에 주목해야 할 것 같다. 바로 그가 다녔던 마지막 공식 학 교에서의 학창시절이다. 학교 이름은 위원(毓文)중학교였고 만주 지린(吉林)시 에 있었다. 김성주는 이 학교 제1학년 '을'조의 학생이 되었다.[17] 위원중학교는 중국인 학교였다. '위원'을 번역하면 '문화를 기르는 곳'으로 해석할 수 있는데, 이 학교는 1917년 중국 톈진(天津)시 출신 지식인들이 설립했다. 즉, 김성주가 이 학교에 입학했을 당시 학교의 역사는 10년에 불과했다.[18] 물론 당시 김성주 라는 조선인 청소년이 훗날 이 학교 출신자 가운데 가장 중요한 학생이 될 것 을 예측할 수도 없었다.

독자들도 알 수 있겠지만 우리 주인공의 어린 시절에 대해 확인할 수 있는 사실들은 그리 많지 않다. 그러나 김성주의 운명은 그때도 특징이 있었다고 할 수 있다. 김성주는 소득이 비교적 높은 망명자의 아들이었다. 그는 외국에서 외국어로 교육을 받았다. 어렸을 때부터 그는 외국 문화와 외국 가치관의 영향 을 받았다. 가족에게서 정치 이야기도 자주 들었을 것이다. 그의 부모는 서양 문명의 개념에 귀 기울이는 사람들이었다. 이 모든 것은 김성주의 성격이나, 그의 매우 예외적이며 흥미로운 운명의 길에도 큰 영향을 미쳤다.

Leader, New York: Columbia University Press, 1988, p. 333 참조.

16 다만, 김성주가 창석소학교에 다녔던 것에 대한 연세대 명예교수 김형석의 증언은 있다. 배영대, "배영대의 지성과 산책: 『100년을 살아보니』 쓴 김형석 교수, 97세 교 수님의 장수 키워드, 조심조심·미리미리", ≪중앙일보≫, 2016년 12월 28일, https:// www.joongang.co.kr/article/21054574#home 참조.

17 陈志岩, 廖维宇, 贾成森, 『金日成在吉林毓文中学』, 吉林: 吉林毓文中学, 1997, 第2页.

18 「探访吉林省革命火种发源地毓文中学」, 『新华网吉林频道』, 2011年 5月 12日, https:// web.archive.org/web/20170114170655/http://www.jl.xinhua.org/newscenter/2011-05/12 /content_22750474.htm.

제2장

중국공산당 유격대에서

　1920년대 만주는 상당히 흥미로운 곳이었다. 장쭤린이 권력을 장악한 지 벌써 10여 년이 지나갔다. 장쭤린과 그의 펑톈(奉天) 군대 덕분에 만주에서의 생활은 비교적 안전했다. 경제도 점점 발전되고 있었다. 1920년대 초반 소비에트연방과 일본제국 사이에 위치한 만주는 양국의 망명자들에게 좋은 은신처가 되었다.

　1920년대 만주에서 조선인의 디아스포라는 확산하고 있었다. 이들 중에는 총독부 지배에서 벗어나기 위하여 만주로 망명한 자들이 상당히 많았다. 대부분의 망명자 사회처럼, 만주 조선인 사회에서도 이민자들이 구성하는 다양한 협회들이 생겼다. 이 가운데는 서양에서도 인기를 얻고 있었던 공산주의라는 사상에 동감하는 단체들이 적지 않았다. 러시아 내전이 붉은 군대의 승리와 소련의 건국으로 종결된 지 몇 년밖에 지나지 않은 때였다. 소련의 공식 국가사상인 공산주의는 민족과 인종차별을 완전히 없앨 것을 주장했다. 이 사상이 식민지가 된 나라인 조선 출신 지식인들 사이에 왜 인기를 얻었는지는 쉽게 이해할 수 있다.

　만주 조선인들이 공산주의 사상에 관심을 가지도록 만든 또 하나의 요인이 존재했는데, 당시 만주에서의 극심한 정치·경제 위기의 발발이다. 1920년대 후반 장쬒린은 중국 본토를 차지하기 위해 전쟁을 벌였고, 이내 실패했다. 결국 만주 경제는 심한 타격을 받았다. 또한 만주에서 독립적인 정권이 유지될 전망 자체에 대한 의심의 여지가 생겼다. 1920년대 후반 난징의 장제스(蔣介石) 정권은 중국 영토 대부분을 통합시키는 데 성공하고 있었고, 장제스의 중화민국은 당연히 만주도 합병시킬 계획을 갖고 있었다.

그리고 이 위기의 고조를 초래한 또 하나의 요인이 있었는데 바로 장쬒린의 급사(急死)였다. 1928년 6월 4일 일본이 파견한 요원들은 장쬒린이 탄 기차에 폭탄을 설치했고, 그를 폭사시키는 데 성공했다. 일본제국 당국자들은 만주에서 일본에 복종할 사람을 내세우려 했지만 이러한 계획은 결국 실패했다. 장쬒린의 아들 장쉐량(張學良)은 권력을 빠르게 장악했고, 살해당한 부친의 후계자가 되었다.

김성주가 위원중학교에 입학한 이 시절은 정말로 급격한 변화의 시대였다. 그래도 당시 상위 중산 계층에 속하는 만주의 조선인 가족 출신 청소년 기준으로 보면, 김성주의 운명은 특별히 예외적이라고 할 수는 없다. 소년 김성주의 미래는 밝아 보였다. 그가 중학교에 다녔다는 사실은 절대다수가 문맹자인 당시 대부분의 중국인보다 훨씬 우월한 학력을 갖도록 했다.[1] 그리고 그가 중국어로 교육받았던 것도 큰 성과였다고 할 수 있다.

바로 그때, 위원중학교 재학 시절 김성주는 공산주의에 관심을 가지게 되었다. 여기서 상웨(尚鉞)라는 중국인 교원이 김성주에 영향을 미쳤을 가능성이 커 보인다. 상웨는 1929년경 위원중학교에서 교편을 잡았던 사람이다. 상웨의 회고록에 따르면 그 자신이나 그의 학생들도 공산주의에 대한 깊은 지식이 없었다. 상웨의 '공산주의 수업' 자료는 레닌의 「제국주의론」 영역(英譯)뿐이었다.[2] 상웨는 김성주를 "얼굴이 매우 둥글고 눈이 매우 크며 간결하면서 말을 정

---

1   郭福昌, 吳德剛, 『敎育改革發展論』, 石家庄: 河北敎育出版社, 1996, 第214页.

김일성의 중학교 시절 교사 상웨

확하게 하는 일학년 을조 조선족 학생"으로 기억했다.[3] 특히 상웨는 김성주가 일본 제국과 조선 지주들을 증오했던 것에 깊은 인상을 받았다고 회고했다.[4]

김성주는 왜 상웨 선생의 이야기에 관심을 많이 가졌을까? 수업의 교재를 살펴본다면 그 실마리를 찾을 수 있을지도 모른다. 「제국주의론」은 레닌이 1916년 스위스에서 쓴 논문이다. 저자는 자본주의 제도 자체의 불가피한 결과가 독점자본의 설립이라고 주장했다. 그리고 이 독점자본들이 대외 팽창을 위하여 정부를 장악한다고 주장했다. 레닌에 따르면 독점 자본들은 자원을 얻기 위하여 식민지가 필요했다. 무엇보다 중요한 것은 그가 조선의 운명을 직접 언급했다는 것이다.

레닌은 "일본인은 일본이 조선을 병합한 것을 반대하고 조선이 일본으로부터 분리될 자유를 요구하는 경우에만 이 일본인의 영토 병합 반대 투쟁을 솔직하고 정치적 정직성이 있는 것으로 인정할 수 있다"고 주장했다.[5] 흥미롭게도 레닌은 나중에 이 문장을 부끄럽게 여겼다. 그는 조선과 일본의 사례보다 러시아 식민지였던 핀란드에 대해서 썼으면 좋았을 텐데 러시아제국의 검열을 통

2 尚钺, 『尚钺史学论文选集』, 北京: 人民出版社, 1984, 第590页.

3 陈志岩, 廖维宇, 贾成森, 『金日成在吉林毓文中学』, 吉林: 吉林毓文中学, 1997, 第2页.

4 Ibid.

5 Владимир Ленин, *Империализм как высшая стадия капитализма* // Полное собрание сочинений, том 27, 5-е издание, Москва: Государственное издательство политической литературы, 1969, стр. 299-426.

과하기 위해 논문에서 어쩔 수 없이 조선을 언급했다고 했다.[6] 그러나 이러한 자기 검열로 인해 레닌은 핀란드에 대해 언급한 것보다 세계 역사에 더 큰 영향을 미친 것으로 보인다.

결과적으로 김성주가 마르크스-레닌주의에 대해 받았던 교육은 레닌이 쓴 논문 단 한 편뿐이었다. 나중에 김일성을 잘 안다고 했던 사람들도 수령의 마르크스-레닌주의 원칙에 대한 지식은 매우 부족하다는 것을 알아챘다.[7] 소년 김성주는 마르크스나 레닌의 토대와 상부구조, 자본의 본원적 축적 등 철학적인 개념에는 관심이 별로 없었다. 그는 공산주의 사상을 그가 증오한 일본 식민지 정권을 없애고 국가가 주민들의 모든 요구를 채우는 사회를 건설할 수 있게 해주는 사상으로만 여겼다.

북한 당국은 김형직이 1926년 사망했다고 주장한다. 이 주장은 사실로 보인다. 바로 그때 김씨 형제들은 헤어졌고, 이후 완전히 다른 길로 가게 되었다. 장남 김룡호의 운명에 대한 정보는 존재하지 않는다. 김철주는 나중에 빨치산이 되었고 체포되었다. 그리고 막내아들 김영주의 운명은 흥미롭다. 김형직과 강반석의 자식들 중 김영주는 유일하게 일본 정부에 충성하는 제국의 신민으로 살았다.

김영주는 '김일선(金日鮮)'으로 개명했다. 그의 새로운 이름은 한자로 '일본과 조선'이라는 뜻이었고 친일 조선인에게 잘 어울렸다.[8] 김일선이 된 김영주

---

6 Ibid.

7 Анатолий Журин, *Сделан в СССР* // Совершенно секретно № 9/268, https://web.archive.org/web/20150628072203/http://www.sovsekretno.ru/articles/id/2889/.

8 李容相,『삼색의 군복』, 서울: 한줄기, 1994, 5쪽. 이 책의 저자 이용상은 김영주를 개인적으로 알고 있는 사람이었다. 김영주의 본명과 그가 김일성의 동생이라는 사실을 1945년이 되어 알게 되었다. 나중에 김영주의 지인인 이용상을 박정희 대통령을 비롯한 한국 당국이 만나서 질문한 적도 있었다. 이용상은 역사 앞에서 자기의 책임을 충분히 느껴 회고록을 될 수 있는 대로 중립적이고 구체적으로 쓰려고 노

는 일본 군대의 번역원으로 근무했다. 그가 일본어와 중국어를 완벽하게 구사할 수 있는 것은 직업을 얻는 데 큰 도움이 되었다.[9] 나중에 김영주는 자신을 보호하기 위해서 그렇게 행동했다고 말했다. 김영주의 형 김성주와 김철주는 항일 빨치산이 되었는데, 유격대 대원의 동생으로 사는 것은 위험한 일이었다. 김영주의 말을 믿는다면, 그는 '호랑이 소굴'에 숨는 것이 제일 안전하다고 생각했다고 볼 수 있다.[10]

우리의 주인공 김성주로 돌아와 보자. 1929년 그는 '조선공산청년회'라는 조직에 가입했다. 조선공산청년회는 위원중학교와는 관계가 없는, 현지 조선인 공산주의자 클럽이었다. 김성주는 이 협회의 소년단(少年團) 단원으로 임명되었고 신영근(申永根)이라는 동무와 함께 학생들에 대해 조사하고 조선공산청년회 책임비서인 허소(許笑)에게 보고해야 했다. 조사는 정치적인 내용이 없었고 학교별 성명, 연령, 본적, 현주소 정보만 수집해야 했다. 조선공산청년회의 계획에 따르면 조사는 한 달 동안 이뤄지며 김성주와 신영근은 1주일마다 허 책임비서에게 보고해야 했다. 그러나 김성주는 첫 번째 보고도 하지 못했다. 조선공산청년회 모든 회원들이 체포되었기 때문이다.[11] 김일성은 훗날 당시 그가 중학교 3학년이었다고 말한 적이 있다.[12]

김성주는 감옥에서 5개월 정도 보냈다. 여러 사람들이 김성주의 보증인이

력했다.

9   小林和子, 「私は金日成首相の小間使いだった」, 『在外邦人引揚の記録: この祖国への切なる慕情』, 東京: 毎日新聞社, 1970, 119-122頁. 1946년 김일성 가족에서 하인으로 근무했던 저자는 김영주의 일본어 수준이 원어민과 똑같다고 증언했다.

10 李容相, 『삼색의 군복』, 서울: 한줄기, 1994, 259쪽.

11 在吉林總領事館, 「朝鮮共産青年會組織ノ件」, 『外務省警察史』, 第13.3卷, 滿洲ノ部, 東京: 不二出版, 1997, 172-173頁, 9640-9643面.

12 Леонид Васин, *Товарищ капитан* // Совершенно секретно, № 7, 1991, стр. 25.

되면서 그는 석방되었다.[13] 아마도 당국은 김성주가 5개월의 수감 생활을 보냈으므로 공산주의 사상을 버릴 것이라고 기대했던 것 같다. 그러나 이 투옥 경험은 당국자들의 기대와 완전히 다른 영향을 김성주에게 주었다. 감옥에서 나온 김성주는 이전보다 더욱 확고한 공산주의자가 되었다.

감옥에서 나왔을 무렵 김성주는 자신의 이름 한자를 바꾸었다. 1929년까지 그는 '김성주'라는 이름을 '金聖柱', 즉 '성인들의 떠받침'이라는 뜻으로 썼다.[14] 그러나 이제 그는 '성' 자를 '聖'(성인 성)에서 '成'(이룰 성)으로 바꾸었다. 즉, 金成柱(김성주)라는 새로운 이름은 '떠받침이 된다'는 뜻이었다.[15]

1920년대 후반 만주의 반일 조선인들은 반일운동을 하나의 조직으로 통합하려고 시도했다. 이 조직의 이름은 국민부(國民府)였다. 국민부 소속에는 무장조직인 '조선혁명군'도 있었다.[16] 국민부에는 우파 운동가부터 공산주의자들까지 다양한 활동가들이 소속되어 있었다. 김성주도 이 조직에 가입했다. 1930년 그의 직위는 '동성 조선인 농민 총동맹(東省 朝鮮人 農民 總同盟) 푸쑹(撫松)·안투(安圖) 지방을 담당하는 지부동맹조직위원'이었다.[17] 이 매우 길고 복잡한 명칭은 극히 번거롭고 혼란스러운 국민부의 본질에 알맞은 표현이었다. 이때 국민부 간부인 이종락이 김성주를 남만주학원에 파견하고 공부하라는 지

13 *Личное дело Цзин Жи-чена*, РГАСПИ, ф. 495, оп. 238, д. 60.

14 在吉林總領事館, 「朝鮮共産靑年會組織ノ件」, 『外務省警察史』, 第13.3卷, 滿洲ノ部, 東京: 不二出版, 1997, 172-173頁, 9640-9643面.

15 『外事警察報第百二十四号』, 1932, https://www.digital.archives.go.jp/das/image/F00000 00000000093102, 83頁.

16 張世胤, 『朝鮮革命軍研究』, 한국독립운동사연구 제4권, 천안: 독립기념관 한국독립운동사 연구소, 1990, 315~343쪽, http://www.i815.or.kr/data2/ganhaeung/thesis/1990/199010.pdf.

17 「朝鮮共産黨關係」, 『日本共産黨關係雜件』, 第5卷, 1930, 分割 5 https://www.jacar.archives.go.jp/aj/meta/image_B04013181300, 485頁.

시를 내렸다는 증언도 있다.[18]

국민부는 조선인 활동가들을 오랫동안 통합하지 못했다. 얼마 후 이종락을 비롯한 좌경 국민부 회원들은 이 조직에서 탈퇴했고 '세화군(世火軍)'이라는 새로운 조직을 설립했다. 이 조직의 이름은 한자로 '세계의 불바다'라고 풀이할 수 있다. 당시 공산주의자들은 "세계혁명은 곧 온 지구가 활활 타고 있는 불바다"라는 표현을 쓰는 경우가 많았다. 김성주는 세화군 군정위원회(軍政委員會) 위원이 되었다.[19]

상황이 달랐다면 김성주가 이런 거창한 이름을 가졌지만 그만한 가치는 없었던 이민자 조직들에서 얼마나 더 시간을 보냈을지 알 수 없다. 그러나 이듬해인 1931년은 만주 역사의 전환점이 되었다. 이때 만주의 모든 것이 바뀌었고 이 지역 역사는 완전히 새로운 시대를 맞이했다. 1931년 일본군이 만주를 장악한 것이다.

1931년 9월 일본 조차지(租借地)인 랴오둥 반도에 주둔한 관동군(関東軍)은 제국 정부의 승인 없이 남만주철도에서 도발 사건을 일으킨 뒤 만주에 대한 전면 침공을 시작했다. 몇 달도 지나지 않아 만주 지역 대부분은 일본군 지배하에 들어갔다. 1932년 3월 일본제국은 만주에서 '만주국'이라는 나라의 건국을 선포했다.[20] 만주국은 형식상의 국가 원수로 청나라의 마지막 황제 푸이를 추대

---

18 李命英, 『北傀魁首 金日成의 正體: 4人의 '金日成'에 관한 研究』, 서울: 民族文化社, 1975, 108~109쪽. 이명영의 연구에 대하여 의심할 여지는 많다. 그는 1930년대 김일성의 빨치산 운동 복무 경험을 분석하면서 중국이나 일본 자료에 있는 김일성에 대한 언급들을 별다른 근거 없이 동명이인이라고 주장했다. 그러나 이명영의 주장 중에서 김성주가 남만주학원에 재학한 적이 있었다는 주장은 신뢰할 만하다. 이명영에 따르면 그는 이 사실을 목격자로부터 알게 되었다고 한다. 김일성·이종락의 관계에 대한 사료도 존재하기 때문이다.

19 『外事警察報第百二十四号』, 1932, https://www.digital.archives.go.jp/das/image/F00000 00000000093102, 83頁.

하는데, 물론 만주국의 실권자는 주만주국 일본대사였다. 대사 자리에는 무조건 관동군 사령관이 임명되었고, 만주는 사실상 관동군의 보호국이 되었다.[21]

만주 정복소식은 일본에서 애국과 흥분의 분위기를 불러왔다. 제국 정부는 애초 관동군의 행동에 반대했지만, 곧 무기력하게 굴복했다. 많은 일본 사람들은 이제 일본이 동아시아에서 완전한 지배 국가가 되었고 일본과 맞서 싸울 수 있는 세력이 남지 않았다고 느꼈다. 그러나 당시 국제사회를 대표하는 조직인 국제연맹(國際聯盟)은 만주국을 국가로 승인하지 않고 중국을 지지했다. 일본 사회의 다수는 국제사회가 일본을 배신했다고 느꼈다. 국제사회와 서방 국가와의 관계를 중요시하는 외교 노선은 힘을 잃어버렸다. 이 분위기는 일본에서 육군이 권력을 장악할 수 있는 시초가 되었다. 만주국 건국 이후 몇 년간은 일본 민주주의의 쇠퇴와 사망의 시기였다.

우리의 주인공인 청년 김성주가 숨 가빠 돌아가는 만주의 상황을 어떻게 보았는지 쉽게 예상할 수 있다. 김성주나 김성주의 부모 모두 일본에 대한 충성심은 없었다. 그의 아버지는 독립운동에 참가한 처벌을 피하기 위해서 가족과 함께 고향을 떠나 망명했다. 이에 김성주의 동생 김영주는 외국 땅에서 태어났다. 그리고 고향을 장악한 나라인 일본제국은 김성주의 새로운 집이 된 만주도 정복했다. 일본을 증오하는 김성주는 항일 투쟁에 참여할 의지가 가득했다.

김성주는 결코 혼자가 아니었다. 관동군이 만주를 장악한 것은 중국공산당에 새로운 힘을 주었다. 장쭤린이나 장쉐량과 싸울 의지가 부족했던 사람들 중에서도 외국 정복자들과는 싸울 준비가 된 사람들이 많았다. 공산당은 이들을 동원하기 위해 노력하기 시작했다.

이즈음 김성주는 이청산이라는 조선인을 알게 되었다. 이청산에 대해 우리

---

20 1934년 3월 1일에 만주국은 국명을 '대만주제국'으로 바꾸었다.

21 張鴻鵬, 「遠藤三郎と満洲国」, *Journal of Modern Chinese Studies*, 第5 券(2), 2013, http://iccs.aichi-u.ac.jp/archives/report/042/5155250cd4214.pdf, 35-55頁.

가 알고 있는 것은 그리 많지 않다. 그는 1900년 혹은 1901년생이었고, 만주 펑톈성(奉天省) 안투현(安圖縣)에서 살았다.[22] 그러나 훗날인 1941년 김일성이 자신의 이력서에서 쓴 것처럼 김성주가 중국공산당에 입당했을 당시 이청산은 그의 보증인이 되었다.[23] 1928년 중국공산당 규약에 따르면, 지식인이 입당할 때는 당원 1명의 보증이 필요했다.[24] 학교 교육을 받았던 김성주는 당시 기준으로 명확하게 지식인 자격을 갖췄다. 따라서 이청산의 추천은 김성주의 입당을 위한 충분조건이었다. 1932년 당시 기준으로 김성주는 이미 중국공산당 당원이었다. 물론 만주 항일운동에는 공산주의자들만 참가한 것이 아니었다. 만주 사람들 중에는 난징의 중화민국 정부를 지지한 사람들도 적지 않았다. 그러나 중국공산당은 이런 상황에서도 지지자 수를 늘리기 위해 열심히 노력했다.

김성주가 공산당원으로서 받았던 첫 번째 임무 중 하나는 중국 군대의 전대대장이었던 왕더린(王德林)의 유격대에 입대하는 것이었다.[25] 유격대 이름은 중국국민구국군(中國國民救國軍)이었다. 왕더린은 이 부대를 1932년 2월, 즉 만주국 선포 직전에 설립했다. 이 유격대는 장제스의 국민당 정권과 관계가 있었기 때문에 김성주의 임무는 선전가가 되는 것이었다. 그는 이 유격대 대원들에게 일본과 싸우기 위해 가장 좋은 방법은 중국공산당에 입당하고 그의 기치 밑에서 싸우는 것이라고 설득해야 했다.[26]

이 임무는 그리 어렵게 보이지 않았다. 왕더린은 중국공산당과 적극적으로 협력할 것을 결정했고 공산당 간부 두 명을 구국군의 높은 직위에 임명했다.

22 朝鮮總督府警務局, 『國外に於ケル容疑朝鮮人名簿』, 京城: 行政學會, 1934.

23 *Личное дело Цзин Жи-чена*, РГАСПИ, ф. 495, оп. 238, д. 60, л. 12.

24 『中国共产党党章』, ≪中共中央文件选集四≫, http://cpc.people.com.cn/GB/64184/6418
6/66631/4489536.html.

25 高千一, 「王德林」, ≪中国军网≫, http://www.81.cn/yljnt/2018-02/14/content7945180.htm.

26 *Личное дело Цзин Жи-чена*, РГАСПИ, ф. 495, оп. 238, д. 60, л. 12.

리앤루(李延祿)[27]는 구국군의 참모장(參謀長), 저우바오중(周保中)[28]은 군총부 총참모장(軍總部總參謀長)이 되었다. 그러나 난징 정부는 왕더린의 이 노선에 불만을 가졌다. 장제스 정권은 공산당을 신뢰하지 않았고 얼마 후 왕더린에게 공산당원을 숙청하라는 명령을 내렸다. 왕더린은 이 명령을 수행했고 공산당원들은 구국군에서 제대할 수밖에 없었다.[29] 강제 제대당한 사람들 중에는 김성주가 복무한 선전가 부대도 있었다.

이러한 상황에서 중국공산당은 빨치산 부대들을 설치하기 시작했다. 초기에 이 부대는 규모가 매우 작았고, 부대마다 대원은 10명 정도밖에 없었다. 김성주는 안투(安圖)유격대에 입대했다. 나중에 김성주와 함께 복무했던 리국진[30]은 당시 김성주가 '학생 옷차림의 청년'이었고 '3년제 소학교에서 글을 가

---

27 리앤루(1895~1985)는 지린성 출신자였다. 1919년부터 그는 지린에서 군대와 경찰에서 복무했다. 1931년 리앤루는 중국공산당에 가입했고, 당은 그를 왕더린의 부대들에 복무하도록 파견했다. 중국국민구국군 패배 후 리앤루는 만주 빨치산 운동 설립자 중 한 명이 되었다. 그는 1936년 모스크바에 갔고 나중에 일본 군대가 점령하지 못한 중국 지역, 소련 그리고 유럽에 거주한 적이 있다. 1938년 이후 그는 옌안에서 거주했다. 전쟁이 종결된 뒤 리앤루는 중국의 동북 지역에서 간부가 되었다.

28 저우바오중(1902~1964)은 중국 소수민족 중 하나인 바이족 출신이었다. 윈난성에서 태어난 그는 1927년 중국공산당에 가입했다. 이후 만주 빨치산 운동 지휘관 겸 현지 중국공산당 조직의 위원이 되었다. 1937년부터 1941년까지 동북항일연합군 제2집단군 사령관으로 복무하면서 중국공산당 동만특별위원회(東滿特別委員會) 비서로 근무했다. 1940년 소련으로 탈출했고, 제88독립보병여단 여단장으로 근무했다. 김일성은 당시 저우바오중의 부하로 근무한 적이 있다.

29 蕭雪, 刘建新, 『燃烧的黑土地: 东北抗战纪实』, 北京: 团结出版社, 1995, 第131页; *Стенограмма заседания политсекретариата ИККИ // ВКП (б), Коминтерн и Китай: Документы: 1931-1937*, Москва: РОССПЭН, 2006, стр. 230-241.

30 리국진(李國鎭, 1905~1980)은 북한 최고재판소 소장으로 근무한 적 있는 고위 간부였다. 1930년대 김일성과 함께 만주 항일빨치산 운동에 참가했다.

르치던 선생'이라고 증언했다.[31] 북한에서 수령이 되기 전 김성주가 민간에서 마지막으로 가졌던 직업은 '3년제 소학교 선생'이었다.

빨치산 생활을 하면서 실명을 쓰는 것은 대단히 위험하기 때문에 유격대 대원들 중에는 개명한 사람들이 많았다. 김성주 역시 이름을 바꾸었다. 이때부터 그는 '김성주'가 아니라 '김일성'이었다. '김일성'의 한자는 처음에 '金一成', '유일한 자가 된다' 혹은 '金一星', '한 개의 별'이라는 한자를 썼는데, 최종적으로 '金日成', '태양이 된다'라는 뜻의 한자를 사용하게 된 것으로 보인다.

김성주는 왜 자신의 가명으로 '김일성'이라는 이름을 선택했을까? 이 질문에 대한 대답은 상술할 필요가 있다. 김성주 이전에도 '김일성'이라는 가명을 썼던 빨치산들이 존재했기 때문이다.

첫 번째 김일성은 1888년에 태어났다. '김일성'은 그의 본명이었던 것 같다. 조선 함경도 단천(端川) 출신인 그는 1905년 대한제국이 일본의 보호국이 된 후 상당히 유명한 의병장이 되었다. 이 김일성은 주로 백두산 지역에서 활동하다가 1926년 사망했다.[32]

두 번째 김일성의 본명은 '김현충(金顯忠)'이었다. '김일성'이라는 가명과 함께 그는 '김광서(金光瑞)' 혹은 '김경천(金擎天)'이라는 가명을 쓴 적이 있다.[33] 김현충의 아버지는 대한제국 군대의 장교였고[34] 그의 형 김성은은 일본 육군사관학교의 졸업생이었다. 군인 가족에서 태어난 김현충이 군인이 될 것을 결정하고 형과 같은 학교에 입학한 것은 우연한 일이 아니었다. 그는 1909년, 즉 한일

---

31 呂政, 『붉게 물든 대동강』, 서울: 동아일보사, 1991, 112쪽.

32 "유공자정보: 金一成", 국가보훈처, http://e-gonghun.mpva.go.kr/user/ContribuReport
    Detail.do?goTocode=20001&mngNo=7201.

33 『固軒實記』, 독립기념관, http://search.i815.or.kr/ImageViewer/ImageViewer.jsp?tid=co
    &id=1-000919-002, 3쪽.

34 "김정우", 국사편찬위원회, http://db.history.go.kr/id/im_101_03235.

합병 직전에 일본 육사에 입학했다. 사관후보생으로 김현충은 최우등생이었다. 그는 1911년 사관학교를 졸업해 황군 기병 소위로 임관했다.[35] 김현충은 황군에서 출세할 가능성이 높아 보였지만 1910년대 후반 일본에 대한 충성심이 사라졌다. 3·1운동이 끝난 뒤 김현충은 조선을 떠나 내전 중인 러시아로 이주했다. 러시아에서 그는 볼셰비키들과 손을 잡았고 내전 종결 이후 소련에서 살게 되었다.[36] 1930년대 후반 김현충은 스탈린의 고려인 추방 정책의 희생자 중 한 명이 되었다. 수많은 고려인들과 함께 그는 중앙아시아로 추방되었다. 거기서 김현충은 농민 작업반장으로 근무하다가 1939년 4월 5일 체포된다. 재판소는 형법 제58조 제6항에 따라 그를 간첩혐의로 유죄 판결을 내렸다.[37] 두 번째 김일성인 김현충은 스탈린의 수용소에서 비극적인 종말을 맞았다.[38]

이 사람들의 활동으로 '유격대 대장(隊長) 김일성 장군'이라는 도시전설이 생겼다. '김일성 장군'의 이미지에 의병장 김일성과 김현충의 활동은 확실히 영향을 미친 것으로 보인다. 하지만 보다 덜 알려져 있는 동명이인의 활동도 영향을 미쳤을 가능성이 있다. 김성주는 아마 자신이 바로 도시전설의 김일성과 닮아 보이도록 '김일성'이라는 이름을 '金日成(태양이 된다)'이라고 쓰게 되었을 가능성이 있다. 특히 김영주가 아버지 김형직이 아들들에게 '김일성 장군'을 이야기한 적이 있었다고 증언한 것을 보면 이 가능성은 더욱 높아진다.[39] 또

35 朝鮮總督府, ≪官報≫, 1911年 5月 31日, http://dl.ndl.go.jp/info:ndljp/pid/2951737/6.

36 "조선의 나폴레옹 김경천 장군", YTN, 2019년 1월 27일, https://www.youtube.com/ watch?v=Q0HBuRVjCVA.

37 김현충의 평생 후기를 스탈린 시대 국가 탄압 희생자 데이터베이스를 통하여 복원할 수 있다. *Ким Кен Чен //* Открытый список, https://ru.openlist.wiki/Ким_Кен_Чен_ (1885). 데이터베이스에서 그를 '김겐첸'이라고 부르는데 '김겐첸'은 김현충의 또 한 가명인 김경천의 고려인 사투리 발음이다.

38 "조선의 나폴레옹 김경천 장군", YTN, 2019년 1월 27일, https://www.youtube.com/ watch?v=Q0HBuRVjCVA.

한 명의 김일성이 된 김성주의 활동도 '김일성 장군'의 이미지에 영향을 미쳤다. 이제부터는 이 글에서도 우리의 주인공을 김성주가 아니라 김일성이라고 부를 것이다.

김일성이 복무한 안투유격대는 오랫동안 존재하지 못했다. 얼마 뒤 중국공산당 지도부가 이 조직을 다른 2개의 부대와 통합시켰고 왕칭(汪淸) 항일 유격대를 설립했다.[40] 이 유격대 정치위원 김은식(金銀植)이 사망한 다음 김일성이 후임자가 되었다. 즉, 김일성의 첫 번째 지휘 직무는 정치위원 자리였다. 다시 말해 사령부는 그의 군사적 능력보다 공산주의 사상과 중국공산당에 대한 충성을 더욱 높이 평가했다. 김일성이 군사 교육을 받지 못했다는 것을 떠올린다면 합리적으로 보이는 선택이다. 그러나 후일 중국공산당 간부들은 김일성이 "정치 문제에 대한 지식이 많지 않다"고 쓴 적도 있었다.[41]

얼마 뒤 김일성은 더 높은 직위를 얻게 되었다. 빨치산 연대의 참모장 겸 정치위원이 된 것이다. 연대 이름은 '동북인민혁명군(東北人民革命軍) 제2군 독립사단 제3연대'였다. 여기서 당시 만주에 있던 유격대의 '연대'나 '사단'들은 정규군 부대들보다 훨씬 규모가 작았다는 것을 강조할 필요가 있다. 10배 이상 차이가 났다.

1936년 2월 중국공산당은 만주 무장 항일운동을 '동북항일연합군'으로 통합한다고 선포했다. 그러나 '동북항일연합군'은 형식적인 조직에 불과했다. 이

---

39 이용상, "제85화 나의 친구 김영주: '김일성'으로 둔갑", 《중앙일보》, 1991년 5월 27일, 9면, https://news.joins.com/article/2567178.

40 "汪清反日游击队", 吉林省地方志编纂委员会, http://dfz.jl.gov.cn/jldywh/dbkl/201806/t20180606_5217625.html.

41 「中共东满特委书记冯康的报告(之一). 关于东满特委书党团干部和人民革命军干部简历(一九叁五年 十二月二十日)」, 『东北地区革命历史文件汇集』, 甲67册, 哈尔滨: 黑龙江省出版总社, 第180页.

항일 빨치산 대원들

군대는 사령관이나 참모부가 없었다. 동북항일연합군에 참가한 부대들의 공통점은 만주에서 일본 군대를 축출하자는 목적을 가졌다는 것과 중국공산당의 지도에 복종하는 것뿐이었다.

1936년 8월 조선의 상황은 극히 악화되었다. 부드럽고 온건한 성격을 가진 우가키 가즈시게(宇垣一成) 총독이 사직했고 대신 이 자리에 잔혹한 국수주의자인 미나미 지로(南次郎) 전 관동군 사령관이 임명되었다. 일본은 당시 군국주의 체제에 진입했기 때문에 이러한 변화가 불가피했다. 그러나 조선의 운명은 더욱 가혹했다. 새로운 지배자는 조선 역사상 최악의 지도자 중 하나였다. 독자는 미나미 지로라는 이름을 모를 수도 있지만, 그의 정책에 대해서는 확실히 들어봤을 것이다. 한국에서 '일제의 만행'에 대해 말할 때 압도적 다수는 미나미 지로 재임 당시 벌어진 일들에 관한 것이다.

미나미 총독은 조선에 도착하자마자 전임자가 어느 정도 허용했던 자유를 없앴다. 그의 통치 방식은 1910년 후반과 공통점이 있었지만 하세가와 시절과는 다른 목적이 있다. 미나미 총독은 조선의 민족정신을 완전히 없애고 조선인들이 제국에 무조건 복종하도록 만들기 시작했다.

미나미 지로가 조선총독이 되기 전에도 일본제국 정부는 전체 제국 신민들이 종교에 상관없이 신사참배에 참가해야 한다는 명령을 내린 바 있다. 미나미 총독은 이 정책에 여러 가지 조치를 추가했다. 총독은 조선어 교육 시간을 감축시킨 뒤 이를 완전히 폐지했고, 전체 학교 교육을 제국의 국어인 일본어로 하라고 지시했다. 1910년부터 발행되었던 ≪매일신보(每日申報)≫라는 총독부 조선어 기관지를 제외한 전체 조선어 신문들이 폐간되었다. 총독부령에 따라 전체 조선인들이 정기적으로 선서해야 하는 '황국신민서사(皇國臣民誓詞)'가 도입되었다. 게다가 미나미 총독은 회유와 위협을 쓰면서 조선인들이 일본식 이름으로 개명하도록 강권했다.[42]

물론 위에서 언급한 조치들이 미나미 총독 정책의 전부는 아니다. 미나미 총독은 '조선'이라는 단어 자체를 쓰지 말라고 지시했다. 대신에 식민지를 그냥 '반도'로 쓰자고 주장했다. 그리고 총독은 조선인 차별을 없앨 생각도 없었다. 예컨대 박(朴)씨는 법률상 기노시타(木下)씨가 되더라도 호적상으로는 제국의 2등 신민인 조선인으로 남았다. 그리고 미나미 총독 시대에는 전체 일제 강점기 중 가장 흉악한 캠페인인 위안부 모집이 시작되었다. 위안부는 바로 황군을 위하여 매춘을 강요받은 여성들이었다. 이 글을 작성하고 있는 현재도 이 아픈 주제는 일본과 한국에서 정치화되어 버렸지만, 역사학계에서는 위안부 가운데 강제동원 당한 희생자들이 많았다는 공통 의견이 있다.[43]

물론 이 새로운 강압 정책은 원래 정책들보다 지지를 받지 못했다. 그러나

---

42 『創氏改名』, 정운현 편역, 서울: 학민사, 1994. 이 책은 매우 구체적으로 작성되었으며 식민지 시대를 대표하는 연구 중의 하나로 평가된다.

43 위안부 문제에 대해 C. Sarah Soh, *The Comfort Women: Sexual Violence and Postcolonial Memory in Korea and Japan*, Chicago: University of Chicago Press, 2008 참조.

이 새로운 정권은 훨씬 무서워 보였다. 도쿄에서 군국주의자와 국수주의자들이 정권을 장악하면서 일본 본토에서나 식민지 조선에서도 반대 세력은 사라졌다. 또한 이미 한 세대의 조선인이 식민지 질서하에 성장한 상태였다. 이들은 대체로 일본의 지배 외에 다른 대안을 본 적이 없었다.

그리고 이 시기 빨치산 운동에도 위기가 벌어졌다. 이 위기의 원인은 지도부의 편집증이라고 할 수 있다. 유격대에서 빨치산들 중 민생단(民生團)이라는 조직의 비밀 단원들이 많다는 소문이 퍼졌다. 민생단은 1931~32년에 존재했던 친일 조선인 조직이었다. 1930년대 후반 이 조직은 이미 해산된 지 오래였지만, 동북인민혁명군 지휘관들은 민생단이 비밀리에 존재하고 있으며 빨치산 운동에 수많은 민생단 요원들이 침투했다고 믿었다.

의심의 결과는 대규모 숙청 캠페인으로 이어졌다. 본인이 '민생단 단원이었던 것'을 인정하는 것을 거부한 빨치산은 대개 즉시 처형시켰기 때문에[44] 가장 안전한 전략은 '본인이 민생단 소속이었지만 이에 대해 후회하고 사죄한다'고 고백하는 것이었다. 이런 '고백'을 한 사람들 중 한 명은 김일성이었다.[45] 실제로 김일성은 이 조직과 아무 관계가 없었다. 빨치산 운동의 지도부가 숙청 규모와 그 악영향을 파악한 후에야 민생단 요원 수색 캠페인은 중단되었다. 그제야 빨치산들은 전우에 의해 죽음을 맞지 않을 것이라고 안심할 수 있었다.[46] 비

---

44 '민생단 사건'에 대한 1967년에 나온 이정식의 연구는 나온 지 수십 년이 되었지만 가치 높은 연구로 평가되고 있다. Lee Chong-Sik, "Witch Hunt among the Guerrillas: The Min-Sheng-T'uan Incident," *The China Quarterly*, № 26 (April-June 19 66), pp. 107-117.

45 「中共东满特委书记冯康的报告(之一). 关于东满特委党团干部和人民革命军干部简历(一九叁五年 十二月二十日)」, 『东北地区革命历史文件汇集』, 甲67册, 哈尔滨: 黑龙江省出版总社, 1989, 第180页.

46 Lee Chong-Sik, "Witch Hunt among the Guerrillas: The Min-Sheng-T'uan Incident," *The China Quarterly*, № 26 (April-June 1966), pp. 107-117.

슷한 시기 김일성은 새로운 직위에 임명되었다. 이제 그는 동북항일연합군 제2군 제6사단 사단장이 되었다.[47] 바로 이때 김일성은 그 유명한 작전인 보천보 습격을 했다.[48]

보천보(普天堡)는 한자로 '넓은 하늘 밑에 작은 성'이라는 뜻이다. 이는 일만(日滿) 접경 지역에 위치한 조선 경찰 파출소였다. 보천보 근처에 백두산이 있었고 파출소 근처에는 삼림보호구(森林保護區)가 있었다.[49] 따라서 김일성과 그의 부하들이 이렇게 치안이 부족한 지역을 왜 공격 대상으로 선택했는지 알 수 있다. 1937년 6월 4일 약 200명의 빨치산 공격대는 국경선을 넘어 파출소를 습격했다. 습격을 받으리라고 전혀 상상하지 못했던 보천보 수비대는 경보를 울려 응원군을 급히 파견해달라는 요청을 보냈다.[50] 응원군이 현지에 도착했을 때 유격대는 이미 후퇴했지만 경찰은 빨치산 몇 명을 체포하는 데 성공했다. 체포된 사람들은 공격의 주요 참가자 중 한 명이 김일성이었다고 증언했고, 김일성의 원래 이름인 김성주까지 언급했다.[51] 당시 일본 경찰기관은 김일성이

47 「昭和十一年中 間島(琿春縣ヲ含ム)及接壤地方治安情況報告ノ件」, http://search.i815.or.kr/ImageViewer/ImageViewer.jsp?tid=mf&id=1-006466-001-0440, 8頁.

48 한국에서 1960년대까지 인기가 있었고 일부 극우 운동가가 지지하는 '가짜 김일성론'이 존재했던 것을 강조해야 한다. '가짜 김일성론'에 따르면, 보천보 공격을 지휘한 김일성 제6사단 사단장과 북한 초대 통치자 김일성은 같은 사람 아니라 동명이인이다. 아래 자료는 이 음모론을 완전히 반증한다. 자료는 김일성 사단장의 탄생지를 언급하고 있는데, 이 탄생지는 북한 김일성의 고향과 같다. 「咸鏡南道國境地帶思想淨化工作概況」, ≪思想彙報≫, 第20号, 1939年 8月 31日, 7-41頁. http://e-gonghun.mpva.go.kr/portal/url.jsp?ID=PV_SS_0020_00000005 참조.

49 "本社特派員朴錦手記 (五) 樹枝에 걸린 瀑布 鬱林에 一條石徑", ≪東亞日報≫, 1929년 8월 7일, 5면.

50 "普天堡被襲事件續報", ≪東亞日報≫, 1937년 6월 6일, 1면.

51 咸興地方法院, 『惠山事件 判決書寫』, 1941, 70, 101頁.

누구인지 잘 알고 있었다.[52]

조선의 신문들은 보천보 습격에 대해 즉시 보도했다.[53] ≪동아일보≫는 호외까지 발행했다.[54] 1937년 말에는 김일성이 이 습격에서 사살 당했다는 주장까지 나왔다.[55] 그러나 이는 오보에 불과했다. 김일성 사단장은 살아 있었다. 보천보 작전 이후 빨치산들은 조선 내에 자기 요원들의 네트워크를 설립하려는 시도를 했다. 한인조국광복회(韓人祖國光復會)라는 이 조직은 조선의 여러 도시에 요원들을 두고 있었지만 얼마 지나지 않아 일본 경찰은 이 조직을 완전히 파괴했다.[56]

일본 황군은 제국에서 권력을 장악한 후 만주국에서 빨치산의 저항을 완전히 없앨 것을 계획했다. 만주국의 실권 세력이었던 관동군은 노조에 마사노리(野副昌德)[57] 대좌를[58] 빨치산 소탕 책임부대인 제2독립수부대(第2獨立守備隊)의 대장(隊長)으로 임명했다. 노조에는 이런 임무에 잘 어울리는 군인이었다. 그

---

52 朝鮮總督府咸鏡南道警察部, 『中國共産黨の朝鮮內抗日人民戰鬪結成および日支事變後方攪亂事件』, 京城: 朝鮮總督府咸鏡南道警察部, 1940; 「咸鏡南道國境地帶思想淨化工作概況」, ≪思想彙報≫, 第20号, 1939年 8月 31日, 7-41頁, http://e-gonghun.mpva.go.kr/portal/url.jsp?ID=PV_SS_0020_00000005.

53 "普天堡襲擊續報", ≪東亞日報≫, 1937년 6월 6일, 1면; "共産匪二百名越境し郵便所, 學校等を襲ふ 雜貨商を銃殺の上放火惠山鎭上流普天堡を全滅", ≪京城日報≫, 1937年 6月 6日, 2頁; "普天堡事件續報", ≪每日申報≫, 1937년 6월 6일, 3면.

54 "咸南普天堡를 襲擊 郵便所, 面所에 衝火", ≪東亞日報≫, 1937년 6월 5일, 1면.

55 "金日成被殺?", ≪東亞日報≫, 1937년 11월 18일, 2면.

56 「咸鏡南道國境地帶思想淨化工作概況」, ≪思想彙報≫, 第20号, 1939年 8月 31日, 7-41頁, http://e-gonghun.mpva.go.kr/portal/url.jsp?ID=PV_SS_0020_00000005.

57 서대숙의 김일성 전기를 비롯하여 여러 기존 연구 도서에서 노조에 대좌의 이름을 '마사노리'가 아니라 '쇼토쿠'라고 틀리게 쓰여 있었다.

58 대좌(大佐)는 옛 일본 황군의 군사 계급 중 하나다. 대한민국 국군의 대령에 해당한다.

항일 빨치산 소탕의 책임자, 노조에 마사노리

는 참모부에서 일하는 것보다 야전에서 모험이 있는 작전에 참가하는 것을 좋아했다. 노조에 마사노리는 중국 톈진(天津)시에서 첩자로 근무한 적도 있었다.[59] 노조에는 부하 기타베 구니오(北部邦雄)[60]와 함께 빨치산 소탕 작전에 돌입했다. 그는 잘 알려져 있는 '당근과 채찍' 전술을 썼다. 만일 어떤 빨치산이 귀순 후 공산주의 사상을 버리고 다른 유격대 요원 체포에 도움을 주겠다고 한다면 그에게 혜택을 주려고 했던 것이다. 귀순한 협력자는 완전 사면뿐 아니라 물질적 지원까지 받았다.[61] 이 캠페인은 상당히 성공적이었다. 유격대의 승리를 더 이상 믿지 않는 빨치산들은 노조에와 그의 부하들에게 항복했다.

노조에 마사노리와 기타베 구니오의 노력 외에도 빨치산 운동의 쇠퇴에 영향을 미친 또 하나의 요인이 있었다. 빨치산들은 아무리 싸워도 승리가 보이지 않았다. 만주국에서 일본의 지배는 약화되지 않았고 국가 자체도 무너질 기미

59 노조에 마사노리 대좌에 대해서는 그의 후손인 가나모리 고가 쓴 책을 통해 알아볼 수 있다. 金森香, 『祖父の持ち物とそれにまつわる話』, http://alpha.bccks.jp/viewer/21896/.

60 서대숙의 김일성 전기에서는 기타베 구니오의 이름을 '후쿠베 쿠니오'라고 틀리게 표기했다.

61 Dae-Sook Suh, Kim Il Sung: The North Korean Leader, New York: Columbia University Press, 1988, p. 24.

가 없었다. 중국 정부가 어느 날 도움을 줄 가능성 또한 시간이 흐르면서 사라지고 있었다. 1937년 중국 본토를 침공한 일본은 중일전쟁을 통해 중국의 수도 난징을 비롯한 많은 부분을 점령했다. 중일전쟁이 중화민국의 항복으로 끝나버릴 수 있다고 추측한 사람들이 많았다. '대일본제국'은 무적필승 강대국처럼 보였다. 만주국 주민들 가운데는 일본의 지배를 받아들이기로 결정한 사람들도 많았다. 당시 중화민국은 장제스의 독재정권이 지배하고 있었기에 자유국가가 아니었다. 전쟁은 중국 경제에 큰 타격을 주었지만 만주국은 늘 일본에서 지원과 투자를 받았다. 그리고 만주국은 공식적으로 일본 영토의 일부가 아니었기 때문에 조선이나 타이완과 달리 일본은 만주에서 동화 정책을 쓰지 않았다. 따라서 만주에서는 현 질서에 새로운 대안이 없고 일본 지배 아래서도 살 수 있다고 스스로를 설득하는 사람들이 많았다.

이때 김일성은 새로운 직위에 임명되었다. 제1집단군 제2방면군 사령관이 된 것이다.[62] 이 직위는 동북항일연합군에서 김일성의 마지막 직위였다. 드디어 고급 지휘관이 되었지만 항일운동의 위기와 와해(瓦解) 상황이었다. 매달 전우의 사살 소식이 이어졌다. 전사자 중에는 유명한 빨치산 지휘관들도 있었다. 김일성의 직속상관인 양징위(楊靖宇)는 1940년 2월 23일 사살되었다.[63] 김일성의 참모장 임우성(林宇成)은 일본 편으로 넘어갔다.[64] 끝없는 위기 속에서 중국공산당은 동북항일연합군을 '소부대'로 재편성하기로 결정했다.[65] 이로써

---

62 "京城高等法院檢事局思想部. 中共黨南滿省委眞會睿記豪東北抗日聯車第一路軍副司令魏拯民ヨリ國除共産黨中國代表委員等ニ宛タル狀況告賽(一九四〇年四月)", ≪思想彙報≫, 第25号, 1940年 12月, 62-75頁.

63 中共辽宁省委宣传部, 共青团辽宁省委员会, 东北新闻网, 『辽宁抗战往事』, 沈阳: 辽宁人民出版社, 第80页.

64 "京城高等法院檢事局思想部. 中共黨南滿省委眞會睿記豪東北抗日聯車第一路軍副司令魏拯民ヨリ國除共産黨中國代表委員等ニ宛タル狀況告賽(一九四〇年四月)", ≪思想彙報≫, 第25号, 1940年 12月, 62-75頁.

김일성의 첫 번째 배우자 한성희

빨치산 운동이 곧 끝나리라는 것을 인정한 셈이었다.

일본의 소탕작전들은 김일성의 연애생활에도 영향을 미쳤다. 위원중학교에서 여차친구가 있었는지는 알 수 없지만, 빨치산 부대에서 김일성은 첫 번째 배우자인 한성희를 만났다.[66] 한성희는 여성 부대 부대장이었다. 1940년 일본 경찰은 한성희를 체포했고, ≪조선일보≫를 비롯한 신문들은 이 사실을 보도했다. 한성희는 전우를 보호하기 위하여 '김혜순'이라는 가명을 썼지만, 일본 제국에 충성을 맹세했다.[67] 일본 군국주의 정권은 그 시대 독재자 스탈린이나 히틀러보다 항복한 적들에 대해 덜 잔혹했다. 제국의 충성스러운 신민이 될 것을 맹세한 한성희는 석방되었다.

물론 김일성은 아내의 운명을 알 수 없었다. 하지만 그는 앞으로 사랑하는

65 『东北地区革命历史文件汇集』, 甲42册, 哈尔滨: 黑龙江省出版总社, 1991, 第284页. 이 자료집의 제40-43권은 만주 항일무장운동 지휘관 중의 한명인 저우바오중이 쓴 일기를 포함한다. 이 일기는 중국에서 단독 도서로 출판했지만 이 도서는 검열을 받은 것으로 보인다. 周保中, 『东北抗日游击日记』, 北京: 人民出版社, 1991 참조. 그래서 필자는 이 책에 저우바오중의 일기를 인용할 때에 보다 정확한 사료집을 사용했다. 사료집은 중국 중앙기록보관소, 랴오닝성 기록보관소, 지린성 기록보관소, 헤이룽장성 기록보관소 등 공동으로 준비된 출판물이기 때문에 단독 도서로 출판 일기보다 신뢰할 만한 출판물로 보인다.

66 林隐, 『北朝鮮王朝成立秘史: 金日成正伝』, 東京: 自由社, 1982, 56頁; 『證言 金日成을 말한다: 兪成哲, 李相朝가 밝힌 북한정권의 실체』, 서울: 한국일보사, 1991, 69~70쪽.

67 "金日成 愛妻가 歸順", ≪朝鮮日報≫, 1940년 7월 5일, 2면.

한성희를 만나지 못할 것이라고 생각했음이 확실하다. 그래서 김일성은 새로운 연인을 찾았다. 김정숙은 한성희의 전 부하였다. 한성희와 김정숙은 외모가 대단히 비슷해 김정숙이 한성희의 여동생이라고 생각한 사람들도 있었다.[68] 바로 이 때문에 김일성이 김정숙과 사귀게 되었을 수도 있다. 김일성에게 김정숙은 한성희를 대체하는 여성이었을 수도 있다. 김정숙은 함경북도 회령에서 태어났다. 1919년생인[69] 그녀는 빨치산 부대에서 재봉사로 일하고 있었다.[70] 1940년 그녀는 21살밖에 되지 않았다.

노조에 대좌의 작전이 강화되면서 김일성과 그의 전우들은 살아남으면서도 항복하지 않는 방법은 하나밖에 없었다고 생각했다. 바로 소련으로의 탈출이었다. 1940년 수많은 빨치산들은 만주에서 탈출해 소련 극동 지역에 망명했다.[71] 중국 자료에 따르면 김일성은 1940년 10월 23일 소만(蘇滿) 국경선을 넘어갔다.[72] 소련에 도착하자마자 김일성은 체포되었고 다른 빨치산들과 함께 신분확인을 받았다. 이 절차는 국제공산당 4명이 책임졌다. 그들 중에는 알렉산드르 코간이라고 중국어를 유창하게 하는 사람이 있었다. 김일성은 중국어로 이력서를 작성했고, 국제공산당은 이를 러시아어로 번역했다.[73] 당시 김일

---

68 林隱, 『北朝鮮王朝成立秘史: 金日成正伝』, 東京: 自由社, 1982, 55頁.

69 1949년에 김정숙이 사망하자마자 나온 애도문에 그녀의 생년이 언급되었다. "애도문", ≪로동신문≫, 1949년 9월 23일, 2면 참조. 그러나 나중에 북한은 김정숙의 생년이 1919년이 아니라 1917년이라고 주장했다.

70 *Личное дело Цзин Жи-чена*, РГАСПИ, ф. 495, оп. 238, д. 60.

71 呂政, 『붉게 물든 대동강』, 서울: 동아일보사, 1991, 113~114쪽; Георгий Туманов, *Как изготовляли великого вождя* // Новое время, 1993, № 16, стр. 32-34. 러시아어 칼럼의 저자 게오르기 투마노프는 가명이다. 이 칼럼의 저자가 소련의 정찰기관과 밀접한 관계가 있었던 이반 로보다 기자일 가능성이 높아 보인다.

72 「东北抗联第一路军越境人员统计表」, 『东满地区革命历史文献汇编』, 1册, 延吉: 中共延边州委党史研究室, 第862页.

1941년, 오른쪽 앞이 김일성, 흰 옷을 입은 여자가 김정숙, 양복을 입은 남자는 문일로 추정된다

성은 전우 안길, 서철과 함께 국제공산당에 보내는 보고문을 작성했다. 그들은 중국공산당 중앙위로부터 지시를 받고 싶다며 연락을 요청했다.[74]

　신분확인을 총괄 관리한 사람은 국제공산당 최고 간부인 집행위원회 위원장 게오르기 디미트로프였다. 간부 4명의 보고를 받은[75] 그는 김일성을 포함한

---

73 *Личное дело Цзин Жи-чена*, РГАСПИ, ф. 495, оп. 238, д. 60.

74 「金日成, 安吉, 徐哲给王新林的报告」,『东北地区革命历史文件汇集』, 甲60册, 哈尔滨: 黑龙江省出版总社, 1991, 第95-105页; *Перевод доклада представителей Наньманьского партийного комитета (1-й ОНРА)*, 1 января 1941, РГАСПИ, ф. 514, оп. 1, д. 1041, лл. 2-8.

75 *Справка К. Ф. Вилкова, И. П. Плышевского, А. Г. Зюзина и А. И. Когана "Состояние партийных организаций и партизанского движения в Маньчжурии"*, 23 мая 1941, РГАСПИ, ф. 514, оп. 1, д. 944, лл. 14-104.

만주 빨치산 지휘부 상태를 '극히 나쁘다'라고 평가했다.[76] 디미트로프 위원장의 비관은 근거가 있었다. 빨치산 운동은 괴멸되었다. 수많은 지휘관들은 이미 이 세상을 떠났다. 병으로 별세했거나 일본 군대가 죽인 자들도 있었다. 동북항일연합군은 사실상 더 이상 존재하지 않았다.

김일성은 또 하나 소련으로 탈출할 이유가 있었다. 그가 소만(蘇滿) 국경선을 넘어갔을 때 배우자 김정숙은 임신 상태였다. 그는 1941년 2월 16일 아들을 낳았다. 아기는 러시아 이름 '유라'로 불렸다. 현재 러시아에서 '유라'는 '유리'라는 이름의 애칭으로 쓰이지만, 1940년대 소련에서는 '게오르기'라는 이름의 애칭도 '유라'였다.[77] 김일성과 김정숙은 당시 러시아어를 구사하지 못했고 '유라'라는 이름을 선택한 사람은 해산을 도운 소련 의사였다는 증언이 있다.[78] 이 의사의 이름은 '니콜라이 니키텐코'라는 증언이 있고,[79] 이런 이름을 갖고 있는 의사가 김일성과 같은 부대에 복무했다는 증언도 있다.[80] 이 증언에 따르면 니키텐코 의사가 아기에게 유명한 소련 장군의 이름을 준 것인데 이는 사실로 보

---

76 Георги Димитров, *Дневник. 9 март 1933–6 февруари 1949*, София: *Университетско издателство "Св. Климент Охридски"*, 1997, стр. 220.

77 당시 김일성 아들은 러시아어로 '게오르기'가 아니라 '유라'로만 불렸다. 小林和子, 「私は金日成首相の小間使いだった」, 『在外邦人引揚の記録: この祖国への切なる慕情』, 東京: 毎日新聞社, 1970, 119-122頁 참조.

78 김찬정, "빨치산만가: 김일성과 88독립여단", 《新東亞》, № 7, 1992, 360~387쪽.

79 *Советский капитан по фамилии Ким Ир Сен //* НКВД, Балтимор: Vesa Vega Incorporated, 1995. 이 칼럼은 1990년대 미국 보스턴에서 간행된 러시아어 잡지에 나왔고, 필자는 구글북스를 통해 이에 접근할 수 있었다.

80 니콜라이 니키텐코의 상장(賞狀)을 통하여 그가 의무위생(醫務衛生) 중대 소대장, 즉 의사였던 사실을 확인할 수 있다. 니키텐코는 붉은 군대 소령이었고 김일성과 같은 부대에서 복무했다. *Фронтовой приказ 10/н*, 29 августа 1945 года, ЦАМО России, ф. 33, оп. 687572, д. 2317 참조.

인다. 그렇다면 유라는 게오르기 주코프의 이름을 받은 것이다. 니키텐코 의사가 왜 이 장군의 이름을 선택했는지는 수긍할 만하다. 그는 '노몬한 사건'이라는 일본 군대와의 충돌에서 소련군을 승리로 이끈 사람이었다. 일본 군대와 싸운 바실리 블류혜르 장군도 있었지만 1941년 당시 그는 숙청된 상태였다.

유라가 태어났을 때 김정숙은 젖이 나오지 않았다. 그래서 중국인 빨치산 이재덕(李在德)이[81] 그에게 모유를 주었다. 먼 훗날 그녀는 이에 대해 증언한 적도 있다.[82] 유라는 대단히 유명한 사람으로 크는데, 독자들은 그를 '김정일'이라는 이름으로 알고 있을 것이다.

모든 절차가 마무리되면서 소련 군대 지도부는 빨치산들을 2개의 야영(野營)에 정주시켰다. 한 야영은 '북야영' 또는 'A야영'이라고 불렀다. 이는 하바롭스크의 동북쪽에 위치한 뱌츠코예라는 마을 주변에 있었다. 다른 야영은 '남야영' 또는 'B야영'이라고 불렀다. 여기에 'B'는 라틴 문자 '비'가 아니라 러시아어 '웨' 문자였다. 남야영은 블라디보스토크 근처에 위치한 오케안스카야역 주변에 있었다.[83] 'A야영'이라는 이름은 아무르 강을 따른 것이고,[84] 'B야영'은 재미있게도 블라디보스토크가 아니라 옆에 있는 보로실로프시(현재에 우수리스크)를 따라 부른 것이다.[85] 남야영은 보로실로프보다 블라디보스토크와 더 가깝다는 면에서 좀 이상한 결정이었다. 빨치산들은 정찰과 사보타주 교육을 받

---

81 조선족 출신 이재덕은 중국에서 전국인민대표자대회 상무위원회 관공서 서기국 부국장으로 근무했다.

82 金贊汀, 『비극의 抗日빨치산』, 서울: 동아일보사, 1992, 13쪽.

83 오케안스카야의 남야영은 1991년 1월 18일에 안드레이 란코프가 유성철과 한 인터뷰와 함께 아래 일본 자료에서도 언급되었다. 「金日成の活動狀況」, ≪特高月報≫, 1944年 11月, 76-78頁. 북야영 본부보다 훨씬 작았던 것으로 보인다.

84 『苦难与斗争十四年』, 北京: 中国大百科全书出版社, 1995, 第350页.

85 Ibid., 第351页.

았다. 소련 군대는 이들을 다시 만주국에 파견하리라는 기대를 놓지 않았다.[86]

국제공산당이 불만을 가진 이유는 하나 더 있었다. 소련으로 넘어간 빨치산 고위 지휘관 웨이정민(魏拯民)이 없었고 웨이정민의 운명도 불명확했던 것이다. 결국 김일성과 그의 친구 안길 대장(隊長)이 두 개의 수색대를 설립해 만주에서 웨이정민을 찾도록 파견되었다. 1941년 4월 9일 수색대들은 남야영을 떠났고 다시 만주국으로 돌아왔다.[87] 몇 달 뒤인 8월 28일 김일성은 수색대 일부와 함께 귀국했다. 나머지 대원들은 만주에서 기다리고 있었다.[88] 김일성은 웨이정민이 급병으로 별세했고 임무에 실패했다고 보고했다.[89] 9월 14일 김일성은 다시 만주로 갔다. 수색대의 나머지 요원들과 상봉한 뒤 11월 12일 소련에 다시 귀국했다.[90]

두려움과 고난이 많았던 빨치산 시절이 끝나면서 김일성은 안정을 느끼기 시작했다. 아내 김정숙과 장남 김유라도 그랬다.[91] 이제 소비에트연방은 그의 새로운 고향이 되었다.

---

86 *Георги Димитров. Дневник. 9 март 1933–6 февруари 1949*, София: *Университетско издателство "Св. Климент Охридски"*, 1997, стр. 244.

87 「金日成給周保中, 金策的信」, 『东北地区革命历史文件汇集』, 甲60册, 哈尔滨: 黑龙江省出版总社, 1991, 第371-381页.

88 「周保中致王新林的信」, 『东北地区革命历史文件汇集』, 甲61册, 哈尔滨: 黑龙江省出版总社, 1991, 第338页; 「周保中给金策, 张寿笺的信」, 『东北地区革命历史文件汇集』, 甲61册, 哈尔滨: 黑龙江省出版总社, 1991, 第347页.

89 东北地区革命历史文件汇集』, 甲42册, 哈尔滨: 黑龙江省出版总社, 1991, 第393-394页.

90 徐万民, 『中韩关系史』, 北京: 社会科学文献出版社, 1996, 第261页.

91 东北地区革命历史文件汇集』, 甲44册, 哈尔滨: 黑龙江省出版总社, 1991, 第7页.

제3장

붉은 군대의 대위

소련 붉은 군대의 극동전선에서 1940년대 초반은 참으로 이상한 시절이었다. 1941년 4월 소련과 일본은 중립조약을 체결했다. 조약 당사국은 제3국의 공격을 받을 경우 중립을 지키겠다고 약속했다. 따라서 소련에게 일본은 더 이상 적국이 아니었다. 그러나 중립조약 체결 전 일본제국은 히틀러의 독일과 동맹조약을 맺었다. 독일은 1941년 6월 22일 소련을 공격했고 독소전쟁이 발발했다. 이에 소련은 일본의 공격 가능성을 고려하지 않을 수 없게 되었다.

하바롭스크에 위치한 극동전선 사령부와 전선 사령관 이오시프 아파나셴코 대장은 극동 지역이 소련 정부에게 우선순위가 전혀 없다는 것을 알았다.[1] 히

---

1 Пётр Григоренко, *Дальневосточный фронт 1941-43 гг.* // «В подполье можно встретить только крыс», http://militera.lib.ru/memo/russian/grigorenko/20.html. 이 회고록의 저자인 표트르 그리고렌코는 극동전선에서 복무한 붉은 군대 장교였다. 그는 1959년 소장까지 진급했다. 그리고렌코 장군은 소련 민주화 운동의 대표적인 투사가 되었다. 그가 1977년 미국에 머물 당시 소련 정부는 그의 국적을 박탈하고 귀국을 금지했다. 그리고렌코 장군의 회고록은 독소전쟁 시대의 극동전선 상황을 알려주는 귀중한 사료이다.

틀러의 군대는 승승장구했고 붉은 군대는 후퇴했다. 소련 인구의 절대 다수를 '열등 인간'으로 여긴 히틀러는 슬라브 문명 전체를 없앨 계획이었다. 소련 최고사령부는 나치의 공격을 막기 위하여 극동 병력을 서양 전선에 더 보내라는 명령을 계속 하달했다.

스탈린의 1937~38년 대숙청이 종결된 지 몇 년 지나지 않았을 당시 붉은 군대 장성의 절반 이상이 숙청 대상자가 되었다.[2] 편집증이 있는 스탈린은 소련에 외국 간첩들이 매우 많으며 이들은 1929년 소련에서 추방된 야권 정치가 레프 트로츠키의 졸개들이라고 생각했다. 아파나센코 전선 사령관의 전임자 그리고리 시테른도 숙청 대상자가 되었다. 소련 당국은 그를 '트로츠키주의자'라며 고발한 뒤 처형했다.[3]

이런 상황에서 일반 장군이라면 명령을 받들어 충실하게 집행하는 수밖에 없을 것이다. 독창력을 발휘하는 것은 곧 죽음으로 가는 길이 될 수 있기 때문이다. 아파나센코 대장도 이 사실을 잘 알고 있었다. 하지만 이 똑똑한 장군은 소련 국민 앞에 책임을 느껴 가만히 있을 수만은 없었다. 만일 일본이 중립조약을 위반하고 소련을 공격했다면 나라를 어떻게 지킬 수 있을까? 특히 당시 독일군의 성공을 보면 일본이 정말로 소련을 공격할 가능성을 배제할 수 없었다. 또한 아파나센코 대장의 임무는 극동전선의 전투 준비 태세를 유지하는 것이었다.

그래서 대장은 전선 강화 노력을 시작했다. 군사 기반시설 문제 외에도 극동전선이 대면했던 또 하나의 중요한 문제는 병력 부족이었다. 최고사령부는

2 이 주제에 대한 논문 중의 하나는 니콜라이 체루셰프의 연구다. Николай Черушев, *1937 год: элита Красной армии на Голгофе*, Москва: Вече, 2003 참조.

3 시테른 장군의 운명에 대해 Илья Куксин, *Генерал-полковник Григорий Михайлович Штерн*, Журнал-газета "Мастерская," http://club.berkovich-zametki.com/?p=34230; Пётр Григоренко, *Дальний Восток* // «В подполье можно встретить только крыс», http://militera.lib.ru/memo/russian/grigorenko/16.html 참조.

극동전선 사령관 이오시프 아파나셴코 대장

병력을 서방 전구(戰區)에 파견하라는 명령들을 계속해서 내렸고, 아파나셴코 장군은 1개 사단이 떠날 때마다 이를 대신하는 새로운 사단을 설립하라고 명령했다.[4] 부하들은 새로운 사단을 구성할 병력을 쉽게 찾을 수 없었다. 소련은 전면전(全面戰) 중이었고, 몸이 건강한 남자는 대부분 이미 붉은 군대로 징병된 상태였다.

해결책이 하나 있다면 대규모 사면을 하는 것이다. 극동지역에는 수용소가 여러 개 있었는데, 아파나셴코 대장의 명령에 따라 부하 표트르 그리고렌코 대령은 수용소장을 찾아 몸 건강한 수감자들 일부를 석방해 극동전선 복무에 보내라고 요구했다. 수용소 관리부는 군대가 개입하는 것을 결사반대하며 대령

---

4   Пётр Григоренко, *Дальневосточный фронт 1941-43 гг.* // «В подполье можно встретить только крыс», http://militera.lib.ru/memo/russian/grigorenko/20.html.

의 명령을 거절하려 했다. 하지만 그리고렌코 대령은 최고지도부의 명령이 있었으니 명령을 집행하라고 요구했다. 소장은 어쩔 수 없이 복종했지만 불만에 가득 찬 수용소 소장은 그리고렌코 대령을 고발하는 밀고장까지 썼다. 대령은 처형당할 수도 있었지만 아파나센코 대장이 그를 구해주었다.[5]

극동전선 수감자와 함께 만주 빨치산도 징병할 것을 결정했다. 이는 소련 군사(軍史) 전후(前後)로 찾을 수 없는 매우 예외적인 결정이었다. 이는 결국 외국인이 붉은 군대에 복무한 유일한 사례가 되었다. 이 결정은 대단히 특이하지만 상당히 합리적이었다. 평화 시대에는 빨치산들을 정찰병으로 활용할 수 있었고, 일본과의 전쟁이 발발된다면 선전가로 활용할 수 있었으며, 만일 소련이 이긴다면 점령지역의 임시 관리자로도 활용할 수 있었던 것이다.

1942년 7월 최고사령부는 또다시 극동전선에서 여러 사단들을 빼앗았다. 이 사단들은 독소전쟁 핵심전투 중 하나가 된 스탈린그라드 전투에 파견되었다. 아파나센코 대장은 병력 확산 전략을 바꿀 수밖에 없었다. 그는 더 이상 떠난 사단 대신 새로운 사단을 설립하지 않았다. 여단으로도 충분하다고 보았기 때문이다.[6] 바로 그때 만주 빨치산들이 붉은 군대에 입대했다. 뱌츠코예와 오케아스카야의 야영들은 새로운 부대인 제88독립보병여단에 재편성되었다.

여단 번호인 88은 무슨 특별한 의미가 있는 것이 아니었다. 그저 소련군 독립보병여단들의 순서에 따라 매겨졌다. 소련 군대에는 이미 '제88독립보병여단'이 있었다. 투르크메니스탄 출신자 위주로 설립된 이 첫 번째 88여단은 '만주 빨치산' 여단 설립 직전 해산되었다. 그래서 빨치산 여단이 이 번호를 대신 얻게 되었다. '독립'이라는 표현은 이 여단이 일반 지휘 계통처럼 사단 소속이 아니라 더 큰 부대 소속이라는 뜻이었다. 제88여단은 극동전선 직속 부대였

---

5 Ibid.

6 *Дневниковые записи генерала армии И.Р. Апанасенко* // Археографический ежегодник за 1995 год, 1997, стр. 210-212.

제88독립보병여단의 여원들. 첫째 줄 오른쪽에서 두 번째가 김일성 대위다

고 전선의 정찰부가 이 여단을 관리했다. 그리고 보병은 다른 전투 병과에 비해 교육이 덜 필요했고, 빨치산의 실제 군사 경험이 보병과 가깝다는 이유로 제88여단은 보병여단이 되었다.

빨치산 지휘관들은 군사교육을 받지 못했더라도 붉은 군대에 임관할 수 있었다.[7] 동북항일연합군은 더 이상 존재하지 않았지만 구 연합군 직위는 빨치산

---

7 안그레이 란코프가 한 인터뷰에서 러시아 군사(軍史)학자 게오르기 플로트니코프는 김일성이 1942년 하바롭스크 군사보병학교에서 공부한 적이 있었다고 주장했다. 그러나 필자는 이 학교 기록들을 매우 구체적으로 확인한 결과 플로트니코프의 주장이 사실이 아니라고 판단했다. 하바롭스크 군사보병학교 자료에서는 김일성이나 다른 빨치산에 대한 언급은 없다. 1942년 봄과 여름의 사관후보생 민족별 통계를 보면 이들 중 중국인이나 조선인은 없다는 것을 확인할 수 있다. *Донесение о списочной численности Хабаровского пехотного училища по состоянию на 1 июля 1942*

들의 계급에 영향을 미쳤다. 제88여단의 여단장으로 바이족(白族)[8] 중국인 저우바오중이 임명되었다. 당시 소련에 있던 빨치산 중에서 제일 높은 사람이었다. 독자들 중에는 그가 원래 1932년 왕더린의 중국국민구국군에서 군총부(軍總部) 총참모장이었다는 사실을 기억할 수도 있다. 붉은 군대는 그에게 중령 계급을 수여했다.

저우바오중 다음 실질적인 2인자는 리자오린(李兆麟)이었다. 리자오린은 여단의 정치위원이었고 붉은 군대에서 정치장교 제도가 개혁된 뒤에는 정치 부여단장이 되었다. 그는 소령 계급을 받았다. 김일성은 저우바오중과 리자오린 아래 복무했다. 그는 여단 소속에 있었던 4개 독립대대 중 하나의 대대장으로 임명되었고 대위 계급을 수여받았다.

이 4개 독립대대들은 특이한 여단의 핵심이었다. 김일성은 제1독립대대 대대장이었다. 당시 소련 군대에서는 그를 '김일성'이 아니라 이름 한자의 중국어 발음에 따라 '진치첸'[9]이라고 불렀다. 제2·3독립대대의 대대장들은 중국인이었고 제4독립대대 상황은 조금 더 복잡했다. 먼저 이 자리에는 중국인 차이스룽(柴世荣)이[10] 임명되었지만 1943년 8월 그는 여단 참모부에서 근무하게 되

ㄹ., ЦАМО России, ф. 60096, оп. 35188, д. 7, л. 113 참조. 학교의 자료는 편집되었거나 왜곡이 있었거나 압수를 당한 것으로는 보이지 않는다. 또한 원칙적으로 소련 군사학교를 졸업하면 소위나 중위로 임관되었다. 그러나 김일성은 대위로 임관되었고, 저우바오중은 중령까지 임관된 것을 보면 이 플로트니코프의 주장은 사실과 다르다고 할 수 있다.

8 바이족은 중국 소수민족 중 하나로 주로 서남 중국에 거주한다. 따라서 만주에서는 저우바오중이 바이족이라는 사실이 더욱 예외적 사례로 보였다.

9 공식적인 '중국어 → 한글' 표기법에 따라 쓰면 '金日成'은 '진르청'이다. '진지첸'이라는 표현은 '중국어 → 러시아어 → 한글' 표기에 따라 나온 것이다.

10 차이스룽에 대해서는 「柴世荣」, ≪历史今天≫, 2016, http://www.todayonhistory.com/people/201708/27890.html 참조.

었다. 그를 대신해 제4독립대대의 대대장으로 강신태(姜信泰)라는 조선인이 올랐다. 그는 '강건'이라는 가명으로 더 잘 알려져 있는 인물이다.[11]

이 여단의 특색 중 하나는 여단에 당(黨) 조직 두 개가 있었다는 것이다. 바로 소련 볼셰비키당과 중국공산당이었다. 중국공산당의 당 조직 책임자는 최용건이라는 조선인이었다. 따라서 제88여단에서 직위가 가장 높은 조선인들은 최용건 대위·김일성 대위·강건 대위 등이었다. 나중에 이들은 모두 북한에서 높은 직위를 얻었다. 최용건은 초대 민족보위상[12]이 되었고, 강건은 조선인민군 초대 총참모장이 되었다. 그리고 김일성 대위는 수령으로 임명되었다.

이 세 명만 승천한 것이 아니었다. 북한 정권 수립 전에 사망한 사람 외에 대부분의 제88여단 조선인들은 북한의 고위 간부가 되었다. 제88여단에서 중대장이었던 최용진은 북한에서 내각 부수상까지 올라갔다. 최현 소대장은 나중에 인민무력부장이 되었고, 박성철 분대장은 공화국 부주석이 되었다. 북한에서 높은 간부가 된 제88여단 출신자들의 총목록을 매겨본다면 20명이 넘을 것으로 보인다. 그러나 이 사람들이 전부 남자였다고 강조해야 한다. 김일성은 이 시대의 대부분 남자들보다도 여자들을 낮춰 보았다.

제88여단 복무자 가운데는 고려인도 있었다. 이들 중 두 사람을 특별히 언급할 필요가 있는데, 첫 번째 사람은 에릭 문이다. 그는 조선 이름 '문일'로 기억해야 한다. 당시 문일은 제88여단에서 라디오 교관으로 복무했고 김일성과 친한 친구가 되었다. 나중에 보게 되겠지만 문일은 김일성의 등극 등 북한 역

---

11 1945년 강건은 조선인민군의 초대 총참모장이 되었다. 그는 1950년 6·25전쟁 당시 사망했다.

12 '민족보위상'은 대한민국의 국방장관에 해당하는 직위였다. 북한에서는 1948년부터 1972년까지 존재했다. 이 어색한 직위 이름의 어원은 1940년대 미소공동위원회의 조선 통일정부 설립에 관한 회의에서 찾아야 할 것 같다. '민족보위상'은 'Minister of National Defense'의 '영어 → 러시아어 → 조선어' 오역(誤譯)으로 보인다.

사에 상당히 큰 영향을 미쳤다. 두 번째 사람은 김봉률이다. 그는 원래 소련 집단농장 위원장이었고 횡령으로 고발을 받아 수용소에 투옥되었다가 아파나센코 대장의 사면 덕분에 석방되었다.[13] 1945년 이후 김봉률은 북한으로 갔지만 그의 운명은 상당히 예외적이었다. 고려인 출신자 대부분이 숙청되었지만 김봉률은 살아남았다. 제88여단에서 트랙터 운전사로 알려져 있던 그는[14] 1995년 조선인민군 차수(次帥)로 사망했다.[15]

다른 여단 복무자들은 전우들의 이 특별한 출세에 대해 어떻게 생각했을까? 그리고 여단에는 고려인이 아닌 소련 사람들도 복무하고 있었다. 대부분은 러시아족(族)이 아닌 나나이족, 니브흐족 등 소수민족이었다. 이는 인종(人種) 때문이었는데, 여단은 정찰 사업을 위해 훈련을 받았고, 만주나 조선에서 그런 사업은 황인(黃人)만 할 수 있었던 것이다.

제88여단은 1940~42년 빨치산 야영들을 사용했다. 여단 본부는 뱌츠코에 기지에 있었고 여단의 성원과 그 가족들은 그곳에서 살았다. 보조 기지는 오케안스카야 기지였다. 여단의 성원들은 그곳에서 만주국이나 조선으로 정찰을 나갔다. 김일성은 이 작전들에 참가하지 못했다.[16] 웨이정민 수색 작전 이후 그는 남야영에서 몇 달을 보냈다.[17] 대부분 빨치산들은 북야영에 떠난 후에 1942년 3월 31일에 김일성은 남야영의 군사·정치 책임관으로 임명되었다.[18]

---

13 안드레이 란코프가 강상호와 한 인터뷰, 1990년 3월 7일; Пётр Григоренко, *Даль-невосточный фронт 1941-43 гг.* // «В подполье можно встретить только крыс», http://militera.lib.ru/memo/russian/grigorenko/20.html.

14 안드레이 란코프가 게오르기 플로트니코프와 한 인터뷰, 1990년 2월 1일.

15 "김봉률동지의 서거에 대한 부고", ≪조선인민군≫, 1995년 7월 20일, 4면.

16 안드레이 란코프가 게오르기 플로트니코프와 한 인터뷰, 1990년 2월 1일.

17 『东北地区革命历史文件汇集』, 甲43册, 哈尔滨: 黑龙江省出版总社, 第57页.

18 「周保中给季青, 柴世荣, 金日成, 安吉, 崔贤, 朴德山, 郭池山的信(1942年 3月 31日)」, 『中国-朝鲜·韩国关系史』, 下册, 天津: 天津人民出版社, 2001, 第882页에서 재인용.

같은 해 7월에 그는 하바롭스크에 가라는 호출을 받았다.[19] 하바롭스크에서 아파나셴코 대장은 저우바오중, 리자오린 그리고 김일성을 대접했고 40분 동안 그들에게 제88여단의 핵심 임무와 목표들에 대한 지시를 하달했다.[20] 다음에 김일성은 뱌츠코예 기지로 이동했다.[21]

제88여단이 설립된 1942년 김일성은 그가 복무했던 동북항일연합군 제1집단군의 역사를 기록하는 임무를 받았다. 제1집단군의 지휘관 대부분은 이미 사살 당했고 김일성은 유일하게 살아남은 고위 지휘관이 되었다.[22] 수십 년 후인 1987년 김일성이 쓴 약사(略史)가 중국에서 출판되었다.[23] 이 책의 저자가 김일성이었다는 주장은 없었지만, 몇 년 뒤 중국 분위기가 완화되면서 김우종(金宇鍾) 편집장은 이 글을 진짜 김일성이 쓴 글이라고 확인해주었다.[24] 아마 이 문서는 북한 초대 수령의 첫 번째 저작이었다. 김일성은 이 보고서를 상당히 건조하게 썼지만, 저자의 스타일을 느낄 수 있는 부분도 있었다. 김일성은 중국인과 조선인들의 협력이 어려웠다고 강조했다. 중국인과 조선인 빨치산들은 상호 신뢰가 부족했고 일본 선전도 이 갈등을 강화하기 위하여 노력했다. 민생단 사건 당시 조선인 투사 숙청에 대해 김일성은 특히 감정적으로 기억했는데, 그는 죄 없이 처형된 사람 수를 500명으로 평가했다.[25]

여단 요원들은 정찰병과 돌격대원 훈련을 받았다. 극동전선 사령부는 그들

---

19 『东北地区革命历史文件汇集』, 甲43册, 哈尔滨: 黑龙江省出版总社, 第67页.

20 Ibid., 第69-71页.

21 Ibid., 第71页.

22 金贊汀, 『비극의 抗日빨치산』, 서울: 동아일보사, 1992, 82쪽.

23 「抗联第一路军略史」, 『东北抗日联军史料』, 北京: 中共党史资料出版社, 1987, 第665-679页.

24 金贊汀, 『비극의 抗日빨치산』, 서울: 동아일보사, 1992, 81쪽.

25 「抗联第一路军略史」, 『东北抗日联军史料』, 北京: 中共党史资料出版社, 1987, 第665-679页.

을 우선 일본 군대에 대한 정보 수집을 위해 활용하려 했다.[26] 그리고 사령부는 만주에서 빨치산 운동 부흥에 희망을 버리지 않아 제88여단 성원들을 만주국 주민을 무장 항일운동에 참가시키는 선전가로도 활용할 수 있다고 보았다.[27] 병사들은 여러 다양한 훈련을 받았다. 훈련은 암살 기법, 수류탄 투척 기법, 사격, 화생방 공격 대비, 대전차 작전, 정찰, 지형, 스키,[28] 낙하작전까지 있었다.[29] 그리고 여단 성원들은 러시아어를 배웠다. 이들 중에는 김일성 대위만큼 러시아어를 열심히 배운 사람을 찾기 어려웠다.[30] 러시아어 우수생이 된 김일성 대대장은 지휘관들로부터 칭찬을 받았고,[31] 제88여단의 중국인 복무자 중에는 김일성이 지나치게 열심히 러시아어를 배우고 있다고 생각한 사람들이 있었다. 그들은 언젠가 만주로 귀국할 수 있을 것으로 희망했고 그렇게 되면 러시아어 능력은 쓸모없어질 것이라고 생각했다.[32] 1945년 김일성은 비교적 유창하게 러시아어를 구사한 덕분에 지휘관들과 문제없이 소통할 수 있었고, 이는 그가 북한 수령으로 선택되는 데 크게 기여했다.[33]

---

26 王明贵, 『踏破兴安万重山』, 哈尔滨: 黑龙江人民出版社, 1988, 第221-223页.

27 *Выписка из плана использования 88-й отдельной стрелковой бригады Дальневосточного фронта с началом боевых действий*, ЦАМО России, ф. 2, оп. 17582, д. 1, лл. 8-12. 필자는 이 사료에 관해 질이 나쁜 복사본을 받았다. 그래서 이 문헌정보는 틀릴 수도 있다.

28 王明贵, 『踏破兴安万重山』, 哈尔滨: 黑龙江人民出版社, 1988, 第219页.

29 "6·25 때 북한군 작전국장/유성철 '나의 증언': 1", ≪한국일보≫, 1990년 11월 1일, https://www.hankookilbo.com/News/Read/199011010041424744.

30 김찬정, "빨치산만가: 김일성과 88독립여단", ≪新東亞≫, № 7, 1992, 360~387쪽.

31 Е. Катышевцева, Мин К.-Х, *Партийно-политическая работа в 88-й стрелковой бригаде и Ким Ир Сен (1942-1945 гг.)* // Вопросы истории, № 9, 2018, стр. 101-122.

32 김찬정, "빨치산만가: 김일성과 88독립여단", ≪新東亞≫, № 7, 1992, 360~387쪽.

33 Ibid.

1944년 일본 특별고등경찰은 제88여단의 여러 성원들을 잡아 오케안스카야 기지에 대해 알게 되었다.[34] 그리고 극동전선 사령부는 정찰병들의 보고에서 미래를 낙관할 근거를 찾을 수가 없었다. 정찰병들은 조선에서 동화정책이 본질적으로 진행되고 있었고 만주나 조선에서 항일운동은 사실상 소멸되었다고 보고했다.[35]

전쟁 시기 기준으로 보면 뱌츠코예 기지에서의 생활은 조용한 편이었다.[36] 여단은 소련 민간인으로부터 완전히 분리되어 있었고 소련 비밀경찰이 이를 관리했다. 의심이 있는 자들은 북쪽에 있는 에보론이라는 호수 근처에 있는 수용소로 추방되었고, 이들은 다시 돌아오지 않았다.[37]

제88여단은 후방부대였다. 최고사령부는 당연히 후방부대보다 독일군과 전투하고 있는 전선부대들에 보급 우선권이 있다고 보았다.[38] 여단은 자급자족해야 했고 여단 소속의 여러 농장들이 있었다. 농장에서는 암소와 돼지를 키웠다. 동물은 '조리카', '크라술랴', '랴부샤' 등 러시아어식 이름을 갖고 있었다.[39]

---

34 「金日成の活動狀況」, 『特高月報』, 1944年 11月, 76-78頁.

35 안드레이 란코프가 유성철과 한 인터뷰, 1991년 1월 18일.

36 소련이 개방된 후 제88여단의 운명을 알아보기 위해 뱌츠코예를 찾았던 연구자와 기자는 적지 않았다. 이들이 여단에 대한 정보를 원하자 이를 악용한 사기꾼도 있었다. 그녀의 이름은 아브구스티나 세르게예브나 바르두치나였다. 그는 김일성의 가족과 친했다고 주장했지만 사실은 1945년 이후 뱌츠코예로 이주했고 김일성이나 그의 가족을 만난 적도 없었다. 그녀의 가짜 '증언'은 역사적 사실과 일치되지 않았기 때문에 연구자들에게 놀라움을 주었다. 아쉽게도 사기꾼의 정체를 밝히는 책이 기르기스스탄에서 나왔는데, 발행부수는 200권에 불과했다. 따라서 최근까지 이 책을 주목한 연구자는 없었고, 바르두치나의 허위 주장을 인용한 경우가 적지 않다. Герон Ли, *Великое покаяние*, Бишкек: ID Salam, 2005, стр. 372 참조.

37 Георгий Туманов, *Как изготовляли великого вождя* // Новое время, 1993, № 16, стр. 32-34.

38 София Иванова-Шершнева, *Давно минувшее*, Углич: Lulu.com, 2013, стр. 63.

이 사실과 함께 여단 성원 후손들의 증언을 보면,[40] 축산업을 비롯한 여단 보급 임무는 주로 소련 병사들이 했다. 즉, 김일성은 이 '군사 농업'에 직접 참가하지 않았지만 이를 정상적인 것으로 보았다. 1940년 소련으로 탈출한 김일성의 빨치산 투쟁은 완전한 패배로 끝났다. 8년 동안 일본과 했던 싸움은 잃어버린 8년이 되었다. 그리고 여기 뱌츠코예 기지에서 그는 상대적으로 편한 소련 후방 장교 생활을 했다.

훗날 1945년 김일성은 붉은 군대가 참전한 지 며칠 만에 일본이 항복을 선언한 것을 보았다. 물론 김일성 입장에서 이는 붉은 군대가 갖고 있는 전투 능력의 가장 중요한 증거였다. 붉은 군대 부대 가운데 김일성이 경험했던 유일한 부대는 바로 제88여단이었기 때문에 그가 나중에 조선인민군을 이러한 형태로 설립한 것은 우연한 것이 아니다. 수십 년 후에도 인민군 병사들은 제88여단 병사들처럼 자급자족을 목표로 했다. 만일 당시 김일성이 축산업이 얼마나 힘든 일이라는 것을 직접 느꼈더라면, 그가 과연 인민군 병사들에게 이 어려운 농장 생활을 시켰을까 생각해보게 된다.

김일성이 제88여단에서 복무했을 당시 그에게 큰 위협을 준 사건이 벌어졌다는 증언이 있다. 1944년 7월 여단의 중국공산당 조직 회의가 있었는데, 여느 회의처럼 분위기는 상당히 시끄러웠다. 연설자들은 말을 하는 것이 아니라 미친 듯이 외쳐댔다. 그리고 한 중국인대대 정치 일꾼이 김일성 대위를 고발하기 시작했다. 그는 김일성이 동북항일연합군 입대 전에 그의 부대가 지린성에서 민간인과 공산주의자들을 살인한 적이 있고, 김일성 부대 자체가 현지 주민들

39 *Документы о расформировании 88 отдельной стрелковой бригады*, ЦАМО России, ф. 1896, оп. 1, д. 2, л. 97.

40 *О ветеранах 88-ой отдельной стрелковой бригады* // Ассоциация коренных мало- численных народов Севера Хабаровского края, http://akmns-khab.ru/2016/05/11/o- ветеранах-88-ой-отдельной-стрелковой-д/.

을 무자비하게 강탈한 2개의 범죄자 폭력단과 밀접한 관계가 있었다고 말했다. 이런 고발이 회의 참가자들에게 어떤 인상을 주었는지는 쉽게 상상할 수 있다. 이것이 사실이라면 김일성은 빨치산 운동과 중국공산당을 배신한 자와 다름없었다. 저우바오중 여단장과 리자오린 정치 부여단장은 어느 정도 질서를 세운 뒤 김일성에게 대답하라고 말했다.

김일성은 이런 일이 있었다는 것을 부인하지 않았다. 그는 당시 자기 손으로 사람들을 총살한 적이 있었다고도 인정했다. 그러나 희생자들은 '진짜 공산주의자들'이 아니라 '트로츠키주의자'라고 설명했다. 위에 언급했듯 스탈린의 소련에서는 레프 트로츠키의 지지자들을 국적(國賊)으로 보았고 이들을 죽이는 것을 공훈으로 보았다. 그럼에도 불구하고 회의 참가자들은 이런 설명에 만족하지 않았고 소련 측 의견을 요구했다. 다음날 처벌을 받을 수 있다고 걱정한 김일성은 고주망태가 되었다. 하지만 지휘관들은 결국 이 사건을 무마하기로 결정했다.[41]

제88여단 성원 중에는 김일성 대대장만큼 행운이 따르지 않은 장교들도 있었다. 제4독립대대의 전(前) 대대장[42] 차이스룽과 정치 부대대장 지칭(季青)은 소련 방첩국에 체포되었고 간첩죄 혐의를 받았다.[43] 그러나 일본 특별고등경

41 Георгий Туманов, *Как изготовляли великого вождя* // Новое время, 1993, № 16, стр. 32-34.

42 *88 отдельная стрелковая бригада (второго формирования)*, ЦАМО России, ф. 1896, оп. 1, д. 1, л. 2.

43 *Распоряжение начальника штаба Главного командования советскими войсками на Дальнем Востоке Военному Совету Забайкальского фронта с информацией об использовании на разведработе китайцев и корейцев 88-й бригады*, ЦАМО России, ф. 66, оп. 178499, д. 11, л. 322; Цитируется по В. Н. Вартанов, А. Н. Почтарёв, "'Сталинский спецназ': 88-я отдельная стрелковая бригада" // Новый часовой, № 5, 1997, стр. 178-179; *Архивное следственное дело в отношении Цай-Ши-Юна*,

찰 자료를 보면 일본은 당시 제88여단이나 뱌츠코예 본부에 대해 몰랐다.[44] 따라서 차이스룽과 지칭은 스탈린 정권의 죄 없는 희생자가 되었다고 볼 수 있다. 김일성은 다행스럽게도 이런 운명을 피할 수 있었던 것이다.

1944년 김일성과 김정숙의 사이에서 두 번째 아들이 태어났다. 차남도 소련 이름을 받았다. 장남 '유라'처럼 둘째 아들에게도 '슈라'라는 이름을 준 사람은 니키텐코 의사라는 증언이 있다. 증언에 따르면 이번에도 니키텐코는 유명한 소련 장군의 이름을 붙였다.[45] '슈라'는 '알렉산드르'의 애칭형이고, 당시 붉은 군대에 알렉산드르라는 장군은 알렉산드르 바실렙스키뿐이었다. 아마도 니키텐코는 바실렙스키 장군의 스탈린그라드 전투 업적에서 깊은 인상을 받았을 것이라고 추측할 수 있다. 독소전쟁 발발 후 첫 번째 신임 대장이 된 바실렙스키는 스탈린그라드 전투의 승리로 대장이 된 지 한 달도 되지 않아 원수(元帥)로 진급했다.

시간이 흐르면서 유럽 전쟁의 종말이 다가왔다. 1945년 2월 초 얄타회담에서 윈스턴 처칠 영국 수상과 프랭클린 루스벨트 미국 대통령은 대소(對蘇) 정책에 있어 최대의 실수가 될 결정을 했다. 이들은 스탈린에게 대일(對日) 전쟁에 참전해달라고 부탁했다. 당시 미국은 아직 핵무기 프로젝트가 성공할지 알 수 없었고, 핵무기 없이 '다운폴'이라는 일본 본토 상륙 작전에서 큰 규모의 피해를 피할 수가 없었다. 스탈린은 나치 독일이 항복하면 몇 달 뒤 일본을 공격

ЦА ФСБ, следственное дело Н-17437. 필자가 이 책을 쓰고 있는 현재, 이 문서를 보관하고 있는 러시아 연방보안국 중앙문서보관소의 접근이 제한된 상태다. 그러나 필자가 보관소에 공식 요청을 보내자 보관소 직원들은 차이스룽의 운명에 대한 정보를 필자에게 알려주었다.

44 일본 특별고등경찰의 이 보고서는 오케안스카야 야영에 대한 언급이 있지만 뱌츠코예 야영이나 제88여단에 대한 언급은 없었다. 「金日成の活動狀況」, 『特高月報』, 1944年 11月, 76-78頁 참조.

45 김찬정, "빨치산만가: 김일성과 88독립여단", ≪新東亞≫, № 7, 1992, 360~387쪽.

할 것이라고 약속했다. 그는 그렇게 되면 일본의 영토와 영향권 일부를 소련 영향권에 들어가게 할 수 있을 것으로 보았다.

같은 해 4월 4일 소련 외무인민위원인 뱌체슬라프 몰로토프는 일본제국 대사 사토 나오타케(佐藤尙武)를 호출했고, 그에게 소련이 중립조약을 폐기하겠다는 뜻을 전달했다. 이 자리에서 사토 대사는 몰로토프에게 조약은 원래 1946년 4월까지 유효한데 소련이 여전히 이를 인정하는지 물어보았다. 몰로토프 인민 위원은 그렇다고 보장했다. 그러나 양측은 소련이 이 약속을 지키지 않을 가능성이 높다고 보았다. 소련 극동전선은 제1·2극동전선들로 재편성되었다. 제88여단은 제2극동전선 소속이었다. 제1·2극동전선들은 자바이칼 전선과 함께 극동지역 소비에트 군대 총사령부 소속에 들어갔다. 총사령관 역시 알렉산드르 바실렙스키 원수였다. 독자들이 기억하다시피 김일성의 차남이 바로 이 장군의 이름을 받았을 가능성이 크다.

1945년 5월 초순이 되자 나치 독일이 곧 망할 것을 모두가 알았다. 이때 저우바오중 여단장은 대일전쟁을 준비하기 시작했다. 중국인과 조선인 요원들은 공작단을 설립해야 했다. 저우 중령의 계획에 따르면 전쟁이 발발하면 이 공작단을 만주와 조선에 파견할 예정이었다. 조선 공작단의 단장은 김일성이었고 최용건은 중국공산당의 대표자였다.[46]

1945년 8월 6일 미국은 히로시마에 원자폭탄을 투하했다. 세계 역사에 핵무기의 신시대가 개막한 것이다. 이틀 뒤 사토 나오타케 주소련 대사는 8월 8~9일 사이 밤 12시에 소련이 전쟁에 돌입한다는 문서를 받았다. 모스크바 시간은 오후 5시였고, 도쿄 시간은 밤 11시였다. 대사는 즉시 도쿄에 이 중대한 소식을 전달하고 제국 정부는 만주국의 관동군 사령부에 연락해야 했다. 하지만 이

---

46 呂政, 『붉게 물든 대동강』, 서울: 동아일보사, 1991, 118쪽; 김찬정, "빨치산만가: 김일성과 88독립여단", ≪新東亞≫, № 7, 1992, 360~387쪽.

모든 것을 하기에 한 시간은 부족했다. 관동군이 선전포고 소식은 받았을 때 붉은 군대의 공격은 이미 시작되었다.

소일(蘇日)전쟁이 발발한 날인 1945년 8월 9일 미국은 나가사키에 원자폭탄을 투하했다. 일본의 항복은 시간 문제였다. 미국은 즉시 소련과 점령지역에 관한 협정을 체결하지 않으면 붉은 군대가 조선 전체를 점령할 수 있을 것이라고 우려했다. 다음날인 1945년 8월 10일 조선의 운명이 결정되었다. 30분이라는 시간 만에 미군 대령 찰스 본스틸과 딘 러스크가 한 결정은 한반도에 수십 년 동안 유지될 질서를 결정했다. 이후 본스틸은 대장까지 진급했고 러스크는 국무장관까지 되었지만, 이 두 명의 인생에 가장 중요한 날은 금요일이던 바로 이날, 1945년 8월 10일이었다.

본스틸과 러스크가 받았던 임무는 조선의 분단 계획안을 만드는 것이었다. 당시 미군은 이미 오키나와에 상륙했고, 소련 군대가 북쪽에서 전진하고 있었기 때문에 소련은 북조선, 미국은 남조선을 점령해야 했다. 문제는 군사분계선을 정하는 것이었다. 본스틸과 러스크 대령은 자세한 조선의 지도도 없었고, 유일하게 접근할 수 있었던 지도는 미국 국립지리학회가 1942년 출판한 '아시아와 인접지'라는 지도였다.[47]

이 지도에는 38선이 없었고 조선의 행정구역도 표시되지 않았으며 도시 이름, 경선과 위선만 있었다. 대령들은 미국과 소련이 각각 점령할 지역의 면적이 대체로 비슷해야 한다고 결정했다. 그렇게 하지 않으면 소련이 제안을 거절할 가능성이 커 보였다. 그리고 그들은 당시 경성(京城), 현재 서울이라고 부르는 조선의 행정수도가 미국 점령지에 포함되면 좋겠다고 보았다.[48]

첫 번째 계획은 평양과 원산을 연결시켜 분계선을 그리는 것이었다.[49] 그러

---

47 Mark Barry, "The U.S. and the 1945 Division of Korea," *NK News*, 12 February 2012, https://www.nknews.org/2012/02/the-u-s-and-the-1945-division-of-korea/.

48 Ibid.

'아시아와 인접지'에 나온 조선반도 지도

나 이런 분계선은 실제로 획정하기 어려웠다. 특히 평양과 원산 자체를 어떻게 나누어야 할지 명확하지 않았다. 따라서 다른 해결책이 필요했다. 지도에 북위 40도와 35도가 표시되어 있어서 대령들은 이들 사이에 있는 북위 38도를 점령 지 분계선으로 사용할 것을 결정했다.[50] 본스틸과 러스크는 이 계획이 임시적 인 조치에 불과할 것으로 보았다. 그러나 분단 시대는 이미 75년 이상 진행돼 왔고 언제 끝날지도 알 수 없다. 936년 견신검 후백제 국왕이 왕건 앞에 항복 한 날부터 1945년 8월까지 조선은 한나라였다. 1,000년 이상 지속된 통일 시대

---

49 지도에 이 도시들은 한자의 일본 발음에 따라 Heijo와 Gensan으로 표시된다.

50 Ibid.; 이완범, 『삼팔선 획정의 진실』, 서울: 지식산업사, 2001.

는 바로 이날 종결되었다.

미국 지휘관들이 본스틸과 러스크의 계획안을 원안 그대로 승인한 뒤 트루먼 대통령은 이를 스탈린에게 공식 제안했다. 조선 분단 계획은 일본제국의 본토, 식민지, 위성국가 분단 계획안의 작은 일부에 불과했다. 그래서 스탈린은 조선 부분을 토론 없이 승인했고, 홋카이도 일부를 점령하고 싶다는 뜻을 미국에 전달했다. 트루먼 대통령은 이 요청을 거절했다.[51] 그리고 조선의 운명은 정해져 버렸다.

일본제국은 며칠 동안 더 전투를 이어갔다. 제국 정부가 미국과 항복 조건을 이야기하는 동안 육군 장교 중 극단적인 국수주의자들은 항복을 막기 위해 정변을 시도했다. 쿠데타는 결국 실패했고 8월 15일 히로히토 천황은 전체 제국 신민들에게 제국이 연합국의 조건을 수락하고 항복한다고 선포했다.

이 일주일은 참으로 운명적이었다. 아시아 역사에서 이만큼 중요한 일주일을 찾기 어렵다. 1945년 8월 8일에서 15일 사이 동아시아 모든 사람들의 운명은 완전히 새로운 길로 나아갔다. 일본의 종전(終戰)은 모든 식민지와 쿠릴 열도 같은 내지(內地)의 일부 상실이면서 무시무시한 국수주의자 통치시대의 종말이었다. 중국에서는 희망이 거의 없는 전쟁이 갑자기 승리로 종결된 것이지만 만주가 소련 통치하에 있었고 나라가 다시 내전의 위협에 대면하게 되었다는 것을 뜻했다. 그리고 조선에게는 일본으로부터의 독립과 미소(美蘇) 점령지로의 분단을 의미했다.

전쟁 당시 붉은 군대는 제88여단의 존재를 사실상 잊어버렸다. 여단장 저우바오중은 이에 대해 많은 불만을 갖고 있었다. 저우 중령은 일본과 싸우고 싶어 했다. 그는 이제 결정적인 시대가 다가왔다고 이해했다. 일본의 질서가 무

---

51 Mark Barry, "The U.S. and the 1945 Division of Korea," *NK News*, 12 February 2012, https://www.nknews.org/2012/02/the-u-s-and-the-1945-division-of-korea/.

왼쪽부터 저우바오중과 그의 배우자 왕이지, 제88여단의 정치위원 리자오린

너졌고 소련의 새로운 질서는 건설 중이었다. 만일 그가 소련의 마을이 아니라 만주에 있었다면 이 질서에서 상당히 높은 간부가 될 수 있었다. 여단장은 사령부의 이목을 끌기 위해 여러 차례 시도한 뒤 직접 총사령관인 바실렙스키 원수에게 편지를 보냈다.

저우바오중은 여단의 중국인 성원들을 만주국 수도였던 창춘(長春)시에 파견해달라고 했다. 저우 중령의 계획에 따르면 그들이 소련 점령군을 보좌하고 앞으로 '만주에서 인민군의 핵심'이 되면서 '만주에 모든 공산당 당원을 통합'할 수 있었다. 여단장은 '모든 반동적인 분자와 유파(流波)에 반대하는 투쟁'을 하고 '날마다 인민대중을 위한 사업을 하고 중국 인민을 위대한 이웃국가인 소비에트연방, 소비에트연방의 민족들, 위대하신 스탈린에 대한 우정과 애정 정신으로 교양'하겠다고 약속했다.[52]

저우바오중은 이런 편지를 쓰는 방식을 잘 알고 있었다. 소련 사람이라면 이 편지의 속뜻을 쉽게 이해할 수 있었다. "원수 동지, 소련은 만주에서 소련에 복종하는 새로운 정권을 설립하려고 합니다. 저와 제 부하들도 경험이 있고 신뢰할 만한 동무들입니다. 혹시 바로 저희를 이 정권의 지도자로 임명할 가능성을 고려해주시면 감사하겠습니다. 후회하지 않으실 것입니다. 제2극동전선 제 88독립보병여단 여단장 저우바오중 올림"이었다.

바실렙스키 원수는 저우 중령과 10월 2일이 되어서야 상봉했지만[53] 저우의 계획은 훨씬 일찍 집행되었다. 만주에서 그 어떤 '만주인민공화국'은 설립되지 않았지만, 중화인민공화국 건국 이후 저우바오중과 제88여단의 중국 성원들은 중국의 엘리트로 들어갔다. 그러나 훗날 중소분쟁 시기 이들 중에는 정치 탄압의 희생자가 된 사람들이 많았다. 그들은 소련 붉은 군대 출신이었다.[54]

조선인 성원들도 고향인 조선으로 귀국해야 했다. 이들과 함께 제88여단 고려인들도 조선으로 파견되었다.[55] 물론 조선에 귀국해야 하는 제1독립대대 성

52 *Письмо командира 88-й отдельной бригады главнокомандующему Советскими войсками на Дальнем Востоке с предложениями по использованию бригады*, ЦАМО России, ф. 66, оп. 3191, д. 2, лл. 14-15, В. Н. Вартанов, А. Н. Почтарёв, "'Сталинский спецназ': 88-я отдельная стрелковая бригада" // Новый часовой, № 5, 1997에서 재인용.

53 Малиновский, Тевченко, *Донесение командующего войсками Забайкальского фронта главнокомандующему Советскими войсками на Дальнем Востоке о приёме командира 88-й бригады*, 3 октября 1945, ЦАМО России, ф. 66, оп. 178499, д. 11, стр. 384.

54 이 정책 희생자들 중 한 명이 펑스루(彭施魯)였다. 제88여단에서 중대장이었던 그는 이후 중국인민해방군 소장이 되었다. 中国历史网, 「彭施魯: 河南籍将领人物传记简介」, 2017年 10月 22日, http://lishi.zhuixue.net/2017/1022/72253.html 참조.

55 *Советские корейцы, находившиеся в составе 88-й осбр (с. Вятское), предназначенные для работы в Корее*, 31 августа 1945 года, ЦАМО России, ф. 2, оп. 19121, д. 2, л. 15.

원의 목록 1호는 대대장 김일성 대위였다.[56] 중국인과 조선인은 소련을 떠나기 전 한 가지 문제를 처리해야 했다. 소일전쟁은 종결되었고 붉은 군대 사령부는 전쟁 참가자들에게 메달과 훈장을 주었다. 제88독립보병여단은 전투에 참가하지 않았지만 제2극동전선 사령부는 이 성원들도 훈장을 받을 자격이 있다고 결정했다. 8월 30일 전선 사령관 막심 푸르카예프 대장은 여단성원들에게 훈장 수여 명령을 하달했다. 수여자 목록에 있는 다섯 번째 사람이 김일성 대위였다. 그는 붉은 기 훈장을 받았다.[57]

이제 귀향 시간이 되었다. 원래 계획에 따르면 제88여단 조선인들은 만주를 통해 조선으로 출발해야 했지만, 만주 안둥(安東)과 조선 신의주 사이에 있었던 다리가 폭격을 당했고, 조선인 귀국자들은 블라디보스토크로 가서 '예멜리얀 푸가초프'호에 탔다. '예멜리얀 푸가초프'호는 미국이 건설해 동맹국가인 소련에 준 리버티선이었다.[58] '예멜리얀 푸가초프'호의 순항 속도가 11.5노트였다는 사실로 보아 블라디보스토크에서 조선 원산까지는 하루 반 정도 걸렸다고 계산

---

56 *Список личного состава 1-го батальона 88-й отд. стр. Бригады 2-го Дальневосточного фронта, предназначенного для работы в Корее*, ЦАМО России, ф. 3, оп. 19121, д. 2, лл. 14-15; Серафим Чувырин, Михаил Анкудинов, *Из доклада начальника РО Ставки Главнокомандования Советскими войсками на Дальнем Востоке Маршалу Советского Союза А.М. Василевскому*, ЦАМО России, ф. 3, оп. 19121, д. 2, лл. 3-4.

57 *Фронтовой приказ 10/н*, 29 августа 1945 года, ЦАМО России, ф. 33, оп. 687572, д. 2317.

58 이 전함은 미국 포틀랜드에 위치한 오리건 조선사(造船社)가 건설해 1943년 4월 13일 진수되었다. 스위스 지질학자 장 루이 로돌프 아가시를 기념해 '루이 아가시'호로 명명되었다. 같은 해 4월 21일 미국은 이 전함을 소련에 주었고 소련은 이를 18세기 농민 반란 우두머리인 예멜리얀 푸가초프를 기념해 그의 이름을 따서 개명했다. *Емельян Пугачёв (до 21.04.1943 г. Louis Agassiz)*, http://www.sovnavy-ww2.ho.ua/transports/typ_liberty.htm#pugachev 참조.

예멜리안 푸가초프호

할 수 있다.[59] 정박의 날은 9월 19일이었다. 보천보 습격 이후 김일성은 처음으로 조선 땅을 밟게 되었다. 신임 강원도 경무관 블라디미르 쿠추모프 대령은 귀국자들을 마중했다.[60] 김정숙, 유라와 슈라 등 김일성 가족은 아직 뱌츠코에 기지에 있었고 나중에 귀국했다. 그들은 11월 16일 귀국했다는 증언이 있다.[61]

사랑하는 조국으로 귀국하는 순간은 감동적이었다. 귀국자 중 한 명인 최용진은 "이제 천하를 쥔 셈이다"라고 외쳤다.[62] 그러나 김일성은 조심히 행동하는 것이 좋겠다고 보았다. 그는 부하들에게 자신에 대해 이야기하지 말라고 지

---

59 *Емельян Пугачёв* // ПАО «Дальневосточное морское пароходство», https://www.fesco. ru/about/history/fleet-roll/12043/.

60 Василий Иванов, *В тылах Кватунской армии*, Москва: ИДВ РАН, 2009, стр. 215.

61 김찬정, "빨치산만가: 김일성과 88독립여단", 《新東亞》, № 7, 1992, 360~387쪽.

62 Ibid.

시했다. 직접 질문을 받는 경우 김일성은 나중에 큰 부대와 함께 귀국할 예정이라고 대답하라고 했다.[63] 얼마 후 이때도 붉은 군대 대위 군복을 입고 있던 김일성은[64] 소련 경무 사령부의 지시에 따라 원산에서 평양으로 가는 자동차를 탔다.[65] 바로 다음날인 9월 20일은 추석 연휴 첫날이었고 추석을 맞아 김일성도 고향에 갔다. 그는 차에서 조선을 바라보면서 어떤 생각을 했을까? 그 꿈은 드디어 이루어졌다. 조선은 독립을 되찾았고 총독부 정권은 무너졌다. 그러나 조선 독립에 그의 업적은 없었고 독립 자체는 외국 나라들이 준 것이었다.

그 당시에는 바로 이 사람이 이 나라를 49년 동안 통치하리라는 것을 아무도 알지 못했다.

63 Ibid.

64 Леонид Васин, *Товарищ капитан* // Совершенно секретно, № 7, 1991, стр. 25.

65 Василий Иванов, *В тылах Кватунской армии*, Москва: ИДВ РАН, 2009, стр. 215.

제4장

모스크바에서 임명된 낙하산 수령

김일성 평생 가장 중요한 시기는 1945년 가을이었다. 대대장에 불과했던 그는 바로 이 시기 하루아침에 북조선의 수령이 되었다. 1945년 소련의 영향권은 급격히 확장되었다. 제2차 세계대전이 발발하기 전 소련은 위성국가가 2개밖에 없었다. 몽골과 투바였는데, 투바는 1944년 소련 영토가 되었다. 그러나 1945년 소련은 사할린 섬의 남반부, 쿠릴 열도와 동프로이센 일부를 합병했으며 붉은 군대는 헝가리, 루마니아, 불가리아, 폴란드, 체코슬로바키아, 그리고 만주를 점령했다. 소련은 독일, 오스트리아, 조선에 점령지가 생겼다. 전 세계는 새로운 시대에 들어섰다. 북조선은 스탈린 전리품의 작은 일부에 불과했다.

소련 정부는 당시 이 영토를 합병하지 않도록 결정했다. 그러나 스탈린은 점령지에 대해 어떤 정책을 실행할지 아직 결정하지 않은 상태였다. 그래서 조선 관리 임무를 받았던 제1극동전선 제25군은 스탈린의 명령을 받을 때까지 기다리면서 알아서 정책을 결정했다. 1945년 8월, 바로 이때 북조선을 수십 년간 다스리게 될 정권의 본질이 형성되기 시작했다.

당면한 문제 가운데 하나는 제25군의 참모부 겸 북조선 행정수도의 위치 선택이었다. 식민지 조선의 핵심도시인 경성은 미국 점령지에 있었기 때문에 선택이 쉽지 않았다. 먼저 붉은 군대 사령부는 함흥을 유력 후보로 보았다.[1]

8월 25일 제25군 사령관 이반 치스탸코프 상장[2]은 상관 키릴 메레츠코프 원수의 호출을 받았다. 메레츠코프는 치스탸코프에게 제25군 참모부를 조선에 재배치하라는 명령을 하달했고 위치로 함흥과 평양 중 하나를 선택하라고 했다. 치스탸코프는 두 번째 선택지를 뽑았다.[3] 전날인 8월 24일 치스탸코프 상장은 일본 군대에 항복 절차를 알려주기 위해 조선 함흥에 방문했다. 그가 함흥을 뽑지 않은 것으로 보아 그가 이 도시에서 부정적인 느낌을 받았을 것이라고 추측할 수 있다. 평양이 북한의 수도가 된 이유는 바로 이 소련 장군의 결정이었다. 나중에 북한이 '혁명의 수도 평양'을 얼마나 열심히 찬양했는지는 독자들도 잘 알고 있다. 북한은 이 도시가 고대로부터 '대동강 문화'의 중심지이고 '대동강 문화'는 '세계 5대 문화' 중의 하나로서 이집트의 테베, 바빌론, 인도의 모헨조다로, 중국의 은허(殷墟) 만큼 역사가 깊다고 주장했다.

만약 치스탸코프 상장이 그 당시 소련군의 원래 계획에 따라 함흥을 선택했다면 '우리나라의 전통수도 함흥'이나 '위대한 성천강 문화'에 대해 듣게 되었을지도 모른다. 그리고 만약에 함흥이 북한의 중심지가 되었다면 평양에 파견된 김일성이 북한의 수령이 못 되었을지도 모른다. 함흥에 파견된 제88여단 장교들 중에는 김일성의 전우 김책이 있었다.[4] 치스탸코프 상장의 선택이 달랐더

1 *Донесение командующего войсками 1-го Дальневосточного фронта главнокомандующему Советскими войсками на Дальнем Востоке с соображениями о послевоенной дислокации войск на Дальнем Востоке*, 24 августа 1945 г. ЦАМО России, ф. 66, оп. 117499, д. 1, лл. 376-378.

2 상장(上將)은 소련 군대에 중장과 대장 사이에 있는 3성 장군의 계급이다. 북한에서도 1955년 4월부터 그런 계급은 존재한다.

3 Иван Чистяков, *Необычное задание* // Служим Отчизне, http://militera.lib.ru/memo/russian/chistyakov_im/19.html.

4 *Список личного состава 1-го батальона 88-й отд. стр. Бригады 2-го Дальневосточного фронта, предназначенного для работы в Корее*, ЦАМО России, ф. 3, оп. 19121,

라면 김책이 북한의 수령이 될 수 있었을까? 이 질문에 대한 정답은 아무도 알수 없다.

8월 25일 평양에 소련 장교들이 도착했다. 함흥과 달리 이 도시는 긍정적인인상을 주었다.[5] 차스탸코프 상장은 다음날 평양에 도착했다. 8월 26일 그는평양사관구(平壤師管區) 사령관 다케시타 요시하루(竹下義晴)로부터 항복을 받았다. 이로써 북조선에서 일본 통치시대는 끝이 났다. 항복 의식 이후 한 달 정도는 북조선의 운명이 확실하지 않았다. 그래서 북조선 주민들은 사실상 정치활동을 할 자유가 생겼다. 38선 이북의 조선에서 조선 사람들의 활동은 차스탸코프 상장이 도착하기 2주 전 정도부터 시작했다. 히로히토 천황이 방송하기며칠 전 마지막 조선 총독 아베 노부유키(阿部信行)는 평양에 연락해 후루카와가네히데(古川兼秀) 평안남도 도지사에게 조선인 자치 조직을 설립하라는 지시를 내렸다. 아베 총독은 온건하고 똑똑한 사람이었다. 일본 정부가 그를 조선에 파견한 목적 중 하나는 도쿄에서 이뤄지는 의사결정에 그의 영향력을 줄이는 것이었다. 이번에도 그는 일본이 권력을 상실한 것 때문에 유혈사태가 벌어지지 않도록 노력하기 시작했다. 아베의 지시에 따라 설립된 조직은 주로 '인민위원회'라고 불렸다. 인민위원회는 매우 다양한 사람들로 구성되었다. 이들중에는 식민지 시대의 간부, 독립운동가, 지방 부자(富者)들도 있었다.[6] 평양에

д. 2, лл. 14-15. 필자에게 이 사료를 준 기광서 교수님께 감사드린다. 기 교수는 이사료를 게오르기 플로트니코프의 아카이브에서 받았다. 플로트니코프는 소련군 대령이었다. 그는 한국어를 유창하게 했고, 북한에서 복무한 적도 있었으며 북한 군사(軍史)를꼼꼼하게 연구했다.

5 *Журнал боевых действий 25 армии с 9 по 19 августа 1945 г. Приложение к журналу боевых действий*, ЦАМО России, ф. 379, оп. 11019, д. 9, лл. 35-37.

6 Фёдоров, Лившиц, *Докладная записка* // Разные материалы, поступившие из Гражданской администрации Северной Кореи, ЦАМО России, ф. 172, оп. 614631, д. 37, лл. 14-32.

서 후루카와 도지사의 승인을 받아[7] 자치기관의 의장으로 전 교육가이자 독립운동가인 조만식이 추대되었다.[8] 인민위원회들은 총독부 지시에 따라 설립된 조직이었으므로 붉은 군대의 신뢰를 받지 못했다.

인민위원회 소속이 아니었던 정치 활동가들은 3개 부류로 나눌 수 있었다. 우파 민족주의자, 사회민주주의자, 공산주의자 등을 각각 살펴보자.

우파 민족주의자의 대표세력 중 하나인 민족당은 1945년 8월 31일 설립되었다. 소련 군대의 정권 확립을 본 정당의 지도부는 당 개명을 결정했다. 아마도 사회주의 국가인 소련의 마음에 더 들도록 당의 명칭에 '사회'라는 단어를 붙여 '민족사회당'으로 개명했다.[9] 문제는 이 이름이 히틀러의 '독일 민족 사회주의 노동자당'과 매우 닮았기에 소련 군대의 반감을 일으켰다. 소련 당국은 이 '민족사회당'을 해산했다.

다음은 조선사회민주당이었다. 이 정당은 평양이 아니라 신의주에서 설립되었다. 국경 도시의 특이하고 자유로운 분위기가 영향을 미치지 않았을까 한

---

7 *Справка о враждебных партиях, существующих в настоящее время в Корее* // Документы, характеризующие политические партии и общественные организации Северной Кореи за 1945 г., ЦАМО России, ф. 172, оп. 614630, д. 5, лл. 17-18; 森田芳夫,「朝鮮総督 阿部信行: 南朝鮮の政情と治安問題」,『朝鮮終戦の記録』, 東京: 巖南堂書店, 1964, 301-312頁.

8 1883년에 태어난 조만식은 22살이 되자 개신교 장로회로 개종했다. 한일합병 당시 조만식은 도쿄에서 공부한 유학생이었다. 메이지대학교를 졸업한 뒤 조선으로 돌아왔고 교원으로 근무했다. 3·1운동에 참가한 뒤 1년 동안 투옥 생활을 했으며, 석방된 후 정치활동과 계몽활동을 계속했다. 조만식은 1943년 황군에 조선인 징병을 반대해 잠깐 다시 투옥되었다. 1945년 당시 그는 인기도 있고 권위도 있는 독립운동가였다.

9 *Справка о враждебных партиях, существующих в настоящее время в Корее* // Документы, характеризующие политические партии и общественные организации Северной Кореи за 1945 г., ЦАМО России, ф. 172, оп. 614630, д. 5, лл. 17-18.

다. 사회민주당은 북조선의 상황을 상당히 객관적으로 평가했다. 북조선에서 권력은 붉은 군대에 있었지만 스탈린은 공산화 결정을 아직 하달하지 못했다. 그래서 가장 합리적인 전략은 좌파 세력이 관리하고 소련과 우호적인 관계를 유지하는 사회민주주의 국가 설립을 위하여 노력하는 것이었다. 붉은 군대는 이런 질서를 받아들일 수 있었고, 다른 한편으로는 북조선의 스탈린주의화도 피할 수 있었다.

조선사회민주당의 강령에는 당원들이 조선에서 민주 질서 건설을 지지하는 것과 함께 "미국과 소련이 해방을 준 데 대하여 감사드리지만, 외국이 조선의 국내외 정책에 영향을 주는 것을 반대한다"는 규정도 있었다.[10] 1945년 9월 이런 노선은 성공할 수 있을 것처럼 보였다. 특히 오스트리아 사례를 보면 더욱 그렇다. 조선처럼 오스트리아도 1945년 이전에 추축국(樞軸國) 나라의 일부였고 제2차 세계대전의 종결과 함께 독립을 되찾았으며 소련 점령지가 있었던 나라였다. 오스트리아에서 카를 레너라는 좌경 사회민주주의자는 동무들과 함께 통일정부를 빨리 세워 오스트리아의 영구분단을 막을 수 있었다. 이 나라의 서반부와 동반부는 1955년 통일되었고 민주 자본주의 중립국가인 오스트리아 공화국이 탄생했다.[11] 그러나 조선의 운명은 오스트리아와 완전히 달랐다.

그리고 또 하나의 정치 세력은 바로 조선의 공산주의자들이었다. 공산주의 사상을 지지하는 조선인들에게 붉은 군대의 도래는 곧 꿈의 실현이었다. 북조선 공산주의자들은 소련의 핵심 신문인 ≪프라우다≫나 ≪이즈베스티야≫와 이름이 비슷한 신문들을 즉시 출판하기 시작했다.[12] 다른 사회주의 국가처럼

---

10 *Социал-демократическая партия* // Документы, характеризующие политические партии и общественные организации Северной Кореи за 1945 г., ЦАМО России, ф. 172, оп. 614630, д. 5, лл. 74-76.

11 동오스트리아에 대해 Barbara Stelzl-Marx, *Stalins Soldaten in Österreich*, Wien: Böhlau Verlag, 2012 참조.

이후 북한에서도 기회주의적으로 입당한 사람들이 많았는데, 1945년 9월 공산주의자로 자칭하는 사람들은 주로 마르크스, 레닌, 스탈린의 사상을 실제로 믿었다.

9월 20일 제25군은 드디어 북조선 정책에 관한 스탈린의 명령을 받았다. 소련의 수령은 북조선에서 '전체 반일민주주의 정당과 단체들의 폭넓은 블록을 기반으로' 하는 '부르주아 민주주의 정권'을 설립하라고 지시했다. 스탈린은 이 새로운 질서가 소비에트식 정권이 되지 말아야 한다고 지시했으며, 붉은 군대는 종교의 자유를 방해하지 말아야 한다고 지시했다.[13] 훗날 북조선과 동유럽에서 벌어진 일들을 보면 당시 스탈린은 소련의 새로운 위성국가에 제한적인 민주주의 제도 설립을 허용하면서 소련의 기본 노선에 복종시키려고 했다는 것을 추측할 수 있다. 소련 정권은 민주국가가 소련을 무조건 따라가지 않을 수도 있다는 사실을 인지했고 이 나라들에는 공산주의 정권을 세우도록 했다. 독자들이 보는 것처럼 북조선에서 이 과정은 동유럽보다 더 빨랐다.

스탈린 명령에서 또 하나 재미있는 점이 있다. 1945년 9월 소련 정부는 이미 붉은 군대가 북조선에서 단독 정권을 세워야 한다고 지시했다. 이 명령에서는 미국과 조선 통일정부 설립에 대한 대화를 시작하라는 지시는 찾을 수 없다. 독자들도 알다시피 이후 조선 통일정부 문제를 해결하기 위하여 미소공동위원회(美蘇共同委員會)가 설립되었다. 당시 미국이 크게 양보해 좌경 정치인이 지배하는 정부 설립을 허용했다면 소련은 조선의 통일을 수락할 준비가 되어 있었다. 그러나 1945년 9월 소련은 이미 단독정부 설립을 기본 선택지로 두었다는 것을 기억해야 한다.

막 형성되고 있는 북조선의 국가 원수(元首)로 김일성을 임명하자고 제안한

---

12 *Печать и радио*, ЦАМО России, ф. УСГАСК, оп. 433847, д. 1, лл. 64-70.

13 *Маршалу Василевскому, Военному Совету Приморского военного округа, Военному совету 25 армии*, ЦАМО России, ф. 148, оп. 3763, д. 111, стр. 92-93.

자가 바로 문일이었다는 증언이 있다. 독자들이 기억할 수 있는 것처럼 문일은 김일성과 함께 제88여단에서 복무한 고려인이었다. 문일과 김일성이 잘 알았던 박일 전 김일성종합대학 부총장은 1945년 봄 소련 볼셰비키당 지도부가 일본과 전쟁을 하면 조선을 통치할 지도자가 필요하다는 것을 처음으로 고려하기 시작했다. 박일의 증언에 따르면, 당 중앙위원회 대표자와의 대화에서 문일은 하바롭스크 근처에 위치한 부대에 어떤 김씨가 있는데, 이 김씨가 올바른 조선 지도자 후보자가 아닐까 추측했다는 것이다.[14] 그러나 1945년 8월 기준으로 북조선 지도자 문제에 대해 아직 결정된 것은 없었다. 소련 당국은 제25군 정찰부에 북조선 지도자 자리에 오를 후보자 목록을 작성하라고 지시했다. 제25군 정치부는 후보자 훈련을 시켜야 했다. 후보자들이 갖춰야 하는 사회적 배경, 교육, 정치 의견, 개인 버릇 등의 규준들이 있었다.

정찰부는 명령에 따라 후보자 목록을 작성했다. 그러나 정치부가 이 목록을 확인했을 때 모든 규준에 맞는 후보자는 한 명도 없다는 사실을 알았다. 정치부는 정찰부와 싸우고 싶지 않았기에 이 문제를 무시했고, 선정된 후보자들에게 정치 교육을 시키도록 했다. 그리고 후보자 목록을 모스크바에 보냈다. 이제 스탈린은 최종 결정을 내려야 했다.[15]

목록은 여러 개의 분류로 나뉘어 있었다. 우선 국제공산당 요원이 있었다. 국제공산당이 1943년 해산되기 전에 전 세계에 큰 규모의 요원 네트워크가 있었는데 이들 중에는 조선에서 근무한 자들도 있었다. 목록에 먼저 등장한 사람들은 김용범과 박정애였다. 국제공산당이 이들을 조선에 파견했을 때는 그들을 부부로 위장해 활용하려고 했다. 그러나 이들은 진짜 결혼해 부부가 되었

---

14 Андрей Смирнов, *Как Советская Армия внедрила в Северную Корею президента Ким Ир Сена и его правительство* // Совершенно секретно, № 8, 1992, стр. 10-11.

15 Анатолий Журин, *Сделан в СССР* // Совершенно секретно № 9/268, https://web.archive.org/web/20150628072203/http://www.sovsekretno.ru/articles/id/2889/.

북한의 수령 후보자들

다.[16] 후보자 목록에서 유일한 여성인 박정애는 8월 26일 평양에 마중 나온 사람이었다. 다케시타 중장이 항복 문서를 서명했을 때도 박정애는 서명식에 참석했다. 박정애와 그녀의 남편은 제25군에 좋은 인상을 남겼고 후보자 목록에 포함되었다.

박정애와 김용범 외에도 장시우, 김광진, 박정호, 그리고 1937년부터 조선에서 근무했던 전 소련 태평양 함대 정찰부 요원이었던 양영순 등 국제공산당

---

16 안드레이 란코프가 강상호와 한 인터뷰, 1989년 10월 31일.

요원들이 있었다. 장시우는 나중에 북한 상업상이 되었다. 다음 후보자는 김두봉이었다. 그는 독립운동에 참가했던 나이 많은 언어학자였다. 김두봉은 중국에서 오랫동안 살아왔고 중국공산당과 적극적으로 협력했다. 다음은 조만식이었다. 그는 알다시피 광복 직후 후루카와 평안남도 도지사의 승인에 따라 평양 자치기관의 의장이 된 사람이었다.

후보자 목록에는 고려인들도 포함되었다. 첫 번째는 허가이라는 소련 볼셰비키당 간부였다. 제88여단에 복무한 바 있는 유성철도 있었다. 소련 우즈베키스탄에서 회계원으로 근무한 김찬도 있었으며 조선 출신 박병율도 있었다. 러시아 극동지역 수찬시 출신인 그는 소련에서 하급 간부로 근무했다.[17] 제25군 장교들 중 번역가 미하일 강 소령을 내세우면 좋겠다고 하는 사람들이 있었다는 증언도 있다. 그러나 미하일 강은 최종 후보자 목록에 포함되지 않았다.[18]

나중에 이 후보자들은 모두 상당히 중요한 사람들이 되었다. 허가이는 북한에서 당 중앙위 부위원장까지 올라갔다.[19] 유성철은 조선인민군 중장이 되었고,[20] 박병율은 북한 군사공업 책임 간부가 되었다.[21] 양영순은 외교관의 길을

---

17 Гавриил Коротков, *Сталин и Корейская война* // Война в Корее 1950-1953 гг.: взгляд через 50 лет, Тула: Grif i Ko, стр. 67-89. 이 회의에서 발표한 가브릴 코롯코프는 북한 수령 후보자 목록을 비롯하여 여러 소련 사료를 인용했지만 문헌정보를 언급하지 않았다. 당시 이 자료는 아직 기밀 해제되지 않았던 것으로 추측할 수 있다. 코롯코프가 자신의 연구에서 언급했던 다른 사료를 보면 이 목록은 러시아 국방부 중앙문서보관소에 보관된 것으로 보인다. 그러나 필자가 이 책을 작성할 시기 이 자료의 원문은 확인할 수 없었다.

18 안드레이 란코프가 이반 로보다와 한 인터뷰, 1990년 11월.

19 「북조선 로동당 중앙본부 결정서 상一九호」, 『北韓關係史料集』, 第1券, 서울: 國史編慕委員會, 1982, 477쪽.

20 안드레이 란코프가 유성철과 한 인터뷰, 1991년 1월 18일; 장학봉, 「유성철(전 인민군 총참모부 작전국장 겸 부총참모장)」, 『북조선을 만든 고려인 이야기』, 서울:

81

택했고 주 체코슬로바키아 북한대사가 되었다.[22] 김찬은 조선중앙은행 초대 총재가 되었고,[23] 장시우는 북한의 초대 상업상이 되었다.

이 실패한 후보자들의 운명이 어떻게 진행되었는지 궁금한 독자들도 있을 것이다. 김용범은 1947년 별세했다. 박정애, 장시우, 김두봉, 조만식은 숙청당 했다. 양영순도 탄압의 희생자가 되었을 가능성이 매우 크다. 허가이는 1953 년 사망했고, 지금까지도 그가 자살했는지 암살당했는지 알 수 없다. 유성철, 박병율, 김찬은 살아남기 위하여 소련으로 돌아갔다. 박정호는 6·25전쟁 후 한국에 남았고 북한 지하 요원으로 근무했다. 결국 한국 당국은 그를 잡아내 1959년 처형했다.[24] 1950년대 한국 역사에서 사람들이 '박정호 간첩 사건'에 대 해 들어봤을 가능성은 있지만, 이 박정호가 북한의 수령 후보자였다는 사실을 아는 사람들은 거의 없었다. 다른 후보자들처럼 박정호 자신도 이 사실을 몰랐 을 것이 거의 확실하다. 김광진은 후보자 목록에 포함된 사람들 중 유일하게 북한에서 오래 살았다. 그는 1981년 9월 10일 사회과학과학원 원사(院士)로 사

경인문화사, 503~545쪽. 북한군 장교였던 장학봉은 북한에서 알았던 간부에 대한 회고록을 작성했다. 이신철 연구자가 편집한 이 회고록은 1940~50년대 북한에 관 심이 있는 모든 사람들에게 쓸모가 매우 많다.

21 안드레이 란코프가 박병율과 한 인터뷰, 1990년 1월 25일; 장학봉, 「박병율(전 강 동정치학원 원장)」, 『북조선을 만든 고려인 이야기』, 서울: 경인문화사, 2006, 367~ 375쪽.

22 "정령: 양영순 동지를 체코슬로바키야 공화국 주재 조선민주주의인민공화국 특명 전권 대사로 임명함에 관하여", ≪로동신문≫, 1954년 3월 11일, 1면; *Praha uvítala korejskou vládní delegaci. Rudé právo*, 22. června 1956, s. 1.

23 안드레이 란코프가 김찬과 한 인터뷰, 1991년 1월 15일; 장학봉, 「김찬(전 조선중앙 은행총재)」, 『북조선을 만든 고려인 이야기』, 서울: 경인문화사, 2006, 114~118쪽.

24 「박정호」, 『조선대백과사전』, 제10권, 평양: 백과사전출판사, 1999, 340쪽; 「박정호간첩 사건」, 『한국민족문화대백과사전』, http://encykorea.aks.ac.kr/Contents/Item/E0021133.

망했다.[25] 미하일 강은 1947년 소련으로 조용히 귀국했다.[26]

후보자들은 많았지만 결국 이들 모두 실패했다. 제25군 군사위원회 위원 니콜라이 레베데프 소장이 나중에 밝힌 것처럼 실패한 핵심 이유는 소련 경찰인 내무인민위원회와 군사정찰기관인 노동자·농민 붉은 군대 총참모부 정찰국 사이의 갈등이었을 가능성이 크다. 내무인민위원이었던 라브렌티 베리야는 정찰국의 영향을 줄이고 싶어 했다. 이런 목적을 이루기 위해 가장 효과적인 방법 중 하나는 스탈린에게 내무인민위원회가 정찰국보다 더 효과적으로 임무를 수행하는 것을 보여주는 것이었다. 그래서 베리야는 부하들에게 북조선 수령 자리에 더 좋은 후보자를 찾아보라고 지시했다.[27]

김일성의 상승에 기여한 사람 중 한 명은 붉은 군대 중령 그리고리 메클레르였다. 당시 그는 제1극동전선 정치부 제7국 국장이었다. 붉은 군대에서 점령 지역 민간인들을 관리하는 부서를 주로 '제7국', 또는 '제7부'나 '제7과'라고 불렀다.[28] 1945년 8월 말 전선 사령관 메레츠코프 원수의 명령에 따라 메클레르 중령은 사령관과 함께 제88여단을 방문했다. 메레츠코프는 여단에 복무하고 있는 중국인들과 이야기했고 메클레르는 김일성과 만나서 평가서를 작성해야 했다. 당시 메클레르 중령은 김일성 대위를 좋아했다. 나중에 메클레르는 김일성이 "엄격하고 강하며 주의 깊고 병사들로부터 존경과 사랑까지 받는 사

25 「김광진」, 『조선대백과사전』, 제4권, 평양: 백과사전출판사, 1996, 148~149쪽.

26 안드레이 란코프가 비탈리 강과 한 인터뷰, 2001년 2월.

27 Анатолий Журин, *Сделан в СССР* // Совершенно секретно № 9/268, https://web.archive.org/web/20150628072203/http://www.sovsekretno.ru/articles/id/2889/. 이 칼럼은 저자 아나톨리 주린의 친구 보리스 크리시툴이 1984년 니콜라이 레베데프 소장과 했던 인터뷰를 기반으로 쓴 것이다.

28 Светлана Васильева, *Особый театр боевых действий* // Русский базар № 4 (875), http://russian-bazaar.com/ru/content/111461.htm.

람으로 보였다"고 회고한 적이 있다. 중령은 김일성 대대장과 그의 부하들과 이야기를 나누었는데, 김일성은 중국어를 유창하게 구사하며 러시아어 수준도 떨어지지 않는다고 보았다. 김일성은 억양이 좀 있었지만 러시아어로 대화할 수 있었다. 메클레르에 따르면 김 대대장은 "자신의 생각과 자신이 한 일을 평가한다는 얘기를 듣고 그를 성숙한 사람"처럼 보이도록 했다. 메클레르는 김일성이 부하들을 훈련시키는 것도 관찰했고 결국 김 대위를 높이 평가하는 문서를 작성했다.[29]

사령부는 김일성을 또 한 번 호출한 적이 있었다. 이때 김일성과 대화한 사람들은 제2극동전선 사령과 막심 푸르카에프 대장, 극동지역 소비에트 군대 총사령부 군사위원회 위원 이오시프 시킨 상장이었다. 시킨은 김일성의 신분을 확인했다. 대위는 진짜 평양 남쪽에서 태어난 조선인인가, 중국공산당 당원인가, 기혼자인가 등을 물어보았다. 시킨은 김일성의 답을 들으면서 "당신을 조선에 파견한다면 어떻게 생각하오?"라고 물어보았다. 김일성은 "세계 혁명의 대의에 도움이 된다면 항상 준비되어 있습니다"라고 열정적으로 답했다. 시킨 장군은 이러한 답변이 참으로 마음에 들었다.[30] 이 대화는 수령 자리를 위한 면접이 아니었다. 소련군 당국은 김일성을 아직은 훨씬 낮은 직위에 임명하려고 했다. 이 직위는 평양 경무관 바실리 코롤료프 대령의 부관(副官)이었다.[31] 김일성

---

29 Андрей Почтарёв, *Тайный советник "солнца нации"* // Независимое военное обозрение, 14 января 2005 года, http://nvo.ng.ru/history/2005-01-14/5_kim_ir_sen.html.

30 가브릴 코로트코프, 『스탈린과 김일성』, 제1권, 어건주 옮김, 서울: 東亞日報社, 1992, 180쪽. 이 책은 한국어로 출판되었지만 러시아어 원문이 나온 적은 없었다. 아마도 원문 초고는 처음부터 번역을 위하여 쓴 것처럼 보인다. 아쉽게도 이 책 번역의 질은 매우 나쁘다. 그래도 이 책은 김일성 집권에 관한 유일한 정보를 포함한다.

31 *Список личного состава 1-го батальона 88-й отд. стр. Бригады 2-го Дальневосточного фронта, предназначенного для работы в Корее*, ЦАМО России, ф. 3, оп. 19121, д. 2, лл. 14-15.

과 함께 조선에 온 유성철에 따르면 김일성은 진짜 경무관의 부관으로 임명되었고 잠깐 동안 급여까지 받았지만 실제로 부관 업무를 한 적이 없었다.[32]

그리고 조선에서 김일성을 소련 장성들에게 소개해준 사람은 문일이었다. 아마도 그는 또 한 번 북한 역사에 결정적인 영향을 미친 것 같다. 장성들은 김일성을 좋아했다. 김일성과 그의 전우들은 나중에 상업가가 되려고 했지만, 레베데프 소장은 그들에게 더 적극적으로 행동하라고 조언했다.[33]

아마도 김일성 성공의 주요인은 다른 사람 중에 유력 후보자가 없었기 때문인 것 같다. 사회주의권에 새로 들어온 나라들 중 수령 문제 자체가 부각될 수 없었던 나라들이 있었다. 예컨대, 불가리아에서는 게오르기 디미트로프밖에 권력을 잡을 수 있는 사람이 없었다. 그는 원래 국제공산당 집행위원회 위원장이었기 때문이다. 1941년에도 그는 소련에 넘어온 김일성의 신분확인을 맡았다. 체코슬로바키아에서도 그랬다. 체코슬로바키아 공산주의 운동의 지도자 클레멘트 고트발트는 스탈린이 소련을 다스린 것만큼 오랫동안 공산당 총비서 자리를 유지했다.

그런데 조선에서의 상황은 완전히 달랐다. 히로히토 천황이 연설했을 때를 기준으로 보면 조선에 공산당은 아예 존재하지 않았다. 원래 '조선공산당'이라는 조직들은 있었지만 조선 공산주의자들이 옥신각신하는 모습과 그들의 언쟁이나 종파 싸움을 본 국제공산당의 지도부는 귀찮다는 이유로 조선공산당 해산 결정을 내렸다. 1945년 8월 경성에서 조선공산당이 부활했지만, 당수 박헌영이 제25군과 연락이 닿았을 때 후보자 목록은 이미 모스크바에 보내진 것 같다.

두 번째 요인은 소련이 김일성을 '현지 조선인'이자 '자기 사람'으로 본 것이다. 고려인들과 달리 그는 조선에서 태어났기에 '민족 지도자' 자리에 더 잘 어

---

32 안드레이 란코프가 유성철과 한 인터뷰, 1991년 1월 18일.
33 안드레이 란코프가 니콜라이 레베데프와 한 인터뷰, 1990년 1월 19일.

울렸다. 고려인을 임명할 경우 조선 사회 일부에서는 '소련이 파견한 새로운 총독'으로 볼 수 있었다. 또 한편으로는 붉은 군대 대위 김일성 대대장은 소련 군 지도부 입장에서 아군 장교, 즉 자신과 같은 편에 있는 사람이었다.

그리고 마지막으로 또 하나의 예외적인 요인이 있었다. 이 책을 꼼꼼하게 읽은 독자들은 우리의 주인공이 '김일성'이라는 가명을 쓴 첫 번째 사람이 아니었던 것을 기억할 수 있다. 그래서 당시 조선인 속에 있는 '김일성'의 이미지는 우리 주인공과 원래 김일성들의 이미지가 복잡하게 혼합된 것이었다. 예컨대, 1945년 10월 미국령 남조선 좌경 신문인 ≪민중일보≫는 "김일성이 제국주의 시대의 장교가 되기를 싫어했다"고 썼다.[34] 물론 이 언급은 우리의 주인공이 아니라 '김일성'이라는 가명을 썼던 김현충에 대한 언급이었다. 독자들은 김현충이 원래 일본군 소위로 임관되었던 것을 기억할 수도 있다. 그래서 독립을 환영한 조선인 중 '김일성'은 상당히 큰 인기가 있었고 이 인기는 소련군 장성들에 깊은 인상을 주었다.

1945년 10월 말 볼셰비키당 중앙위원회 비서 게오르기 말렌코프, 소련 인민위원회 위원 보좌 니콜라이 불가닌 대장, 당시 붉은 육군 총정치국장으로까지 승진한 이로시프 시킨 상장에게 보낸 편지에서 김일성은 북한 지도자 자리에 직접적으로 추천되었다. 이 보고서에서 김일성은 '10년 동안' 만주에서 빨치산 활동을 했고 '1941년부터' 1945년까지 붉은 군대에 대대장으로 복무했다는 주장이 포함되었다. 보고서는 또한 "김일성의 이름은 조선 인민에게 잘 알려져 있다", 김일성이 "조선 인민의 항일 영웅"이며 "조선 인민 사이에는 이 사람에 대한 수많은 일화가 있다"라는 주장도 있었다.[35]

---

34 "名士의 片影: 金日成氏", ≪民衆日報≫, 1945년 10월 14일, 1면, http://www.nl.go.kr /nl/search/bookdetail/online.jsp?contents_id=CNTS-00063301047#.

35 *Секретарю ЦК ВКП/б/ тов. Маленкову, заместителю народного комиссара обороны – генерал-армии – тов. Булганину, начальнику Главного политического управления*

아마도 베리야는 그때 김일성의 존재를 알게 된 것 같다. 그리고 그는 즉시 김일성을 스탈린에게 추천했다. 베리야는 군인들이 작성한 목록에 포함한 후보자들은 문제가 있다고 스탈린에게 보여준 바 있다. 독자들이 기억하다시피 이 목록에 있는 사람들은 실제 소련 정부가 내려준 규준에 맞지 않았다. 베리야는 이 사람들과 달리 김일성이 올바른 후보자라고 강조했다. 그래서 제25군은 다른 후보자들을 더 이상 훈련시키지 말고 김일성에 집중하라는 지시를 받게 되었다.[36] 레베데프 소장에 따르면 스탈린은 이 결정에 대해 정치국 위원 안드레이 즈다노프에게 알려주었고, 즈다노프는 자신과 친한 연해군구 정치부사령관 테렌티 시트코프에게 알렸다. 그리고 바로 시트코프가 김일성이 선택된 것을 평양에 있는 제25군의 참모부에 전달했다.[37]

김일성에 대한 임명은 아직 임시적인 것에 불과했다. 다음 장에서 보겠지만 당시 소련 당국은 조선 통일정부 설립 계획을 완전히 벌이지 않았으며 만일 미국과 협상할 수 있었다면 김일성은 수관(首官) 자리를 잃어버렸을 것이다. 그리고 김일성은 1949년 조선로동당 당수가 된 그날까지도 북한의 수령 자리에 최종 임명된 것이 아니었다. 하지만 1945년 김일성은 이미 자신의 탁월한 정치 모략 능력을 보여준 바 있다. 바로 이 능력 때문에 그는 사망하는 날까지 거의 세기의 절반에 이르는 기간 동안 북한을 통치했다.

Красной Армии генерал-полковнику тов. Шикину, ЦАМО России, ф. 172, оп. 614631, д. 23, лл. 21-26.

36 Анатолий Журин, *Сделан в СССР* // Совершенно секретно № 9/268. https://web.archive.org/web/20150628072203/http://www.sovsekretno.ru/articles/id/2889/.

37 안드레이 란코프가 니콜라이 레베데프와 한 인터뷰, 1990년 1월 19일.

제2부 자주 독재를 위하여

제5장

새로운 시작

　1945년 10월 11일은 붉은 군대가 북조선 통제를 확립한 날이라고 할 수 있다. 이날 제25군 사령관 이반 치스탸코프는 전체 북조선 주민에게 제령을 하달했다.[1] 제령의 내용은 스탈린이 9월 20일 하달했던 명령과 대체로 일치했다.[2] 치스탸코프 상장은 북한 무장 부대들을 해산하라고 명령하면서 모든 정치단체들에게 반드시 등록할 것을 지시했다. 북조선 역사의 첫 번째 시대, 혼란과 희망의 나날들은 끝났다. 이 나라를 위한 새로운 시대가 개막했다.

　소련 당국이 대면한 첫 번째 사업은 조선공산당의 재편성이었다. 조선공산당은 1945년 8월 15일 히로히토 천황이 항복을 선포한 직후 부활했다. 문제는

1　*Приказ командующего Советской 25 армией в Северной Корее*, ЦАМО России, ф. УСГАСК, оп. 433847, д. 1, лл. 26-27.

2　*Директива ставки Верховного главнокомандующего Красной Армией Главнокомандующему советскими войсками на Дальнем Востоке, военным советам Приморского военного округа и 25-й армии о взаимоотношениях войск с местными органами власти и населением Северной Кореи*, ЦАМО России, ф. 148, оп. 3763, д. 111, лл. 92-93.

당 본부가 경성에 있었고 경성은 미국 점령지에 있다는 것이었다. 공식적으로 남북조선은 같은 나라였고 미소 점령지로의 분열은 임시적 조치에 불과했다. 그리고 당시 소련 당국은 조선의 통일이 가능하다고 보았다. 따라서 북조선에 단독 공산당을 설립할 수 없었다. 하지만 서울을 통해 조선 공산주의자들을 관리하는 것은 어려운 일이었다.

해결책은 조선공산당 북부조선분국(北部朝鮮分局)을 설치하는 것이었다. 분국의 지도 조직인 조직국은 1945년 10월 13일 설립되었다. 김일성은 조직국 위원이 되었지만 공산당 분국 지도자는 다른 사람이 임명되었다. 분국 제1비서로 임명된 사람은 김용범이었다.[3] 소련군 유리 립시츠 소령이 보고서에서 설명했듯 김일성은 이후 더 높은 직위인 북조선 정부 수관(首官)으로 임명할 계획이었다. 사회주의 국가에서 일반적으로 당 직위는 국가 직위보다 높다. 따라서 당시 붉은 군대가 건설하려던 질서는 아직 순수한 사회주의 질서가 아니었다고 볼 수 있다.[4] 또한 그들은 소비에트 정권을 만들지 말라는 스탈린의 명령에 복종했다.

재미있는 것은 당시 김일성이 자기소개를 할 때 '김일성'이나 '김성주'라고 얘기했지만 공산당 분국의 최초 기록들에는 김일성을 '김영환(金永煥)'이라고 부른 것으로 등장한다.[5] 근본적인 이유는 김일성이 공산당 당원이라는 사실은 당시 공식적으로 알려지지 않았기 때문이다.[6] 상기했듯 소련 당국은 그를 공산

3 Лившиц, *Информационная сводка о состоянии компартии в северных провинциях Кореи* // Документы, характеризующие политические партии и общественные организации Северной Кореи за 1945 г., 20 октября 1945 года, ЦАМО России, ф. 172, оп. 614630, д. 5, лл. 45-51.

4 Ibid.

5 박병엽, 『조선민주주의인민공화국의 탄생』, 서울: 선인: 2010, 47쪽; "朝鮮共産黨 北部朝鮮分局 設置", ≪正路≫, 1945년 11월 1일, 1면.

당만이 아닌 전체 북조선 정치세력을 아우르는 정부기관의 수관 자리에 임명하려고 했다. 또한 '김영환'이라는 가명에 대해서는 김일성이 전사한 전우의 이름을 선택한 것으로 추정해볼 수 있다.[7]

조직국 설립 다음날인 10월 14일 소련 당국은 김일성의 첫 번째 공개연설을 준비했다. 일요일인 이날 진행할 행사 준비와 함께, 평양 라디오는 이미 10월 1일부터 여러 차례에 걸쳐 오는 14일 '영웅 김일성'이 참가하는 행사가 진행될 예정이라고 알려주었다.[8] 소련 비행기는 이 같은 내용을 담은 삐라를 뿌렸다.[9] 인민 앞에 처음으로 등장하기 위해 김일성은 자신에게 어울리는 복장이 필요했다. 소련군은 그를 '민족적 영웅'으로 소개했기에 붉은 군대의 대위 군복은 맞지 않는 옷이었다. 김일성은 키가 꽤 컸기 때문에 잘 맞는 옷을 찾기가 쉽지 않았다.[10] 소련 군인에게 빌린 옷들은 김일성에게 맞지 않는 경우가 많았다. 결국 소련 장교들은 딱 맞는 사이즈의 갈색 양복과 흰 셔츠, 줄무늬가 있는 넥타이를 찾아냈다.[11] 레베데프 소장의 반대에도 불구하고 김일성은 양복에 붉은 기 훈장을 달았다. 이 훈장은 김일성이 받은 첫 번째 상(賞)이었고 이를 무

6 Фёдоров, Лившиц, *Докладная записка* // Разные материалы, поступившие из Гражданской администрации Северной Кореи, ЦАМО России, ф. 172, оп. 614631, д. 37, лл. 14-32.

7 북한 공개 문헌에서 김영환이라는 사람에 대한 김일성의 언급을 찾을 수 있다. 북한은 김영환이 김일성 부대에 복무했던 빨치산이었고 1937년 사망했다고 주장한다. 「김영환」, 『조선대백과사전』, 제4권, 평양: 백과사전출판사, 1996, 244쪽.

8 Леонид Васин, *Товарищ капитан* // Совершенно секретно, № 7, 1991, стр. 25.

9 Валерий Янковский, *От Гроба Господня до гроба Гулага: быль*, Ковров: Маштекс, 2000, стр. 89-91.

10 Владимир Иванов-Ардашев, *В тени вождей* // Литературная газета, № 33, 2012, 23 февраля 2015 года.

11 Леонид Васин, *Товарищ капитан* // Совершенно секретно, № 7, 1991, стр. 25.

1945년 10월 14일 붉은 군대 환영 행사

척 자랑스러워했다.[12]

1945년 10월 14일은 맑은 날이었다. 이날 평양 모란봉 근처에는 큰 무리의 사람들이 모여들었다. 언덕 위에는 소련 병사들이 급하게 만든 대(臺)가 있었고 연설자를 위한 강단(講壇)이 있었다. 강단 위 벤치에는 치스탸코프, 레베데프, 로마넨코 등 소련군 주요 장군들과 조만식, 박정애를 비롯한 조선인이 앉아 있었다. 통역은 미하일 강 소령이 맡았다. 강단과 벤치 뒤에는 이오시프 스탈린의 커다란 초상화가 있었다. 하지만 이 강단에 김일성은 없었다. 소련군의 시나리오에 따라 '민족적 영웅 김일성 장군'은 인민 앞에 갑자기 등장해야 했

12 Анатолий Журин, *Сделан в СССР* // Совершенно секретно, № 9/268, https://web.archive.org/web/20150628072203/http://www.sovsekretno.ru/articles/id/2889/.

평양 시민 앞에 처음 모습을 드러낸 김일성

다. 그는 강단 아래 공간을 만들어 기다리고 있었다.

강 소령이 김일성 연설을 선포하자 뚜껑이 열렸고 김일성은 창구에서 강단으로 올라갔다. 바로 이 순간 평양 주민들은 그의 모습을 처음 보게 되었다. 김일성 자신이 이 사실을 알고 있었는지 모르지만, 행사 참가자들 중에는 1953년 한국 국군의 첫 번째 대장이 된 백선엽도 있었다. 6·25전쟁 발발까지 5년도 남지 않았다.[13]

김일성은 연설을 시작했다. 평양 사람들은 처음으로 그의 허스키한 목소리

13 "<백선엽과 김형석, 文武 100년의 대화> 내 친척 할머니가 김일성 젖 물려… 두 아들이 공산당에 죽자 통탄", ≪朝鮮日報≫, 2020년 1월 2일, https://www.chosun.com/site/data/html_dir/2020/01/02/2020010200287.html.

를 들었다. 김일성은 스탈린과 붉은 군대를 찬양하고 민족적 단결을 불러일으
키는 짧은 연설을 했다.[14] 연설문 전문은 제25군 장교들이 러시아어로 작성했
고 고려인 번역자들이 조선말로 번역한 것이다. 당시 김일성은 조선말이 유창
하지 않았다. 그는 오랫동안 외국에 살면서 모국어 구사 수준이 어느 정도 떨
어져 있었던 것이다.[15] 김일성을 보게 된 평양 사람들은 놀랄 수밖에 없었다.
그는 '전설적인 영웅 김일성 장군'처럼 보이지 않았다. 당시 현장에 있던 극작
가 오영진은 김일성이 '중국인 요리점의 웨이터'처럼 보였다고 했다.[16] 역시 중
국 사람들과 오랫동안 지낸 김일성은 조선인보다 중국인과 닮았다. 이로써 한
반도에서 이른바 '가짜 김일성설(說)'이 등장했다. 이에 따르면 원래 '영웅인 진
짜 김일성 장군'이 존재했는데, 10월 14일 인민 앞에 나선 김일성은 '가짜 김일
성'이라는 것이다. 1960년대까지 가짜 김일성설은 한국에서 인기가 있었다.

'가짜 김일성'에 대한 소문을 막기 위해 소련 당국은 김일성 고향에 기자들
을 불러 참관시킬 계획을 세웠다. 그러나 김일성의 공식 고향으로 선택된 곳은
그가 태어났던 칠골이라는 마을이 아니라 그가 어린 시절을 보냈던 만경대였
다. 이 시기 증언들을 보면 김일성도 만경대를 자기 고향으로 여겼다. 그의 친
조부모 김보현과 리보익을 비롯해 남아 있는 친척 대부분이 칠골이 아닌 만경
대에 살고 있었기 때문이다.[17] 문제가 생길 가능성을 완전히 배제하기 위해 소

---

14 북한 당국은 나중에 이 연설의 내용을 심하게 왜곡해 출판했지만, 1949년판 『조선중
    앙년감』에서 원문을 찾을 수 있다. 「金日成 將軍의 演說 要旨」, 『朝鮮中央年鑑 1949』,
    平壤: 朝鮮中央通信社, 1949, 63쪽 참조.

15 Андрей Смирнов, *Как Советская Армия внедрила в Северную Корею президента
    Ким Ир Сена и его правительство //* Совершенно секретно, № 8, 1992, стр. 10-11.

16 吳泳鎭, 『蘇軍政下의 北韓: 하나의 證言』, 서울: 國土統一院, 1983, 번각판, 90~93쪽.

17 소련 제1극동전선에서 복무했던 그리고리 메클레를 중령과 인터뷰 동영상. 동영상
    파일은 닉 홀트 감독이 필자에게 준 것이다.

련 당국은 만경대 주민들에게 "김일성은 만경대의 이 집에서 태어났으며 이 마을에서 어린 시절 전체를 보냈다"라고 말하라고 지시했다. 레베데프 소장의 증언에 따르면 소련군은 "그렇게 하지 않으면 당신과 당신 가족 모두 처형시킬 것"이라고 위협까지 했다.[18] 그리고 이 행사는 별 탈 없이 진행되었다.[19] 그때부터 만경대는 김일성의 공식 고향이 되었다.[20] 그러나 김일성은 그곳에서 살게 되지는 않았다. 그는 전 동양척식주식회사(東洋拓殖株式會社)의 평양 지부 건물에 거주하게 되었다.[21] 김일성의 새로운 집은 시트코프 상장, 이그나티에프 대령, 툰킨 참사관 등 소련 대표 인사들이 살고 있던 인근에 있었다.[22] 툰킨은 김일성과 테니스를 치기도 했다. 참사관은 테니스 상대를 만나 즐거웠다. 김일성 아들 유라도 테니스 하는 아버지를 보러온 적이 있었다.[23]

얼마 지나지 않아 평양에 고급간부 주택 구역이 생겼고 김일성은 이 구역에서 가장 넓은 집에 살게 되었다. 이층집에는 방이 10개 이상 있었다.[24] 이 집은 작은 산 정상에 있었다. 김일성의 차남 슈라는 아직 너무 어려서 마을에 혼자 내려가지 않았지만 장남 유라는 소련 어린이들과 놀려고 마을로 내려갔다. 수령의 아들은 보통 장군복을 입었고 이 옷을 본 소련 소년들은 참으로 부러워했

18 Анатолий Журин, *Сделан в СССР* // Совершенно секретно, № 9/268, https://web.archive.org/web/20150628072203/http://www.sovsekretno.ru/articles/id/2889/.

19 Ibid.

20 洪淳官, "前金日成 비서실장충격 고백", ≪新東亞≫, 1994년 10월, 188~207쪽. 이 칼럼의 제목은 상당히 도발적으로 보이지만 홍순관의 증언들은 매우 구체적이고 객관적이다.

21 박병엽, 『조선민주주의인민공화국의 탄생』, 서울: 선인: 2010, 47쪽.

22 Валентин Петухов, *У истоков борьбы за единство и независимость Кореи*, Москва: Наука, 1987, стр. 153.

23 Ibid.

24 안드레이 란코프가 강상호와 한 인터뷰, 1990년 1월 13일.

다. 어느 날 유라가 소련 장교 강상호 아들의 장난감 기관총을 빼앗긴 일은 있었다. 이 소식을 들은 강상호의 배우자는 김일성의 집에 찾아와 장난감 기관총을 되돌려 받았다.[25] 이 일화로 당시 김일성의 가족과 소련 디아스포라의 관계가 얼마 가까웠는지 느낄 수 있다. 비슷한 에피소드는 또 있었다. 예컨대, 김일성은 평양에 있는 소련 학생들이 자신의 전용 수영장을 사용하도록 하자고 제안했다.[26] 몇 년이 지나서 이런 친근한 관계는 완전히 불가능한 일이 되었다.

이 시기 김일성은 동생 김영주와 상봉했다. 식민지 시대 김영주는 일본군 통역원으로 복무한 적이 있는데, 제국이 항복했을 당시 김영주는 경성에 있었다. 1945년 가을 김영주는 평양에서 '김일성 장군'이 연설했다는 소식을 듣고는 형 김성주가 살아 있다는 것을 알게 되었고, 무척 기뻐했다.[27] 김영주는 자신이 일본군 군속(軍屬)이었던 사실을 형이 알게 되면 질책할까 봐 두려웠지만, 그래도 형을 만나기 위해 평양으로 갔다. 김영주의 바람대로 김일성은 동생과 다시 만나게 된 것을 반가워했다.[28] 이때부터 두 형제(兄弟)는 다시 헤어지지 않았다. 이후 김영주는 출세하여 고급 간부가 되었다. 1970년대 초 한국 전문가들 중에는 김영주가 북한의 2인자라고 분석한 사람들이 적지 않았다.

한편 평양 야권 세력의 온건파는 치스탸코프 상장이 정당 설립을 허용하자 조선민주당 설립을 선포했다. 민주당 창당식은 11월 3일 진행되었다. 당수로는 조만식이 추대되었다. 조만식은 일본이 항복한 직후 평양 자치기관의 수관을 지냈으며, 북한의 수령 후보 중 한 명이었다. 중앙위 부당수들 중 한 명은

---

25 유리 강과 인터뷰, 2021년 4월.

26 Валентина Березуцкая, *Мой удел — тетки из народа*, Караван историй, 5 февраля 2018 года, https://7days.ru/caravan-collection/2018/2/valentina-berezutskaya-moy-udel-tetki-iz-naroda/7.htm.

27 李容相, 『삼색의 군복』, 서울: 한줄기, 1994, 248~250쪽.

28 Ibid., 16쪽.

김일성 가족과 소련 이웃들

김일성 가족과 동생 김영주

김일성 가족

최용건이 되었다. 제88여단 출신인 그는 김일성의 친구였다.[29] 민주당 창당식에서는 소련 붉은기, 영국 유니언기, 미국 성조기, 중화민국 청천백일홍기(靑天白日紅旗) 등 연합 4국의 깃발들이 휘날렸다.[30] 민주당 창당식은 이 4개 깃발이 함께 휘날리는 마지막 행사 중 하나가 되었다. 냉전 발발 이후 북조선에서 연합국 찬양은 중단되었고, 같은 이유로 민주당도 얼마 안 가 사라졌다. 실제로 창당식 외에 민주당이 했던 의미 있는 활동은 거의 없었다.

1945년 11월 말에는 또 하나의 야권 세력인 신의주 사회민주당의 역사도 종말을 맞았다. 신의주에서는 공산주의자와 당 청년 활동가들 사이에 몸싸움이 벌어졌다.[31] 사회민주당 지도부는 머지않아 소련 군대가 개입할 것을 예측했다. 따라서 창당 지도자들은 처벌을 피하기 위해 남조선으로 탈출했고, 이와 함께 사회민주당은 사실상 사라져버렸다. 새로운 질서가 형성되면서 야권 세력은 사라지게 되었다.

11월부터 조선공산당 북부조선분국은 자체적인 기관지를 출판하기 시작했다. 신문의 이름은 '올바른 길'이라는 뜻의 ≪정로(正路)≫였다. 출간 당시 주간지였던 이 매체는 이후 일간지로 바뀌었다. ≪정로≫에서 소개된 북조선의 이미지는 지극히 낙관적이었으며 또한 비현실적이었다. 당시 북조선에는 극심한 위기상황이 조성돼 있었는데, 조선총독부는 더 이상 존재하지 않았고 새로운 국가기관들은 아직 형성되는 중이었다. 이 무정부 상태에서 북조선의 공업과 교통은 대부분 중단되었고 경제를 악화시켰다. 북조선의 새로운 지배자인 이반 치스탸코프 상장은 이에 관심을 두지 않았고 주민들의 문제는 대부분 무시

---

29 『古堂 曺晩植』, 서울: 古堂傳·平壤誌刊行會, 1966, 222쪽.

30 Леонид Васин, *О созыве организационного собрания Демократической партии Кореи*, ЦАМО России, ф. УСГАСК, оп. 433847, д. 1, лл. 126-128.

31 함석헌, "내가 겪은 新義州學生事件", ≪씨알의 소리≫, № 6(1971), 33~48쪽; 趙東灒, "내가 겪은 新義州 학생반공의거", ≪月刊北韓≫, № 164, 1985년 8월, 50~55쪽.

해버렸다.

북한이 탄생하던 시기 가장 흥미로운 사료 가운데 하나는 붉은 군대의 정직하고 용감한 장교인 게오르기 표도로프 중령과 유리 립시츠 소령이 쓴 보고 요지다. 이 요지에서 그들은 소련령 북조선 상황을 대단히 객관적으로 서술했다.[32] 북조선에서 지냈던 6주간의 시간을 기반으로 쓴 이 보고 요지의 내용을 살펴보자.

장교들의 보고 내용은 무시무시해 보였다. 일본의 통치가 끝나면서 북조선 경제도 더 이상 가동되지 않았고 시간이 지날수록 점점 더 무너져가고 있었다. 열차들은 운행을 멈췄고 공장의 생산은 멈췄으며, 비료 부족으로 농업은 필요한 만큼 재배가 이뤄지지 않았다. 게다가 붉은 군대의 병사와 장교들도 조선인을 대상으로 흉악한 범죄들을 저질렀다. 술에 취한 군인들은 총을 공중에 쏘아댔고, 조선 남자들을 마구 때리며 강탈하는가 하면 조선 여자들에게 성폭행을 자행했다. 제25군 사령부는 일본인들을 특정지구로 강제 이주시켰다. 추위와 기근 때문에 이곳에서는 날마다 수십 명이 사망했다.

이 모든 것에 책임을 지고 있는 사람은 제25군 사령관 이반 치스탸코프였다. 사령관처럼 흑심(黑心)이 없었던 그의 부하들은 주민들을 도와주려 했지만 상장은 이런 요청들을 무시해버렸다. 예를 들어, 안드레이 로마넨코 소장과 게리심 발라사노프 국가 안전 대령[33]은 굶어죽어 가는 일본인들에게 쌀을 공급해

---

32 Фёдоров, Лившиц, *Докладная записка* // Разные материалы, поступившие из Гражданской администрации Северной Кореи, ЦАМО России, ф. 172, оп. 614631, д. 37, лл. 14-32. 한국어 번역은 필자가 쓴 책에서 찾을 수 있다. 표도르 쩨르치즈스키 (이휘성), 「표도로프와 립시츠의 보고 요지」, 『김일성 이전의 북한』, 파주: 한울아카데미, 2018, 172~190쪽.

33 1945년 당시 소련 내무인민위원회와 국가안전인민위원회의 영관과 위관 복무자 계급 앞에는 '국가 안전'이라는 표현이 붙었다.

김일성과 이반 치스탸코프

달라고 요청했지만 치스탸코프는 이를 받아들이지 않았고 "전리품인 쌀은 이미 경리국에 등록되었다"라고 주장했다.[34]

북조선의 절대 권력자였던 장군을 두려워하지 않고 그의 행위를 보고한 표도로프 중령과 립시츠 소령은 대단한 공훈을 세운 셈이다. 이 보고 요지는 치스탸코프의 상관인 키릴 메레츠코프 원수까지 올라간 것으로 보인다. 메레츠코프는 굶고 있는 사람들에게 음식을 보급하라는 명령을 내렸으며[35] 1946년 1월 치스탸코프는 '북조선 책임 장성'이라는 비공식 자리에서 사실상 해임되었다. 그의 후임자는 테렌티 시트코프 상장이었다.

---

34 Ibid.

35 *Постановление Военного Совета 25 армии Приморского военного округа //* Постановления Военного Совета 25 армии за 1946 год. 15 января 1946 года, ЦАМО России, ф. 25А, оп. 532092, д. 1, лл. 3-5.

바로 이때 소련 정부는 북조선 정부 지도자로 김일성을 임명할 것을 결정했다. 결정이 내려진 것은 1945년 12월이었다.[36] 당초 소련 군대는 모스크바의 직접적인 승인 없이 김일성을 지도자로 내세우고 있었는데, 이제야 이런 승인을 받게 된 것이다. 스탈린이 내린 결정은 현지에 즉각적인 영향을 미쳤다. 이제 김일성은 개인숭배를 받게 되었다. 12월 14일 《정로》는 '전국 청년 단체 총동맹 서울시 연맹'이라는 조직의 '메시지'를 내놓았다. 이 메시지에서 김일성은 '장군', '진정한 애국자', '위대한 지도자'라는 호칭으로 불렸다.[37] 조선공산당 북부조선분국 조직국의 구조도 바뀌게 되었다. 12월 18일 김용범은 제1비서 자리를 그만두었고 대신 김일성이 분국 책임비서가 되었다. 이 자리는 김일성이 장악한 북한 지도자의 첫 번째 직위였다.[38]

12월 21일 《정로》에서 김일성의 첫 번째 공식 전기(傳記)를 다룬 사설이 나왔다. 이는 이후에 나온 전기들보다 훨씬 사실에 가까웠지만 여기서도 이미 역사 왜곡이 나타났다. 이 전기를 좀 더 구체적으로 살펴보자. 《정로》에 따르면, '김일성 동지'는 학생 시절부터 혁명을 위하여 복무했다. 1927년 그는 중국공산당 소속인 중국 사회주의청년단에 가입했고, 1929년 청년단 동만(東滿) 특별위원회의 비서가 되었다. 김일성은 21살 입당했고 1931년 동만 인민 반일 유격대라는 조직을 설립해 지휘관이 되었다. 유격대가 확대되면서 1933년 김일성은 정치위원이 되었다. 1936년 김일성은 동북항일연합군 제2군 소속 사단의 사단장이 되었고, 붉은 군대가 조선을 '해방'했을 때 귀향했다. 귀국한 김일

---

36 1945년 12월 작성했던 소련 자료에 김일성은 아직 장래 북조선의 수령이 아니라, '인민 사이에 큰 인기가 있는 당의 탁월한 활동가'라고 묘사되었다. 따라서 당시에는 이러한 결정이 아직 나오지 않았다고 볼 수 있다. *Справка-доклад о политическом положении в Северной Корее*(필자가 입수한 자료) 참조.

37 "金日成 將軍에게 보내는 멧세이지", 《正路》, 1945년 12월 14일, 2면.

38 "分局責任秘書에 金日成同志就任", 《正路》, 1945년 12월 21일, 1면.

성은 '형제적 중국공산당'에서 조선공산당으로 넘어갔고 당 노선과 '강철 같은 규율'을 세우기 위해 투쟁하고 있다. 김일성의 인생은 '볼셰비키적 투쟁'의 인생이었다는 결론으로 이 사설은 마무리된다.[39]

김일성의 전기는 사실과 다른 점들이 많았다. 그는 중국 사회주의청년단 단원이었던 적이 없었다. 그는 유격대를 '조직'한 적이 없으며, 중국공산당이 설립한 부대들에 들어갔고 이후 지휘관으로 승진한 것이다. 그의 출세에 관한 서술도 사실과 다르다. 아마도 이 전기의 유일한 장점이 있다면 김일성이 중국공산당 당원이었다는 사실을 인정했다는 것이다. 이후 북한에서는 '위대한 수령'이 '공산당 당원'이었다는 사실을 언급하지만 이 공산당이 바로 중국공산당이었던 사실은 절대 언급하지 않는다.[40]

1945년 12월 소련 외무인민위원인 뱌체슬라프 몰로토프는 모스크바에 방문한 제임스 번즈 미국 국무장관과 어니스트 베빈 영국 외무장관을 만났다. 3명의 외무상은 전후 세계에 관한 문제들을 토의했는데 그중에는 조선의 운명에 관한 것도 있었다. 결국 소련과 미국, 영국은 조선반도에 5년간의 미소영중(美蘇英中) 신탁통치가 이뤄질 것이며 소련과 미국은 조선의 통일정부를 형성해야 한다고 결정했다.[41] '모스크바 삼상(三相)회의' 결정들은 즉시 공포되었다.

조선의 엘리트들은 신탁통치 계획을 받아들이기 어려웠다. 이 계획이 실행된다면 그들은 5년 동안 권력을 잡지 못할 것이며 외국인들이 이 나라를 계속

---

39 "金日成同志의 빛나는 鬪爭史", ≪正路≫, 1945년 12월 21일, 1면.

40 예컨대, 1946년에 소련 매체에서 김일성이 1931년에 중국공산당이 아니라 조선공산당에 입당했다는 주장은 나왔다. 당시 조선공산당 자체는 존재하지 않았지만 그랬다. Н. Игнатова, *В Северной Корее* // Сталинский сокол, 23 октября 1946 года, стр. 4 참조.

41 "Report of the Meeting of the Ministers of Foreign Affairs of the Union of Soviet Socialist Republics, the United States of America, the United Kingdom," *Lillian Goldman Law Library*, http://avalon.law.yale.edu/20th_century/decade19.asp.

통치하게 될 것이었다. 모스크바 삼상회의 결정을 지지한 세력은 조선공산당 뿐이었다. 공산당도 처음에는 반대했지만, 소련이 회의를 지지라는 지시를 내리자 입장을 바꾸었다.[42]

대전환의 한 해인 1945년이 드디어 끝났다. 조선은 독립한 뒤 첫 설을 맞이했다. 여기서 '독립'은 물론 일본으로부터의 독립이라는 뜻이다. 설날 김일성은 자신의 신년사를 발표했다. 1946년 1월 1일 ≪정로≫ 1면에서 나온 이 신년사는 북조선 신임 지도자로서 김일성이 한 첫 번째 연설로 보인다.[43] 이 연설에서 김일성은 소련뿐 아니라 영국, 미국, 중화민국 등 연합국에 감사를 표했다. 가까운 미래 냉전이 벌어진 뒤에는 이렇게 하는 것이 완전히 불가능해졌다. 이후 김일성은 매년 1월 1일 나라의 현황과 올해 당면 사업들을 담은 신년사를 이어갔다.

1946년 초 소련과 미국은 결국 실패한 조선 통일정부 설립에 대한 토론을 시작했다. 소련 대표단 단장으로는 연해군구 정치부사령관 테렌티 시트코프 상장이 임명되었다. 위에서 언급했듯 그는 '북조선 책임 장성'이라는 비공식 자리에서 치스탸코프의 후임자가 되었다.[44] 시트코프의 성격은 치스탸코프와 크게 달랐다. 제25군 사령관은 직업 군인이었고, 시트코프는 정치인에 가까웠다. 그는 볼셰비키당 정치국 위원 안드레이 즈다노프의 친한 사이였다. 즈다노프는 당시 강력한 영향력을 가진 간부였고 스탈린 후계자 가능성이 언급될 정

---

42 "각 정당행동통일위원회, 신탁실시반대 결의하고 성명서발표", ≪每日申報≫, 1945
   년 10월 29일, http://db.history.go.kr/id/dh_001_1945_10_26_0010.

43 "新年을 맞이하면서 우리 人民에게 드림", ≪正路≫, 1946년 1월 1일, 1면.

44 1946년부터 '북조선 책임 장성'이 제25군 사령관이 아니라 미소공동위원회 소련
   대표단 단장이었다는 또 다른 증거가 있다. 치스탸코프의 후임자들인 겐나디 코롯
   코프 중장과 세라핌 메르쿨로프 소장의 행동을 보면, 그들은 북조선에 대한 아무런
   중요한 결정을 내리지 않았다고 볼 수 있다.

앞 줄 왼쪽부터 김두봉, 김일성, 궈모뤄, 테렌티 시트코프

도였다. 시트코프는 정치 장교였지만 3성 장군까지 승진했는데 당시 붉은 군대에서 이는 대단히 이례적인 것이었다. 따라서 시트코프가 다른 소련 장성과 달랐다는 것은 놀랄 만한 것이 아니다. 그는 군사 교육을 받은 적이 없었고 산업학교만 졸업했다. 그는 상당히 소박하고 자발적인 사람이었는데, 대다수의 소련군 장성들보다 온건하면서도 한편으로는 대의를 위해서는 사람을 죽일 수도 있었다.

1940년대 북조선 상황에서 시트코프 임명은 긍정적인 것이 틀림없었다. 전임자 치스탸코프는 나라를 정말로 점령한 군 사령관처럼 통치했다. 그러나 시트코프는 조선 사람들에게 책임감을 가지고 부하들과 함께 모스크바에 추가 지원을 요청했다.[45] 김일성과 테렌티 시트코프는 성격이 잘 맞아 좋은 친구가 되었다. 그들은 많은 시간들을 함께 보냈다. 카드 게임도 했었는데 게임에 진 사람은 책상 아래로 기어 들어가야 했다.[46] 물론 이러한 우정은 김일성의 권력 장악과 유지에 큰 도움이 되었다.

북조선에서는 정부기관 설립 과정이 하나씩 진행되어나갔다. 스탈린의 지시에 따라 북조선 정당들은 하나의 블록으로 통합해야 했다. 이를 위해 강령이 필요했는데 1946년 초 연합국들이 승인한 모스크바 회의 결정 지지는 자연스럽게 강령이 될 수 있었다. 그러나 이 계획은 민주당 당수 조만식의 항의를 받았다. 민주당은 모스크바 회의 결정을 지지하기는커녕 반대 결의까지 통과시켰다.[47] 소련 당국은 민주당 당수의 이런 행위를 용납할 수 없다고 보았다. 소련군 지시에 따라 2월 5일 민주당 부당수였던 최용건은 당에서 민족주의자와 우파 활동가를 숙청하고 당수 자리에 올랐다. 조선민주당은 이제 공산당에 완전히 복종하는 유명무실한 조직이 되었다.

이렇게 '정제'된 민주당과 공산당이 통합해 블록을 만든다면 이 블록은 결코 '전체 반일 조직의 연합'으로 비칠 수가 없었다. 따라서 북조선에서는 급속하게 2개의 추가 정당들이 만들어졌다. 첫 번째 정당은 천도교 청우당(天道敎靑友黨)이었다. '청우당'은 왜 '젊은 벗들의 정당'이라는 이상한 이름을 선택한 것일까? 천도교는 20세기 초 창시된 종교였다. 식민지 시절 많은 사람들이 이 종교에서 일본의 국가종교인 신토와 서양 기독교의 대안을 보았고, 천도교는 조선 민족주의자들 사이 인기를 얻었다. 이 종교는 특히 젊은 조선인들에게 인기가 있었는데, 1920년대 조선에는 여러 개의 천도교 청년 조직들이 세워졌다.[48]

---

45 예컨대 *Донесения о положении в Северной Корее за 1947*, РГАСПИ, ф. 17, оп. 128, д. 392, л. 120 참조.

46 안드레이 란코프가 바딤 트카첸코와 한 인터뷰, 1990년 1월 23일.

47 Андрей Ланьков, *Разгром некоммунистических партий в КНДР (1945-1959)* // КНДР: вчера и сегодня, Москва: Восток-Запад, 2004, стр. 148-173.

48 「천도교청년당」, 『한국민족문화대백과사전』, http://encykorea.aks.ac.kr/Contents/Item/E0078227.

이들 중 하나가 1923년 설립한 천도교 청년당이었다. 8년이 지난 1939년 미나미 총독의 국수주의 정권은 이를 해산했다.[49] 따라서 1946년 설립한 천도교 청우당은 천도교 청년당을 상징적으로 계승한 것이었다.

두 번째 정당은 김두봉의 신민당(新民黨)이었다. 공산주의이자 민족주의자인 이 언어학자는 소련군이 작성했던 북한의 수령 후보자 목록에 포함되어 있었다. 마오쩌둥과 협력했던 김두봉은 일본이 패전한 후 중국에서 조선으로 귀향했다. 좌경 정당인 신민당은[50] 곧 소련군 당국의 '진보세력의 통일전선'을 위하여 필요한 것이었다. 공산당, '우파 정당'인 민주당, 신민당의 좌경 민족주의자, 현지 민족 종교를 대표하는 정당을 모아 '전체 조선 인민을 대표하는 블록'으로 소개할 수 있었다.

민주당은 종속되었고 신민당과 천도교 청우당이 설립되면서 북조선 정부 설립 준비 과정이 완수되었다. 북조선 매체에서는 이 정부를 '민주주의 정권'으로 소개했지만, 정부기관은 선거도 치르지 않고 설립되었다. 대신 소련 당국은 '북조선 각 정당·사회단체·각 행정국 및 각 도·시·군 인민위원회 대표 확대 협의회'라는 행사를 소집했고, 확대협의회는 김일성을 수반으로 하는 북조선임시인민위원회 설립을 승인했다.[51]

붉은 군대는 북조선임시인민위원회에 축사를 보냈다. 소련 자료를 보면 축사 초고에 모스크바 회의에 대한 언급이 있었지만 이는 최종판에서 삭제되었다.[52] 물론 소련 당국은 북조선임시인민위원회를 완전히 통제했다. 위원회 결

49 Ibid.

50 심지연, 『朝鮮新民黨研究』, 서울: 동녘, 1988, 83쪽.

51 *Шикин – Булганину*, 11 февраля 1946 года, ЦАМО России, ф. 32, оп. 473, д. 45, лл. 104-105.

52 *Постановления народного комитета Северной Кореи о демократическом преобразовании за 1946 г.* ЦАМО России, ф. 172, оп. 614631, д. 29, л. 5.

정들은 안드레이 로마넨코 소장과 그의 부하들이 준비했고, 타자기에 러시아 말로 쓴 뒤 조선말로 번역했다. 번역을 거치며 어색한 문장이 적지 않았지만, 북조선임시인민위원회는 문법이나 문체도 고치지 않은 채 이를 공포했다.[53] '로마넨코의 팀'은 결국 소련 민정청(民政廳)으로 재편성되었고, 민정청은 소련령 북조선의 핵심 통치기관이 되었다.[54] 그러나 북조선 매체들은 북조선임시인민위원회에게 실권이 있는 것처럼 보도했다. 물론 이는 사실이 아니었지만 일부 소련 장교들은 이후 인민위원회가 실권을 가져야 한다고도 했다.[55]

민정청이 작성하고 김일성이 서명한 북조선의 규정들은 소련이 위성국가에 대해 취하는 노선을 표현한 것이었다. 경제정책들은 다음과 같았다. 부자의 재산은 몰수하고 가난한 주민들에게 재분배하며 대기업 활동을 금지하고 경제의 큰 일부를 국영화였다. 그러나 조선이 독립된 식민지였다던 사실은 이러한 노선에 예외적인 부분을 추가했다. 조선인 가운데는 부자들만 재산이 몰수되었지만 일본인은 모두가 재산 몰수 대상자였다. 또한 일본인은 북조선 거주 자격을 갖지 못했고, 결국 모든 일본인들은 일본으로 이주해야 했다.

소련 정책의 중요한 결정 중 하나는 토지개혁이었다. 로마넨코 소장 팀이 작성한 계획에 따르면 모든 일본인과 부유한 조선인이 보유하고 있는 토지는 몰수했고 이는 빈농들에게 제공되었다. 몰수에는 보상이 없었다. 바로 여기에 남조선에서 미군 당국이 실행하고 있었던 토지개혁과 가장 큰 차이점이 있었다. 소련 당국과 달리 미군정은 지주들에게 배상금을 주었다.[56] 당시 조선의

---

53 Ibid., лл. 9-12.

54 *Доклад об итогах работы Советской Гражданской Администрации за три года. Том I. Политическая часть*, АВП РФ, ф. 0480, оп. 4, д. 46, л. 9.

55 *Дневник Н. Г. Лебедева*, запись за 8 сентября 1947 года.

56 남조선 토지 개혁에 대해 장시원, 「농지개혁」, 『해방 전후사의 재인식』, 제2권, 서울: 책세상, 2006, 345~389쪽 참조.

지주 대부분은 일본인이 아니라 조선인이었고, 이들은 부유했지만 대다수가 큰 부자는 아니었다. 토지개혁은 북조선 지주들의 재산을 한순간에 잃게 만들었다.

1946년 가을 북조선 당국은 식량 배급제를 도입했다. 배급제 우선순위 대상은 공무원만 해당했다.[57] 배급제는 전후 경제 위기 극복을 위한 임시 조치로 도입한 것이지만 1947년 일부 공업상품으로도 확산되었다.[58] 이후 북한에서 배급제는 절대적인 것이 되었고 김일성식 경제 질서의 초석이 되었다.

식민지 시대 일본 정부는 조선 북반부를 적극적으로 공업화시켰다.[59] 1945년 소련은 북조선 공업을 장악했지만, 대부분을 김일성 정권에 양보다.[60] 따라서 소련 당국은 북한 경제에서 국영부문 비율을 높일 수 있었다. 하지만 북조선에는 민간무역이나 소기업도 존재했으며 아직 금지된 것은 아니었다.[61]

새로운 경제 질서 소개를 마무리하기 전에 소련 당국이 식민지 시대 사용했던 조선 엔(圓)을 새로운 통화로 바꾼 것에 대해 거론해야 한다. 조선 엔을 대신한 '붉은 군대 사령부의 원'(이후 '북조선 중앙은행 원'이 됨)은 북조선의 공식

57 『해방 10년 일지 1945-1955』, 평양: 조선중앙통신사, 1955, 62쪽.

58 조선민주주의인민공화국 과학원 경제법학연구소, 『해방 후 우리나라의 인민 경제 발전』, 평양: 과학원출판사, 1960, 77쪽.

59 식민지 시대의 조선 북반부에 공업 대해 일본학자 기무라 미쓰히코와 아베 게이지가 쓴 도서는 있다. 木村光彦, 安部桂司, 『北朝鮮の軍事工業化: 帝国の戦争から金日成の戦争へ』, 東京: 知泉書館, 2003.

60 북조선에 대한 소련의 경제정책에 대해서는 Доклад об итогах работы Советской Гражданской Администрации за три года. Том II. Экономическая часть, АВП РФ, ф. 0480, оп. 4, д. 47 참조.

61 Частная торговля // Доклад об итогах работы Советской Гражданской Администрации за три года. Том II. Экономическая часть, АВП РФ, ф. 0480, оп. 4, д. 47, лл. 162-174.

김일성, 김두봉, 김정숙, 허가이와 함께

통화가 되었다.[62] 화폐는 소련에서 인쇄했고 북조선에 제공되었다. 다른 분야
처럼 경제 개혁은 소련 당국이 결정한 것이지만 주민들에게는 '김일성 장군'을
수반으로 하는 '인민의 정권'이 결정한 것으로 보였다.

1946년 초 북조선에서는 김일성을 김두봉과 대등한 인물로 소개한 문서들
이 적지 않았다. 소련 당국은 김두봉을 북조선인민회의 상임위원회 의장으로
임명했는데, 북조선인민회의는 입법 조직이어서 북조선임시인민위원회처럼
선거로 의장을 선출하는 것이 아니었다.[63] 하지만 얼마 지나지 않아 북조선 매
체들은 김일성을 유일한 '조선 인민의 지도자'로 묘사하기 시작했다. 김일성이
진짜 지도자처럼 보이도록 로마넨코 소장 지시에 따라 소련 민정청 간부 팀이
작성을 시작한 것이다. 김일성이 소련에서 있었던 것 자체를 감추어야 했고[64]

---

62 전현수, 「1947년 12월 북한의 화폐개혁」, ≪역사와 현실≫ 19호, 1996년 3월, 175~
    218쪽.

63 Андрей Смирнов, *Как Советская Армия внедрила в Северную Корею президента
    Ким Ир Сена и его правительство //* Совершенно секретно, № 8, 1992, стр. 10-11.

그의 어린 시절과 유격대 투쟁사도 사실과 다르게 썼다.

  김일성 공식 전기의 개정판에 따르면 그는 중국인들이 설립하고 지휘한 부대들에서 전투를 벌였던 것이 아니라 단독 군사 조직인 '조선인민혁명군'을 설립하고 직접 지휘했다.[65] 물론 '조선인민혁명군'이라는 조직은 존재한 적이 없다. 1930년대 빨치산 운동에 관한 조중일(朝中日) 삼국의 수많은 자료에서 '조선인민혁명군'을 언급한 문건은 전무하다. '조선인민혁명군'을 조작한 목적은 김일성의 과거 이미지를 '민족화'하기 위해서였다. 이 위선적인 '김일성 군대' 이름을 누가 만들었는지는 알 수 없다. 만일 '조선인민혁명군'이라는 이름을 김일성이 만들었다면 그것은 1933년 중국공산당이 설립한 동북인민혁명군의 이름을 딴 것이라고 추측할 수 있다. 동북인민혁명군은 동북항일연합군의 전임 조직이었고 김일성은 이 부대에 복무한 적이 있다. 만일 '조선인민혁명군'을 민정청의 간부가 명명한 것이라면 그것은 전전(戰前) 시대 소련의 위성국가 군대들의 이름에서 따온 것이 아닐까 추정해볼 수 있다. 몽골, 1944년까지 존재했던 투바인민공화국, 1922년까지 존재했던 극동공화국의 군대들은 모두 '인민혁명군'으로 불렸다.

  역사적인 사실을 일부러 왜곡하는 것은 유쾌한 작업이라고 할 수 없다. 김일성 전기 작성 책임자였던 고려인 박일은 결국 로마넨코 소장에게 더 이상 이런 일을 하고 싶지 않다며 면직을 요청했다. 소장 역시 이 일이 옳지 않다고 여긴 것 같다. 로마넨코 장군은 박일에게 자신도 그처럼 감시를 받고 있지만 가능하면 즉시 면직해주겠다고 약속했다.[66] 그러나 박일의 팀이 만든 신화는 살

---

64 역시 1946년에 중국공산당 통치하의 지역에서 나온 책에서 이미 1943~44년에 김일성은 '랴오닝성과 지린성 변경 지역'에 있었다는 주장을 볼 수 있다. 물론 당시 김일성은 만주가 아니라 소련 뱌츠코에 제88여단 기지에 있었다. 紀雲龍, 『楊靖宇和抗聯第一路軍』, 1946, 第119頁 참조.

65 『朝鮮中央年鑑 1949』, 平壤: 朝鮮中央通信社, 1949, 63쪽.

아남았다. 북조선 사람들 중에는 이 신화를 보고 김일성을 믿었던 사람들이 적지 않았다. 어떤 정권이라도 모든 사람들의 지지를 얻거나 유지하기는 어렵다. 당시 북조선 정권은 지지자들이 적지 않았는데, 이들은 어떤 사람들이었을까?

먼저 이들 중에는 조선 공산주의자들이 있었다. 붉은 군대의 도래는 곧 그들의 꿈이었다. 그들은 같은 조선공산당 당원인 김일성을 지도자로 받아들일 수 있었다. 또 북한 정권 지지자 중에는 좌경 지식인들이 있었다. 이들은 새로운 질서가 총독부 통치 시대보다 더욱 정의로울 것이라고 희망했다. 더 이상 조선 사람들을 2등 시민으로 여기지 않을 것으로 기대했다. 또한 북조선 정권은 미국이 남조선에 설립한 정권보다 더욱 공정할 것이라고 믿었다.

당시 조선은 농업국가였는데 토지개혁으로 토지를 받은 농민들 가운데는 새로운 정권을 환영한 사람들이 적지 않았다. '민주주의 정권'에 대한 선전을 믿었던 사람들도 있었다. 북조선 선거에 소련군이 승인한 후보자만 참가할 수 있었다는 것을 상기해본다면 이는 좀 이상해 보일 수도 있다. 그러나 식민지 시대 조선인은 대부분 투표권이 아예 없었다. 민주주의를 경험하지 못했던 조선에서 피선거권이 선거권만큼 중요하다는 것을 아는 사람들은 많지 않았다.

그리고 북조선 질서에는 적(敵)도 있었다. 당시 소련 자료를 보면 소련 당국에게는 매우 놀라운 일이었지만 지주의 토지를 빼앗는 토지개혁을 반대한 농민들도 적지 않았다. 이 사람들은 남의 토지를 무상으로 받는 것이 도둑질처럼 느껴진다면서 죄 없는 지주의 토지를 강탈하고 싶지 않다고 했다.[67] 물론 재산을 잃어버린 지주들은 새로운 정권에 불만이 많았다. 공산주의 사상에 반대하

66 Андрей Смирнов, *Как Советская Армия внедрила в Северную Корею президента Ким Ир Сена и его правительство* // Совершенно секретно, № 8, 1992, стр. 10-11.

67 Фёдоров, Лившиц, *Докладная записка* // Разные материалы, поступившие из Гражданской администрации Северной Кореи, ЦАМО России, ф. 172, оп. 614631, д. 37, лл. 14-32.

고 조선은 소련보다 미국 모델을 따라야 한다고 생각한 우파 인사들도 새로운 정권을 반대했다. 기도교인들도 국가 무신론을 내세우는 소련이 설립한 정권을 별로 지지하지 않았다.

북조선 야권 세력의 가장 극단적인 종파는 우익 민족주의자들이었다. 1945년 9~10월 이들은 지하조직이 될 수밖에 없었고, 일본 정권을 쳐부수어 사회주의를 내세우는 소련에 끝까지 대항해야 한다고 생각했다. 이 시대 대표적인 민족주의자로 김정의라는 사람이 있었다. 김정의는 백의사(白衣社)라는 테러 조직을 만들었다. 백의사의 기본 목적은 북조선 정권 지도자를 없애는 것이었고 이들은 누구보다도 김일성을 처단하는 것을 중요한 목표로 보았다. 그들은 김일성과 함께 소련 장성들도 없앨 수 있으면 다행이라고 생각했다.

1946년 3월 1일 백의사는 김일성 공격의 기회가 생겼다. 3·1운동 기념일이던 그날 김일성은 평양 시민 앞에서 연설할 예정이었고, 소련군 장성도 여러명 이 행사에 참석할 예정이었다. 무장한 백의사 요원들은 시위에 나섰고, 김일성 암살을 시도한 사람은 김형집이었다. 이후 김형집은 수사관에게 이렇게 증언했다. "나는 수류탄을 투척했고 즉시 200미터 정도 달려서 도망갔습니다. 옆에 있는 사람들의 이야기를 듣고 나서 사망자가 없다는 것을 알게 되었습니다. 그래서 저는 다시 시도하려고 강단에 다가섰지만 바로 체포되었습니다. 그래서 두 번째 수류탄을 강단에 투척하지 못했습니다."[68] 김형집은 못 봤지만 소련군 소위(少尉) 야코프 노비첸코가 수류탄을 잡았고 자신의 몸으로 이를 막았던 것이다. 노비첸코 소위는 책을 가지고 집회에 나갔는데, 이 책이 결국 방탄복 역할을 했다. 소위는 부상을 입었지만 살아남았다. 김형집은 현장에서 잡혔고, 얼마 지나지 않아 소련 경찰은 백의사의 다른 요원들도 체포했다. 김형집

---

68 Валерий Усольцев, *Покушение на вождя* // Дальний Восток, ноябрь 1990, стр. 203-211.

과 김정의를 비롯한 백의사 요원들은 연해군구 군사재판소에서 재판을 받았다. 결국 김형집과 김정의는 사형을 당했다.[69]

김일성 암살미수 사건 얼마 후 소련과 미국은 조선 통일정부 설립에 대한 대화를 시작했다. 소련 사료에 볼 수 있는 것처럼, 1946년 3월에 김일성, 박헌영과 합의한 후에 시트코프는 조선 통일정부 구성원에 대한 제안을 내놓았다.[70] 제안서에 따르면 통일정부의 수관 자리인 수상에 오를 사람은 김일성이 아니었다. 시트코프는 수상으로 여운형을 임명하자고 제안했다. 여운형은 좌경 독립운동가였고 레닌도 만난 적이 있지만 공산주의자는 아니었다. 수상 후보자는 꽤 타협적으로 보였지만 소련이 제안하려던 나머지 내각 구성의 성격은 그렇지 않았다. 소련은 수상 외의 모든 중요한 직위를 공산주의자들에게 달라고 제안했다.

부수상 2명 중의 1명으로 박헌영, 내무상 김일성, 공업상 김무정, 교육상 김두봉, 외무상 허헌, 선전상 오기섭, 경제계획위원회 위원장 최창익 등이다.[71] 얼마 후에 이 내각 구조는 어느 정도 변경되었다. 새로운 제안서에 군무상(軍務相)라는 직위가 생겨, 소련 측은 군무상으로 바로 김일성을 임명하자고 제안했다. 내무상 자리는 최용건에게 남겨주었다.[72] 중국공산당 당원이었던 김일성은 '권력은 총구에서 나온다'는 마오쩌둥의 명언을 마음에 새겼다.

이러한 정부가 실제로 구성된다면 통일조선에서 공산주의자들이 쉽게 권력을 장악할 수 있을 것처럼 보였다. 체코슬로바키아의 역사를 보면 이와 비슷한

---

69 Ibid.

70 *Предложение Штыкова от 7.3.46 г. № 2776*, РГАСПИ, ф. 17, оп. 128, д. 998, лл. 3-4.

71 Ibid.

72 *Характеристика на кандидатов во Временное демократическое правительство Кореи*, РГАСПИ, ф. 17, оп. 128, д. 61, лл. 1-14.

시나리오가 펼쳐졌다. 공산당 지도자 클레멘트 고트발트 총리의 내각은 1948년 비공산주의자 대통령 에드바르트 베네시로부터 권력을 빼앗은 바 있다.[73] 하지만 이러한 제안서에 미국이 대응할 기회는 없었다. 제안서는 발의되지도 않았기 때문이다.[74] 미소공동위원회는 창립하자마자 상호불신으로 마비되었다. 누가 무슨 발의를 하더라도 상대는 불신과 비판으로 반응했다. 시간이 지나면서 소련과 미국이 과연 어떤 타협이라도 이룰 수 있을 것인지 의심만 더해 갔다.

북조선에서 김일성 개인숭배는 강화되었다. 당시 공산권 전통에 따라 나라의 수령은 '마르크스-레닌주의의 탁월한 이론가'여야 했다. 이에 1946년 3월 23일 김일성은 자신의 첫 번째 이론 논문을 발표했고, 제목은 「이십 개 조 정강(二十個條政綱)」이었다. 이 문서는 북한 미래에 대한 소련의 전망을 표현한 것이었다. 문서는 북조선이 복지국가일 것, 인민은 평등·비밀 선거권을 가질 것 등의 약속을 포함했다. 물론 「이십 개 조 정강」에서 북조선이 매우 권위적인 국가라거나 북조선을 공산당이 다스릴 것이라거나 이 공산당이 소련에 복종할 것 등과 같은 특이한 언급들은 없었다.

이 문서는 북한 문화에 영원히 남게 되었다. 이유는 「이십 개 조 정강」이 북조선 신임 수령에 대한 첫 번째 노래인 〈김일성 장군의 노래〉에 언급되었기 때문이다. 이 노래는 훗날 북한에서 가장 많이 연주하는 노래가 되었다. 다음 〈김일성 장군의 노래〉 가사에서는 마지막 절과 후렴에서 「이십 개 조 정강」이 언급되고 있는 것을 볼 수 있다.

---

73 이 사건에 대해 Václav Veber, *Osudové únorové dny*, Praha: NLN, 2008 참조.

74 Терентий Штыков, *Донесение*, 20 марта 1946 года, ЦАМО России, ф. 172, оп. 614631, д. 14, лл. 3-5.

장백산 줄기줄기 피어린 자욱
압록강 굽이굽이 피어린 자욱
오늘도 자유조선 면류관[75] 우에[76]
역력히 비쳐주는 거룩한 자욱
아, 그 이름도 그리운 우리의 장군
아, 그 이름도 빛나는 김일성 장군

만주벌 눈바람아 이야기하라
밀림의 긴긴 밤아 이야기하라
만고의 빨치산이 누구인가를
절세의 애국자가 누구인가를
아, 그 이름도 그리운 우리의 장군
아, 그 이름도 빛나는 김일성 장군

근로자[77] 대중에겐 해방의 은인
민주의 새 조선엔 위대한 태양
이십 개 정강 우에 모두 다 뭉쳐
북조선 방방곡곡 새봄이 오다
아, 그 이름도 그리운 우리의 장군
아, 그 이름도 빛나는 김일성 장군

---

75 '면류관'은 나중에 '꽃다발'로 바뀌게 되었다. 노래 원문 <金日成 將軍의 노래>, 『人民 歌謠曲集』, 平壤: 北朝鮮音樂同盟編, 1947, 1~3쪽 참조.

76 '우에'는 '위에'의 북한말이다.

77 '근로자'는 이후 '로동자'로 바뀌었다. 노래 원문 <金日成 將軍의 노래>, 『人民歌謠 曲集』, 平壤: 北朝鮮音樂同盟編, 1947, 1~3쪽 참조.

이 시대의 김일성 찬양 노래 중의 하나에 '시베리아 풍설(風雪)'에 대해 언급하는 노래도 있었다.[78] 이 사실을 보면 노래의 작사자 박세영이 김일성이 소련에서 몇 년을 보냈던 사실을 알았던 것처럼 보인다. 그러나 물론 당시 널리 연주한 노래에 김일성의 '소련 시절'에 대한 암시는 없었다.

1946년 5월 30일 김정숙은 김일성의 장녀를 낳았다. 바로 9개월쯤 전 제2차 세계대전이 종결되면서 김일성과 김정숙은 아이가 한 명 더 있으면 좋겠다고 결정했다. 딸도 러시아식 이름인 타냐를 받았다.[79] 타냐는 '타티야나'의 애칭이다. 오빠 유라처럼 타냐의 조선 이름도 잘 알려져 있다. 독자들은 그녀를 '김경희'라는 이름으로 알고 있을 것이다.[80]

타냐가 태어난 지 얼마 되지 않아 김일성의 인생에서 운명적인 사건이 벌어진다. 1946년 7월 김일성은 모스크바를 방문해 스탈린과 만났다. 그 당시 7월 스탈린은 여러 위성국가 지도자들을 만났지만[81] 김일성과의 만남은 특이한 점이 있었다. 회동은 비공식으로 이뤄졌다. 회담 기록도 없었으며 회담 참가자들은 스탈린이 만난 사람 목록에도 포함되지 않았다. 이후 소련 문서에서 이 회담에 대한 아주 짧은 언급이 있지만[82] 역사학자들은 대체로 회담 참가자들의

---

78 北朝鮮藝術總聯盟, 「김일성 장군」, 『우리의 太陽(金日成將軍 讚揚特輯)』, 1946, 11-7 Item #1-100, (RG 242; National Archives Collection of Foreign Records Seized), 18쪽.

79 Юрий Когай, *Страна моего детства*, 17 февраля 2009 года, http://world.lib.ru/k/kogaj_j_p/infaneco.shtml.

80 유성철은 김경희의 러시아어 이름이 '애라'라고 증언한 적도 있다. 그러나 유성철은 김경희와 만난 적이 없었다. 『證言 金日成을 말한다: 兪成哲, 李相朝가 밝힌 북한 정권의 실체』, 서울: 한국일보社, 1991, 68쪽 참조. 가능성이 높지는 않지만, 김경희가 먼저 '애라'라는 이름을 받은 뒤 이후 '타냐'로 개명한 것일 수도 있다.

81 *На приёме у Сталина*, Москва: Новый Хронограф, 2008, стр. 476-477.

82 *Телеграмма Штыкова в Москву*, 21 марта 1950 года, АП РФ, ф. 45, оп. 1, д. 346,

증언을 따를 수밖에 없다. 그중 다행스럽게도 회의에 참가했던 니콜라이 레베데프 소장이 이 회담에 대해 상당히 자세한 인터뷰를 한 바 있다.[83]

레베데프 장군과 여러 다른 증언들을 보면 김일성은 박헌영과 함께 모스크바에 호출되었다는 사실을 알 수 있다. 박헌영은 당시 조선공산당 당수였다.[84] 김일성, 박헌영과 함께 레베데프 소장, 로마넨코 소장, 시트코프 상장, 전(前) 주서울 소련영사관 부영사 아나톨리 샵신, 그리고 김일성과 박헌영의 비서들이 동행했다. 김일성 비서는 문일이었다. 이날도 역시 문일은 역사를 만든 장소에 있었다.[85] 이 회의에서 스탈린은 김일성에게 북조선을 '소비에트화'하라고 지시했다.[86] 이때부터 소련과 북조선 당국은 조선 통일정부 수립 계획을 거의 버리고 38선 이북의 조선반도에 단독으로 사회주의 정부를 설립하려는 노력을 시작했다.

이 시기 김일성과 김정숙은 일본인 하녀를 고용했다. 하기오 가즈코(萩尾和子)라는 이름의 그녀는 만주국 수도 신징(新京)의 고등학교에서 공부하다가 소일(蘇日)전쟁이 발발하면서 탈출할 수밖에 없었다.[87] 가즈코는 16살이었는데, 이곳에서 1년쯤 지내다가 다른 일본 사람들과 함께 북조선에서 떠났다. 가즈

лл. 90-91.

83 "스탈린 / 김일성 오른쪽 앉혀 낙점암시 / 45년 만에 밝혀진 북한 비사", ≪중앙일보≫, 1991년 11월 30일, 3면, https://news.joins.com/article/2664096.

84 Ibid.; 안드레이 란코프가 파냐 샵시나와 한 인터뷰, 1992년 1월 23일; 안드레이 란코프가 비비아나 박과 한 인터뷰, 1990년 1월 28일.

85 "스탈린 / 김일성 오른쪽 앉혀 낙점암시 / 45년 만에 밝혀진 북한 비사", ≪중앙일보≫, 1991년 11월 30일, 3면, https://news.joins.com/article/2664096.

86 Ibid.

87 小林和子, 「私は金日成首相の小間使いだった」, 『在外邦人引揚の記録: この祖国への切なる慕情』, 東京: 毎日新聞社, 1970, 119-122頁. 이 회고록의 저자 고바야시 가즈코의 결혼 전 성은 '하기오'였다.

코가 훗날 기억한 것처럼 김일성과 김정숙은 주로 러시아 요리를 만들라고 했으며, 김일성은 일본식 교자 만두를 즐겨 먹었다. 김일성은 아침을 10시, 점심은 오후 3시, 저녁은 밤 9~10시에 먹었다. 즉, 김일성은 '올빼미'였다. 빨치산 부대, 특히 붉은 군대에서는 마음대로 일과를 정할 수 없었지만, 이제는 원하는 만큼 늦게까지 잘 수 있었다.[88] 1946년 김일성이 살쪄 있는 것을 보면 가즈코는 좋은 요리사였다고 판단할 수 있다.

김일성이 스탈린과 한 회동에서는 북조선의 당 조직 명칭 변경에 대한 결정이 있었다. 1946년 5월 22~23일 '조선공산당 북부조선분국'은 '북조선공산당'으로 개명되었다.[89] 개명에 대한 공식 결정은 없었던 것으로 보이지만 새로운 명칭은 북조선이 전체 조선의 일부라기보다는 독자적인 존재가 되어가고 있다는 것을 보여주었다.[90] 얼마 뒤 북조선 당 건설에서 새로운 단계가 시작되었다. 1940년대 스탈린은 소련이 위성국가들을 통제하고 있다는 것을 감추고 싶어했는데, 이러한 방법 중에는 공산당과 사회민주당을 합당하는 것이 있었다. 합당으로 탄생한 통합 좌파당은 더 적합하게 보였고 합당했음에도 소련의 통제하에 있다는 장점이 있었다.

공산당과 사회민주당의 합당을 가장 먼저 실행한 지역은 독일의 소련 점령지였다. 소련 당국 지시에 따라 1946년 4월 21일 독일공산당과 독일사회민주당은 합당하여 독일 사회주의통일당을 설립했다. 북조선에서도 동독과 비슷하

---

88 Ibid.

89 필자는 1946년 6월 하순 《정로》를 입수해서 날짜를 확인할 수 있었다. 5월 22일자 《정로》에서는 여전히 '조선공산당 북부조선분국 기관지'라고 칭했지만, 23일부터는 '북조선공산당 기관지'로 바꾸어 칭했다.

90 이 개명에 대해 金昌順, "'조선노동당'의 창당", 《月刊北韓》, 1989년 11월, 38~48쪽; Справка о политических партиях и общественных организациях в советской зоне оккупации Кореи, РГАСПИ, ф. 17, оп. 128, д. 205, лл. 13-25; Андрей Ланьков, КНДР: вчера и сегодня, Москва: Восток-Запад, 2004, стр. 36-37 참조.

게 스탈린의 직접적인 지시에 따라[91] 북조선공산당은 신민당과 합당되었고 북조선로동당(北朝鮮勞動黨)이 설립되었다. 1946년 7월 합당에 대한 결정이 채택되었고 공산당과 신민당은 이를 수락하는 결정을 두고 가결 투표를 했다.[92] 독일에서는 많은 사회민주주의자들이 합당에 반대했지만 북조선에서 이 과정은 별 문제가 없었다. 신민당은 사실상 공산당의 제2중대에 불과했기 때문이다. 1946년 8월 진행된 북조선로동당 창립대회는 합당 과정을 마무리했다.[93] 북조선공산당의 기관지 ≪정로≫와 신민당의 기관지 ≪전진(前進)≫도 통합되어 북조선로동당 기관지 ≪로동신문(勞動新聞)≫이 되었다.

어떻게 보면 북조선공산당이 신민당을 삼킨 것 같지만 사실 합당과정은 더 복잡했다. 북조선로동당의 당수 직위인 중앙위원회 위원장 자리에 임명된 사람은 김일성이 아니었다. 소련 당국은 위원장 자리를 김두봉에게 주었고 김일성은 두 명의 부위원장 한 명이었다. 두 번째 부위원장은 훗날 초대 주소련 북한대사가 된 주녕하(朱寧河)였다.

북조선로동당 창당대회는 북한의 공식 국호인 '조선민주주의인민공화국'이 처음으로 언급된 큰 행사였다.[94] 이 국호는 북조선 지도부에서 벌어진 재미있는 술책의 결과였던 것 같다.[95] 20세기 공산주의자들은 자신들이 쓰고 있는 정

---

91 Терентий Штыков, *Товарищу Сталину*, 9 января 1947 года, ЦАМО России, ф. 172, оп. 614633, д. 3, лл. 9-10.

92 *Игнатьев – военному совету 25 армии*, 23 июля 1946 года, ЦАМО России, ф. УСГАСК, оп. 102038, д. 2, лл. 256-258; *Игнатьев – военному совету 25 армии*, 27 июля 1946 года, ЦАМО России, ф. УСГАСК, оп. 102038, д. 2, лл. 263-264.

93 북조선로동당 창립 대회의 회기록은 한국에서도 번각(飜刻)되었다. 「북조선로동당 창립대회」, 『朝鮮勞動黨大會 資料集』, 제1권, 서울: 國土統一院, 1980, 11~106쪽 참조.

94 『朝鮮勞動黨大會 資料集』, 제1권, 서울: 國土統一院, 1980, 13쪽.

95 강응천, 「조선민주주의인민공화국 국호의 기원과 제정 과정 연구」, 북한대학원대학교 석사학위논문, 2018.

치용어를 지극히 중요하게 여겼다. 마치 종교 근본주의자들이 경전(經典)을 대하는 태도와 비슷하다고 할 수 있다. 따라서 새로운 나라의 국호는 대단히 중요해 보였다. 당시 정치상황 때문에 북조선은 '소비에트공화국'이나 '사회주의공화국' 등으로 부를 수 없었다. 소련은 북조선에 대한 통제를 감추고 싶어 했고 북조선도 사회주의 국가는 아니었다. 그러나 북조선을 '인민공화국'이라고 부를지 '민주주의공화국'으로 부를지에 대한 문제를 놓고 열렬한 토론이 벌어졌다. '인민공화국'이라는 국호를 지지하는 사람은 박헌영이었다. 만일 북조선이 '조선인민공화국'이 된다면 1945년 9월 초 남조선에서 좌파 세력이 선포한 조선인민공화국을 상징적으로 계승할 수 있었다. '민주주의공화국'이라는 선택지는 김두봉이 내세우고 있었다. 그에게 '민주주의'는 곧 마오쩌둥 사상에 대한 언급이었다. 일본이 항복하기 전 마오는 '신(新)민주주의'라는 개념을 채택했다. '신민주주의'란 서양의 '구(舊)민주주의'와 소련 '프롤레타리아 독재'의 대안이라는 주장이었다.

이 토론을 알게 된 김일성은 양측 주장을 타협한 국호인 '조선민주주의인민공화국'을 내세우기 시작했다. 박헌영의 '인민공화국'은 김두봉의 '민주주의' 단어보다 뒤에 두었는데, 박헌영은 김일성에게 훨씬 위험한 인물이었기 때문이다. 국호와 같은 중요한 문제의 최종 결정은 소련군이 내렸다. 이때도 문일은 또 한 번 중대한 역할을 한 것 같다. 문일에게 이야기를 전해들은 니콜라이 레베데프 소장은 "당신들은 '인민' 단계를 이미 넘어갔지만 민주주의 단계는 아직 이르지 못한 것 같으니 나라를 '인민-민주주의'라고 부릅시다"[96]라고 했다. 문일은 이 이야기를 김일성에게 전달했고 김일성은 국호 문제에 대한 생각을 독창적인 방향으로 정리할 수 있었다. 조선말로는 '조선민주주의인민공화국'이라고 부르면서 러시아어로는 '조선 인민-민주주의 공화국'으로 번역하자는

---

96 안드레이 란코프가 니콜라이 레베데프와 한 인터뷰, 1989년 11월 13일.

생각이었다. 이렇게 하면 러시아어로 국호를 본 소련 장군들이 만족할 것이고, 조선어로 된 국호를 보는 조선인들은 모든 국호 제안들 가운데 김일성이 제안한 선택지가 선정되었다고 알게 될 것이다. 이런 이유로 북한의 공식 국호는 한국어와 러시아어가 달라졌다.

이러한 사례는 김일성이 그 당시부터 정치적 책략에 대단한 능력이 있었다는 것을 보여준다. 이는 또한 그가 이미 소련의 통제에서 벗어날 생각을 하고 있었다는 것을 말해준다. 실제로 10년쯤 뒤 김일성은 그 꿈을 이뤘다.

1946년 소련 당국은 북조선의 첫 번째 대학교 설립을 준비했다. 남조선에서는 이미 대학교가 하나 있었는데 조선총독부가 세운 경성제국대학을 계승하는 국립서울대학교였다. '국립서울대학교'는 정치적인 냄새가 없는 이름이었지만 북조선의 초대 대학교는 그렇지 않았다. '김일성종합대학'은 김일성이라는 이름으로 불린 첫 번째 기관이었다. 김대(金大)의 개교는 1946년 10월 1일 진행되었다.[97]

1947년 김일성 가족은 비극을 맞았다. 차남 슈라가 수영장에 떨어져 익사한 것이다. 아들을 잃은 김일성은 처절한 슬픔을 느꼈다. 고통을 가라앉히기 위해 계속 술을 마셨는데, 한 번은 문일이 보드카 한 병을 더 가져오라는 김일성의 요청을 거절하기도 했다. 이에 김일성은 울면서 일본인들에게 잡힌 형 김철주를 떠올렸다. 수령은 지난밤 꿈에 김철주가 나왔으며 이는 나쁜 징조라고 했다. 김일성의 지인들은 친아들을 잃은 것에 대해 어떤 위로의 말도 소용이 없는 아버지와 함께 하루를 보냈다.[98]

---

97 신효숙,「김일성종합대학의 창립 및 고등 교육」,『소련 군정기 북한의 교육』, 서울: 교육과학사, 2003, 154~180쪽.

98 안드레이 란코프가 강상호와 한 인터뷰, 1990년 1월 13일; "'少年 김정일'을 둘러싼 7가지 미스터리",≪新東亞≫, 2006년 9월 22일, http://shindonga.donga.com/Library/3/01/13/100670/1 참조.

그리고 1947년은 미소공동위원회가 타협을 찾을 수 없다는 것이 확정된 해다. 당시 평범한 조선인들에게 통일이 안 될 거라는 전조(前兆)가 된 것은 북조선 정권기관의 개명이었다. 1947년 2월 22일 북조선임시인민위원회는 북조선인민위원회가 되었다. 이 기관은 더 이상 임시정부가 아니었다. 북조선은 단독 정권 선포를 준비했다. 1947년 9월 3일 레베데프 소장은 자신의 일기에 공동위원회는 사실상 죽었다는 내용을 썼다.[99] 9월 26일 소련은 통일에 대한 담화를 연기하고 조선에서 미국과 소련 군대를 철수하자고 미국에 제안했다. 10월 18일 미소공동위원회는 국제연합이 조선 문제를 해결할 때까지 활동을 중단하기로 했다. 다시 말해 조선의 통일에 대한 담화는 완전히 실패했다. 분단은 영구화되었다.

시간이 흐르면서 38선은 임시분계선에서 실질적인 분계선으로 변경되었다. 얼마 뒤 이 선은 진짜 국경선이 되었고 이후 아무도 건너갈 수 없는 철의 장막 일부가 되었다.[100] 1946년 10월 박헌영이 북조선에 방문했을 때도 합법적으로 방북할 수 없었다. 당시 그는 관 속에 들어가 죽은 셈 치고 북한에 갔다.[101]

1940년대 38선에서 충돌과 도발은 흔한 일이었다. 북조선보다도 남조선의 행위는 더욱 도발적이었던 것으로 보인다. 당시 소련은 북조선을 완전히 통제했지만, 남조선 정부는 미국에 대한 의존도가 더 낮았기 때문으로 설명할 수 있다. 남조선에서는 멸공통일을 꿈꾼 사람들이 적지 않았지만 스탈린은 조선에서 전쟁을 원하지 않았고 38선의 충돌들이 혹시라도 확대되지 않을까 걱정했다.[102]

99 Дневник Н. Г. Лебедева, запись за 3 сентября 1947 года.

100 이 문제에 대해 상당히 잘 분석한 김재웅 연구자의 논문이 있다. 김재웅, 「북한의 38선 월경 통제와 월남 월북의 양상」, 《한국민족운동사연구》, № 87, 2016, 189~232쪽.

101 Дневник Т. Ф. Штыкова, Запись за 7 июля 1946 года, 국사편찬위원회, http://db.history.go.kr/item/level.do?itemId=fs&levelId=fs_010_0010_0010_0260&types=o.

분단의 또 다른 상징은 북조선의 국기 변화였다. 이는 아마 가장 가시적인 상징이기도 하다. 일본의 항복 이후 전체 조선반도에서는 조선왕조 시대부터 사용했던 태극기를 다시 휘날리게 되었다. 태극기는 이후 대한민국 국기가 되었고 북조선에서 이를 폐기했다. 국기의 변화 과정은 당시 북조선이 어떤 곳이었는지를 보여주는 충분한 근거가 된다. 태극기 대신 새로운 국기를 채택한 사람은 니콜라이 레베데프 소장이었던 것 같다. 그는 태극기에 대한 김두봉의 이야기를 들어 태극기의 음양(陰陽)과 사괘(四卦)는 중세시대 미신에 불과하며 사회주의 국가 상징으로 맞지 않는다고 결정했다. 북조선의 국기 디자인은 소련에서 결정해 전달한 것이다. 북조선은 전체 사회주의권에서 유일하게 '수입 국기'를 받게 되었다. 이 사실은 소련의 북조선에 대한 통제가 얼마나 강력했는지를 보여준다.[103] 한국에서 인공기(人共旗), 즉 '인민공화국의 국기'로 알려져 있는 이 새로운 깃발은 북조선에서도 처음에는 인기가 없었다. 정재용(鄭在鎔) 북조선인민회의 대의원은 사회주의 국가 입법기관의 불문율을 위반하고 태극기 폐지 반대 연설까지 했다.[104] 하지만 얼마 안 가 북조선 사람들 대부분이 이 깃발에 익숙해졌다.

김일성은 국기의 형태보다는 창군(創軍) 문제에 주목했다. 권력을 잡은 직후 김일성은 소련에 북조선 군대를 위해 병사와 지휘관을 훈련하고 무장해달라는 요청을 보냈다. 김일성은 북조선에 정규 육군, 해군, 공군이 모두 필요하다고 보았다.[105] 제25군이나 소련 정부도 반대하지는 않았지만 군대 설립 과정

102 Анатолий Торкунов, *Загадочная война: корейский конфликт 1950-1953*, Москва: РОССПЭН, 2000, стр. 6-28.

103 "북한 人共旗 舊소련서 만들었다", ≪東亞日報≫, 1993년 9월 26일, 14면.

104 「北朝鮮人民會議特別會議會議錄」, 『北韓關係史料集』, 第8券, 서울: 國史編纂委員會, 1989, 219~340쪽.

105 대한민국 국군 중장 장준익이 쓴 책은 북한 창군(創軍) 문제에 대해 가장 잘 분석

을 너무 노골적으로 보이면 안 된다고 생각했다. 형식상 소련은 아직 통일조선 정부 설립 목적을 버리지 않았기 때문이다. 따라서 초기 북조선 군대는 여러 개의 준군사조직처럼 설립했다. 1948년 2월 김일성이 또다시 요청한 뒤에서야[106] 소련 볼셰비키당 정치국은 북조선 무력 창건을 허용했다.[107] 조선인민군 은 1948년 2월 8일 창건되었으며 같은 날 평양에서 인민군 초대 열병식이 진행되었다.

1948년 2월 북조선에서는 소련 당국의 직접적인 통제를 받지 못하는 마지막 정치 세력이 자립기반을 완전히 상실했다. 이 세력은 천도교 청우당이었다. 조선의 영구 분단이 불가피하다고 본 그들은 북조선 정부 반대 평화 시위를 준비하기 시작했다. 시위 진행할 날짜로는 3·1운동 기념일인 3월 1일을 선택했다. 정당 지도부는 이날 시위를 하면 감동적으로 보일 것이라고 기대했다. 1919년 조선 사람들이 외국 정복자 반대 시위에 나왔던 것처럼 1948년 또다시 거리로 나설 것으로 생각했다. 그러나 이 계획은 완전히 실패로 돌아갔다. 천도교 청우당 당수 김달현은 동무들을 배신하고 시위 계획을 소련 당국에 알려주었다. 뿐만 아니라, 당의 지시문을 갖고 있었던 접선자를 소련이 체포하도록 도움을 주었다. 천도교 청우당은 대규모 숙청을 당했다. 이 당을 정복함으로써 북조선에서 정권에 반대하는 정치활동은 완전히 없어지게 되었다.[108] 김달현 도 배신을 통해 얻은 것이 없었다. 1950년대 후반 그 역시 숙청당했다.[109]

하고 있다고 평가할 수 있다. 張浚翼, 『北韓 人民軍隊史』, 서울: 서문당, 1991 참조.

106 안드레이 란코프가 니콜라이 레베데프와 한 인터뷰, 1989년 11월 13일.

107 *Протокол № 62 // Решения Политбюро ЦК ВКП(б) за 27 января – 17 марта 1948 г.* 3 февраля 1948 года, РГАСПИ, ф. 17, оп. 162, д. 39, л. 24.

108 『北韓民主統一運動史, 平安南道篇』, 서울: 北韓研究所, 1990, 448~457쪽; Андрей Ланьков, *Разгром некоммунистических партий в КНДР (1945-1959) //* КНДР: вчера и сегодня, Москва: Восток-Запад, 2004, стр. 148-173.

1948년 봄 조선에는 통일에 대한 마지막 희망마저도 사라졌다. 남북조선 모두 분단의 책임이 상대방에게 있다고 주장했다. 1948년 4월 북조선인민회의는 조선민주주의인민공화국 헌법을 수락했다.[110] 헌법은 아직 시행되지 않았지만 이는 시간 문제였다. 5월 남조선에서 제헌 국회의원 선거가 진행되었다. 38선 이남에서도 단독국가 설립에 관한 모든 것들이 준비되었다. 남조선의 초대 지도자는 이승만이었다. 오스트리아-헝가리 제국 출신 프란체스카 도너와 결혼한 그는 서양을 적극적으로 지지했으며, 당시 조선에서 가장 친미(親美)에 치우친 정치인들 중 한 명이었다.

조선의 분단을 되돌릴 수 없게 된 날은 1948년 7월 10일이었다. 상기한 남조선 선거 후 볼셰비키당 정치국은 시트코프 상장에게 북조선에서 조선민주주의인민공화국 헌법을 시행하라는 지시를 내렸다.[111] 7월 10일 북조선인민회의는 이 결정을 수락했다. 투표 결과는 '만장일치 찬성'이었다. 결정이 나오자마자 김두봉은 인민회의 회의실에 있는 태극기를 뗐고 인공기를 게양했다. 최용건은 "조선민주주의인민공화국 헌법 실시 만세!"라고 엄숙히 선언했다.[112] 바로 이날 북한이라는 나라가 탄생했다.

한국에서도 이 나라를 '북한'이라고 부르게 된 시기는 1948년 8월 이후였다. 8월 15일 서울에서 대한민국이 선포되었고, 1950년 1월 16일 한국 국무원은

109 В. Бакулин, *Итоги довыборов в Верховное Народное Собрание КНДР*, 11 августа 1959 года(필자가 입수한 자료).

110 「北朝鮮人民會議特別會議會議錄」, 『北韓關係史料集』, 第8券. 서울: 國史編慕委員會, 1989, 219~340쪽.

111 *Протокол № 63 // Решения Политбюро ЦК ВКП(б) за 26 марта – 26 мая 1948 г.*, 24 апреля 1948 года(필자가 입수한 자료).

112 「北朝鮮人民會議 第五次會議 會議錄(1948.7.9)」, 『北韓關係史料集』, 第8券, 서울: 國史編慕委員會, 1989, 341~408쪽.

'국호 및 일부 지방명과 지도색 사용에 관한 건'이라는 결정을 하달했다. 결정
은 "우리나라의 정식 국호는 '대한민국'이지만 사용의 편의상 '대한' 또는 '한국'
이라는 약칭을 쓸 수 있되 북한 괴뢰정권과 확연한 구별을 짓기 위하여 '조선'
은 사용하지 못한다"라고 지시했다.[113] 이 책에서도 앞으로 '남조선'과 '북조선'
이라는 명칭 대신 '한국'과 '북한'이라는 단어를 쓸 것이다.

조선민주주의인민공화국 헌법에 따르면 북한 수도는 평양이 아니라 서울이
었다.[114] 헌법 초안에는 "통일정부가 수립될 때까지 평양시를 수부로 한다"라
는 문장이 있었지만,[115] 최종판에서 삭제되었다. 김일성 정권은 전체 한반도에
서 유일한 합법적 정권을 선포할 것을 준비하고 있었다. 이 정권 선포는 지극
히 이상한 선거의 결과로 나온 것이었다.

북조선인민위원회를 조선민주주의인민공화국 내각으로 재편성하는 것은
북한 국회인 최고인민회의 제1차 회의에서 진행될 예정이었다. 북한에서 최고
인민회의 선거는 8월 25일 진행되었고 공식적인 참가율은 99.97%였다. 다른
사회주의 국가들처럼 선거구마다 후보자는 1명뿐이었다.

그러나 북한은 남한에서도 '최고인민회의 지하 선거'가 벌어졌다고 주장했
다. 만일 한국에서 공산주의 단체가 어떤 '비밀 선거' 행사를 했다고 추정한다
면 그리 놀랍지 않아 보였을 것이다. 그러나 북한 정부가 주장하는 참가율을
보면 이는 새빨간 거짓말임을 알 수 있었다. 북한 정권에 따르면 남한의 참가
율은 77.52%였다. 다시 말해, 북한에 의하면 남한의 유권자 4분의 3 이상이 불

---

113 대한민국 국무원, 「국호 및 일부 지방명과 지도색 사용에 관한 건」, 1950년 1월
    16일.

114 「朝鮮民主主義人民共和國 憲法 草案」, 『北朝鮮通信』, 제1권, 平壤: 北朝鮮通信社, 1948,
    1~11쪽.

115 「조선민주주의인민공화국 림시 헌법 초안」, 『미국 공문서 보관소 소장 북한 관련
    자료 목록』, 서울: 한국 마이크로필름, 1972, 29~35쪽.

법 지하 선거에 참가했다는 것이 된다.[116] 물론 이런 말도 안 되는 주장은 황당해 보인다. 그러나 당시 소련 자료를 보면 시트코프 상장을 비롯한 소련 당국은 이 황당무계한 숫자가 사실이라고 믿은 것 같다. 예컨대 시트코프의 개인일기에서 1948년 7월 26일 기준으로 서울 유권자 60만 명 중 11만 명이 이제 '투표를 했다'라는 문장을 찾을 수 있다.[117] 인천에서도 비슷한 통계가 나왔다. 시트코프는 박헌영의 보고를 받았고 박헌영의 주장을 의심 없이 그대로 받아들였던 것 같다. 그래서 '남한 참가율 77.52%'라는 거짓말은 결국 소련 민정청이 모스크바에 보낸 기밀보고서에도 포함되었다.[118]

물론 한국 자료에도 이 '거대한 지하 선거'에 대한 언급이 없다. 아마도 박헌영이나 그의 부하들이 통계를 왜곡한 것으로 보인다. 따라서 소련 장성들은 이 결과를 믿어 의심치 않았다. 시트코프와 다른 소련군 장성들은 자신들을 정의(正義)를 지키는 선인(善人)으로 보았다. 대부분 사람들도 그렇게 생각할 것이다. 이들은 북조선을 일제의 멍에로부터 해방해 가장 진보적인 질서인 사회주의를 건설했다고 믿었다. 그럼에도 시트코프와 그의 팀이 얼마나 자신을 속였는지를 보면 놀라울 수밖에 없다. 지하 선거에서 77.52%의 참가율이 사실이라면 이승만 정권은 지지가 아예 없는 것이며, 남한에서 아주 쉽게 혁명을 일으킬 수 있다고 볼 수 있는 것이었다. 이런 신념은 결과적으로 6·25전쟁을 일으킨 요인들 중 하나가 되었다. 1950년 북한이 남한을 공격했을 때 북한 지도부

---

116 "북남총선거를 승리적으로 이끄시여", ≪우리민족끼리≫, http://www.uriminzokkiri. com/m/download.php?categ2=100&no=2952&page=20. 이 사설은 선거의 투표자의 수가 6,732,407명이었다고 주장한다.

117 *Дневник Т. Ф. Штыкова*, запись за 26 июля 1948 года, 국사편찬위원회, http:// db.history.go.kr/item/compareViewer.do?levelId=fs_010r_0010_0040_0050.

118 *Доклад об итогах работы Советской Гражданской Администрации за три года. Том I. Политическая часть*, АВП РФ, ф. 0480, оп. 4, д. 46, л. 47.

는 이 전쟁이 곧 전격전(電擊戰)이라고 믿었고 공격이 시작하면 얼마 후 남한에서 전면적인 반란이 벌어질 것이라고 믿었다.

9월 2일 평양에서 최고인민회의 제1차 회의가 개막되었다. 회의의 핵심 주제는 내각 구성이었다. 이는 북한이 아닌 소련이 결정했다. 8월 27일 시트코프는 일기에서 내각 구성 초안을 작성했고,[119] 8월 30일 최종 내각 성(省)들의 상(相) 목록을 썼다.[120] 9월 8일 최고인민회의는 내각 구성안을 수락했다. 김일성은 내각 수상(首相)이 되었고 박헌영은 부수상들 중 한 명이자 동시에 외무상으로 임명되었다. 다음날인 1948년 9월 9일 중요한 행사는 없었다. 이 사실을 언급하는 이유는 북한이 이후 이날을 조선민주주의인민공화국 건국 날짜로 선포했기 때문이다. 이렇게 위조한 목적은 단순하다. '9월 9일'은 9가 나란히 배치돼 의미 있어 보이는 날짜이기 때문이다. 진짜 북한이라는 국가의 탄생일은 1948년 7월 10일이다. 9월 9일은 북한 공식 담론에 나오는 수많은 날짜처럼 사실과 관계가 없다.

1948년 12월 1일 대한민국은 공산주의 활동을 완전히 불법화시킨 국가보안법을 채택했다. 당시 남조선로동당은 사실상 지하조직이 되었고 월북한 당원들이 적지 않았다. 이에 남북 로동당을 통합시키는 결정이 나왔다. 합당 후에는 북한 정부처럼 조선로동당도 한반도 전체 인민을 대표하는 세력이라고 주장할 수 있었다.

여기서 주북한 소련대사관은 중요한 문제를 대면하고 있었다. 조선로동당 당수로 누구를 임명하면 좋을 것인가? 김일성은 당시 북조선로동당의 중앙위 부위원장에 불과했고 위원장은 김두봉이었다. 남로당 당수 박헌영도 통합당의

---

119 *Дневник Т. Ф. Штыкова*, запись за 27 августа 1948 года, 국사편찬위원회, http://db.history.go.kr/item/compareViewer.do?levelId=fs_010r_0010_0040_0150.

120 *Дневник Т. Ф. Штыкова*, запись за 30 августа 1948 года, 국사편찬위원회, http://db.history.go.kr/item/compareViewer.do?levelId=fs_010r_0010_0040_0170.

최고 자리에 대한 꿈이 있었다. 이 중대한 결정은 소련 정부의 직접적인 승인이 필요했다. 북한에 근무했던 소련 간부가 기억한 것처럼 소련 정부는 당수 후보자 파악을 위해 북한에 대표단을 파견했다. 이들은 여러 면접을 거쳐 김일성을 로동당 당수로 승인했다.[121] 1949년 6월 북조선로동당과 남조선로동당이 합당했고 김일성은 조선로동당 중앙위원회 위원장이 되었다. 이제 북한에서 김일성 위로는 소련대사 말고 아무도 없었다.

이 시대에 김일성은 정치만 한 것이 아니었다. 1940년대 후반 그는 첫 번째 부인 한성희를 찾기 시작했다. 앞서 기술했듯 그녀는 1930년대 일본 당국에 체포된 바 있다. 한성희는 석방 후 조선 농민과 결혼했는데 이 부부는 한성희의 전 남편이 국가원수가 되었다는 것을 두려워한 것 같다. 따라서 한성희는 김일성과 만나려고 하지 않았다. 하지만 김일성이 한성희를 찾았을 때 그는 심성이 곧은 사람처럼 행동했다. 그는 한성희와 만나 그녀를 배신한 사람들을 찾아 처벌했다고 이야기했다. 김일성은 한성희가 자신의 머리카락으로 발싸개를 짠 것을 기억하면서 얼마나 착한 사람인지를 절대 잊지 않겠다고 약속했다. 김일성은 한성희가 새로운 남편과 계속 살고 싶어 한다는 것을 받아들였고, 이러한 상봉 후 몇 년간 김일성과 한성희는 친구로 남았다.[122] 아마도 김일성은 마음속으로 김정숙보다 한성희를 더 사랑했던 것 같다.

김일성과 김정숙의 관계는 별로 좋지 않았다. 김일성이 바람을 피웠던 증언들도 있다.[123] 김정숙은 이에 대해 불만이 많았지만 김일성은 이러한 하소연을

121 Георгий Туманов, *Как изготовляли великого вождя* // Новое время, 1993, № 16, стр. 32-34.

122 林隱, 『北朝鮮王朝成立秘史: 金日成正伝』, 東京: 自由社, 1982, 55頁.

123 洪淳官, "前金日成 비서실장충격 고백", ≪新東亞≫, 1994년 10월, 188~207쪽; "6·25 때 북한군 작전국장/ 유성철 '나의 증언': 7", ≪한국일보≫, 1990년 11월 8일, https://www.hankookilbo.com/News/Read/199011080057393135.

김정숙과 김정일

무시했다. 김일성의 가정생활은 행복하지 않았다. 이 사실을 입증하는 또 하나의 증거는 있다. 나중에 북한 공식 역사관에 김정숙을 김일성의 유일한 부인이자 '항일의 녀성영웅'으로 추대했다. 그래도 그때에도 북한 역사학자들은 아무리 노력하게도 김정숙의 어머니 이름을 알아내지 못 했다. 북한 도서들에서 그녀는 '오씨녀사'로만 나온다. 김일성이 김정숙과 함께 보냈던 전체 시간동안자신의 장모 이름까지도 알아보지 않았던 것 같다.

이 가족은 갑작스럽고 비극적으로 종말을 맞았다. 1949년 9월 김일성은 김정숙이 분만 중에 사망했다는 것을 알게 되었다. 아이는 사산(死産)되었다.[124] 아내와 함께 두 번째 아이까지 잃는다는 것은 무시무시한 경험이었다. 그러나 아주 가까운 미래 김일성이 한반도에 준 운명은 너무도 많은 가족들에게 커다란 고통을 주었다.

---

124 "6·25 때 북한군 작전국장/ 유성철 '나의 증언': 7", ≪한국일보≫, 1990년 11월 8일, https://www.hankookilbo.com/News/Read/199011080057393135.

제6장

김일성의 전쟁

한국 역사상 100만 명 이상의 목숨을 앗아간 6·25전쟁만큼 파괴적인 전쟁은 없었다. 한국전쟁 발발부터 탈냉전까지 한국이나 다른 자본주의권에서 이 전쟁은 스탈린의 지시에 따른 것으로 보였다. 1950년 6월 시점에서 북한은 소련의 괴뢰국가에 불과했고 김일성은 스탈린 지시에 무조건 복종했다. 그래서 이런 추측은 합리적으로 보였다. 그러나 러시아 문서보관소가 개방되자 역사학자들은 충격적인 점을 발견했다. 남한을 공격하자는 발상은 스탈린의 것이 아니라 김일성과 박헌영의 것이었다. 그리고 스탈린은 처음에 이 계획에 반대했다.

김일성과 박헌영의 계기는 무엇이었을까? 김일성은 남한을 '해방'하고 전체 한반도를 통치할 꿈을 꾸었다. 박헌영은 그를 지지하는 공산주의자 대부분이 남한에 있다는 것을 잘 알았다. 적화통일(赤化統一)은 박헌영의 권력을 굳힐 수 있었다. 김일성은 북한 지도자로 임명되자마자 북한 군대를 창건하고 강화하기 위해 적극적으로 노력했다. 1948~49년 미소 양 군대가 한반도에서 철수하며 김일성은 비보호 상태로 남았던 남한을 공격할 기회가 있었다. 북한이 군사화되었다는 것을 보여주는 것 가운데 하나는 군수공업을 위한 독자적인 도(道)의 설립이었다.[1] 자강도(慈江道)라는 이 지역은 북한 서북쪽에 위치했으며 북한 군수공업의 대부분은 자강도에 있었다. 자강도는 북한에서 가장 폐쇄적인 지역이 되었다.

1949년 1월 1일 김일성은 신년사에서 '남조선 단독 괴뢰정부의 매국노'를 비난했다. 김일성은 '매국노'들이 미군 철수를 반대했고 미군이 떠나면 북한이 남침할 것이라고 주장한다는 것에 대해 분노했다. 1년 반이 지나 한국 정부의 걱정에 근거가 있었다는 것을 전 세계가 알게 되었다.[2] 김일성은 한반도 무력 통일을 고려한 유일한 사람이 아니었다. 중국 내전에서 승리하기 전 마오쩌둥도 이런 시나리오를 생각했다. 1949년 5월 17일, 즉 중화인민공화국 선포 이전에 마오쩌둥은 한반도에서 내전이 벌어지면 중국공산당이 북한군을 식량과 장비로 도와줄 것이라고 말했다.[3] 하지만 이 같은 문제에 대해 최종 결정을 내릴

---

1   「조선민주주의인민공화국 최고인민회의 법령. 자강도 및 함경북도 라진군 신설에 관하여」, 『조선민주주의인민공화국 법규집, 제1권』, 평양: 국립출판사, 1961, 93~94쪽.

2   김일성, "一九四九年을 맞이하면서 전국 인민에게 보내는 신년사", ≪조선인민군≫, 1949년 1월 1일, 1~2면. 번각판도 참조: 「一九四九年을 맞이하면서 全國 人民에게 보내는 新年辭」, 『北韓關係史料集』, 第37券, 果川: 國史編慕委員會, 2002, 435~444쪽.

3   Телеграмма руководителя группы советских специалистов в Северо-Восточном Китае Председателю Совета Министров СССР об итогах китайско-корейских переговоров о сотрудничестве в военной области № 54611, 18 мая 1949 года, АП РФ, ф. 4, оп. 1, д. 331, лл. 59-61. 제6장에서 언급되는 소련 자료 대부분은 처음에 러시아 책 2권으로 출판되었다. 첫 번째 도서는 러시아의 대표적인 군사(軍史)학자 발레리 바르타노프와 그의 팀이 1997년 작성한 연구였다. 알 수 없는 이유로 이 도서는 단행본으로 출판되지 않았다. 그러나 필자는 이 도서의 스캔본을 입수해 사용했다. Валерий Вартанов, Итоговый отчёт по военно-историческому труду "Война в Корее 1950-1953 гг.: Документы и материалы", Москва, 1997 참조. 두 번째 책의 표지를 보면 저자로 모스크바 국립 국제관계대학교 총장 아나톨리 토르쿠노프가 나온다. Анатолий Торкунов, Загадочная война: корейский конфликт 1950-1953 годов, Москва: РОССПЭН, 2000 참조. 한국어 번역도 존재한다. A. V. 토르쿠노프, 『한국전쟁의 진실

수 있었던 사람은 이오시프 스탈린뿐이었다. 김일성은 만일 스탈린에게 직접 남한 공격 제안을 수락해달라고 하면 거부당할 가능성이 크다는 것을 알았다. 따라서 그는 북한에서 소련을 대표하는 시트코프 대사를 설득하려고 했다. 시트코프의 지지가 있으면 스탈린도 이런 요청을 수락할 가능성이 높았다.

김일성이 애초 남한을 공격하겠다고 한 날은 1949년 8월 12일이었다. 김일성이 북한의 수관(首官)인 조선로동당 중앙위원회 위원장이 된 직후였다. 시트코프 대사는 남한이 먼저 북한을 공격하기 전에 전쟁을 일으킨다는 것은 말도 안 된다고 했다.[4] 그러면서도 전면전은 안 되지만 38선 이남이면서도 남한 본토와 떨어져 있는 옹진반도를 공격해 합병하는 작전은 고려할 수 있겠다고 했다.[5] 이때도 또 한 번 문일이 북한 역사에 결정적인 영향을 미친 것 같다. 문일이 소련 임시대리대사 그리고리 툰킨과 이야기를 한 뒤 대사관 입장은 동요하기 시작했다. 원래 김일성과 박헌영의 제안에는 완전히 반대했지만 문일과 대화한 뒤 툰킨은 모스크바에 상당히 중립적인 보고서를 보냈다.[6] 보고를 받은

과 수수께끼』, 구종서 옮김, 서울: 에디터, 2003. 문제는 1998년 한국에서 거의 비슷한 구조와 내용으로 또 한 권의 책이 나왔는데 저자는 러시아 외교부 학원 원장 예프게니 바자노프와 그의 배우자 나딸리아 바자노바였다. 예프게니 바자노프, 나딸리아 바자노바, 『소련의 자료로 본 한국전쟁의 전말』, 김광린 옮김, 성남: 열림, 1998. 필자는 이 어색한 상황이 표절의 결과인지 바자노프 부부와 토르쿠노프 사이 어떤 밀약의 결과인지 알 수 없지만 이 사실을 독자들에게 알려주어야 한다고 생각한다. 이 도서는 저자불명임에도 불구하고 그 속에서 언급한 사료는 연구자들에게 매우 큰 도움이 된다. 이 사료는 주로 전시(戰時) 소련 외교관과 군인들의 보고서이다. 이들은 북한 지도부에서 벌어진 일들을 어떤 사료보다도 세부적으로 기록했다.

4 *Телеграмма Штыкова в Москву*, 12 августа 1949 года, АП РФ, ф. 3, оп. 65, д. 775, лл. 102-106.

5 *Телеграмма Штыкова в Москву*, 27 августа 1949 года, АП РФ, ф. 3, оп. 65, д. 775, лл. 112-114.

6 *Телеграмма Тункина в Москву*, 3 сентября 1949 года, АП РФ, ф. 3, оп. 65, д. 775,

스탈린은 툰킨에게 현황을 분석하고 남북한의 군사력에 대해 보고하라고 지시했다.[7] 툰킨을 명령을 수행했고 남한을 공격하지 말라고 추천했다.[8] 스탈린은 툰킨 의견에 동의했고 옹진반도 직전도 이행을 금지했다.[9] 이런 결정에 대해 김일성과 박헌영은 즐겁지 않았지만, 받아들일 수밖에 없었다.[10]

김일성은 그래도 스탈린을 설득할 기회가 남아 있다고 믿었다. 1950년 1월 17일 점심경 흥분한 김일성은 또다시 소련 외교관들에게 남한 사람들을 해방해야 한다면서 계속 생각하고 있었다고 했다. 그는 여러 차례 스탈린이 남한 공격을 수락하게 해달라고 요청했다.[11] 이번에 스탈린은 이 제안을 좀 더 쉽게 받아들였다. 그가 마음을 바꾼 이유가 아마도 중국공산당의 성과였다고 추측할 수 있다. 1950년 1월까지 중국 내전은 거의 끝나갔다. 결국 마오쩌둥은 중국 대륙을 다스리게 되었고, 장제스의 중화민국 정부는 타이완으로 후퇴했다. 또한, 스탈린이 시트코프의 남침 요청을 받았을 때에 모스크바에 마오쩌둥, 중국 외교부 부장 저우언라이(周恩來)를 비롯한 중국 외교 대표단이 있었고 스탈린이 그들과 여러 차례로 만났던 사실도 기억해야 한다.[12]

лл. 116-119.

7 *Телеграмма Сталина Тункину*, 11 сентября 1949 года, АП РФ, ф. 3, оп. 65, д. 775, л. 122.

8 *Телеграмма Тункина в Москву*, 14 сентября 1949 года, АП РФ, ф. 3, оп. 65, д. 837, лл. 94-99.

9 *Постановление Политбюро ЦК ВКП(б) от 24 сентября 1949 г. Выписка из протокола № 71 заседания Политбюро ЦК ВКП(б) №П 71/191 и приложение к лл. 191(ОП) пр. ПБ № 71*, АП РФ, ф. 3, оп. 65, д. 776, лл. 30-32.

10 *Телеграмма Штыкова в Москву*, 4 октября 1949 года, АП РФ, ф. 43, оп. 1, д. 346, л. 59.

11 *Телеграмма Штыкова в Москву*, 19 января 1950 года, АП РФ, ф. 45, оп. 1, д. 346, лл. 62-65.

1950년 1월 30일 스탈린은 시트코프 대사에게 전문(電文)을 보냈다. 전문에서 소련의 수령은 남한 공격에 대해 "철저한 준비가 필요하다" 그리고 "이를 큰 위험이 없도록 조직해야 한다"고 했다.[13] 이 월요일은 한반도에 운명적인 날이 되었다. 스탈린이 김일성과 박헌영의 제안을 수락한 뒤 소련과 북한은 공격 준비를 시작했다. 스탈린이 내전 계획을 승인했다는 소식을 들은 김일성은 무척 기뻐했다. 그는 시트코프에게 스탈린과 만나야 한다고 했다.[14] 2월 2일 스탈린은 김일성에게 안전을 위해 공격 준비는 완전히 비밀리에 해야 한다고 했고 중국에게도 공개하지 말라는 전문을 보냈다.[15] 스탈린은 당시 모스크바에 있었던 마오쩌둥과 담화를 했고 북한에 대한 군사원조 문제도 언급했다. 그러나 원조가 필요하게 된 이유가 곧 남한을 공격할 것이기 때문이라는 것은 언급하지 않았다.[16] 스탈린은 소련 예산으로 북한군 3개 사단을 무장해달라는 김일성의 요청을 수락했다.[17] 이에 김일성은 환희를 느껴 스탈린에게 자신의 감사를 전해달라고 여러 차례 시트코프에게 부탁했다.[18]

---

12 *Запись беседы Председателя Совета Министров СССР с председателем Централь-ного народного правительства Китайской Народной Республики по вопросам советско-китайских межгосударственных отношений и военно-политической обстановки в Юго-Восточной Азии*, 16 декабря 1949 г. АП РФ, ф. 45, оп. 1, д. 329, лл. 9-17; *На приёме у Сталина*, Москва: Новый Хронограф, 2008, стр. 530.

13 *Телеграмма Сталина Штыкову*, 30 января 1950 года, АП РФ, ф. 45, оп. 1, д. 346, л. 70.

14 *Телеграмма Штыкова Сталину*, 31 января 1950 года, АП РФ, ф. 45, оп. 1, д. 346, лл. 71-72.

15 *Телеграмма Сталина Штыкову*, 2 февраля 1950 года, АП РФ, ф. 45, оп. 1, д. 347, л. 12.

16 Ibid.

17 *Телеграмма Штыкова в Москву*, 4 февраля 1950 года, АП РФ, ф. 45, оп. 1, д. 346, л. 71.

1950년 3월 30일부터 4월 25일까지, 약 한 달 동안 김일성은 모스크바에 있었다. 이때 그는 남침 계획 작성에 참가했다.[19] 김일성과 함께 박헌영과 문일이 동행했다.[20] 작전계획이 완수된 후 스탈린은 마오쩌둥에게 본인이 북한 측의 남한 공격 제안을 수락했다고 알려주었다.[21] 5월 15일에 김일성도 마오와 만났고 마오로부터 남침 계획을 완전히 승인받았다. 회의에 참가한 박헌영에 따르면, 중국 수령은 "만일 미국인들이 참전한다면 중국은 북조선에 병력으로 지원할 것이다"라고 약속했다.[22]

같은 시기 김일성은 북한 최고 간부들에게 가까운 미래에 북한이 남한을 공격할 것이라고 선언했다. 김일성과 박헌영 말고도 이 극비 정보를 알게 된 사람들은 당 중앙위 부위원장 허가이, 최고인민회의 상임위 위원장 김두봉, 민족보위상 최용건, 사법상 리승엽 등이었다. 김일성의 전 비서 홍순관의 증언에 따르면 최용건만 회의적인 반응을 보였다. 민족보위상은 남침하면 미국이 반격할 것 같다고 우려했다.[23]

김일성은 6월 말에 전쟁을 개시하자고 했다. 소련 군사 고문관들은 인민군

18 *Телеграмма Центра Штыкову*, 9 февраля 1950 года, *Шифртелеграмма № 2429 МИД СССР*. АП РФ, ф. 45, оп. 1, д. 346, л. 76.

19 Анатолий Торкунов, *Загадочная война: корейский конфликт 1950-1953 годов*, Москва: РОССПЭН, 2000, стр. 58-59.

20 *На приёме у Сталина*, Москва: Новый Хронограф, 2008, стр. 533.

21 *Телеграмма Министра иностранных дел СССР послу СССР в КНР с сообщением китайскому правительству об одобрении решения правительства КНДР приступить к объединению Севера и Юга Кореи № 8600*, 14 мая 1950 года, АП РФ, ф. 45, оп. 1, д. 334, л. 55.

22 *Телеграмма Рощина Сталину*, 2 июля 1950 г. АП РФ, ф. 45, оп. 1, д. 331, лл. 76-77.

23 洪淳官, "前金日成 비서실장충격 고백", ≪新東亞≫, 1994년 10월, 188~207쪽.

이 더 준비가 필요하다고 보았지만 7월 장마철이 시작되면 공격작전을 하기 어려우니 어쩔 수 없이 김일성의 제안을 수락했다.[24] 6월 15일에 공격 예정 날짜가 확정되었다. 바로 1950년 6월 25일 일요일이었다.[25] 6월 12일부터 23일 까지 조선인민군 부대들은 38선으로 이동했다. 마지막 순간에 공격 작전계획 은 전 전선에서 전면적인 공격을 하자는 계획으로 바뀌게 되었다. 김일성은 적 군이 공격 준비를 알게 된 줄 알고 그렇게 바꿨다.[26] 1950년 6월 24일 조선인민 군 사단장들은 공격 명령을 받았다.[27] 전쟁은 바로 다음날 발발될 예정이었다. 작전계획에 따르면 22~27일 한국 국군은 완전히 소멸될 예정이었다.[28] 그다음 대한민국이라는 나라는 지구상에서 사라지고 함북 온성군 남양면 풍서동 두만 강가부터 남해 마라도 장군바위까지 한반도 전체가 통일된 조선민주주의인민 공화국의 영토가 될 예정이었다.

공격은 밤 4시 40분[29] 개시되었다. 공격을 전혀 예상하지 못했던 한국 국군 은[30] 대통령에게 급속히 연락을 시도했지만 실패했다. 이승만은 매주 일요일

---

24 *Телеграмма Штыкова в Москву*, 29 мая 1950 года, АП РФ, ф. 3, оп. 65, д. 829, лл. 43-44.

25 *Телеграмма Штыкова в Москву*, 16 июня 1950 года, АП РФ, ф. 3, оп. 65, д. 830, лл. 9-11.

26 *Телеграмма Штыкова Сталину*, 21 июня 1950 года, АП РФ, ф. 45, оп. 1, д. 348, лл. 14-15.

27 *Доклад посла СССР в КНДР заместителю начальника Генерального штаба Советской армии о подготовке и ходе военных действий корейской Народной армии*, 26 июня 1950 года, ЦАМО России, ф. 5, оп. 918795, д. 122, лл. 9-14.

28 *О Корейской войне 1950-1953 гг. и переговорах о перемирии*, 9 августа 1966 года, РГАНИ, ф. 5, оп. 58, д. 266, лл. 122-131.

29 4시 40분은 대한민국 시간이다. 1950년에 당시 남한은 북한과 달리 일광 절약 시 간제를 사용해서 1950년 6월에 남북한 사이 시간 차이가 존재했다.

마다 낚시를 하는 습관이 있었다. 일요일이었던 6월 25일에도 낚시를 하러 창
덕궁 비원으로 갔었다. 이승만의 비서 황규면의 증언에 따르면, 이승만은 낚시
를 하면서 조용히 정사(政事)를 구상하는 취미가 있었다.[31] 그래서 공격이 개시
된 때부터 이승만 대통령이 이를 알기까지는 4시간 정도가 소요되었다.[32] 주한
미국대사 존 무초도 공격 사실에 대해 첫 보고를 약 8시에 받았고 9시에 워싱
턴에 보고를 보낸 후에 이 대통령과 여러 번 상봉했다.[33]

공격이 개시되자 김일성은 허가이에게 비상회의를 소집하고 내각 성원과
중요 간부들을 참석시키라고 명령했다. 참석자들이 도착하자 김일성은 북한이
남한의 공격을 받아 그 자신이 최고사령관으로서 반격 명령을 하달했다고 선
언했다.[34] 그때 당시 김일성은 아직 최고사령관이 아니었다. 7월 4일이 되어서
야 김일성은 소련의 지시에 따라 최고사령관 직위에 임명되었다.[35] 하지만 김
일성의 명령에서 최고사령관이라는 호칭은 중요한 것이 아니었다. '적군의 침
략에 대해 알게 된 북한 엘리트는 김일성의 '반격' 결정을 만장일치로 지지했

---

30 북한군의 공격 직후 상황에 대해 당시 주한 미국대사 존 무초의 인터뷰를 참조: Jerry
    N. Hess and Richard D. McKinzie, *Oral History Interviews with John J. Muccio*, Harry
    S. Truman Library Museum, 1971, 1973, https://www.trumanlibrary.gov/library/oral-
    histories/muccio.

31 대한민국 전사편찬위원회, 「증언록. 면담번호 271(황규면, 1977년 4월 30일)」, 박명
    림, 『한국 1950: 전쟁과 평화』, 서울: 나남, 2002, 144쪽에서 재인용.

32 Ibid.

33 Jerry N. Hess, *Oral History Interview with John J. Muccio*, February 10, 1971, https://
    www.trumanlibrary.gov/library/oral-histories/muccio1.

34 *Иван Афанасьевич меняет профессию* // Огонёк, январь 1991 года, стр. 25-27.

35 *Телеграмма посла СССР в КНДР Председателю Совета Министров СССР о беседе
    с руководством Северной Кореи об обстановке на фронте*, 4 июля 1950 года, АП
    РФ, ф. 45, оп. 1, д. 346, лл. 136-139.

다. 아마도 바로 이 회의에서 "남한이 북한을 공격했지만 북한은 즉시 반격했다"라는 6·25전쟁에 대한 북한의 공식 입장이 나온 것으로 보인다. 물론 이 주장은 사실과 아무런 관계가 없었다. 그러나 당시 북한에서 이를 믿었던 사람들이 적지 않았다. 특히 전쟁 첫날은 더욱 그랬다. 한국 군대가 38선에서 도발 행위를 한 적이 있고 북한 매체는 이를 여러 차례 보도했다. 따라서 많은 북한 사람들은 '리승만 매국 도당'이 진짜 전쟁을 일으킬 수 있다고 보았다.[36]

전쟁 초기 대부분의 북한 지도부는 전쟁이 곧 북한의 완전한 승리로 종결될 전격전이 될 줄 알았다. 북한의 계획에 따르면 서울이 '해방'된다면 남한에서 이승만 정권에 항의하는 전국적인 반란이 벌어질 것이고 이승만 정권이 곧 망할 줄 알았다.[37] 그렇게 되면 한반도는 통일될 것이고 서울이 조선민주주의인민공화국의 수도가 될 것이라고 여겼다. 1948년 북한 헌법에는 "조선민주주의인민공화국의 수부(首府)는 서울시다"라는 문장까지 나왔다. 그리고 전쟁 발발 직후 소련은 무장한 조선인민군이 한국 국군보다 훨씬 우월하다고 보았다. 북한 군대는 서울에 다다랐다. 서울 주민들은 도시에서 후퇴하기 시작했다. 공황 상태가 벌어졌다. 이때 벌어진 가장 큰 비극 중 하나는 한강 인도교(人道橋) 폭파 사건이었다. 다리 폭파 명령을 받았던 국군 대령 최창식은 다리에 민간인들이 있는지 확인하지도 않은 채 즉시 폭파시켰다. 이 사건으로 800명 정도가 즉사했다. 인도교는 현재 한강대교 자리에 있었다.

1950년 6월 28일 조선인민군은 서울을 완전히 점령했다. 김일성은 '해방된 조선민주주의인민공화국의 수도' 시민들에게 연설을 했다.[38] 그러나 북한 지도

---

36 *Иван Афанасьевич меняет профессию* // Огонёк, январь 1991 года, стр. 25-27.

37 안드레이 란코프가 유성철과 한 인터뷰, 1991년 1월 18일; 『證言 金日成을 말한다: 兪成哲, 李相朝가 밝힌 북한정권의 실체』, 서울: 한국일보社, 1991, 77쪽 참조.

38 「우리 조국 수도 서울 해방에 제하여」, 『조선중앙년감 1951~1952』, 평양: 조선중앙 통신사, 1953, 63쪽.

부는 아직 평양에서 서울로 출발하지 않도록 했다. 대신 김일성은 서울을 통치하기 위해 리승엽을 파견했다. 서울 함락 후 북한군은 남진(南進)을 계속하기는커녕 서울에서 '해방' 경축 행사를 했다. 최용건 민족보위상도 사흘 동안 경축행사를 해도 좋다는 명령을 내렸다.[39]

그러나 바로 이때 북한 지도부는 전쟁이 계획대로 진행되고 있지 않다는 사실을 깨닫기 시작했다. 남한에서 반란은 일어나지 않았다. 그리고 뉴욕의 유엔 본부에서 벌어지고 있는 일들은 북한에게 상당히 위협적으로 보였다. 당시 소련은 국제연합에서 중국 대표자로 장제스의 중화민국 정부가 아니라 마오쩌둥의 중화인민공화국을 인정하라고 요구했는데 안보리 회원들이 거절했다. 그래서 1950년 1월 13부터 8월 1일까지 소련 대표단은 안보리에 참가를 거부했다. 소련의 불참으로 유엔 안보리는 북한의 침략을 비난하며 한국전쟁에 국제연합 깃발 아래 무장개입을 허용하는 결의들을 채택했다. 전쟁 발발 며칠밖에 지나지 않아 북한은 미공군의 공습을 받게 되었다. 이 공습은 아직까지는 대규모가 아니었지만 북한 지도부가 공포를 느끼기에는 충분했다. 한국전쟁은 6월 25일 발발했지만, 7월 초 북한 지도부 중에는 그들이 승리할 수 있을지 의심하는 사람들이 있었다. 김두봉은 소련이 이 전쟁에서 무엇을 할지 김일성에게 여러 차례 물어보았다. 박헌영은 북한이 직접 소련에 공군 지원을 요청하고 중국에 참전을 요청해야 한다고 했다. 김일성은 김두봉과 박헌영 모두 질책하며 더 이상 거슬리게 하지 말라고 했다.[40]

수령은 부하들보다 더 오랫동안 낙관론을 유지했다.[41] 7월 중순 그는 특히

---

39 안드레이 란코프가 유성걸(니콜라이 유가이)와 한 인터뷰, 1992년 1월 22일.

40 *Телеграмма Председателю Совета Министров СССР о перестройке органов управления корейской Народной армии и первом отчёте её боевых действий*, 7 июля 1950 года, ЦАМО России, ф. 5, оп. 918795, д. 122, лл. 168-171.

41 Ibid.

대전전투에 대한 기대가 컸다. 이 전투에서 북한군은 한국 국군뿐 아니라 미군 선봉대와 싸웠다. 승리 소식을 듣고 싶어 했던 김일성은 전선 사령관 김책과 전선 참모장 강건에게 오랫동안 결과가 없는 것을 책망했다.[42]

'해방된 남조선 지구'에서 북한 당국은 북한식 토지개혁을 실시했다. 인민군 지휘관과 병사들은 주민들에게 〈김일성 장군의 노래〉를 가르쳤고 인공기를 게양했으며 스탈린과 김일성 찬양 행사를 조직했다.[43] 군에 복무할 수 있는 남자들은 대개 즉시 조선인민군으로 징병했다. 탈출하지 못한 한국 관료들은 체포하거나 사형시켰다.[44] 판결을 승인한 조직들은 '인민재판'이라고 불렸다. 이 때부터 한국어에서 '인민재판'이라는 표현은 '법적인 근거나 절차에 의하지 않는 부정(不正)적인 재판'이라는 뜻을 담게 되었다.

7월 21일 대전이 함락되었다. 대전전투는 인민군의 완전 승리로 끝났다. 북한은 도시를 점령했을 뿐 아니라 미군 사령관 윌리엄 딘까지 포로로 잡았다. 그러나 이 대승은 이익이 없는 승리가 돼버렸다. 북한의 희망과는 달리 국군의 방어선은 무너지지 않았다. 전쟁의 종말도 보이지 않았다.

8월 중순 김일성은 이 전쟁이 그가 기대했던 시나리오를 따르지 않고 있다는 것을 깨달았다. 문일은 소련 참사관들에게 김일성의 이런 상태를 본 적이 없다고 고백했다.[45] 전쟁이 이어지면서 미군의 전면적인 참전 가능성이 높아

---

42 *Телеграмма посла СССР Председателю Совета Министров СССР с информацией северокорейского правительства об обстановке на фронте и состоявшихся китайско-корейских переговорах о возможном вступлении с войну Китая № 649*, 20 июля 1950 года, ЦАМО России, ф. 5, оп. 918795, д. 122, лл. 352-355.

43 북한군이 남한을 점령한 시기에 대해 김성칠, 『역사 앞에서』, 정병준 옮김, 파주: 창비, 2009 참조.

44 북한의 점령지에 대한 정책에 관해 박명림, 「혁명과 통일」, 『한국 1950: 전쟁과 평화』, 서울: 나남, 2002, 197~296쪽 참조.

45 *Телеграмма посла СССР Министру иностранных дел СССР с информацией североко-*

졌다. 1950년 8월 김일성은 북한이 자력으로 승리할 수 있을지 의심이 된다면서 중국에 도움을 요청하려 한다고 문일에게 고백했다. 문일은 이 사실을 즉시 소련대사관에 알려주었다.[46]

9월 중순 한반도의 전황(戰況)은 완전히 바뀌었다. 15일 미군은 인천상륙작전을 개시했다. 도시를 방어하는 북한 부대들은 260척의 전함과 7만 5,000병력의 함대를 전혀 막을 수 없었다. 인민군의 반격 시도들은 방어 군대가 거의 소멸되는 것으로 끝나버렸다. 유엔군은 날마다 서울로 진군했다.

김일성은 북한이 외국의 도움을 받지 못한다면 정권이 파멸될 것을 알았다. 9월 21일 조선로동당 정치위원회는 중화인민공화국에 공식적으로 도움을 요청했다.[47] 전황은 북한에게 실로 어두워 보였다. 서울 방어를 지휘한 민족보위상 최용건으로부터 연락이 끊어졌다. 김일성은 최용건을 해임했고 자신을 민족보위상으로 임명했다.[48] 이는 김일성이 스탈린을 따라한 것 같다. 스탈린 역시 독소전쟁 초기 티모셴코 국방인민위원을 해임했고 자신을 그 자리에 임명했었다.

рейского правительства об обстановке на фронте и просьбой прислать для прикрытия войск интернациональные авиационные части, № 932, 19 августа 1950 года, ЦАМО России, ф. 5, оп. 918795, д. 122, лл. 621-623.

46 Телеграмма посла СССР в КНДР Министру иностранных дел СССР с запросом советского правительства по поводу возможного вступления в войну китайских войск, 981, 29 августа 1950 года, ЦАМО России, ф. 5, оп. 918795, д. 1227, лл. 666-669.

47 Телеграмма посла СССР в КНДР Первому заместителю министра иностранных дел СССР с информацией о заседании ЦК Трудовой партии Северной Кореи. № 1258, 22 сентября 1950 года, ЦАМО России, ф. 5, оп. 918795, д. 125, лл. 89-91.

48 Телеграмма представителя Генерального штаба Советской Армии в Северной Корее Председателю Совета Министров СССР об обстановке на корейском фронте из Пхеньяна № 1298, 27 сентября 1950 года, АП РФ, ф. 3, оп. 65, д. 827, лл. 103-106.

9월 28일 유엔군은 서울을 수복했다. 다음날 이승만 대통령은 수도로 귀환했고 국제연합 군대의 사령관 더글러스 맥아더 원수가 대통령에게 서울이 다시 대한민국 땅이 된 것을 자랑스럽게 선포했다. 유엔군 사령부는 38선 이남 지역을 수복할 뿐 아니라 계속 북진할 것을 결정했다. 10월 1일 스탈린은 '조선 동무들의 상황은 필사적인 것이 되고 있다'는 것을 깨달았다.[49] 그는 중국이 즉시 참전해야 한다고 했지만 참전 여부 결정은 중국 지도부에 있다고 강조했다.[50] 10월 2일 마오쩌둥이 대답했다. 그는 스탈린에게 중국은 참전하지 않기로 결정했다고 전했다. 마오에 따르면 여러 사단들을 파견해도 전황을 급전(急轉)시킬 수 없고, 중국의 개입은 중미(中美)전쟁이나 제3차 세계대전으로도 확산될 수 있었다. 또한 중국의 참전은 내전 후 중국의 복원 과정에 나쁜 영향을 줄 것이고 참전은 중국 인민의 지지를 받기 어려울 것이라고 지적했다. 그래서 마오쩌둥은 북한이 '임시적인 패배를 맞아 투쟁 형태를 빨치산 전법으로 바꾸면 좋겠다'는 결론을 내렸다.[51]

소련은 이 소식을 듣고 놀랐다.[52] 1950년 5월에 마오쩌둥은 필요하다면 북한을 도와줄 수 있다고 약속했지만[53] 이제 와서 참전의 결과가 제3차 세계대전

49 *Телеграмма Председателя Совета Министров СССР послу СССР в КНР с рекомендациями китайскому правительству оказать помощь КНДР войсками*, 1 октября 1950 года, АП РФ, ф. 45, оп. 1, д. 334, лл. 97-98.

50 Ibid.

51 *Телеграмма посла СССР в КНДР Председателю Совета Министров СССР с текстом письма Председателя Центрального Народного правительства КНР о позиции ЦК КПК по вопросу ввода китайских войск на территорию Кореи*, № 2270, 3 октября 1950 года, АП РФ, ф. 45, оп. 1, д. 334, лл. 105-106.

52 Ibid.

53 *Телеграмма Рощина Сталину*, 2 июля 1950 г. АП РФ, ф. 45, оп. 1, д. 331, лл. 76-77.

북한의 우표와 남한의 우표: 중앙청 건물 위의 인공기와 백두산 위의 태극기가 인상적이다

이 될 수 있다며 중국군은 미국과 싸울 전력(戰力)이 부족하다고 강조했다.[54] 김일성은 이제 최후의 순간이 왔다고 느꼈다. 좌절한 수령은 문일을 호출해 "전쟁에서 패배했으며 외세의 도움을 받지 못하면 조선을 잃어버릴 것"이라고 했다. 문일은 이에 대해 시트코프 대사에게 즉시 알려주었고 대사는 자신의 공식 일기에 기록했다.[55]

---

54 Телеграмма представителя Генерального штаба Советской Армии в Северной Корее Председателю Совета Министров СССР с информацией о корейско-китайских переговорах по поводу ввода войск КНР на территорию КНДР, 7 октября 1950 года, ЦАМО России, ф. 5, оп. 918795, д. 121, лл. 705-706.

55 Телеграмма посла СССР в КНДР первому заместителю министра иностранных дел СССР о намерениях правительства КНДР просить правительство Советского Союза

이때 조선민주주의인민공화국이라는 나라의 역사는 종말을 맞을 수 있었다. 마오쩌둥의 이야기는 합리적인 것이었다. 중국 군대 파견은 대단히 위험한 일이었고 중립을 유지하는 것이 훨씬 안전한 전략이었다. 이승만 정부는 다가오는 승리를 준비하기 시작했다. 한국은 '국토통일기념우표'까지 발행했고 우표에는 백두산 천지(天池) 위에 휘날리는 태극기의 그림이 있었다. 김일성에게 패전은 곧 그가 한반도를 영원히 떠나 중국이나 소련에서 망명자 생활을 하거나 1930년대처럼 빨치산 생활을 하게 되리란 것을 의미했다. 북한은 역사상 2년 정도 존재했고 이웃나라에 대한 공격을 과소평가해 소멸된 국가로 남았을 수도 있었다.

그러나 북한의 운명은 그렇지 않았다. 스탈린의 압박을 받은 마오쩌둥은 마음을 바꾸었다.[56] 1950년 10월 8일 아침 6시 김일성은 중국이 북한에 도움을 줄 것이라는 전문(電文)을 받았다.[57] 김일성과 박헌영은 미친 듯이 기뻐했다.[58]

подготовить лётные кадры и офицеров других специальностей из числа советских корейцев и корейских студентов, обучающихся в СССР, № 1426, 6 октября 1950 года, ЦАМО России, ф. 5, оп. 918795, д. 124, лл. 89-90.

56 *Телеграмма Сталина Штыкову,* 8 октября 1950 года, АП РФ, ф. 45, оп. 1, д. 334, лл. 112-115.

57 *Телеграмма представителя Генерального штаба Советской Армии в Северной Корее Председателю Совета Министров СССР с информацией от северокорейского правительства о порядке сосредоточения и ввода соединений китайских народных добровольцев на территорию КНДР, № 1437,* 8 октября 1950 года, ЦАМО России, ф. 5, оп. 918795, д. 121, лл. 712-713; 沈志华,『毛泽东, 斯大林与朝鲜战争』, 广州: 广东人民出版社, 2004, 第236页.

58 *Телеграмма посла СССР в КНДР Председателю Совета Министров СССР о реакции северокорейских руководителей на его письмо с сообщением о поддержке войны корейского народа КНР и Советским Союзом,* 8 октября 1950 года, ЦАМО России, ф. 5, оп. 918795, д. 121, л. 720.

그러나 중국 지도부는 최종 결정을 아직 안 내렸다. 베이징에서 토론은 계속되었다. 중앙인민정부 부주석 강오강(高崗)은 참전을 적극적으로 지지했지만,[59] 마오쩌둥은 아직도 회의적이었다. 10월 12일 그는 소련의 대표자와 연락해 중국 군대는 개입하지 않을 것이라는 뜻을 전달했다.[60] 이를 알게 된 스탈린은 김일성에게 대피하라고 명령했다.[61] 북한의 운명을 결정한 핵심 요인으로 당시 소련에 저우언라이가 있었고 스탈린이 그에게 소련이 중국에 참전을 절대적으로 지지하고 지원할 준비가 되어 있다고 한 사실은 보인다.[62] 10월 13일 마오쩌둥은 결국 참전을 승인했다.[63] 다음날에 스탈린은 이 사실을 평양에 알려주었다.[64] 그래서 적군이 북한 수도에 다가왔지만 김일성은 이제 자신이 구출될 것을 알았다. 도시에서 대피하기 위하여 준비할 시간은 부족했다. 일부 조직들은 북한의 임시수도가 된 자강도 강계시까지 걸어서 가도록 했다. 평양에서 강계까지는 400km였지만 할 수 없었다.[65]

---

59 *Телеграмма Рощина в Москву*, 25 октября 1950 г. АП РФ, ф. 45, оп. 1, д. 335, лл. 80-81; 안드레이 란코프가 유성철과 한 인터뷰, 1991년 1월 18일.

60 *Телеграмма Сталина Ким Ир Сену*, 12 октября 1950 года, АП РФ, ф. 45, оп. 1, д. 334, л. 109.

61 Ibid.

62 沈志华, 『毛泽东, 斯大林与朝鲜战争』, 广州: 广东人民出版社, 2004, 第240页; 안드레이 란코프가 유성철과 한 인터뷰, 1991년 1월 18일.

63 *Шифртелеграмма № 25629*, 13 октября 1950 года, *2 ГУ ГШ ВС СССР*, АП РФ, ф. 45, оп. 1, д. 334, лл. 111-112; 沈志华, 『毛泽东, 斯大林与朝鲜战争』, 广州: 广东人民出版社, 2004, 第245-246页 참조.

64 *Шифртелеграмма № 4829*, 14 октября 1950 г. 2 ГУ ГШ ВС СССР. АП РФ, ф. 45, оп. 1, д. 347, л. 77.

65 *Телеграмма посла СССР в КНДР первому заместителю министра иностранных дел СССР о положении в Корее № 1468*, 13 октября 1950 года, ЦАМО России, ф. 5, оп. 918795, д. 124, лл. 136-140.

한국 국군의 평양 입성

평양시에서 대피하는 데 있어서 북한 당국이 대면한 문제들 중 하나는 평양 감옥들에 갇혀 있던 수감자였다. 결국 이들 일부를 사형시키고 일부는 걸어서 강계 쪽으로 호송하도록 결정했다. 이때 평양에서 사형당한 사람 가운데는 조만식도 있었다. 조만식은 원래 민주당 당수이자 북한 수령 후보자들 중 한 명이었다.[66] 평양에서 강계로 향하는 이 죽음의 행진에서 희생된 사람 중에는 한국 근대문학의 아버지 이광수(李光洙)도 있었다.[67] 김일성은 수도에 10월 중순까지 머물렀다.[68] 이후 평양에서 떠났고 신의주 방향으로 갔다. 10월 25일 김

66 김국후, "한밤 평양형무소서 처형 / 극적으로 밝혀진 '조만식 선생 최후'", ≪중앙일보≫, 1991년 7월 19일, 3면, https://news.joins.com/article/2615466.

67 "北, 납북-월북 62人 평양묘역 공개", ≪東亞日報≫, 2005년 7월 7일, http://www.donga.com/news/article/all/20050727/8213658/1.

일성은 신의주 근처 대유동에서[69] 전문(電文)을 보냈다.[70] 결국 김일성은 강계에 도착했다. 당시 전황을 보면 그는 중국을 통하여 그곳에 갔다고 거의 확신할 수 있다.

전쟁에서의 금세 이길 것으로 낙관했던 북한의 계획은 완전히 실패했다. 이 전쟁을 일으킨 사람 중 하나인 테렌티 시트코프 소련대사의 진로도 큰 타격을 받았다. 11월 22일 시트코프는 전쟁에 관한 모든 일에 개입하지 말라는 명령을 받았다. 이 일들은 소련에서 도착한 블라디미르 라주바예프 중장이 책임을 맡아야 했다. 이 소식은 김일성을 크게 불안하게 했다. 그는 바로 다음 해임 대상이 본인이라고 여겼다. 이런 운명을 피할 수 없다고 생각한 김일성은 시트코프와 박헌영에게 그가 최고사령관 자리에서 물러나야 하지 않나 싶다고 말했다.[71] 가까운 미래에 볼셰비키당 정치국은 시트코프에게 소련으로 귀국하라는 명령을 내렸고[72] 이후 상장에서 중장으로 강등되었다.[73] 시트코프는 북한에 더

---

68 Ibid.

69 대유동은 평안북도 창성군 동창면에 위치한다.

70 *Письмо Председателя Кабинета министров КНДР послу СССР в КНДР с просьбой к советскому правительству разрешить создать на территории Советского Союза военно-морское училище и школу для подготовки личного состава для ВМС КНДР, 25 октября 1950 года, АП РФ, ф. 3, оп. 55, д. 828, л. 93.*

71 *Телеграмма посла СССР в КНДР начальнику Генерального штаба Советской Армии о беседе с Главнокомандующим корейской Народной армии по вопросы смены Главных советских военных советников и о результатах совещания с командующими соединениями КНА № 37, 22 ноября 1950 года, ЦАМО России, ф. 5, оп. 918795, д. 124, лл. 308-310.*

72 *Протокол № 79. Решение Политбюро ЦК. 126. О тов. Штыкове Т. Ф., РГАСПИ, ф. 17, оп. 3, д. 1086, л. 24.*

73 *Протокол № 80. От 3.II.51 г. 175. О тов. Штыкове, РГАСПИ, ф. 17, оп. 3, д. 1087, л. 34.*

는 오지 않았다. 훗날 그는 주헝가리 소련대사와 같은 직위에 복무했지만[74] 승 승장구했던 그는 한국전쟁 이후 더 이상 출세할 수 없었다.

그리고 강계에 머물던 김일성은 김성애라는 시종비서를 받게 되었다. 김일 성과 김성애는 가까워졌고 얼마 후 김성애는 조선민주녀성동맹 위원장 박정애에게 자신의 임신 사실을 알려주었다. 그래서 김일성은 그녀와 마지못해 결혼을 했다.[75] 김성애는 김일성의 세 번째 부인이 되었다. 이 임신으로 김일성의 차녀가 태어난 것 같지만 그녀의 운명과 이름은 불명확하다. 김일성은 첫 아내 한성희에게 성실한 남편이었던 것 같다. 근거는 없지만 김일성은 김정숙이나 김성애와의 결혼 생활에서 바람을 피웠다. 김일성은 정부(情婦)가 많았고[76] 그가 북한에서 권력을 잡은 지 몇 년 뒤 수령의 여자들은 어느 정도 조직화되었다. 이를 관리한 사람이 바로 박정애였다는 설도 있다. 김성애가 임신하고 바로 박정애를 접촉한 것은 합리적으로 보인다. 김일성은 김정숙을 한성희의 대체물로 본 것 같았으며, 김성애와의 결혼은 사실 강제 결혼이 돼버렸다. 이를 보면 김일성의 부정행위의 뿌리가 어디서 나왔는지를 알 수 있다.

전쟁에서 새로운 급전(急轉)이 시작되었다. 10월 19일에 중국 군대는 북중 국경선을 넘어가기 시작했다. 중국군 사령부는 거의 한 달 동안 병력을 모았지

---

74 주헝가리 대사 시대에 시트코프가 당시 헝가리에서 개혁 노선을 내세웠던 가다르 야노시 국가원수와 성격이 안 맞아 가다르에게 "너를 처형시키지 않아서 참으로 아쉬워"라고 한 적도 있었다는 소문은 있다. 소문에 따르면 바로 이 발언 때문에 시트코프가 대사 자리를 그만둘 수밖에 없었다. 테렌티 시트코프는 모스크바에서 1964년에 사망했다. Георгий Туманов, *Как изготовляли великого вождя* // Новое время, 1993, № 16, стр. 32-34 참조.

75 呂政,『붉게 물든 대동강』, 서울: 동아일보사, 1991, 112쪽.

76 洪淳官, "前金日成 비서실장충격 고백", 《新東亞》, 1994년 10월, 188~207쪽. 필자 가 북한 이탈주민들과 한 인터뷰에서, 북한에서 이런 소문은 널리 퍼졌다는 사실을 확인했다.

만 유엔군 지휘부는 접경 지역에서 이뤄진 중국인 군인에 대한 관찰 보고들을 무시했다. 탐사 공격을 하던 중국군은 전면적인 반격을 개시했다. 여러 전투를 벌이던 유엔군은 퇴각하기 시작했다. 국제연합 군대는 평양시를 싸우지도 않은 채 내줬다. 이러한 결정을 내린 미국 제8군 사령관 월턴 워커 장군은 많은 비난을 받았다. 김일성은 강계에서 평양으로 귀환했다.

마오쩌둥은 자기 군대를 정말 과소평가했다. '중국인민지원군'이라고 불리는 이 군대는 전력(戰力)이 탁월했다. 국군과 유엔군의 총퇴각은 계속되었고 한국전쟁이 공산권의 승리로 끝날 수도 있다고 본 사람들이 적지 않았다. 중국군 사령관은 훗날 중화인민공화국 원수(元帥)가 된 펑더화이(彭德懷)라는 유명한 지휘관이었다. 펑더화이와 김일성은 사이가 상당히 나빴다. 펑 장군은 김일성이 저지른 실수의 값을 내기 위해 너무도 많은 중국인들이 피를 흘리고 목숨을 걸어야 하는 것에 분노했다. 펑더화이는 김일성의 지휘 능력이 부족하다고 보았고 이러한 의견을 직접 표시했다.[77] 증언에 따르면 어느 날 펑 사령관은 김일성에게 "조선전쟁을 과연 누가 일으켰습니까? 미 제국주의자들이 했습니까? 아니면 바로 당신입니까?"라고 한 적도 있었다.[78] 또한 사료(史料)에는 다음과 같은 일화도 찾을 수 있다. 김일성이 펑더화이의 사령부에 방문하자 중국 경비대는 그를 오랜 시간 억류했다.[79] 세계사에서 어느 군대도 동맹국가 원수(元首)에게 이런 태도를 보여준 경우는 많지 않았다.

---

77 *О Корейской войне 1950-1953 гг. и переговорах о перемирии*, 9 августа 1966 года, РГАНИ, ф. 5, оп. 58, д. 266, лл. 122-131.

78 沈志华, 「彭德怀质疑金日成: 朝鲜战争究竟是谁发动的?」, ≪凤凰周刊≫, 2011年 12月 24日, http://news.ifeng.com/history/zhuanjialunshi/shenzhihua/detail_2011_12/24/11543343_0.shtml.

79 *О Корейской войне 1950-1953 гг. и переговорах о перемирии*, 9 августа 1966 года, РГАНИ, ф. 5, оп. 58, д. 266, лл. 122-131.

김일성과 펑더화이

　중국군 사령관과 북한 수령은 갈등상태에 있었지만 중국인민지원군은 매우 효과적으로 싸웠다. 1951년 1월 4일 중국 군대는 서울에 입성했다. 이번에 한 국은 수도를 완전히 성공적으로 대피시켰다. 대한민국의 미래는 참으로 어두 워 보였다. 유엔군 사령부는 중국 군대가 전체 한반도를 점령할 수 있다고 보 았고 제주도에 1만 명 정부 설립 시나리오까지 고려했다. 그러나 제주도에는 마실 물이 부족해 이 섬을 '한국의 타이완'으로 만드는 것은 쉽지 않았다.[80]

---

80 Joint Strategic Plans Committee, *Directive. A Preliminary Study on the Evacuation of ROK Personnel from Korea*, 16 June 1951. 이 자료의 복사본은 한국전쟁기념관에 보관되어 있다.

그러나 이때 전쟁에서의 세 번째 급전(急轉)이 벌어졌다. 워커 장군이 교통사고로 사망하면서 매슈 리지웨이 장군이 새로운 사령관이 되었다. 리지웨이는 대단히 유능한 지휘관이었다. 그는 병사의 사기를 높이고 중국군 진군을 멈추는 데 성공했다. 서울 함락 두 달 뒤 유엔군은 도시를 수복했다. 여기에는 마오쩌둥의 전략적인 입장도 도움이 되었다. 중국의 수령은 남한 정복보다는 전전(戰前) 상태의 복원을 목적으로 삼았다.[81]

시간이 흐르면서 전황은 고착되었다. 김일성은 자신을 구출해준 사람이 스탈린인 것을 알기에 계속하고 있는 전쟁과 경제의 파괴된 상태에도 불구하고 북한이 소련에 광물 수출을 약속대로 유지하도록 주시했다.[82] 김일성은 중국 군대가 다시 서울을 점령했으면 좋겠다고 보았지만,[83] 중국과 소련은 이제 휴전회담 시대가 왔다고 결정했다. 이 회담은 38선 이남에 위치한 개성시에서 1951년 7월 시작했다.[84]

양측은 이 전쟁이 타협으로 끝날 것을 알았다. 대한민국도 북한도 사라지지 않을 것이다. 또한 양측은 남북 사이 비무장 지대를 둘 것을 합의했다.[85] 그러

81 *О Корейской войне 1950-1953 гг. и переговорах о перемирии*, 9 августа 1966 года, РГАНИ, ф. 5, оп. 58, д. 266, лл. 122-131.

82 *Телеграмма Председателя Кабинета Министров КНДР Председателю Совета Министров СССР о ходе выполнения поставок свинцовосодержащих материалов из Кореи в Советский Союз*, 26 июня 1951 года, АП РФ. ф. 45, оп. 1, д. 348, л. 35.

83 안드레이 란코프가 유성철과 한 인터뷰, 1992년 1월 29일; *О Корейской войне 1950 -1953 гг. и переговорах о перемирии*, 9 августа 1966 года, РГАНИ, ф. 5, оп. 58, д. 266, лл. 122-131.

84 *Телеграмма председателя центрального народного правительства КНР Председателю Совета Министров СССР с информацией об итогах первых пяти заседаний переговоров о прекращении боевых действий в Корее*, 20 июля 1951 года, АП РФ, ф. 45, оп. 1, д. 340, лл. 88-91.

나 양측이 쉽게 합의하지 못한 쟁점들도 남았다. 첫 번째 문제는 남북분계선 문제였다. 전전(戰前)처럼 38선으로 분계선을 그려야 할지, 아니면 전선의 현상태를 유지하고 남북 실효 지배 지역을 각국 영토로 인정해야 할지가 갈렸다. 공산 측은 첫 번째 선택지를 지지했지만, 유엔 측은 두 번째가 더 낫다고 보았다. 두 번째는 포로 문제였다. 유엔 측은 귀환하고 싶어 하는 자만 귀환시키자고 했지만, 공산 측은 모든 포로를 본인 의사와 상관없이 무조건 귀환시켜야 한다고 보았다. 미국은 이런 제안을 결사반대해 담화의 첫 단계가 무산되어버렸다.

두 번째 단계는 1951년 10월 25일 시작되었다. 담화 위치도 개성 근처 판문점이라는 마을로 변경되었다. 원래 '널문리'라고 불렸던 이 마을은 휴전회담을 위하여 판문점으로 개명되었다. 널문리라는 말은 한자로 쓸 수 없었고 중국 측의 편의를 위하여 임진왜란 시대부터 썼던 판문점(板門店)이라는 이름을 공식화시켰다. 판문점은 '나무 문이 있는 곳'이라는 뜻이었다. 진짜 남북 사이에 문(門)이 된 이곳에 잘 어울리는 이름이라고 할 수도 있다. 휴전회담이 계속되면서 미공군은 북한에 대한 대규모 폭격을 개시했다. 미공군은 소이탄(燒夷彈)을 써서 군사 표적만 공격하더라도 민간인 피해를 피할 수 없었다. 이 작전의 결과로 북한 대도시마다 4분의 3 이상의 영토가 파괴되었다.[86]

이제 휴전회담 시대가 개막했지만 휴전에 반대하는 사람들도 있었다. 유엔

85 *Шифртелеграмма № 501869/ш*, 1 июля 1951 года, *8 Упр. ГШ СА*, АП РФ, ф. 45, оп. 1, д. 340, лл. 3-4; *Шифртелеграмма № 21726*, 13 июля 1951 года, *2 ГУ ГШ СА*, АП РФ, ф. 45, оп. 1, д. 339, лл. 35-42.

86 Kim Taewoo, "Limited War, Unlimited Targets: U.S. Air Force Bombing of North Korea during the Korean War, 1950–1953," *Critical Asian Studies*, 44(3), 2012, pp. 467-492; 김태우, 『폭격: 미공군의 공중 폭격 기록으로 읽는 한국전쟁』, 서울: 창비, 2013 참조.

군 전 사령관 더글러스 맥아더 원수는 최종 무기인 핵폭탄을 쓰자고 미국 정부에 제안했다.[87] 이 시기는 아직 수소폭탄 발명 이전이었다. 일반 핵폭탄보다 파괴력이 1,000배 정도 더 강한 수소폭탄은 인류에게 핵전쟁의 공포를 안겨주었다. 아직 핵무기를 쓰는 데 있어 금기는 존재하지 않았다. 하지만 맥아더의 계획은 거절당했다. 훗날 이 시대를 연구한 학자들 중에는 맥아더가 전쟁광이었다고 주장한 사람이 있었다. 그러나 이 시기로부터 11년 전 어떤 영국의 수상이 나치 독일과의 휴전과 유럽 평화시대에 반대했을 때 반대파가 그를 전쟁광이라고 비난한 것도 기억해야 한다. 당시에는 평화를 지지한 네빌 체임벌린과 핼리팩스 백작의 입장이 더 합리적이라고 생각한 사람들이 적지 않았다. 처칠의 "우리는 결코 항복하지 않을 것입니다!"라는 명언이 전 세계의 인정을 받았던 시절은 훨씬 뒤에 나왔다.

더글러스 맥아더는 누구인가? 그는 수십만 명, 혹은 수백만 명을 핵전쟁의 불길 속으로 태워버릴 준비된 전쟁광이었나? 아니면 중국을 대약진과 문화대혁명의 공포로부터 구출하고, 북한을 김씨 왕조의 수십 년 통치로부터 구출할 수 있었던 아시아의 처칠이었나? 필자는 이 질문에 답할 수 없다. 그러나 맥아더의 제안은 단편적으로만 볼 수 없는 것이었다고 강조하고 싶다.

북한 정부는 맥아더의 제안에 대해 알게 되었고 선전에서 활용하기 시작했다. 김일성이 북한도 핵무기가 있어야 한다고 결정하게 된 계기가 맥아더의 제안 때문이었는지 알 수 없지만 그런 가능성을 배제할 수 없다. 1950년대 후반 북한은 이미 핵무장에 대한 관심을 나타냈고,[88] 김일성이 사망한 지 12년이 지난 2006년 10월 9일 초대 핵실험에 성공했다.

---

87 Sheila Miyoshi Jager, *Brothers at War: The Unending Conflict in Korea*, London: Profile Books, 2013, p. 271.

88 *Дневник посла СССР в КНДР Иванова В. И.*, 20 января 1956 года, РГАНИ, ф. 5, оп. 28, д. 412, л. 120.

전황이 교착되면서 북한 수령은 비군사 문제에 대해서도 신경을 쓸 시간이 생겼다. 1952년 4월 15일 그는 만 40살이 되었다. 생일을 기념으로 북한에서는 새로운 김일성의 전기(傳記)가 나왔다. 이 전기에는 '조선인민혁명군'이 1945년 8월 조선반도에서 대일(對日)전쟁에 참가했다는 주장까지 있었다.[89] 일본제국이 항복한 지 7년도 안 되었지만, 소련 민정청이 만들었던 '조선인민혁명군'에 대한 신화는 이미 진화하고 있었다.

휴전회담은 1953년까지 계속되었다. 양측은 포로 문제에 대해 합의하지 못했다. 중국, 북한, 미국은 휴전 준비가 되어 있었지만, 소련과 한국은 그렇지 않았던 것으로 보인다. 스탈린은 전쟁이 계속되면 미군이 한반도에서 싸우면서 서유럽에 미군 병력을 강화하기 어려울 것이라고 보았다.[90] 스탈린은 중국도 북한에서 오랫동안 싸우는 편이 좋겠다고 보았을 가능성 또한 없지 않았다. 그러나 그는 중소분열 가능성은 예견하지 못한 것 같다. 이승만 대통령은 한반도 절반을 김일성에게 주어야 한다는 생각 자체를 증오했다.

1952년 9월 4일 북중소 회담에서 스탈린에 대한 김일성의 태도를 보여주는

---

89 『김일성 장군의 략전』, 평양: 조선로동당 중앙위원회 선전선동부, 1952, 32쪽.

90 최소로 두 개 사료를 보면 이런 결론을 내릴 수 있다. 첫 번째 사료는 1950년 8월 27일에 스탈린이 주체코슬로바키아 대사 미하일 실린에게 보낸 편지이다. 이 편지는 체코슬로바키아 대통령인 클레멘트 고트발트에게 전달해야 할 6·25전쟁에 관한 스탈린의 요량을 포함했다. Филиппов, Совпослу, 27 августа 1950 года, РГАСПИ, ф. 558, оп. 11, д. 62, лл. 71-72 참조. 필자는 이 사료의 존재를 알려주신 조갑제 선생님께 감사를 드리고 싶다. 사료의 저자는 '필리포프'로 적혀 있고, '필리포프'는 스탈린이 한국전쟁 때에 쓴 가명 중의 하나였다. 두 번째 사료는 1952년 8월 20일에 스탈린이 중국 외교부 부장인 저우언라이와 한 회담 기록이다. 이 회담에서 스탈린은, 전쟁은 '미국인들을 긁게 하고' 북조선 측이 전사자가 매우 많아도 전쟁을 계속하면 미국 측이 불이익을 받을 것이라고 주장했다. Запись беседы И. Сталина с Чжоу Эньлаем, 20 августа 1952 г. АПРФ, ф. 45, оп. 1, д. 329, лл. 64-72 참조.

김일성 원수와 최용건 차수

재미있는 일화가 벌어졌다. 회담에서 스탈린은 펑더화이에게 중국 군대에 훈
장이 있는지를 물어보았다. 없다는 답을 받은 스탈린은 군대에 훈장과 군사 계
급, 계급장이 있어야 한다고 지시했다. 그렇지 않다면 군대가 정규군이 아니라
빨치산 부대에 불과하다고 강조했다.[91] 이 회의에 참가한 김일성은 자신도 이
런 비판을 받을 수 있다고 보았다. 준군사조직으로 설립한 조선인민군에 아직
장교 군사계급은 없었다. 대신 대대장, 여단장 군사 직위만 사용되었다. 소련
역사 초기에도 붉은 군대에서 비슷한 제도가 있었다.

북한은 스탈린의 추가 지시를 받을 때까지 기다리지 않았고 1952년 마지막
날 장교 군사계급을 도입했다.[92] 계급 이름이나 군복은 소련군을 거의 복제한

91 *Запись беседы И. В. Сталина с Ким Ир Сеном и Пын Дэ-хуай*, 4 сентября 1952
   года(필자가 입수한 자료).
92 「조선인민군 상급 지휘성원 및 군관들에게 군사칭호를 제정함에 관하여」, 『조선민
   주주의인민공화국 법규집』, 제1권, 평양: 국립출판사, 1961, 365~369쪽.

원수복을 입고 있는 김일성(1954년)

것이었다.[93] 그러나 북한군의 최고 계급들은 소련과 조금 달랐는데, 얼마 지나지 않아 이 변화가 누구를 위해 도입되었는지 모두가 알게 되었다. 1953년 2월 7일 김일성은 조선인민군 최고 계급인 조선민주주의인민공화국 원수(元帥) 계급을 수여받았고 최용건 민족보위상은 다음 계급인 조선민주주의인민공화국 차수(次帥)를 수여받았다.[94] 김일성의 군복은 스탈린의 군복과 매우 비슷했다. 공산권의 대표 휘장인 원수별도 포함되었다. 그러나 차이점도 있었다. 김일성

---

93 「조선인민군 병종 장령 및 군관 성원들의 견장 형태 및 도해」, ≪조선인민군≫, 1953년 1월 3일, 2면.

94 「조선인민군 최고사령관 김일성동지에게 조선민주주의인민공화국 원수 칭호를 수여함에 관하여」, ≪조선인민군≫, 1953년 2월 7일, 1면; 「조선민주주의인민공화국 민족보위상 최용건동지에게 조선민주주의인민공화국 차수 칭호를 수여함에 관하여」, ≪조선인민군≫, 1953년 2월 7일, 1면.

의 계급장은 소련식 계급장이 아니었다. 스탈린의 원수복[95] 계급장은 나라의 국장(國章)이 오각형 별 옆에 있었지만, 김일성 군복에는 별 위에 있었다. 김일성을 아직 자신을 소련의 수령과 대등한 존재처럼 보여줄 용기가 없었다. 그러나 스탈린 사망 다음해 김일성은 견장을 스탈린식 '국장 옆 별' 형태로 바꾸었다.[96] 그렇게 하더라도 두려워할 근거가 없어졌기 때문이다.

스탈린은 1953년 3월 5일 사망했다. 전체 공산권과 마찬가지로 북한에서도 '만민의 수령의 서거'에 대한 애도를 시작했다. 북한 정부는 '전 세계 근로 인민들의 총혜(聰慧)한 수령이자 스승이며 조선 인민의 해방자이며 가장 친근한 벗'[97]의 사망에 대한 연설문을 공포했고 모스크바에 애도 대표단을 파견했다. 스탈린 사망으로 휴전회담은 급속히 진행되었다. 포로 문제도 이승만 대통령의 단독 결정으로 해결되었다. 이승만은 공산 측으로의 귀환을 반대하는 포로에 대해 석방 명령을 내렸다. 이 결정은 아마도 이승만의 모든 결정들 중에서 가장 인도적인 것이었다. 그러나 이 대통령은 정치적인 목적도 있었다. 그가 희망했던 것처럼 이 결정은 회담에 큰 타격을 주었다. 그럼에도 불구하고 결국 모든 당사자들은 정전협정을 채택했다.

2년의 휴전회담은 성공적으로 종결되었다. 소련은 김일성에게 안전을 위해 판문점 서명식에 불참할 것을 지시했다.[98] 그래서 서명식에는 북한 최고사령

---

95 스탈린은 1945년에 대원수로 진급했지만 계속 원수 군복을 입고 다녔다.

96 「1952년 12월 31일 정령 "조선인민군 상급 지휘성원 및 군관들에게 군사칭호를 제정함에 관하여"의 일부를 변경함에 관하여」, 『조선민주주의 인민공화국 법령 및 최고인민회의 상임위원회 정령집』, 제3권, 도쿄: 학우서방, 1954, 138~141쪽.

97 "조선로동당 중앙위원회와 조선민주주의인민공화국 내각에서 전체 조선로동당 당원들과 전체 조선 인민에게 고함", ≪로동신문≫, 1953년 3월 7일, 1면.

98 *Телеграмма министра иностранных дел СССР послу СССР в КНДР с рекомендациями ЦК КПСС Председателю Кабинета Министров КНДР не участвовать в подписании Соглашения о перемирии в Корее*, 24 июля 1953 года, АП РФ, ф. 3, оп. 65, д.

휴전협정에 서명하는 김일성. 오른쪽은 김두봉, 박정애 그리고 남일로 보인다

관 대신 남일 대장이 대표로 참석했다. 대한민국은 정전협정 서명을 끝까지 반대했다. 그래도 이승만 정권은 서명식을 참관하기 위해 판문점에 최덕신(崔德新)이라는 중장을 파견했다. 최 장군은 이후 북한에서 살게 되었다. 필자가 책을 작성하고 있는 시점에는 그가 자발적으로 월북했는지 납북되었는지 알 수 없었다.

한반도 군사정전에 관한 협정은 1953년 7월 시점 형성된 전선을 남북 군사분계선으로 했다. 이 분계선은 이미 수십 년 동안 유지되어왔고 필자가 이 글을 쓰고 있는 시점에서도 언제 분계선이 사라질지 알 수 없다. 북한은 얻은 영토보다 상실한 영토가 더 컸다. 대한민국이 통치할 수복 지역에는 김일성의 속

830, лл. 170-171.

초 빌라도 있었다. 그러나 북한이 남한으로부터 빼앗은 지역에는 대도시 개성이 있었다.

1953년 7월 27일 계속되는 전쟁의 어두운 분위기 속에서 남일 대장, 펑더화이 사령관, 유엔군 대표자 윌리엄 해리슨 중장은 휴전협정에 서명했다. 마지막 서명은 10시 11분 작성되었다. 여기서 서명한 남일 대장은 한마디 없이 서명식이 진행된 건물에서 나갔다. 그는 평양으로 출발했다. 평양에서 김일성도 협정에 서명해야 했다. 해리슨 장군은 마음이 더 열려 있었지만 그도 기자들에게 코멘트를 주는 것을 정중하게 거절했다. 해리슨은 헬리콥터를 탔고 경기도 문산읍에 위치한 유엔 기지로 떠났다. 문산에서 유엔군 사령관 마크 클라크 대장이 협정에 서명했다.[99] 같은 날 22시 휴전은 유효화되었다. 한반도 역사상 가장 무서운 혈전이 드디어 끝을 맞았다. 이 전쟁의 사상자는 100만 명 이상이었고,[100] 희생자는 대부분 한반도 주민들이었다.

---

99 "Truce Is Signed, Ending The Fighting In Korea; P.O.W. Exchange Near; Rhee Gets U.S. Pledge; Eisenhower Bids Free World Stay Vigilant," *The New York Times*, 27 July 1953, p. 1.

100 한국전쟁과 같은 대전에서 사망자의 수를 정확하게 평가하는 것은 불가능하다. 특히 북한 문서보관소에 접근할 수 없는 상황에서 더욱 그렇다. 대한민국 국방부 군사편찬연구소는 국군 사망자 137,899명, 남한 경찰 3,131명, 남한 민간인 373,599명(학살 피해자 128,936명 포함), 유엔군 57,933명, 중국군 148,600명, 북한군 520,000명(군사정전위원회 편람의 평가)로 근사치를 냈다. 『韓國戰爭被害統計集』, 서울: 國防軍士硏究所, 1996, 33, 67, 85, 110, 144, 145쪽 참조. 북한 민간인 사망자에 대한 종합적인 통계가 없지만 1954년에 작성된 주북한 소련대사관의 보고에 따르면 북한 중앙통계국이 폭격으로 사망한 북한 민간인의 수를 282,000명이라고 평가했다. *Общие размеры ущерба. нанесенного народному хозяйству КНДР за период войны 1950-1953 гг.*, АВП РФ, ф. 0102, оп. 10, п. 57, д. 49, лл. 29-48. 위에 숫자들의 합계를 내면 152만 3,162명으로 나온다. 필자는 이 숫자가 절대 정확하지 않고 전쟁에 관한 새로운 자료가 발견되면 재평가될 가능성이 적지 않다고 다시 강조하고 싶다.

남일이 평양에 도착하자 하얀 원수복을 입고 있던 김일성은 여러 고급 간부들이 참석한 가운데 협정에 서명했다. 이 중 간부 2명은 이후 숙청되면서 북한이 공개하는 사진들에서 사라졌다.

북한 당국은 이 휴전을 무승부가 아니라 '조선인민군의 위대한 승리'로 보여주는 것으로 결정했다.[101] 그때부터 북한에서 판문점 서명식은 '조국해방전쟁 승리'라고 부른다. 그리고 북한 매체나 문학에서는 형제가 형제를 죽인 이 전쟁이 얼마나 비극적인 일이었는지는 강조하지 않는다. 대신 북한은 조국의 적들을 죽이는 병사의 공훈을 찬양한다. 아래는 전쟁에 대한 북한의 대표적인 노래인 〈근위부대 자랑가〉를 인용한 것이다.

> 수령의 명령을 결사로 받들어 미제를 격멸한 부대
> 전승과 더불어 전설로 기억된 자랑찬 근위부대들
> 조국의 빛나는 승리의 력사의 찬란히 아로새겨진
> 그 이름 영원토록 후대들 가슴속에 긍지로 빛을 뿌린다
> 군기에 그 위훈 빛나는 근위부대들
> 어제도 오늘도 래일도 영원한 영광을 떨치리

6·25전쟁을 승리자가 없는 전쟁이라고 부른다. 이 매서운 혈전에 이익을 얻은 사람도 있었다. 바로 김일성이다. 전쟁 시기 김일성은 소련의 완전 통제로부터 천천히 벗어나기 시작했다. 김일성은 이 자치권을 북한 지도부에서 야권을 소멸시키고 북한의 절대 권력자가 되는 것으로 활용했다.

---

101 "조국을 수호하는 성전의 승리를 경축하여 평양시 군중회 성황리에 진행", ≪조선인민군≫, 1953년 7월 29일, 4면.

제7장

수령의 적들

3년간의 전쟁이 드디어 끝났다. 이제 나라를 복원할 때가 왔다. 미공군 폭격 작전은 북한을 파괴했지만 소련과 중국의 원조 덕분에 복원은 급속히 진행되었다.[1] 김일성도 새로운 집을 받았다. 수령의 주택은 평양 만수대(萬壽臺) 옆에 있었다. 근처에 소련대사관도 있어서 편했다.[2]

북한의 경찰기관인 내무성(內務省)은 김일성에게 생활필수품을 보급하는 임무가 있었다. 물론 무료였다. 수령과 최고 간부들을 위한 과실과 채소는 특별농장과 목장에서 공급했다. 평안남도 강서군 강서면 정화리에서 김일성 집으로 김일성이 좋아했던 강서약수가 배달되었다. 수령이 평양으로 떠날 때 김일성에게 필요한 물건을 실은 화물자동차가 김일성 차와 함께 움직였다. 동행하는 사람들 중에는 반드시 요리사가 있었다.[3] 소련제 자동차 5대와 미제 자동차

---

1   6·25전쟁 이후에 소련과 중국이 북한에 준 경제적 원조에 대해 沈志华, 『最后的'天朝': 毛泽东, 金日成与中朝关系』, 香港: 香港中文大学出版社, 增订版, 2017-18, 第283-290页 참조.

2   안드레이 란코프가 강상호와 한 인터뷰, 1990년 1월 13일.

3   Ibid.

3대가 수령 재산 목록에 포함되어 있었다.[4] 따라서 김일성은 전후(戰後) 생활을 편하게 누릴 수 있었다. 전쟁이 끝나자 수령은 군사문제보다 대내외 정책에 집중했다. 여기서 김일성의 핵심 목표는 소련의 통제에 벗어나는 것이었다.

냉전시대 한국의 북한학 연구에서는 '북괴(北傀)'라는 표현을 자주 볼 수 있다. 이는 '북한 괴뢰정권'이라는 뜻이다. 6·25전쟁 이전의 북한은 '북괴'라고 부르더라도 과장이 아니었다. 당시 북한에서 최종 결정을 내렸던 세력은 민정청이나 소련대사관이었다. 김일성은 사실상 그의 부하였다. 하지만 전쟁이 발발하자 상황은 바뀌었다. 스탈린은 김일성에게 자립할 것을 요구했다. 즉, 대사관이나 소련 정부 지시를 기다리지 말고 현지에서 직접 결정하라고 했다.[5] 독소전쟁 시절 스탈린은 최전방 장성들에게 군사작전을 구체적으로 지시한다면 이익보다 해가 많을 것으로 보았다. 소련의 수령은 이러한 경험을 북한에도 적용했다.

전후 시대 북한 지도부를 살펴보자. 지도부는 4개의 종파로 나눌 수 있었다.[6] 첫 번째는 김일성과 그의 민주 빨치산과 제88여단 출신 전우들이었다. 두

---

4 Ли Сан Чо, *Товарищу Ким Ир Сену*, ГАРФ, ф. Р-5446, оп. 98с, д. 721, лл. 3-13.

5 *Телеграмма Председателя Совета Министров СССР Главному военному советнику Корейской Народной армии с указанием разобраться в сути посланных ему ранее предложений о повышении боеспособности КНА*, 3 февраля 1951 года, АП РФ, ф. 45, оп. 1, д. 348, л. 20.

6 역사상 '4개의 종파 모델'을 처음에 언급한 문서는 소련군 총정치국 장교 바실리 코브젠코가 볼셰비키당 대외정책부 부부장 레오니트 바라노프에게 보낸 편지인 것 같다. 이 편지는 대단히 흥미롭고 솔직하게 작성한 문서이며 편지를 통하여 1940년대의 북한 정치에 대한 많은 사실들을 알아볼 수 있다. 예컨대, 코브젠코에 따르면 1946년 말에 이미 김일성은 박헌영에 대한 적대감을 표현하기 시작했다. 또한, 코브제코는 김일성과 박헌영의 갈등에 문일의 책임이 많다고 주장했다. В. Ковыженко, *Тов. Баранову Л.С,* 20 апреля 1948 года, РГАСПИ, ф. 5, оп. 10, д. 618, лл. 30-36. 참조.

번째는 고려인의 '소련파'였다. 세 번째는 마오쩌둥과 협력했던 중국계 정치인 들이었다. 이들은 주로 1945년 이후 북조선에 귀국했다. 한국 북한학계에서는 이 종파를 보통 '연안파(延安派)'라고 한다. '연안'은 중국 옌안(延安)시의 한국 어 한자 발음이다. 마지막 종파는 식민지 조선 지하에서 투쟁했던 공산주의자 들이었다. 한국 북한학계는 이들을 '국내파'로 부른다. 4개 종파의 구분 기준은 대체로 정확했지만 예외도 있었다. 예를 들어 북한 엘리트 중에는 만주 빨치산 운동과 아무런 관계가 없지만 처음부터 김일성에게 무조건 복종한 사람들이 있었다. 그들 가운데 가장 유명한 사람은 북한 국가보위기관의 아버지 방학세 (方學世)였다. 방학세는 1937~38년 스탈린 대숙청 시절 소련 검찰국에서 복무 했다.[7] 그는 김일성에 대해 무조건 충성하며 살아남았다.

이 시기 김일성의 전략은 그에게 충성하는 사람들의 지위는 올려주고 나머 지는 강등하거나 숙청시키는 것이었다. 전쟁 직전 북한 최고 엘리트는 김일성 당 중앙위 위원장, 박헌영 당 중앙위 부위원장, 허가이 당 중앙위 부위원장, 김 두봉 최고인민회의 상임위원회 위원장, 리승엽 사법상, 최용건 민족보위상 등 으로 구성되었다. 이들은 남한 공격 계획을 가장 먼저 알았던 사람들이다. 김일 성이 북한에서 절대적인 권력을 얻자 최용건 외에 모두가 이미 사망했는데, 최 용건도 차수 계급과 민족보위상 직위를 잃은 채 상징적인 직위만 갖게 되었다.

김일성이 엘리트 대숙청을 개시하기 전 분위기가 바꾸고 있다는 사실을 눈 치 챈 사람이 있었다. 바로 문일이었다. 북한의 킹메이커라고도 할 수 있는 그 는 정치적인 눈치가 독보적이었다. 1951년 문일은 수령이 자신에 대한 불만을 내비치자 조용히 북한을 떠나 소련으로 돌아갈 것을 결정했다.[8] 얼마 지나지

---

7 필자는 방학세에 대한 칼럼을 쓴 적이 있다. 표도르 째르치즈스키, 「북한보위성의 아버지, 방학세」, ≪月刊北韓≫, № 553, 2018년 1월, 109~117쪽 참조.

8 김국후, 『평양의 카레이스키 엘리트들』, 파주: 한울, 2013, 192~194쪽. 필자는 러시 아어로 고려인들을 '카레이스키'라고 부르지 않는데, 이 호칭은 러시아어 원어민에

왼쪽부터 김책, 허가이, 김일성

않아 문일의 결정이 얼마나 옳은 것이었는지 알 수 있었다. 문일이 소련으로 돌아간 뒤 북한 상황은 변화하기 시작했다.

김일성의 첫 번째 공격 대상자는 허가이였다. 김일성은 아직 그를 직접 숙청할 용기가 없었다. 또한 소련파의 비공식 지도자를 제거한다면 스탈린이 분노할 수도 있었다. 따라서 김일성은 허가이를 숙청하지는 않았지만, 1951년 11월 당 중앙위 부위원장에서 내각 부수상으로 강등시켰다. 다음은 박헌영과 리승엽이었다. 이들은 '국내파' 출신으로 소련이나 중국의 보호를 받지 못했다. 따라서 이들은 보다 쉽게 제거할 수 있었다. 휴전협정 직전인 1953년 봄 박헌영과 리승엽은 모든 직위에서 해고되었고 반역죄로 고소되었다.[9] 얼마 뒤

게 매우 어색하게 보인다는 것을 강조하고 싶다.

9 *Запись беседы 1-го секретаря Посольства СССР в КНДР т. Васюкевича В.А. с сек-*

리승엽이 체포되었고,[10] 박헌영은 가택연금부터 당했다.[11] 스탈린 사망 후 북한에 파견된 대표단이 김일성과 만나 "상황이 이제 달라졌고 당초 계획했던 방법은 이제 맞지 않다"고 암시했다.[12] 그러나 김일성은 소련 측의 암시를 이해하지 못한 척 했다. 박헌영과 리승엽 해임 후 김일성은 허가이에 주목했다. 강등당한 허 부수상은 이미 스트레스를 많이 받은 상태였지만 내각회의에서 김일성과 그의 부하들은 다시 허가이를 강력하게 비난했다. 그들은 대놓고 허가이를 더 낮은 직위로 강등시킬 수 있다고 협박했다. 허가이는 소련대사관에 도움을 요청했지만, 대사관 직원들은 냉정하고도 형식적으로 대답했다.[13] 1953년 7월 2일 허가이 부수상은 숨진 채 발견되었다. 아마 우리는 이것이 자살인지 암살인지 영원히 알 수 없을 것이다.[14] '조국해방전쟁 승리' 직후인 1953년 8월 리승엽은 공개재판을 받았다. 북한 매체는 리승엽과 그의 지지자들이 미국 간첩

ретарём ЦК ТПК Пак Чан Оком, 4 апреля 1953 года(필자가 입수한 자료).

10 *Дневник поверенного в делах СССР в КНДР Суздалева С. П*, 9 мая 1953 года(필자가 입수한 자료).

11 *Дневник поверенного в делах СССР в КНДР Суздалева С. П*, 27 июля 1956 года(필자가 입수한 자료).

12 안드레이 란코프가 인노켄티 김과 한 인터뷰, 2001년 9월 1일; 김국후, 『평양의 카레이스키 엘리트들』, 파주: 한울, 2013, 274~277쪽.

13 *Дневник поверенного в делах СССР в КНДР Суздалева С. П*, 30 июня 1953 года(필자가 입수한 자료).

14 허가이의 전기와 급사 수수께끼에 대한 여러 연구들이 있다. 첫 번째는 안드레이 란코프가 쓴 글이다. 이 논문은 허가이를 잘 알았던 사람들의 유일한 증언을 포함해 작성한 것이다. Андрей Ланьков, *Хо Га И (А.И. Хегай): очерк жизни и деятельности* // КНДР: вчера и сегодня, Москва: Восток-Запад, 2004, стр. 201-221 참조. 필자도 이 문제에 접근한 적이 있다. 표도르 쩨르치즈스키, 「소련과 비공식 리더 허가이 6·25전쟁 종료 직전 의문의 자살」, ≪月刊北韓≫, 566호, 2019년 2월, 126~137쪽.

이라고 선전하기 시작했다.[15]

1955년 김일성은 '연안파' 소속 중국 출신자들도 공격하기 시작했다. 전 내무상 박일우(朴一禹)는 체포당했고 심문도 받았다.[16] 다른 종파의 일원들은 이에 항의하지 않는다면 비극적인 운명을 맞을 수도 있다고 느끼기 시작했다. 김일성을 가장 심하게 공격한 사람은 부수상 박창옥이었다. 1955년 4월에 이 김일성과 성격이 닮은 고려인은 최고인민위원회 상임위 위원장 김두봉과 함께 김일성에게 수상 자리에서 내려오라고 제안했다. 그들이 언급한 구실은 참으로 뻔뻔스러웠다. 김일성에게 '할 일이 너무 많다'는 것이었다. 박창옥에 따르면 김일성은 수상 자리에서 해임 당해야 하지만 당 중앙위 위원장 자리는 그대로 유지해야 했다.[17]

같은 시대에 불가리아와 헝가리에서 벌어지고 있었던 일들을 보면, 박창옥의 제안이 이행되었다면 김일성은 권력을 잃을 수도 있었다. 양 국가에서 독재자 해임 과정은 두 단계로 진행되었다. 한 단계에서는 국가 원수 자리에서 해임 당했고, 다른 단계에는 당의 수반 자격을 잃었다. 불가리아에서 독재자 벌코 체르벤코프의 권위는 1954년 불가리아공산당이 그의 총비서 자리를 없앴을 때 이미 약화되었다. 1956년 체르벤코프는 수상에서 부수상으로 강등되며 최고 권력을 상실했다. 체르벤코의 후임자는 온건파 토도르 지프코프였다.[18]

---

15 "리승엽 도당 사건에 대한 공판정에서 피소자들 자기 범죄 행동을 진술", 《로동신문》, 1953년 8월 7일, 3~4쪽.

16 *Дневник посла СССР в КНДР Иванова В. И.*, 25 ноября 1955 года(필자가 입수한 자료).

17 *Из дневника советника Посольства СССР в КНДР тов. Филатова С. Н. Запись беседы с т. Пак Ен Бином 25 февраля 1956 года*, АВП РФ, ф. 102, оп. 12, д. 6, п. 68.

18 *За смяната на караула в държавата, за приликите и различите...* 2 април 2016 г., RNews.bg, https://rnews.bg/априлски-пленум-червенков-живков/.

헝가리에서 벌어진 일도 공통점이 있었다. 1953년 헝가리 국가원수였던 라코시 마차시는 수상 자리에서 해임되었으며 1956년 7월 소련의 압박으로 그는 헝가리 근로자당 중앙위 제1비서 직위에서 물러나게 해달라는 편지를 작성할 수밖에 없었다.[19]

결국에 김일성이 수상 직위에서 해임 당했으면 가까운 미래에 당 중앙위 위원장 자리도 잃을 수 있었다고 판단할 수 있다. 특히 다음 해인 1956년에 소련에서 비스탈린주의화 캠페인이 시작된 사실을 기억하면 그런 가능성은 더욱 높게 보인다. 그러나 체르벤코프나 마차시와 달리 김일성은 성공할 수 있었다. 수령은 처음에 해임 문제에 대한 토론을 연장했고, 나중에 자신의 후임자로 정치위원회 위원들 중 제일 인기가 없는 인물인 최용건을 제안했다. 이 야비한 둔재를 자기의 상관으로 보고 싶은 사람은 없었다. 그래서 정치위 위원들은 김일성 수상을 차악으로 받아들였다.[20] 이들 중 이 실수로 인해 최대의 값을 치른 사람이 적지 않았다.

숙청들은 계속되었다. 1955년 12월 15일 조선민주주의인민공화국 최고재판소 특별재판은 박헌영을 각각의 형법 규정에 따라 3중의 사형과 전체 재산 몰수형에 처했다.[21] 해당 자료와 증언들을 보면 재판 기간 박헌영은 어떻게 해야 할지 잘 몰랐다. 그는 마음속으로 이 인민재판이 희비극과 비슷하다고 느꼈다. 그래도 그는 자신이 무죄라는 것이 재판에 반영될 수 있게 노력했다. 박헌영은 이 재판이 사실상 김일성이 지시해 이뤄지는 그에 대한 제거 작전이라는

---

19 라코시의 사직서 전문을 이 책에서 찾을 수 있다. Vladimir Popin, *1956*, http://mek.oszk.hu/05500/05525/05525.pdf 45. o.

20 *Из дневника советника Посольства СССР в КНДР тов. Филатова С. Н. Запись беседы с т. Пак Ен Бином 25 февраля 1956 года*, АВП РФ, ф. 102, оп. 12, д. 6, п. 68.

21 김남식, 심지연, 「박헌영에 대한 북한의 재판 기록」, 『박헌영 노선 비판』, 서울: 세계, 1986, 459~535쪽.

것을 끝까지 믿고 싶지 않았다. 박헌영은 혹시나 그에 대한 고소가 근거가 있는 것은 아닐까도 살펴보려 했다. 전 조선공산당 당수는 인민의 나라인 조선민주주의인민공화국 최고재판소가 설마 부정재판을 할 수 있으리라고는 상상할 수 없었다.[22]

피고인 가운데는 눈앞에서 벌어지고 있는 재판의 본질을 인정한 용감한 사람들도 있었다. 증언에 따르면, 박헌영과 재판을 함께 받았던 림화(林和)라는 시인은 감옥에서 마지막 시를 썼다. 시의 제목은 〈저주하노라, 붉은 독재〉였다.[23] 북한 지도부는 리승엽과 박헌영의 재판 기록을 공개했다.[24] 그러나 김일성 체제가 완수되면서 정치 재판들은 완전히 비공개로 결정되었다. 물론 이 재판들은 아무런 근거가 없었다. 박헌영이나 다른 피고인들이 정말로 미국 간첩이었다면 김일성이나 소련대사관은 커다란 충격을 받았을 것이다. 북한의 2인자가 간첩이라니! 정말로 그렇다면 박헌영이 접근할 수 있었던 모든 정보를 재확인해 암호를 바꾸어야 했다. 또한 이러한 엄청난 사건에 대한 기억은 이후 수십 년간 영향을 미쳤을 것이다. 그러나 이런 일들은 일어나지 않았다. 박헌영에 대한 재판이 정치적으로 조작된 재판이라는 것은 누구나 알았다.[25] 소련 외교관이 1957년 비아냥대는 어투로 "최근 조선로동당에는 '적대 패당들과 반

---

22 Ibid.; "내가 치른 북한 숙청 (32)", 《중앙일보》, 1993년 8월 16일, 11면, https://news.joins.com/article/2830546; "내가 치른 북한 숙청 (33)", 《중앙일보》, 1993년 9월 14일, 31면, https://news.joins.com/article/2834135; "내가 치른 북한 숙청 (34)", 《중앙일보》, 1993년 9월 28일, 31면, https://news.joins.com/article/2835979.

23 洪淳官, 「前金日成 비서실장충격 고백」, 《新東亞》, 1994년 10월, 188~207쪽.

24 조선민주주의인민공화국 최고재판소, 『미제국주의 고용 간첩 박헌영 리승엽 도당의 조선민주주의인민공화국 전권 전복 음모와 간첩 사건공판 문헌』, 평양: 국립출판사, 1955.

25 소련 측은 1956년 4월 박헌영 구출을 시도했지만 실패했다. *Дневник посла СССР в КНДР тов. Иванова В. И.*, 19 апреля 1956 года(필자가 입수한 자료) 참조.

당 패당'들이 지나치게 자주 생긴다'라고 한 말을 보면 소련도 김일성이 무엇을 하고 있는지 충분히 알고 있었고 이를 강하게 반대하지는 않았다고 할 수 있다.[26]

일반 간부들도 숙청을 당했지만 모두가 사형 당한 것은 아니다. 숙청 희생자들의 운명은 정치 상황에 달려 있었지만 김일성의 기분도 중요한 변수였다. 출국 허가를 받아 중국이나 소련으로 떠난 사람들도 있었고, 강등 당한 간부들도 있었다. 그래도 숙청 대상자들은 더 이상 김일성과 싸우지 못하게 되었다. 김일성은 자기 권력을 강화하고 소련의 통제를 약화시키기 위하여 숙청을 활용했지만 다른 대책들도 있었다. 또 다른 전술 중 하나는 민족주의에 대한 호소였다. 민족주의는 매력적인 사상이다. 사람들은 자기 자신이 외인(外人)의 통치를 받는다는 느낌을 좋아하지 않는다. 바로 이 시기 전 세계에서 벌어진 비식민지화 과정은 다른 나라가 임명한 독재자를 같은 민족의 폭군으로 교체시키는 변화에 대해 '해방'이라고 부르는 것이 어렵지 않은 일이었다. 새로운 통치자 아래 주민들의 생활이 더욱 나빠지더라도 새 통치자는 주민들과 같은 민족이기 때문에 '나라가 해방된 것'이라고 생각한 사람들이 많았다.

그래서 김일성은 북한 교육이 소련을 더 열심히 따라가지 않아도 된다고 언급했고 북한이 소련의 역사보다는 먼저 우리 자신의 역사와 민족적 전통을 배워야 한다고 강조하기 시작했다.[27] 그렇게 한다면 북한에서 소련의 영향력을

---

26 *К беседе с партийно-правительственной делегацией КНДР*, АВП РФ, ф. 0102, оп. 13, п. 72, д. 11.

27 김일성, 「사상사업에서 교조주의와 형식주의를 퇴치하고 주체를 확립할 데 대하여」, 『김일성 선집』, 제4권, 평양: 조선로동당 출판사, 1960, 325~354쪽. 이 연설은 1960년 『김일성 선집』에 처음에 나왔고 나중에 변화되어온 북한 사상에 따라 편집·왜곡되었다. Brian Myers, *North Korea's Juche myth*, Pusan: Shtele Press, 2015, pp. 227-253 참조.

줄일 수 있으며 김일성 자신의 권위를 확산시킬 수 있다고 생각한 것이다. 소련은 북한처럼 '작은 나라'의 민족주의를 크게 신경 쓰지 않았기 때문에 이는 북소관계에 별다른 문제를 일으키지 않았다. 또한 김일성은 조심스럽게도 소련이 사회주의권을 주도하는 위대한 나라라는 것을 꼬박꼬박 강조했기에 더욱 소련의 주의를 끌지 않을 수 있었다.

북한은 북한 표준어에서 외래어를 제거하는 캠페인도 시작했다. 당시 북한의 러시아어계 외래어는 21세기 한국어에서의 영어계 외래어만큼 많았다. 1950년대 북한에서 사용했던 '꼬미씨야'와 같은 러시아어식 표현은 '위원회'와 같은 전통적인 표현으로 바뀌나갔다.[28] 그럼에도 소련식 북한말은 수십 년 후인 지금도 많이 남아 있다. 김일성에게 민족주의는 목표가 아니라 권력 강화 방법 중 하나에 불과했다.

전후 시기 남북 사이에는 또 하나의 보이지 않는 투쟁이 벌어졌다. 바로 재일동포들의 마음을 얻기 위한 투쟁이었다. 1945년 일본제국이 항복했을 때 일본 본토에는 200만 명 이상의 조선인이 있었다. 이들 중에는 더 좋은 생활을 찾아 내지(內地)로 간 사람도 있었고 공부하러 간 사람도 있었으며 전쟁 시 노동에 동원된 사람도 있었다.[29] 1952년 일본은 연합국들과 샌프란시스코 강화(講和) 조약을 체결해 다시 주권국이 되었다. 조약에 따라 일본은 한국의 독립을 인정했다. 따라서 재일교포들은 일본 국적을 상실했고 대한민국과 북한 중에서 국적을 선택해야 했다. 여기서 이승만의 광신적인 혐일(嫌日) 감정은 북한에 큰 도움이 되었다. 이승만 시기 한국은 일본과 수교도 거부했다. 6·25전쟁 때도 일본의 원조는 거절하려 했다.[30] 이승만은 사실상 재일동포들을 버렸

---

28 「도(평양시)당위원회내 검열꼬미씨야를 검열위원회로 개칭하고 그 역할을 제고할데 대하여」, 『北韓關係史料集』, 第30券, 果川: 國史編慕委員會, 1998, 845~846쪽.

29 이 주제에 대해 木村幹, 「総力戦体制期の朝鮮半島に関する一考察: 人的動員を中心にして」, 『日韓歴史共同研究報告書』, 第3分科篇, 下巻, 2005, 321-344頁.

고 그들의 귀국을 돕지 않았다.[31]

반면 북한은 일본에서 재일동포 귀국 캠페인을 실시했다. 이를 관리하기 위해 북한은 재일본 조선인 총연합회(在日本 朝鮮人 總聯合會)를 설립했다. 한국에서는 '조총련(朝總聯)'으로 잘 알려져 있다. 1950년대 중반 재일동포 가운데는 조총련을 믿고 북한으로 떠난 사람들이 많았다. 북한에 도착한 그들은 다시는 그곳을 떠나지 못했다. 일본 정부는 이 캠페인을 차분히 지지했다. 그들은 일본에 친북 조선인이 적을수록 좋다고 보았다.

그리고 이 시기 북한의 공식 담론에 자주 나오는 단어가 등장한다. 바로 '주체(主體)'라는 단어다. 이는 원래 독일어 '주벡트(Subjekt)'를 번역하기 위하여 만든 단어다.[32] 카를 마르크스가 쓴 책에도 자주 나오는 단어였다. 마르크스는 한 사회집단에서 역사를 움직이는 세력을 역사의 '주체', 역사의 움직임에 영향을 받는 세력을 '객체'라고 설명하기도 했다.

1950년대 중반 '주체'는 김일성이 조용히 실시하고 있는 반소련 선전의 중요한 일부였다. 선전에 따르면, 북한은 '주체'적인 국가여야 했다. 소련의 모델을 무조건 따르는 국가가 아니라는 뜻이었다. 주체사상에서 이러한 철학적인 기반을 만든 사람은 김일성의 부하 김창만(金昌滿)으로 보인다. 소련대사관 기록

30 Nam G. Kim, *From Enemies to Allies: The Impact of the Korean War on U.S.-Japan Relations*, New York: International Scholars Publications, 1997, p. 66.

31 이승만 정권에 재일동포에 대한 정책에 대해 오가타 요시히로, 「이승만 정부의 '재일동포' 정책 연구」, 연세대학교 박사학위논문, 2018 참조.

32 Brian Myers, *North Korea's Juche myth*, Pusan: Shtele Press, 2015, pp. 10-15. 독일어와 한국어를 유창하게 구사하는 브라이언 마이어스는 이 책에 '주체'라는 단어의 어원에 대해 구체적으로 썼다. 유일사상체계 설립 전에 북한에서 출판한 카를 마르크스의 도서들도 확인하면 번역가들이 'Subjekt'라는 단어를 '주체'라고 번역했다고 확인할 수 있다. 『맑스 엥겔스 전집』, 제1권, 평양: 조선로동당 출판사, 1964, 186쪽 참조.

에서 관련 언급을 찾을 수 있다.[33] 김창만은 중국에서 유학한 적이 있다. 1928년 그는 중국 광저우시 종산(中山)대학교를 졸업했다. 이런 배경이 있는 사람이 '주체'와 같은 용어를 쓰는 것은 자연스러운 일이었다. 그러나 '주체'는 아직 단어일 뿐이었다. '주체사상'은 10년 뒤 탄생한다.

소련 통제를 약화시키기 위한 김일성의 노력과 소련대사관의 반응을 꼼꼼히 살펴보아야 한다. 이것이 실패했다면 소련대사는 김일성의 해임을 발의할 수 있었다. 여기서도 북한 수령은 운이 좋았다. 1955년 6월 17일 소련 당국은 새로운 주북한 대사로 바실리 이바노프라는 사람을 임명했다. 이바노프 임명은 소련의 주북한 대사관에 대한 새로운 정책의 출발점이었다. 이바노프는 대사가 되기 전 소련에서 가장 큰 공화국인 러시아 소비에트연방 사회주의 공화국의 부총리였다. 그는 강등된 전직 고위 간부였다.

실각한 간부들을 주북한 대사로 강등시키는 정책은 흐루쇼프 시기 내내 이뤄졌다. 당시 대사들은 외교 경험이 없었고, 이러한 정책의 여파는 가히 파괴적이었다. 이바노프의 후임자인 알렉산드르 푸자노프와 바실리 모스콥스키도 강등된 간부들이었다. 실각 직전 직위도 이바노프와 비슷했다. 푸자노프는 러시아 소비에트연방 사회주의 공화국의 제1부총리, 모스콥스키는 부총리였다. 모스콥스키는 경험이 없었지만 상당한 외교 능력을 보여주었다. 하지만 그가 임명되었을 때 무능한 이바노프와 극히 무능했던 푸자노프는 이미 북한에 대한 통제력을 잃은 상태였다.

소련대사들의 능력 부족은 정치적인 여파뿐 아니라 경제적인 여파도 가져왔다. 전후 시기 김일성은 이전보다 더욱 자주적인 경제노선을 내세웠다. 김일성은 동시대 소련이 아니라 1930년대 스탈린 시대 소련의 모델에 따라 경제를

---

33 Н. Е. Торбенков, *Запись беседы с советником МИД КНДР Пак Док Хваном*, 1 июня 1960 года, АВП РФ, ф. 0102, оп. 16, д. 6.

제7장 수령의 적들　175

형성하려 했다. 김일성은 농업집단화 이행에 매우 적극적이었다.[34] 스탈린 시대 소련처럼 농업에서 빼앗은 자원은 중공업을 지원하는 데 활용되었다. 당시 소련 지도부는 이러한 노선을 비난할 수 없었다. 소련의 공식 입장은 북한이 '사회주의를 건설하는 인민민주주의 국가'였다. 그리고 사회주의 건설은 소련의 모범을 따라야 했다. 스탈린 사망 후 소련에서는 스탈린이 좋은 지도자였는지 의심하는 사람들이 적지 않았지만 스탈린의 노선이 아직 폐기된 것은 아니었다.

1954년 후반 농업집단화는 비극적인 결과를 가져왔다. 알곡 부족으로 주민들을 먹여 살리기 어려워졌다. 계획을 완수하기 위해 노력한 간부들은 추가로 현물세를 농민으로부터 받게 되었다. 이에 농민 가족들은 식량이 부족해졌다.[35] 법에 정해진 것보다 2배 가까운 물납세를 내야 하는 경우도 있었다.[36] 이 상황을 심각하게 우려한 북한 간부들이 있었는데, 이 중에는 소련대사관을 찾아 나라의 현황을 이야기한 사람들도 있었다. 그들은 소련이 북한 정부를 압박해 위기를 해결할 수 있다고 기대했다.[37]

---

34 조선로동당 중앙위원회, 「각도, 시(구역), 군 당 위원회 위원장동지들에게. 농업 협동 경리 조직 문제에 대하여」. 이 사료의 복사본은 러시아 문서보관소에서 찾을 수 있다. 문헌정보는 РГАНИ, ф. 5, оп. 28, д. 190, лл. 87-90(оборот)이다.

35 Из дневника Суздалева С.П. Запись беседы с зам. Председателя кабинета министров и председателем Госплана КНДР Пак Чан Оком, 1 февраля 1955 года(필자가 입수한 자료).

36 Из дневника советника посольства А. М. Петрова и первого секретаря И.С. Бякова. Запись беседы с председателем народного комитета провинции Чаган Пак Илларионом Дмитриевичем, 31 марта 1955 года(필자가 입수한 자료).

37 Из дневника секретаря Посольства СССР в КНДР И.С. Бякова. Запись беседы с редактором журнала "Новая Корея" т. Сон Дин Фа, 29 марта 1955, АВП РФ, ф. 11, оп. 60, д. 8, лл. 157-160.

이 위기에서 김일성의 첫 대응은 통제를 강화하고 1954년 12월 5일에 선포된 전국 쌀 사무역 금지조치를 이행하는 것이었다.[38] 이런 조치는 문제 해결은 커녕 위기를 더욱 악화시켰다. 아사 소식이 들려오는 등 전국적인 위기와 소련 대사관의 압박을 받았던[39] 김일성은 한발 양보했다. 정부는 농민들이 납부할 물납세를 낮췄고 필요한 알곡을 외국에서 들여왔다.[40] 이는 수많은 북한 주민의 목숨을 구했다. 문제는 북한 수령이 이러한 조치를 임시적인 것으로 보았다는 것이다. 김일성은 이후에도 계획경제가 성장을 유지할 수 없다는 것을 이해하지 못했다. 온건한 성향의 사회주의 국가 출신 외교관들은 북한의 상황을 보고 공포를 느꼈다. 불가리아대사관의 외교관은 북한 병원에서 굶어 쇠약해진 북한 주민들을 보고 가슴이 아팠는데 북한 당국이 그러한 경제상황을 '형제적 국가' 외교관들에게 숨기는 것이 참으로 안타까웠다고 소련 동료들에게 고백했다.[41]

이 시기 북한에서는 신화적 동물의 이름을 붙인 '천리마(千里馬) 운동'이 시작되었다. 천리마 운동은 다른 사회주의 국가에서 펼쳐지는 동원 캠페인과 공

38 *Из дневника секретаря Посольства СССР в КНДР И.С. Бякова. Запись беседы с председателем провинциального комитета провинции Сев. Хванхе тов. Хе Бином*, 18 марта 1955 года, АВП РФ, ф. 11, оп. 60, д. 8, лл. 135-139; *Запись беседы 1-го секретаря Дальневосточного отдела Васюкевича В. А. с советником Гришаевым А.К. 8. II. 1955 года*(필자가 입수한 자료).

39 Natalia Matveeva, "Why the USSR tried — and failed — to slow North Korean collectivization," *NK News*, 22 April 2019, https://www.nknews.org/2019/04/why-the-ussr-tried-and-failed-to-slow-north-korean-collectivization/.

40 *Дневник посла СССР в КНДР тов. Иванова В. И.*, 25 июля 1955 года(필자가 입수한 자료).

41 *Дневник посла СССР в КНДР тов. Иванова В. И.*, 23 мая 1956 года(필자가 입수한 자료).

통점이 많았다. 핵심 목적은 노동자 월급을 올리지 않으면서 더 열심히 일하도록 만드는 것이었다. 물질적인 지원이 없었던 이 캠페인의 효과는 별로 크지 않았지만, 북한은 이후에도 비슷한 캠페인들을 지속해서 펼쳤다.[42]

결국 스탈린 사망 이후에도 스탈린주의는 북한에 남아 발전을 거듭하고 있었다고 할 수 있다. 김일성 정책은 명확하게 스탈린주의적인 것이었다. 사실 김일성은 1930년대 소련의 모범을 스탈린보다도 더 높이 평가했다.[43] 김일성은 가족을 위해 '장마당이나 상점'에서 물품을 구매해도 좋다고 보았지만,[44] 국내 정책에서는 계획경제, 최대의 집중화, 배급제 절대화 등의 노선을 내세웠다. 1950년대 그는 여전히 소련의 통제를 받았기에 경제 질서를 자신의 생각에 따라 완전히 바꿀 수는 없었다. 이후 상황이 바뀌면서 북한 경제는 김일성

---

42 Balázs Szalontai, *Kim Il Sung in the Khrushchev era*, Palo Alto: Stanford University Press, 2005, pp. 121-122. 헝가리 학자 살론타이 발라쉬가 쓴 이 도서는 이후 미국에서 큰 스캔들의 핵심이 되었다. 2016년쯤 콜롬비아대학교 교수 찰스 암스트롱이 10년 이상 동안 살론타이의 연구 결과를 표절했고, 각주들에는 존재하지도 않는 사료를 언급하면서 논문과 단행본을 출판한 사실이 확인되었다. 암스트롱은 결국 강제 사직 당했다. 이 사기꾼이 살론타이 연구 내용 덕분에 정년보장 교수 자리를 얻을 수 있었던 것은 헝가리 학자의 연구 수준이 대단히 높았다는 증거도 된다.

43 1949년 김일성이 스탈린과 만났을 때 스탈린은 김일성에게 '민족적 부르주아'를 없애지 말라고 했다. 그러나 김일성의 생각은 스탈린과 달랐다. *Запись беседы Председателя Совета Министров СССР с Председателем Кабинета Министров Корейской Народно-Демократической Республики о перспективах советско-корейских межгосударственных отношений*, 5 марта 1949 года, АП РФ, ф. 45, оп. 1, д. 346, лл. 13-23, 46 참조.

44 김일성, 「경공업을 발전시켜 인민 생활을 더욱 높이자」, 『김일성 전집』, 제84권, 평양: 조선로동당 출판사, 2009, 198~213쪽. 이 연설에서 필자의 주목을 끌 만한 내용을 알려준 피터 워드에게 감사를 드린다. '장마당이나 상점'에 대한 인용을 이 책의 203쪽에서 찾을 수 있다.

주의 경제가 되었다.

스탈린의 개인숭배를 모델로 만들었던 김일성 개인숭배도 발전되어나갔고 스탈린 숭배에서는 없었던 특징도 생겨나게 되었다. 예를 들어 1955년 북한 책에서 김일성의 이름과 발언들은 굵은 글씨체로 강조 표시를 넣었다.[45] 스탈린의 소련에서는 없었던 일이었다.

스탈린주의의 또 다른 특징은 나라가 직면한 문제들을 외국 정보기관의 모략, 술책, 파괴운동으로 설명하는 것이었다. 북한도 예외가 아니었다. 당시 북한에서는 간첩을 어떻게 잡아야 할지에 대한 대중도서까지 나왔다.[46]

김일성 가족은 전후 시기 늘어났다. 김성애는 아들 2명을 낳았다. 1954년 김평일, 1955년 김영일이 태어났다. 같은 시기 김일성은 매우 소중하고 친한 친구였던 전 부인 한성희를 잃었다. 한성희는 김일성이 김성애와 함께 사는 것을 반대했다는 설이 있다. 한성희는 김정숙 사망 후 김일성이 다시 결혼한 것을 한성희에 대한 사랑과 김정숙에 대한 추모를 모욕하는 무례한 행위로 여겼다. 김일성은 이를 자신에 대한 모욕으로 받아들이고 한성희와의 관계나 그녀 가족에 대한 지원을 모두 중단시켰다. 이후 한성희는 평범한 노동자로 살다 죽었다.[47]

다음 장으로 넘어가기 전에 잠시 당시 북한의 정치적 상황을 살펴보자. 박헌영과 '국내파' 동지들은 사라졌다. 소련파는 약화되었고 이 종파 구성원들은 중국 출신 연안파와 손을 잡았다. 북한을 지배하기 위한 결전이 김일성과 이 비공식 야권 연합 사이에 펼쳐졌다.

---

45 『해방10년 일지 1945-1955』, 평양: 조선중앙통신사, 1955.

46 최선경, 『반간첩 투쟁을 전 인민적 운동으로 전개하자』, 평양: 국립출판사, 1955.

47 林隱, 『北朝鮮王朝成立秘史: 金日成正伝』, 東京: 自由社, 1982, 56頁.

제8장

결정적 전투

1956년 2월 25일은 역사적인 날이었다. 이날은 전체 사회주의권 역사를 전후(前後)로 나누었고 사회주의권은 본질적으로 변화했다. 이날 소련공산당 제20차 대회에서 제1비서인 니키타 흐루쇼프가 스탈린을 비난하는 연설을 했다. 흐루쇼프가 한 말은 원래 상상하기도 어려운 것이었다. '만민의 위대한 수령'에 대해 죄 없는 사람들을 죽이는 살인자였다고 했다. 스탈린은 '레닌의 가장 충실한 제자이자 계승자'가 아니라 레닌의 사상을 왜곡한 사람이라고 했다. 흐루쇼프는 스탈린이 매우 무능한 지도자였으며 스탈린의 행위는 소련 인민에게 커다란 아픔을 주었다고 했다.[1]

이 연설이 인류 전체에게 큰 영향을 미쳤다고 해도 과장이 아닐 것이다. 흐루쇼프는 사회주의권에서 통제를 극단적으로 완화하기 시작했다. 정치범들은 석방되었다. 검열은 약화되었고 이전에는 생각조차 할 수 없었던 글이 출판되었다. 니키타 흐루쇼프의 이 역사적인 연설만큼 짧은 기간에 이렇게 많은 사람

---

1 Никита Хрущёв, *Доклад на закрытом заседании XX съезда КПСС "О культе личности и его последствиях"*, Москва: Госполитиздат, 1959.

들의 인생을 개선(改善)시킨 연설은 인류 역사에서 찾을 수 없다. 북한은 이 연설의 직접적인 영향을 받은 나라였다. 소련공산당 제20차 대회에 북한대표로 파견된 최용건 차수는 다른 외국인처럼 흐루쇼프의 연설을 듣지는 못했는데 그는 이 연설이 이런 내용을 담고 있을지 상상하지 못한 것으로 보인다.

북한 엘리트 일부는 흐루쇼프 연설을 새로운 시대의 출발점으로 받아들였다. 소련공산당은 스탈린을 자신에 대한 개인숭배를 만들었으며 중앙위원회로부터 권력을 찬탈했고 전쟁 시기 오만하고 무능한 영도를 했다는 혐의로 고발했다. 북한에서도 이와 비슷하거나 완전히 똑같은 고발이 이뤄질 수 있다고 생각한 사람들이 적지 않았다. 평양 고급 간부 가운데 반(反)김일성 음모가 탄생했다.[2] 이 음모의 주체 세력은 중국 출신 연안파 정치인들이었다. 소련파는 약화되었고 국내파는 이미 소멸되었기 때문이다. 음모의 비공식 우두머리는 최창익 부수상이었다. 야권 연합이 이겼다면 그는 조선로동당 당수가 되었을 것이다.[3] 연안파 출신 최창익은 중국에 10년간 살았고 중국공산당과 적극적으로 협력했다.

북한 야권은 변화를 원하는 사람들, 김일성을 싫어한 사람들, 중앙위에서 자신의 적들을 제거하고 싶어 하는 사람들, 권력에 대한 야심이 있었던 사람들의 비정상적인 연대였다. 최창익을 비롯한 야권 지도자들은 김일성이 소련파 등 정치인을 공격했을 때 수령을 도왔다.[4] 그러나 이 특이한 집단은 김일성 타도라는 공동의 목적으로 통합되었다. 음모자들은 정치 술책 기술에 유능한

---

2 8월 종파사건에 대해 Андрей Ланьков, *Август, 1956 год: Кризис в Северной Корее*, Москва: РОССПЭН, 2009 참조.

3 *Из дневника И. Ф. Курдюкова. Приём посла КНДР в СССР Ли Сан Чо*, 11 августа 1956 года(필자가 입수한 자료).

4 *Из дневника советника посольства СССР в КНДР Филатова С.Н. Запись беседы с членом Политсовета ЦК Пак Ен Бином*, 4 февраля 1955 года(필자가 입수한 자료).

반김일성의 선봉 최창익

사람들이 아니었다. 결국 이는 실패의 핵심 원인이 되었다. 그들의 적은 술책의 대가였기 때문이다. 야권은 승리하면 김일성을 북한 최고 직위인 조선로동당 중앙위원회 위원장 직위에서 해임하려 했다. 하지만 법률상 이런 조치를 이행할 권리를 가진 조직은 바로 당 중앙위원회였다.[5]

즉, 김일성 해임 결의를 채택하려면 중앙위 위원 다수의 지지가 필요했다. 당시 중앙위원회에는 71명의 위원이 있었고 과반이 되려면 36표를 받아야 했다. 위원 목록을 보면 야권은 낙관할 근거가 부족해 보였다. 71명 중 34명은 1956년 4월 제3차 당대회에서 신임되었다. 이들은 중앙위 위원장과 싸울 용기나 정치적 자본이 부족했다. 중앙위원회 상임위원회 11명의 위원 중에서 2~3명만이 확실한 야권 지지자처럼 보였다.[6] 야권 운동가 가운데는 자신의 최종 목표를 의심한 사람들이 있었는데, 그들은 김일성을 오랫동안 알아왔고 해임보다는 동지적 비판 정도로 충분하지 않을까 여겼다.

이러한 상황은 야권에게 합리적인 전략을 떠올리게 했다. 중앙위원회 회의가 열리는 동안 김일성에게는 복종하는 것처럼 보여주면서 비밀리에 소련 당국과 손잡고 소련공산당에 김일성 해임을 공식 권유해달라고 하는 전략이었다. 그리고 그런 권유 의견이 나오면 '형제적 소련공산당의 권유'에 따라 '김일

---

5 「조선로동당 규약」, ≪로동신문≫, 1956년 4월 29일, 2면. 규약의 제35조에 따르면, "당 중앙위원회 위원장과 부위원장들은 당 중앙위원회 전원회의에서 선거한다".

6 Василий Иванов, *Итоги III съезда Трудовой Партии Кореи*, РГАНИ, ф. 5, оп. 28, д. 411, лл. 143-145.

성 동지'를 중앙위 위원장 자리에서 해임하자고 제안하는 것이었다. 소련의 지지를 받았다면 김일성과의 싸움에서 이길 가능성이 컸다. 그러나 음모자들은 그다지 합리적이지 못했다. 당 지도부 만남[7]에서나 김일성과의 만남에서[8] 그들은 나라 상황에 대한 노골적인 불만을 드러내기 시작했다. 이는 김일성에게 그들이 얼마나 위험한 사람인지 보여줬을 뿐이었다.

1956년 3월 19일 김일성은 흐루쇼프 연설의 복사본을 받았다.[9] 수령은 이 연설 내용이 그의 권력을 파괴할 수 있는 폭탄인 것을 깨달았다. 시급히 연설문의 효과를 없애지 않으면 최후를 맞을 수도 있었다. 김일성의 첫 번째 대책은 조선로동당에 개인숭배가 있었지만 이는 김일성 숭배가 아니라 박헌영 숭배였다고 주장하는 것이었다. 박헌영을 숙청시킴으로써 이 문제를 완전히 해결하고 조선로동당은 인민을 승승장구의 길로 이끌고 있다고 주장하는 것이었다.[10] 하지만 이 문제는 이렇게 쉽게 해결될 수 있을 것 같지 않았다. 반김일성 음모는 계속 확산되고 있었다. 야권 정치인들은 중앙위 다른 위원들의 의견을 알아보기 시작했다. 이로써 김일성 충성파(忠誠派)도 야권의 음모를 알게 되었고 소식은 김일성에게 전달되었다.

흐루쇼프 연설 이후 조선로동당의 첫 행사는 바로 제3차 당대회였다. 대회는 레닌 생일 다음날인 4월 23일 개막해 엿새 동안 진행되었다. 대회는 대체로 정상적으로 진행되었다. 다만, 김일성에 반대한 주소련 북한대사 리상조는 대

---

7 Ibid.

8 *Письмо члена ЦК Трудовой партии Кореи Со Хуэя и трёх других товарищей в ЦК КПК*, ГАРФ, ф. Р-5546, оп. 98, д. 721, лл. 170-190.

9 *Дневник посла СССР в КНДР тов. Иванова В. И.*, 19 марта 1956 года, РГАНИ, ф. 5, оп. 28, д. 411, л. 164.

10 *Дневник посла СССР в КНДР тов. Иванова В. И.*, 21 марта 1956 года(필자가 입수한 자료).

제8장 결정적 전투   183

회의 집행부에 두 차례 당에 있는 개인숭배 문제를 토론하자는 노트를 보냈다.[11] 그러나 김일성에게 충성하는 중앙위 조직부과 선전선동부는 발표자의 연설 내용을 엄격히 검열했다.[12] 그래서 이 공격은 무산되었다.

대회가 종결된 후에 김창만 등 김일성의 지지자들이 리상조와 만나 비판할 때에도 리 대사가 자기 입장을 반복했고 김두봉의 도움까지 요청했다. 결국에 김일성은 리상조와 김두봉은 자신에 충성하지 않는 것을 알게 되었다. 수령의 지지자들 중의 리상조를 즉시 대사 자리에서 해임하자고 제안한 사람들이 있었지만, 권모술수에 능한 김일성은 그렇게 하면 소련 측이 북한에 대한 불필요한 관심이 생길 수 있다고 생각했다. 그래서 이번에만 리상조에게 소련으로 귀국을 허락했다.[13]

결국 제3차 당대회 이후 김일성의 권위는 더욱 강화된 것처럼 보였다. 아래 인용에서도 보듯 당시 영국 외무부처럼 사회주의권이 아니더라도 그렇게 느꼈다. 인용문서는 1956년 5월 작성된 것이다.

지금까지 김일성에 대한 개인숭배가 공격 목표가 될 것으로 보았지만 이를 막는 것에 성공한 것 같습니다. 그의 개인적 권위도 해를 입은 것 같아 보이지 않고 그는 당 중앙위 위원장에 다시 추대되었습니다.[14]

---

11 *Из дневника Самсонова Г. Е. Запись беседы с референтом министерства Госконтроля КНДР Ки Сек Поком*, 31 мая 1956 года АВП РФ, ф. 102, оп. 12, д. 6, п. 68.

12 *Письмо члена ЦК Трудовой партии Кореи Со Хуэя и трёх других товарищей в ЦК КПК*, ГАРФ, ф. Р-5546, оп. 98, д. 721, лл. 170-190.

13 *Из дневника Самсонова Г. Е. Запись беседы с референтом министерства Госконтроля КНДР Ки Сек Поком*, 31 мая 1956 года АВП РФ, ф. 102, оп. 12, д. 6, п. 68.

14 Kim Il Sung and his Personality Cult, May 1956, National Archives of the United Kingdom, FO 1100/2287/2(B342), pp. 1-2.

그리고 당시 불가리아 외교관의 증언에 따라, 소련공산당 제20차 대회 이후에도 북한 간부들은 자기끼리 늘 김일성을 '주인'이라고 호칭했다.[15] 그러나 이는 전투의 시작이었을 뿐이다. 제3차 당대회 개막 전 수령은 이미 최창익에 대한 의심이 있었던 것 같다. 김일성은 최창익을 중앙위 상임위원회에서 제명할 생각이 있었지만, 아직 그렇게 하지는 않았다.[16] 김일성 공식 회고록에서는 그가 남일을 비롯한 고급 간부로부터 음모를 알게 되었다는 주장이 있다.[17] 이 주장은 사료와 일치하는 것 같다.[18] 밀고 중 하나는 김일성이 소련에 있었을 때 받았다. 첫 밀고가 아닐까 싶다. 소식을 들은 김일성은 갑자기 암담해졌다. 그는 밀고의 내용이 얼마나 중대한지 깨달았다.[19] 김일성은 남일이 누구 편인지 끝까지 의심한 것 같다. 그는 5월에 남일을 최창익과 함께 비난했다.[20] 북한 수령에게는 참으로 근심스럽고 불안한 시절이었다.

김일성이 스트레스를 받은 또 하나의 계기가 있었다. 소비에트연방에 방문했을 때 그는 소련공산당 중앙위 상임위원회의 호출을 받아 개인숭배 유지, 인

15 *Дневник посла СССР в КНДР тов. Иванова В. И.*, 10 мая 1956 года, АВП РФ, ф. 0102, оп. 12, п. 68, д. 5.

16 *Дневник посла СССР в КНДР тов. Иванова В. И.*, 18 апреля 1956 года(필자가 입수한 자료).

17 『김일성동지 회고록 세기와 더불어(계승본)』, 제8권, 평양: 조선로동당 출판사, 1998, 315쪽.

18 *Дневник посла СССР в КНДР тов. Иванова В. И.*, 6 и 7 августа 1956 года(필자가 입수한 자료).

19 Данил Свечков, *Почему Ким Ир Сен в Свердловске отказался от бани с Ельциным?* Комсомольская Правда. Екатеринбург, 6 февраля 2015 года, https://www.ural.kp.ru /daily/26339.7/3221562/.

20 *Дневник посла СССР в КНДР тов. Иванова В. И.*, 18 мая 1956 года(필자가 입수한 자료).

1956년 소련을 방문한 김일성

민 생활수준에 대한 무관심 등에 대한 비판을 받았다. 소련이 김일성 해임을 고려한 것처럼 보였고, 김일성은 아직 소련과 직접 싸울 만한 힘이 없었다. 소련 고위 외교관인 필라트프 참사관은 북한 야권 세력과 만나 방금 수령이 모스크바에서 비판받았다는 사실을 알려주었다.[21] 이 사실을 알게 된 순박한 야권 정치인 일부는 김일성과 직접 만나 개혁을 요구했다. 이는 또 하나의 전략적인 실수였다. 누가 반대파에 속하는지 알게 된 수령은 말로는 개혁을 약속하면서도 비밀리에 지지자들을 동원하면서 권력투쟁을 준비했다.[22]

---

21 *Письмо члена ЦК Трудовой партии Кореи Со Хуэя и трёх других товарищей в ЦК КПК*, ГАРФ, ф. Р-5546, оп. 98, д. 721, лл. 170-190.

22 Ibid.

김일성과 레오니트 브레즈네프

　보다 똑똑한 야권 활동가들은 소련대사와 접촉했다. 최창익은 6월 5일 대사와 약속을 잡았다.[23] 이바노프는 약속대로 6월 8일 그를 만났다. 북한 야권 지도자는 북한에서 문제가 많다고 이야기했다. 종파주의, 족벌주의, 소련파 공격, 고(故) 허가이 힐책, 김일성 부하들의 무능, 방방곡곡의 빈곤, 당 사업에 대한 소련공산당 제20차 대회 정신 부족, 개인숭배 비판 부족, 김일성 숭배 등을 열거했다.[24] 최창익은 김일성을 해임해야 한다고 직접적으로 말한 것은 아니었지만 김일성에게 귀 기울일 만한 조언을 해야 한다고 했다.[25]

---

23 *Дневник посла СССР в КНДР тов. Иванова В. И.*, 5 июня 1956 года(필자가 입수한 자료).

24 *Дневник посла СССР в КНДР тов. Иванова В. И.*, 8 июня 1956 года(필자가 입수한 자료).

25 Ibid.

8월 초 야권은 신경과민이 되었다. 소련대사관은 직접 개입하지 않았다. 야권은 전원회의에서 김일성에 대한 문제를 제기하더라도 필요한 36표를 얻을 가능성이 낮아졌다. 음모자들은 새로운 구상을 짰다. 충성파 정치인 일부를 중앙위원회에서 제명시키는 것이었다. 그렇게 하면 중앙위원회에서 김일성 지지율은 떨어질 수밖에 없었다.[26] 김일성은 이 술책을 무효화시켜버렸다. 수령은 부하가 기소된 것에 자신도 책임이 있다고 주장했다. 책임 문제는 흩어져버렸고 충성파 간부들은 자리를 유지했다.[27]

그러나 야권은 또 다른 지지자가 있었다. 그는 대단히 중요한 인물이었다. 주소련 북한대사 리상조였다. 대사는 언제든지 소련 지도부에 직접 연락하고 정치적 개입을 요청할 수 있었다. 8월 9일 리상조는 소련 지도부에 음모자들의 계획을 알려주었다. 야권의 핵심 목적은 김일성을 로동당 당수 자리에서 해임하는 것이었다. 계획에 따르면 최창익이 조선로동당 중앙위원회 위원장이 되어야 했다. 김일성은 수상 자리를 유지하지만 조선인민군 최고사령관으로 최용건을 임명할 예정이었다.[28] 당시 야권은 소련공산당 제20차 대회에 참석했던 최용건의 지지를 받을 줄 알았다.[29] 하지만 실제 벌어진 상황들은 예측을 빗나갔다. 리상조와 동지들은 불가리아와 헝가리의 경험에 영감을 받았다.[30] 위에서 언급한 듯이 얼마 전에 불가리아의 벌코 체르벤코프와 헝가리의 라코시 마차시는 엘리트의 결정에 따라 해임 당했다.

---

26 *Дневник посла СССР в КНДР В. И. Иванова*, 6 августа 1956 года(필자가 입수한 자료).

27 Ibid.

28 *Из дневника И. Ф. Курдюкова. Приём посла КНДР в СССР Ли Сан Чо*, 11 августа 1956 года(필자가 입수한 자료).

29 洪淳官, "前金日成 비서실장충격 고백", ≪新東亞≫, 1994년 10월, 188~207쪽.

30 Ibid.

평양의 음모자들은 원래 계획을 무리하게 추진했다. 중앙위원회 전원회의는 다가왔지만 그들은 김일성을 계속 비판했다. 수령은 나라의 운명이 곧 이 전원회의에서 결정될 것을 잘 알고 있었다. 김일성은 전투를 준비하고 있었다. 그는 지지자들에게 지시를 내리면서 야권 일부를 침묵시키도록 했다.[31] 김일성에게 충성한 내무상 방학세는 평양 모든 지역을 감시하기 위해 내무 일꾼을 파견했다.[32]

결전의 날은 1956년 8월 30일이었다. 수십 년의 역사가 하루아침에 결정되는 경우가 있는데 북한에서 이날이 바로 그런 날이었다. 8월 30일 중앙위원회 전원회의가 개막했고, 김일성은 누가 언제 그를 공격할지 이미 알고 있었다. 김일성은 위원 다수의 지지를 바탕으로 준비가 되어 있었다. 먼저 김일성은 소련을 비롯한 사회주의 국가 방문에 대한 보고를 했다. 보고에서 개인숭배 문제는 언급했다. 수령은 조선로동당에 '어느 정도로' 개인숭배 문제가 존재했다고 인정했지만 이제 거의 해결되었다고 강조했다.

다음은 당 함경북도위원회 위원장 김태근이었다. 그는 로동당의 정책을 찬양하면서 조선직업총동맹과 무역성을 공격했다. 조선직업총동맹 서휘(徐輝)와 무역상 윤공흠(尹公欽)은 야권 지지자였다.[33] 세 번째는 바로 윤공흠이었다. 그는 자리에서 일어나 "나는 우리 당내에 존재하는 개인숭배와 그의 엄중한 후과에 대해 집중적으로 발언하겠습니다"라며 연설을 시작했다.[34] 윤공흠은 어느 순간 연설이 제지되었지만 문서보관소에서 그의 연설의 초고를 찾을 수 있었

---

31 *Дневник посла СССР в КНДР В. И. Иванова*, 29 августа 1956 года, РГАНИ, ф. 5, оп. 28, д. 410, лл. 317-319.

32 *Письмо члена ЦК Трудовой партии Кореи Со Хуэя и трёх других товарищей в ЦК КПК*, ГАРФ, ф. Р-5546, оп. 98, д. 721, лл. 170-190.

33 Ibid.

34 洪淳官, "前金日成 비서실장충격 고백", ≪新東亞≫, 1994년 10월, 188~207쪽.

다.[35] 이 연설문 초고의 핵심적인 부분들은 다음과 같다.

그는 당내 민주주의를 노골적으로 유린하고 비판적 발언도 탄압합니다. 이런 행위는 당규약과 레닌적 당 생활규범에 완전히 모순됩니다. 이것이야말로 혁명적 마르크스-레닌 원칙들을 훼손합니다. ⋯ 10년 동안 당 중앙위원회 선전선동부는 조선의 현황 분석에 관한 것이나 김일성동무가 한 방침에 맞지 않았던 모든 의견들을 무자비하게 탄압했습니다. ⋯ 우리 영광스러운 당을 더욱 더 강화하고 발전시키기 위하여 중앙위원회는 김일성동무를 중심으로 하는 개인숭배 사상과 그의 엄중한 후과에 대해 '당 중앙위원회의 결정'을 채택해야 합니다. 그리고 이 결정을 본 전원회의 기록과 함께 전체 당원이 참석하는 토론에 올리자고 제안합니다.

이 연설문 스타일은 다른 공산권 연설문과 크게 다르지 않았다. 또한 이 연설문은 매우 극단적이었다고도 할 수 없다. 윤공흠은 김일성을 즉시 해임하자고 제안하지 않았다. 그는 김일성의 개인숭배만 규탄했을 뿐이다. 그러나 윤공흠이나 김일성, 또는 다른 참가자들 모두 이런 규탄을 한다면 그 결과는 북한식으로 말하자면 '조직적 문제'일 것이다. 중앙위원회의 규탄을 받았던 사람은 더 이상 이를 다스릴 자격이 없었다. 윤공흠의 제안이 수락되었다면 김일성 해임은 시간문제일 수밖에 없었다.

김일성은 이를 절대 허용할 수 없었다. 수령 지지파는 윤공흠 연설을 가로막으며[36] "당신은 왜 비방하는 것이냐?", "조선로동당이 파쇼당이냐, 부르주아

35 *Проект выступления Юн Кон Хыма на пленуме ЦК Трудовой Партии Кореи в августе 1956 года* // Материалы к визиту тов. Микояна в Северную Корею(필자가 입수한 자료).

36 *Письмо члена ЦК Трудовой партии Кореи Со Хуэя и трёх других товарищей в ЦК*

당이냐?"라고 외쳤다.[37] 윤 무역상은 당 규약이 수차례 위반되었다면서 최용건이 당 부위원장이 된 것을 사례로 언급했다. 바로 이 발언 때문에 최용건은 김일성을 지지하게 되었는지도 모른다. 최 차수는 자리에서 일어났고 윤공흠에게 큰소리로 "이 새끼, 뭐가 어째? 내가 항일할 때 넌 천황폐하 만세 불렀어!"라고 외쳤다.[38] 전원회의는 마치 술에 취해 벌인 소동처럼 보였다. 고함소리와 함께 욕설이 오갔다. 박창옥 위원과 박의완 위원은 조용히 하라고 소리쳤다. 김일성은 윤공흠과 같은 반당 반동분자들에게 발언권을 줄 필요가 없다고 했고, 토론 종결에 대한 투표를 하자고 제안했다. 이 투표는 결국 북한이 어느 길로 갈지에 대한 결정이 돼버렸다.[39]

중앙위원회 7명만 반대투표를 했고, 다수가 김일성을 지지했다. 이 순간 수령이 곧 이길 것이라고 생각하지 않은 사람은 남아 있지 않았다. 최창익과 박의완은 투표 종결 결정을 취소하자고 제안했다. 당연히 이 제안은 기각되었다. 남일은 윤공흠이 반당 발언을 했지만 그래도 끝까지 들어보자고 조심스럽게 제안했는데, 이 제안도 기각되었다. 충성파는 윤공흠을 "무너뜨리고 없애라!"고 외치기 시작했다. 파괴와 소멸은 야권을 기다리는 운명이었다.[40] 자신의 발

КПК, ГАРФ, ф. Р-5546, оп. 98, д. 721, лл. 170-190.

37 *Дневник посла СССР в КНДР В. И. Иванова*, 1 сентября 1956 года, РГАНИ, ф. 5, оп. 28, д. 410, л. 320.

38 *Дневник посла СССР в КНДР В. И. Иванова*, 6 сентября 1956 года, РГАНИ, ф. 5, оп. 28, д. 410, л. 328; 洪淳官, "前金日成 비서실장충격 고백", ≪新東亞≫, 1994년 10월, 188~207쪽. 원문에서는 욕설을 숨기기 위해서 '이 새끼' 대신 '이 ××'라고 쓰여 있었지만, 두 개 음절로 된 욕설은 거의 확실히 '새끼'였다. 아래 문서에서도 '개새끼'라는 표현이 나왔다. *Письмо члена ЦК Трудовой партии Кореи Со Хуэя и трёх других товарищей в ЦК КПК*, ГАРФ, ф. Р-5546, оп. 98, д. 721, лл. 170-190.

39 *Письмо члена ЦК Трудовой партии Кореи Со Хуэя и трёх других товарищей в ЦК КПК*, ГАРФ, ф. Р-5546, оп. 98, д. 721, лл. 170-190.

언이 지지받지 못한다는 것을 본 윤공흠은 회의실에서 떠났고 김일성은 휴회를 선포했다.[41] 휴회 이후 열린 전원회의는 야권 규탄 행사가 되었다. 충성파는 감히 수령을 반대한 자를 말살하자는 연설을 했다. 최창익이 발언을 시도하자 김일성 지지자들은 그를 침묵시켰다.[42] 윤공흠은 휴회가 끝나도 돌아오지 않았다. 김일성은 이를 이용했다. "윤공흠이 빠졌습니다. 당위원이 아무 이유 없이 회의에 불참하는 것은 당규약 위반입니다. 이는 반당 행위입니다. 나는 윤공흠을 출당 처분할 것을 제안합니다. ⋯ 찬성하는 위원 거수!" 김일성의 이 제안에 반대투표한 유일한 위원은 조선직업총동맹 위원장 서휘였다.[43] 서휘 위원장에 대한 알려져 있는 사실들을 보면 그가 북한 역사상 가장 용감하고 또한 가장 자유적인 정치인이라고 판단할 수 있다.

다음날에 김일성은 다수 위원들의 지지를 받아 야권 위원들을 '종파적 음모 행위자'로 규탄하는 결의를 채택했다.[44] 결의에서는 음모자들을 '동무'라고 호칭했고 "우리나라에서도 어느 정도의 개인숭배가 존재했다는 것을 인정한다"라는 문장까지 포함시켰지만 속은 사람은 없었다. 야권을 기다렸던 운명은 파멸이었다. 야권 운동가들도 이 사실을 이해한 것 같다. 30일에 윤공흠과 서휘는 자신의 집 전화기가 끊겨버린 사실을 알고 난 뒤[45] 살아남기 위해서는 즉시 연안파를 보호했던 중국으로 탈출하는 것만이 유일한 방법이라는 것을 깨달았

40 Ibid.

41 洪淳官, "前金日成 비서실장충격 고백", ≪新東亞≫, 1994년 10월, 188~207쪽.

42 *Письмо члена ЦК Трудовой партии Кореи Со Хуэя и трёх других товарищей в ЦК КПК*, ГАРФ, ф. P-5546, оп. 98, д. 721, лл. 170-190.

43 Ibid.

44 「최창익, 윤공흠, 서휘, 리필규, 박창옥 등 동무들의 종파적 음모행위에 대하여」, 『北韓關係史料集』, 第30券, 果川: 國史編慕委員會, 1998, 784~879쪽.

45 *Письмо члена ЦК Трудовой партии Кореи Со Хуэя и трёх других товарищей в ЦК КПК*, ГАРФ, ф. P-5546, оп. 98, д. 721, лл. 170-190.

다. 그들은 리필규와 김강이라는 연안파 출신자들과 만나 즉시 중국으로 떠나기로 했다. 당국은 윤공흠과 서휘의 자동차 번호를 알고 있었기에 이들은 김강의 자동차를 타고 압록강 방향으로 떠났다.

다음날 아침 이들은 압록강에 도착했다. 그들은 강에서 작은 배를 타고 물고기 잡는 남자를 발견했다. 그들은 어부를 불러 큰돈을 주며 물고기를 팔아달라고 했다. 눈앞에서 높은 간부들을 본 어부는 조금 두려웠지만 물고기를 팔았다. 이들은 압록강의 한 섬에 소풍 간다는 구실로 배를 빌려달라고 했다. 어부가 배를 빌려준 뒤 그들은 실제 섬으로 갔고 다음날 강을 걸어서 넘어가 중국 땅에 도착했다. 중국 경비대는 탈출자들을 억류해 중국 정부에 이 사실을 보고했다. 전원회의 결과를 알게 된 마오쩌둥은 이들을 망명자로 받아들일 것을 결정했다.[46]

이 4명은 살아남았지만 북한 야권은 완전히 패배했다. 탈출자들은 중국에 머물면서 더 이상 조국으로 돌아오지 못했다. 나머지 평양에 있었던 실패한 음모자들의 최후 순간이 다가오고 있었다. 그러나 야권에겐 마지막 기회가 있었다. 평양에서 멀고도 먼 모스크바에서 리상조 대사가 동지들이 김일성과 싸워 패배한 사실을 알게 되었다. 이제 나라를 구출할 수 있는 사람은 리 대사밖에 없었다. 리상조는 직접 흐루쇼프 제1비서에게 편지를 보내 북한에서 벌어지는 일들에 개입해달라고 요청했다. 김일성을 비난했다는 이유로 부당하게 출당당한 동무들에 대해 이야기했고 해결책들을 제안했다. 리 대사의 제안 가운데 가장 극단적인 것은 소련의 당 중앙위 대표자를 평양에 파견하는 것이었다. 이 대표자는 다시 전원회의를 소집해 지난 회의의 '실수'를 고쳐야 했다.[47]

결과적으로 북한 야권이 결국 실패한 이유는 리상조의 결단력 부족이었다.

46 안드레이 란코프가 강상호와 한 인터뷰, 1989년 10월 31일.

47 Ли Сан Чо, *Уважаемому товарищу Хрущёву Н.С.*, 3 сентября 1956 года, ГАРФ, ф. Р-5446, оп. 98, д. 721, лл. 168-169.

리 대사는 흐루쇼프에게 김일성을 해임해달라고 직접 요청할 용기가 부족했다. 그리고 대사는 소련공산당 앞에서 이 문제를 어떻게 제기하면 좋을지 몰랐던 것 같다. 한편으로 리상조는 나라가 운명의 기로에 서 있다는 것을 깨달았다. 김일성을 해임하지 않으면 리 대사나 그의 동지들이나 조선민주주의인민공화국도 미래가 고통과 암흑일 것이었다. 그러나 대사는 이 모든 일이 혁명 동지 사이에서 벌어진 오해에 불과하다고 생각하고 싶었다. 김일성은 공산주의자 아닙니까? 그는 혁명가 아닙니까? 그는 동지에게 비판을 받으면 실수를 이해하고 고치지 않겠습니까?

소련 정부는 리상조의 제안을 수락했다. 그가 제안한 극단적인 선택지보다 더 적극적으로 개입할 것을 결정했다. 소련 정부는 자체적으로 토론하고 중국과 상의한 후[48] 북한에 소중(蘇中) 공동 대표단을 파견했다. 대표단 공동 단장들은 소련 제1부수상 아나스타스 미코얀과 중국인민지원군의 전 사령관 펑더화이였다. 펑더화이는 6·25전쟁 당시 김일성과 싸웠던 인물이다. 펑 장군과 미코얀 제1부수상은 김일성이 물러날 것을 강요했다. 소련과 중국의 극심한 압박에 밀려 소집하게 된 새로운 전원회의는 1956년 9월 23일 '동무'들이 너무 심한 벌을 받았다며 대부분의 징벌 조치를 취소했다. 하지만 미코얀과 펑더화이의 직접적인 압박에도 불구하고[49] 최창익은 중앙위 자격이 복원되었지만, 중

---

48 *Из телеграммы А.И. Микояна в ЦК КПСС о приёме Мао Цзедуном*, 16 сентября 1956 года, ГАРФ, ф. Р-5446, оп. 98с, д. 717, лл. 2-3; *Телеграмма А. И. Микояна в Москву из Пекина о встрече с делегацией ТПК*, 17 сентября 1956 года, ГАРФ, ф. Р-5446, оп. 98с, д. 718, л. 47; *Телеграмма А. И. Микояна в Москву из Пекина о встрече с руководством ТПК*, 19 сентября 1956 года, ГАРФ, ф. Р-5446, оп. 98с, д. 718, лл. 35-38. 이 사료는 다음 도서에서 번각되었다. Игорь Селиванов, *Советский Союз и сентябрьские события 1956 года в Северной Корее*, Курск: Курский Государственный университет, 2015.

49 *Записка А. И. Микояна в ЦК КПСС*, 21 сентября 1956 года, ГАРФ, ф. Р-5446,

앙위 상임위원회 자격은 복원되지 않았다. 김일성은 최창익이 유죄라는 것을 강조해 다시 자신을 공격할 수 있는 기회를 없애고 싶었다.[50]

김일성은 여기서 자신의 대표적인 전략을 사용했다. 극심한 압박을 받았을 때는 필요한 만큼 물러났다. 하지만 이후 소련과 중국이 관심을 돌리기를 기다린 뒤 잃었던 권위를 하나씩 되찾기 시작했다. 김일성은 이 전략을 유격대 시절에 배웠다고 추측할 수 있다. 역시 '민생단 사건' 당시 그는 바로 이런 전략을 이용해 숙청을 피할 수 있었다. 이번에도 이 전략은 김일성에게 성공을 주었다. 다음 장에서 보게 되겠지만 얼마 지나지 않아 야권 운동가들은 완전히 숙청되었다.

당시 김일성은 매우 심한 스트레스를 받았다. 처음에는 미코얀과 펑더화이가 김일성의 권력을 빼앗을 수도 있다고 보았다. 이후 북한은 공동대표 단장들에게 쩨쩨한 복수를 했다. 미코얀 제1부수상과 펑 장군은 '없는 사람'이 되었다. 북한 백과사전에서는 미코얀이나 지원군 사령관 펑더화이에 대한 언급을 전혀 찾아볼 수 없다.

이 전투에서 김일성은 완전히 승리했다. 그에 대한 중대한 도전처럼 보였던 이 사건들은 결국 수령의 권력을 더욱 강화시켰다. 결과적으로 이 '8월 종파사건'에 있어서 또 하나의 중요한 점을 강조해야 한다. 이 싸움을 스탈린주의자와 온건파 사이에 벌어진 전투로 보는 것은 정확하지 않다. 소련파나 연안파에도 나라를 더 인도주의적인 길로 이끌고 싶어 한 사람들도 있었고 스탈린주의 지지자들도 있었다. 그러나 무엇보다 중요한 것은 야권 지도자 최창익은 온건파처럼 보이지 않았던 것이다. 1956년 이전에 그는 김일성이 하는 숙청에 적

оп. 98c, д. 718. лл. 12-16.

50 *Доклад товарища Ким Ир Сена*, РГАНИ, ф. 5, оп. 28, д. 411, лл. 303-307; 「최창익, 윤공흠, 서휘, 리필규, 박창옥 동무들에 대한 규률문제를 개정할데 관하여」, 『北韓關係史料集』, 第30券, 果川: 國史編慕委員會, 1998, 796쪽.

극적으로 참가했다. 부패 고발도 받은 적이 있었다.[51] 1956년 이전 최창익이 어떤 탄압의 희생자를 구출하기 위하여 노력했다는 증언은 없다. 그리고 음모가 벌어졌을 때도 최창익은 개혁이 아니라 권력 장악에 대해 관심 있는 사람처럼 보였다.

최창익은 연안파 출신자로서 중국의 보호를 받고 있었다. 1956년 중국 군대는 아직 북한에서 주둔하고 있었고 중국 정부는 북한에 상당히 큰 영향을 미칠 수 있었다. 만일 김일성이 최창익에게 패배했다면 북한은 중국의 위성국가가 되고 대약진운동, 문화대혁명, 홍위병운동 등 마오주의의 참상을 경험할 수도 있었다. 그러나 김일성과 비교하면 최창익은 차악으로 보였다. 가장 큰 근거로 최창익은 아들 최동국을 후계자로 임명했을 가능성이 매우 낮아 보인다는 것이다. 북한이 최창익의 마오주의로 바뀌었다면 이 질서는 최창익의 사망과 함께 무너졌을 것이다. 하지만 김일성주의 질서는 김일성이 죽어도 살아남았다.

또한 1960년대 김일성의 경제정책은 대약진운동보다 더 끔찍할 수 있었다. 마오쩌둥의 중국처럼 김일성의 북한은 전시 공산주의의 극대화된 버전을 실행하도록 했다. 마오쩌둥과 김일성 정책의 차이는 북한에서 문화대혁명이 없었다는 사실이다. 하지만 1960년대 북한의 운명은 동시대 중국보다 밝았다기보다는 더 어두웠다고 할 수 있었다.

---

51 *Справка о положении в Корее*, 1955 год(필자가 입수한 자료).

제9장

최후의 승리

아나스타스 미코얀과 펑더화이는 김일성을 해임하지 않았지만 수령의 권위는 아직 절대적인 것이 아니었다. 당내 야권은 소멸되었지만 소련은 아직도 북한에 커다란 영향력이 있었다. 김일성이 또 하나의 정치적 놀이를 진행하고서야 소련의 통제에서 벗어날 수 있었다.

스탈린 사망 얼마 후 소련은 '공동 영도 체계'를 중요한 사상적 원칙으로 선포했다. 이 원칙에 따르면 어떤 간부라도 나라의 최고 직위들을 동시에 가질 수 없었다. 예를 들어 공산당 당수가 동시에 내각 수상일 수는 없었다. 흐루쇼프의 역사적인 연설 이후 주북한 소련대사관은 김일성에게 이런 '권력분립'을 하자고 조언하기 시작했다. 당시 김일성은 조선로동당 중앙위 위원장 겸 내각 수상이었다. 즉, 그는 당수 겸 정부의 수관이었다. 대사관은 위원장 자리나 수상 자리를 다른 사람에게 양보하는 것이 좋겠다고 권유했다.

소련의 '권유'를 들은 김일성은 어떻게 하면 좋을지 생각했다. 형식상 북한은 자주국가였고 소련은 내부 상황에 개입하지 않았다. 그러나 스탈린 시대 소련대사의 '권유'는 곧 명령이었고 김일성은 무조건 수행해야 했다. 그러나 흐루쇼프 연설은 새로운 시대를 열었다. 김일성은 이 시기 소련대사관의 영향력에 의구심을 가질 수밖에 없었다.

김일성은 두 자리 모두 유지하고 싶었다. 북한에서 최고 권력은 당 중앙위 위원장과 내각 수상 자리에서 나왔기 때문이다. 그러나 대사관이 고집한다면 김일성은 수상 자리를 좋은 친구에게 양보할 준비가 되어 있었다. 이 자리는 당 중앙위 위원장 자리보다는 덜 중요하기 때문이다. 김일성의 행동양식을 보면 그럴 경우에도 훗날 다시 수상 자리를 되찾으려 했을 가능성이 높다. 김일성이 소련대사관에 새로운 수상 후보자로 가장 먼저 제안한 인물은 최용건이었다. 1950년대 중반 최용건은 북한의 2인자였다. 내각 부수상 겸 민족보위상인 그는 유일무이 조선민주주의인민공화국 차수 계급을 가졌다. 즉, 조선인민군에서 그는 김일성 원수 다음으로 2인자였다. 그리고 위에 언급한 듯이 1955년에 박창옥이 김일성에게 수상 자리를 그만두라고 제안했을 때에 김일성은 자신의 후임자로 바로 최용건을 제안했다.

최용건은 무서울 정도로 잔혹한 사람이었다. 이에 대해 다음과 같은 일화가 있다. 1956년 봄 김일성은 당 중앙위 상임위원회 앞에서 반혁명 행위로 고소당한 박일우 전 내무상에[1] 대한 수사가 마무리되었으며 무죄 판결이 나왔다고 했다. 이 말을 들은 최용건은 그래도 박일우를 사형해야 한다고 제안했다.[2] 하지만 김일성은 최용건을 신뢰했다. 최용건은 신뢰를 저버리지 않았다. 1956년 8월 전원회의에서 차수는 수령을 대단히 적극적으로 지지했다. 당시 김일성은 소련대사관의 압력이 계속된다면 수상 자리를 바로 최용건에게 양보하려 했다. 이후 최용건이 이 자리를 반납하리라고 김일성은 기대한 것 같다.

그러나 1957년 상황이 바뀌었고 김일성은 더 이상 최용건을 좋은 후보자로 볼 수 없었다. 수령은 대사관과 조용히 최용건 임명 반대에 관한 담화를 시작

---

1 「박일우의 반당적 종파행위에 대하여」, 『北韓關係史料集』, 第30券, 果川: 國史編纂委員會, 1998, 662~666쪽.

2 *Дневник посла СССР в КНДР тов. Иванова В. И.*, 18 мая 1956 года(필자가 입수한 자료).

했다. 김일성은 왜 마음을 바꾸었을까? 우선 최용건은 지나치게 큰 야심이 있는 것처럼 보였다. 최 차수가 1955년 서명한 '인민군 내무규정'에는 민족보위상의 권위와 조선민주주의인민공화국 차수의 권위에 대한 언급이 많았지만, 내각 수상의 권위와 조선민주주의인민공화국 원수의 권위에 대한 언급은 부족했다.[3] 차수와 보위상은 바로 최용건이었고, 원수와 수상은 김일성이었다. 즉, 김일성은 최용건을 수상으로 임명하면 나중에 이 자리를 반납하기는커녕 김일성의 권력을 빼앗기 위해 사용할 수 있겠다는 생각을 했다.

김일성이 준비하고 있던 인민군 숙청도 이유가 될 수 있었다. 1956~57년 겨울 최용건 민족보위상과 총참모장 김광협 대장을 비롯한 여러 장성들은 김일성의 지시에 따라 인민군 긴급 군사작전 동원계획을 세웠다. 이 계획은 북한에서 헝가리식 반공운동이 벌어질 경우 탄압하기 위하여 작성되었다. 1956년 10~11월 헝가리에서 대규모 반공 시위가 벌어졌는데, 소련의 무장개입이 없었다면 헝가리 근로자당 정권은 완전히 소멸되었을 것이다. 어느 날 북한 지도부는 이 계획이 군사정변을 일으켜 김일성을 타도하는 데 쓰일 수 있다는 생각이 들었다. 이에 김일성은 최용건에 대한 신뢰를 놓아버린 것 같다.[4]

최용건의 부인인 왕위후안(王玉環)이 중국인이라는 사실도 원인이 되었다고 추정할 수 있다. 김일성은 그를 타도하려 시도한 무리들의 지도자가 바로 중국의 지지를 받았던 연안파 출신 최창익이었다는 것을 기억하고 있었다. 미코얀과 펑더화이의 공동대표단이 북한에 방문한 지 얼마 안 된 시기였기 때문에 김일성은 중국이 북한에 다른 지도자가 있기를 바란다고 생각했을 수 있겠다고 볼 수도 있었다.

따라서 김일성은 수상 후보자로 최용건 대신 김일을 제안했다. 최용건처럼

---

3 『조선민주주의인민공화국 인민군 내무규정』, 평양: 민족보위성 군사출판부, 1955.
4 呂政, 『붉게 물든 대동강』, 서울: 동아일보사, 1991, 92~94쪽.

김일도 빨치산 운동과 제88여단 출신이었다. 그는 1946년부터 당 중앙위원회 상임위원이었다. 1957년 시점에서 김일은 부수상 겸 당 중앙위 부위원장이었다. 김일과 최용건은 다른 점이 있었다. 최용건과 달리 김일은 자립적 정치인이 아니었다. 김일의 경력을 보면 그는 간부의 대리인이나 농업상처럼 정치적 권위가 상대적으로 약했던 직위들에 복무했다. 그래서 김일성은 김일이 수상의 자리를 '악용'하지 않을 것이라고 생각할 수 있었다.

몇 달 동안 김일성과 그의 부하들은 소련대사관을 캐고 있었다. 여기서 수령을 보좌한 간부들은 남일과 박정애였다. 고려인인 그들은 러시아어를 구사했고 소련파보다 김일성파와 훨씬 가까웠다. 김일성, 남일과 박정애가 알아보고 싶어 했던 것은 소련이 김일성에게 허용할 자치의 수준이었다. 김일성은 정말로 정치적 독립을 얻을 희망이 없었다면 수상 자리를 양보할 수도 있었다. 그럴 경우 대사관 측이 후보로 김일을 받아들일지 최용건을 임명하자고 고집할지도 확인하고 싶었다.[5] 하지만 김일성이 이 문제를 스스로 처리할 수 있게 된다면 두 자리 모두 유지하면서 더 이상 소련의 지시에 따르지 않을 수도 있었다.

이 외교전에서 결국 김일성이 이긴 이유 중에는 당시 재임한 주북한 소련대사 알렉산드르 푸자노프의 성격이 있었다. 전임자 이바노프처럼 푸자노프도 강등당한 간부였다. 대사 임명 5년 전만 해도 푸자노프는 소련의 최고 간부 36명 중 한 명이었다. 1952년 진행한 소련공산당 제19차 대회에서 스탈린은 그를 중앙위 상임위원회 후보위원으로 임명했다. 그러나 스탈린이 사망하자 푸자노프는 연속해서 강등을 당했다. 그는 상임위원회에서 제명되었고 이후 소련의 작은 위성국가인 북한에 대사로 파견되었다. 참으로 큰 몰락이었다. 겁이

---

5 *Дневник посла СССР в КНДР А. М. Пузанова*, 4 июня 1957 года, АВП РФ, ф. 0102, оп. 13, д. 72, д. 5, лл. 114-130.

많고 매우 우유부단한 간부이며, 외교 교육을 전혀 받지 못한 외교관이자 스탈린 시대에 대해 향수가 있으며, 흐루쇼프에 대한 반감을 갖고 있는 푸자노프는 김일성에게는 그야말로 '환상적인' 대사였다.

북한에서 푸자노프는 지극히 무능한 간부처럼 활동했다. 그는 소련 전체 역사상 최악의 외교관이었을 것이다. 남일이나 박정애는 대사에게 조심스럽게 '권력분립'에 관해 물었지만 푸자노프는 뚜렷한 대답을 하지 못했다. 시간이 흐르면서 김일성은 더욱 대담해졌다. 결국 수령의 특사가 김일성을 중앙위 위원장과 내각 수상 자리에 남도록 제안했을 때도[6] 푸자노프는 침묵을 유지했다. 1957년 9월 3일 김일성은 상황을 직접 알아보러 대사관을 방문했다. 수령은 남일과 박정애가 이미 얘기했던 것처럼 자신이 '2년 정도' 더 수상으로 근무하면 좋겠다고 하면서 최용건은 수상 자리에 좋은 후보자가 아니라고 했다. 김일성은 최용건을 최고인민회의 상임위원회 위원장으로 임명할 계획이 있었다고 알려주었다. 김일성은 이후에는 아마도 김일이 수상이 될 수 있다고 덧붙였다.

대사는 이번에도 명확한 대답을 피했다. 자신의 공식 일기에 "나는 김일성 자신이 수상 자리를 그만두고 싶어 하지 않는다는 인상을 받았다"라는 문장을 남겼을 뿐이었다. 그리고 자신은 이 문제에 대해 "아무 의견을 표현하지 않았다"고 덧붙였다.[7] 다음날 대사관을 찾았던 남일이 전체 당 중앙위 상임위원회가 김일성을 두 자리에 남겨 놓길 바란다고 했을 때도 대사는 대답하지 않았다.[8] 푸자노프의 침묵을 본 김일성은 수상 자리를 양보하지 않는 모험을 해도

---

6 *Дневник посла СССР в КНДР А. М. Пузанова*, 5 июля 1957 года, АВП РФ, ф. 0102, оп. 13, д. 72, д. 5, лл. 131-145.

7 *Дневник посла СССР в КНДР тов. А. М. Пузанова*, 3 сентября 1957 года, АВП РФ, ф. 0102, оп. 13, д. 72, д. 5, лл. 275-300.

8 *Дневник посла СССР в КНДР тов. А. М. Пузанова*, 4 сентября 1957 года, АВП РФ, ф. 0102, оп. 13, д. 72, д. 5, лл. 275-300.

북한의 내각(1957년 9월 20일)

되겠다고 느꼈다. 문제는 올바른 시점을 찾는 것뿐이었다. 이 시점은 가까운
미래에 다가왔다. 1957년 9월 11일부터 18일까지 푸자노프는 모스크바로 출
장을 갔다. 대사가 평양을 비우자 북한에서 김일성은 행동에 들어갔다.

1957년 9월 20일 북한에서 새로운 내각이 형성되었다. 최용건은 민족보위
상 자리에서 해임되었고 차수 계급도 박탈당했다.[9] 수상 자리에는 원래처럼 김
일성이 앉아 있었다.[10] 그는 당 중앙위 위원장 자리도 유지했다. 이런 결정은
대사관의 '권유'에 직접적으로 모순되는 것이었다. 김일성은 대사가 귀국하면
자신의 재임명을 기정사실로 보여주려고 했다. 수령이 희망했던 것처럼 대사

---

9 북한 매체들은 최용건이 차수 계급을 박탈당했다고 언급하지 않았다. 그러나 그는
1957년 9월 이후 차수 군복을 입어본 적이 없었고, 1976년 애도문을 비롯해 최용
건에 대한 모든 북한 문서에서 그가 차수였다는 사실은 언급되지 않았다. "최용건
동지의 서거에 대한 부고", ≪조선인민군≫, 1976년 9월 21일, 1면 참조.

10 "김일성동지에게 새 내각 조직을 위임", ≪로동신문≫, 1957년 9월 20일, 1면.

관에서는 아무런 반응이 나오지 않았다. 김일성은 이 사실을 죽을 때까지 몰랐던 것 같지만, 1957년 10월 22일 푸자노프는 북한에서 벌어지고 있는 상황에 개입하지 말고 장래 '권력분립'을 하자고 북한에 조언하라는 지시를 받았다.[11]

10년 이상 이어진 김일성의 정치적인 독립을 위한 투쟁은 드디어 그의 승리로 종결되었다. 소련은 국가 원수의 권력과 같은 가장 중요한 문제에도 개입하지 않았다. 김일성은 이제 소련의 지시를 무시하고 나라를 알아서 통치할 수 있게 되었다고 생각했다. 새로운 시대가 개막했다. 1957년 가을 북한에서 소련의 정치적 영향력이 급격하게 하락했다. 북한은 소련의 위성국가보다 김일성 개인의 나라처럼 바뀌고 있었다. 이 변화는 모든 북한 주민들이 느꼈다. 외교전에서 김일성에게 큰 도움을 준 박정애와 남일도 예외가 아니었다. 박정애는 숙청을 당했다. 남일은 죽을 때까지 소련으로 귀국 허가를 받을 헛된 희망에 매달리면서 살았다.[12] 남일은 1976년 교통사고로 급사했다. 이 사건은 조작된 사건이었다고 의심하는 사람들이 많았다. 남일의 아들이 아버지의 최후에 대해 알아보러 북한을 방문했지만 전 내무성 정치보위국 국장 방학세는 문제가 생기기 전에 소련으로 떠나라고 충고했다고 한다.[13]

소련 외에 김일성을 통제할 수 있었던 나라는 중국이었다. 6·25전쟁 때 북한에 파견된 중국인민지원군은 그 시점에도 북한에 주둔하고 있었다. 이론상 중국은 이를 김일성 타도에 활용할 수도 있었다. 그러나 북한의 수령은 마오쩌

---

11 *К беседе с партийно-правительственной делегацией КНДР*, АВП РФ, ф. 0102, оп. 13, п. 72, д. 11.

12 이동훈, "北 '푸에블로호' 사건 구소련 외교문서 극비해제", ≪주간조선≫, 2019년 9월 22일, http://news.chosun.com/site/data/html_dir/2019/09/20/2019092002511.html; Е. Титоренко, *Запись беседы с Нам Марией Авксентьевной, женой Нам Ира, члена Политбюро ЦК ТПК*, РГАНИ, ф. 5, оп. 49, д. 640, л. 204.

13 안드레이 란코프가 강상호와 한 인터뷰, 1990년 3월 7일.

둥과의 외교전에서도 성공했다. 김일성은 1957년 중국 수령과 만나 마오가 조선로동당 내부 상황에 개입한 시도는 옳지 않았으며 앞으로 중국은 미코얀·펑더화이 공동대표단의 방문과 같은 작전을 하지 않을 것이라는 약속을 받았다.[14] 주북한 중국 군대 철수 과정이 시작되었고, 1958년 10월 28일 마지막 지원군 부대들이 북한을 떠났다.[15] 중국 군대의 철수와 함께 북한에 대한 중국 통제도 사라졌다.

북한은 급격하게 바뀌고 있었다. 중국 군대 철수가 마무리되기 전에도 김일성은 앞으로 수십 년 동안 진행될 북한 사회구조에 대한 결정을 이행했다. 결정의 제목은 「반혁명분자와의 투쟁을 전당적·전인민적 운동으로 전개하는데 대하여」[16]였다. 1957년 5월 30일 채택한 이 결정은 전체 북한 사회를 '핵심 세력', '중간 세력', '반혁명적 요소 인원' 등 3개 분류로 나누었다.[17] 각각의 분류에 북한 주민들은 3분의 1씩 포함되었지만 이후 각 부류의 구성비는 달라졌다.[18] 북한 사람이라면 어느 분류에 속하느냐에 따라 운명이 결정되었다. '반혁

---

14 *Из дневника Пузанова А. М. Запись беседы с тов. Ким Ир Сеном*, 13 ноября 1957 года, АВП РФ, ф. 0102, оп. 13, д. 5; *Из дневника 1-го секретаря Посольства СССР в КНДР Пименова Б.К. Запись беседы с заведующим 1-м отделом МИД КНДР Пак Киль Еном*, 8 декабря 1957 года, АВП РФ, ф. 102, оп. 13, д. 6, п. 72.

15 이종석, 『북한·중국 관계, 1945~2000』, 서울: 중심, 2000, 205쪽.

16 『北韓總覽: '45~'68』, 서울: 共産圈問題研究所, 1968, 199~200쪽. 그러나 1978년에 나온 도서에 이 결정의 제목은 '반혁명분자와의 투쟁을 전군중적(全群衆的)으로 전개할데 대하여'로 나온다. 『金日成과 北韓』. 서울: 內外問題研究所, 1978, 75쪽 참조. 한국 중앙정보부가 이 문서의 원본이 아니라 번역본을 입수했다고 추측할 수 있다.

17 『北韓總覽: '45~'68』, 서울: 共産圈問題研究所, 1968, 199~200쪽. 『북한총람』은 매우 수준이 높은 훌륭한 연구 도서이다. 당시 공산권문제연구소는 중앙정보부와 관계가 있어 한국 정보기관이 했던 북한 이탈주민 심문 기록에도 접근할 수 있었다. 이 책은 출판된 지 반세기가 넘었지만 일부 분야에서 이 단행본은 절세의 연구 도서로 남았다.

명적 요소 인원'들은 좋은 대학교에 입학할 수 없었고 적당한 일자리도 얻지 못했다. 징벌을 받을 경우에도 분류가 낮을수록 징벌이 심해졌다.[19] 훗날 한국 중앙정보부와 관련된 내외문제연구소에서 나온 도서에서 5·30결정의 이행과 정을 담당한 사람은 바로 김일성의 동생 김영주라는 주장이 나왔다.[20]

북한 야권은 더 이상 소련이나 중국의 지원을 받지 못했기에 김일성은 이들을 무너뜨릴 시간이 왔다고 결정했다. 그는 엄숙한 행사인 당 대표자회를 통해 이들을 없애버리겠다고 결정했다. 당대회와 달리 대표자회는 '비상회의'였다. 1955년 중국에서는 마오쩌둥의 적들을 숙청하는 대표자회가 열렸다. 김일성은 중국과 같은 행사를 열어 야권을 완전히 소멸시킬 것을 결정했다.[21]

조선로동당 제1차 대표자회는 1958년 3월 진행되었다. 야권 정치인들은 장시간 규탄을 받은 후 모든 직위에서 해임되었고 대부분 출당되었다.[22] 이후 반김일성파 대부분이 체포되었고 일부는 사형당하거나 옥사하기도 했다.

1950년대 후반 북한은 개인숭배라는 개념에 대한 형식적인 규탄도 중단했다. 1957년 나온 『대중 정치 용어 사전』에서는 "개인숭배 사상은 맑스-레닌주

---

18 김일성이 사망하고 '심화조 사건'이라는 대규모 숙청 이후 북한 당국은 성분·계층 제도를 변화시켰다. 원래 3개 군중으로 구성된 이 제도는 이후 특수, 핵심, 기본, 동요, 적대 등 5개 군중으로 바뀌었다.

19 『北韓總覽: '45~'68』, 서울: 共産圈問題硏究所, 1968, 200쪽.

20 『金日成과 北韓』, 서울: 內外問題硏究所, 1978, 75쪽.

21 이 회의 회기록을 분석한 피터 워드의 논문은 가치가 많다. Peter Ward, "Purging 'Factionalist' Opposition to Kim Il Sung - The First Party Conference of the Korean Worker's Party in 1958," *European Journal of Korean Studies*, vol. 18, № 2, 2019, pp. 105-125, https://www.ejks.org.uk/download/peter-ward-purging-factionalist-opposit ion-to-kim-il-sung-the-first-party-conference-of-the-korean-workers-party-in-1958-page s-105-125/ 참조.

22 『조선로동당 제1대표자회의 회의록』, 평양: 조선로동당 중앙위원회, 1958, 491~492쪽.

의와는 아무런 인연도 없는 것으로써 당 대렬의 공고화와 혁명 과업 수행에 커다란 해독을 준다"라는 문장을 찾을 수 있었지만,[23] 1959년 나온 개정판에서는 사라졌다.[24]

대숙청의 결과 중 하나로 고려인들은 소련으로 탈출했다. 탄압을 피할 수 있는 길이었다. 이들 대부분은 '조상들의 땅'인 조선을 도와줄 희망으로 북한에 이주했다. 이제 살아남는 유일한 방법은 조상들의 땅을 떠나 다시는 돌아오지 않는 것이었다. 모두가 출국 허가를 받은 것은 아니었다. 소련으로의 귀국 허용 여부 결정은 자의적으로, 혹은 임의적으로 나왔다. 전 북한 내무성 부상(副相) 강상호는 3개월 동안 고문과 심문을 받은 후 소련으로 출국 허가를 받은 데 대해 이렇게 기억했다.

솔직하게 말하면, 소련대사관에서 우리 집사람과 함께 소련 입국 사증을 받고 조소(朝蘇) 국경선을 넘어갔을 때까지도 정말 이곳을 벗어날 수 있을지 믿지 못했어요. 당시 친구와 동료, 동포들도 수십 명, 수백 명이 이미 감옥이나 노역수용소에 배우자와 자식들과 함께 들어가 버렸죠. 열차가 국경선을 넘어갔을 때 집사람과 함께 〈넓구나 나의 조국〉이라는 노래를 불렀어요. 그 순간 이것은 꿈이 아니라고 생각했어요. 그러나 이 세상에 다시 돌아오지 못할 사람들, 고통스럽게 죽거나 앞으로 고통을 받을 사람들에 대해 생각하면 가슴이 너무너무 아팠어요.[25]

강 부상보다 운이 나쁜 사람들도 많았다. '8월 종파사건' 당시 반김일성 음모자 중 하나였던 박창옥의 아들 박일산은 북한에서 탈출하지 못한 누이 박갈리나의 운명에 대해 이렇게 증언했다.

---

23 「개인숭배사상」, 『대중정치용어사전』, 평양: 조선로동당 출판사, 1957, 47쪽.

24 『대중정치용어사전(증보판)』, 평양: 조선로동당 출판사, 1959.

25 *Иван Афанасьевич меняет профессию* // Огонёк, январь 1991 года, стр. 25-27.

갈리나는 한 체코 남자의 도움을 받아 출국하려고 했어요. 그러나 누군가가 그들의 결혼이 정략결혼에 불과하다는 밀고를 보냈어요. 그는 출국 불허를 받았죠. 1960년쯤 함경북도에 있는 그녀에게 편지를 받았어요. 그녀는 솔직하게 쓸 수 없었고 편지는 김일성에 대한 충성 맹세에 불과했어요. 전 갈리나에게 소포를 보냈지만 배달되지 않았어요. 이 소포는 '수취인은 본 주소에 더 이상 거주하지 않는다'라는 표시와 함께 돌려받았어요.[26]

물론 연안파도 숙청당했다. 희생자 가운데는 강수봉이라는 인민군 사단 정치위원도 있었다. 강수봉은 15년 동안 노역수용소에 수감된 후 중국으로 탈출에 성공했다. 1990년대 들어 그는 회고록을 썼고 대한민국에서 출판했다.[27] 강 정치위원의 운명은 비극적이었지만 그래도 다른 수많은 북한 주민들보다는 훨씬 좋았다. 김일성의 나라에서 떠나지 못한 사람들은 너무도 많았기 때문이다.

1957년 8월 선출된 최고인민회의 대의원이 4분의 1 정도가 숙청당한 것을 보면 1958~59년의 대숙청 규모를 인식할 수 있다. 북한 당국은 최고인민회의 보궐선거를 하도록 결정했지만 어떤 이유에서인지 이 선거를 언론매체에 절대 언급하지 않도록 했다. 아마도 숙청 규모를 숨기기 위한 결정으로 보인다. 1959년 7월 19일 진행된 이 선거에서는 약 120만 명 참가자 중 14명만 반대투표를 했다.[28] 이 14명은 북한 역사상 마지막 반대투표자가 되었다. 이후 모든 북한 선거들의 결과는 '100.0% 찬성표'였다. 필자가 이 책을 쓰고 있는 시점에서 중앙선거와 지방선거 모두 예외는 없었다.

탄압 캠페인이 확산되면서 북한 당국은 노역수용소를 더 설립할 것을 결정

---

26 안드레이 란코프가 박일산과 한 인터뷰, 2001년 2월 4일.

27 呂政, 『붉게 물든 대동강』, 서울: 동아일보사, 1991. '려정'은 강수봉의 가명이다.

28 В. Бакулин, *Итоги довыборов в Верховное Народное Собрание КНДР*, 11 августа 1959 года(필자가 입수한 자료).

했다. 1959년 1월 이에 관한 내각 결정 제7호가 나왔다.[29] 북한 수용소들을 스탈린의 '굴락'이라는 수용소들과 비교하지만 정확한 비교는 아니다. 북한에서는 '굴락'형 수용소의 복제품이 있다. '교화소(敎化所)'라는 이 수용소들은 세부적인 특징들까지 스탈린의 '굴락'과 닮았다.[30] 그러나 북한 형무(刑務) 제도의 최악 부분의 원형은 '굴락'이 아니라 조금은 덜 알려져 있는 스탈린 시대의 현상이었다. 바로 유형(流刑) 정주지(定住地)였다.[31] 소련의 유형 정주지와 비슷한 북한의 무시무시한 유사체는 '이주민(移住民) 관리소(管理所)'이다. 이주민 관리소에 사람들을 보내도록 결정을 내리는 기관은 재판소가 아니라 현지 안전위원회이다.[32] 안전위원회는 일반적으로 보안기관[33] 대표자, 국가 보위기관 대표자, 검찰관, 해당 지역 책임비서를 비롯한 당 간부로 구성되었다. 안전위원회들은 이주민 관리소에서 종신 추방까지 결정을 내릴 권리가 있었다. 일반적으로 유형을 당한 자의 가족도 이주민 관리소로 강제 이동을 당했다. 이주민 관리소에는 '혁명화 구역'과 '완전통제 구역'이 있었다. '혁명화 구역'에 있을 경우

---

29 Кабинет Министров КНДР, *Постановление №7 от 22 января 1959 года*, АВП РФ, ф. 0102, оп. 15, п. 83, д. 32, лл. 8-10. 이 사료는 1959년 1월 22일 나온 북한 내각 결정 제7호의 러시아어 번역문이다.

30 교화소에서 수감당한 사람들의 증언 중 리준하의 증언은 특히 소중하다. 리준하, 『교화소 이야기』, 서울: 시대정신, 2008 참조. 또한 인권운동가 데이비드 호크의 연구도 가치가 매우 높다. David Hawk, *The parallel GULAG*, Washington, DC: Committee for Human Rights in North Korea, 2017, https://www.hrnk.org/uploads/pdfs/Hawk_The_Parallel_Gulag_Web.pdf.

31 이주민 관리소의 소련 원형에 대해 Виктор Бердинских, Иван Бердинских, Владимир Веремеев, *Система спецпоселений в Советском Союзе в 1930-1950-х годах*, Москва: РОССПЭН, 2017 참조.

32 안전위원회에 대해 『北韓總覽: '45~'68』, 서울: 共産圈問題硏究所, 1968, 158쪽 참조.

33 '보안기관' 또는 '사회안전기관'은 남한의 경찰에 해당하는 북한의 기관이다.

석방될 수 있었으며, '완전통제 구역' 수감자들은 고대 로마시대 노예처럼 사망할 때까지 힘겨운 노역을 해야 했다.

조선민주주의인민공화국이 선포된 지 10년 정도가 지났다. 이때 북한 당국은 역사 왜곡 규모 확산을 결정했다. 김일성의 빨치산 투쟁사는 이전에도 왜곡되어 가르치고 있었다. 이제 왜곡의 대상은 김일성의 전기(傳記)뿐 아니라 북한의 짧은 역사 모두가 포함되었다.

북한의 검열은 세 가지 주제에 신경 썼다. 첫 번째는 숙청된 간부들이었다. 스탈린 시대의 소련처럼 북한 검열기관들은 숙청당한 자들을 사진에서 제거했다. 그들이 존재하지 않았던 것처럼 했다. 두 번째는 태극기였다. 이 깃발은 1948년 7월 10일까지 북한에서도 사용했지만, 1950년대 '남한의 국기'로 인식되었다. 숙청된 간부와 함께 태극기도 사진에서 제거되었고 북한의 역사 도서들은 북한이 이 깃발을 쓴 적이 없는 척했다.[34] 세 번째 주제는 가장 중요한데, 1940년대 소련의 지배였다. 독립적인 통치자가 되고 있었던 김일성은 소련에 복종했던 시절을 기억하고 싶지 않았고 모두가 이 사실을 잊어버리면 좋겠다고 결정했다. 아직은 1940년대 역사를 완전히 사실과 달리 고쳐 쓸 용기는 없었지만, 이 시기 나온 저서들에 소련의 영향이나 소련의 원조를 과소평가하기 시작했다.

1961년 김일성의 정치 놀이 마지막 단계가 개시되었다. 1961년 7월 6일 북한은 소련과 우호, 협조 및 호상 원조에 관한 조약을 체결했다. 조약에 따르면 당사국 중 하나가 공격을 받으면 상대측은 '모든 힘을 다하여 지체 없이 군사적 및 기타 원조를 제공'할 의무가 있었다. 소련은 북한과의 관계가 개선되고 있는 줄 알았지만, 닷새 지난 7월 11일 북한은 중국과 거의 똑같은 조약을 체

---

34 1958년 8월에 출판한 이 책에는 이미 태극기 삭제 등 왜곡된 사진들이 게재되었다. 박쵀월, 양리집, 리지홀, 『조선민주주의인민공화국』, 평양: 국립미술출판사, 1958.

1950년대의 김일성

결했다. 중소분쟁 속에서 북한은 사회주의 강대국 사이 중립적인 지위를 잡아나갔다.

북한에서 1961년 핵심 사건은 조선로동당 제4차 대회였다. 이 대회에서 선출된 당 지도기관은 김일성에게 충성하는 간부들만 포함되었다. 제4차 대회 후 북한 정치에 야권 정치인이라고 할 만한 인물은 남아 있지 않았다. 북한 역사 도서들은 제4차 대회를 '승리자의 대회'라고 불렀다. 이 표현은 소련에서 나온 것이다. 볼셰비키 당내 권력투쟁에서 스탈린이 승리한 후 진행된 당 제17차 대회를 '승리자의 대회'라고 했다.

한국어의 특징 중 하나는 단수형과 복수형의 구별이 거의 없다는 점이다. 따라서 '승리자의 대회'라는 말을 소련에서처럼 '승리자들의 대회'라고 할 수 있지만, '승리자 1명의 대회'라고도 할 수 있다. 후자가 좀 더 정확하지 않을까 싶다. 이 대회에서 진짜 승리자는 1명이기 때문이다.

이는 바로 김일성이었다. 이제 국내외에서 그를 막을 수 있는 세력은 남아 있지 않았다. 드디어 그는 북한의 절대적인 주인이 되었다.

제10장

제2차 한국전쟁을 준비하며

김일성의 권력이 제한되어 있다는 것은 소련의 통제와 함께 당 중앙위원회가 그를 해임할 수 있다는 걸 말해준다. 이 제한들이 사라지면서 수령의 권력은 절대적인 것이 되었다. 김일성은 자신의 사상과 전망에 따라 나라를 재편성하기 시작했다.

먼저 경제 부문이었다. 북한에서는 1946년부터 상품 배급제가 있었다. 국가는 주민들에게 식량이나 배급권을 제공했고, 이 배급권에 적혀 있는 상징적인 가격만 내면 물건을 구매할 수 있었다. 배급제는 다른 나라에서도 적지 않게 도입되었다. 그러나 일반적으로 배급제는 극빈층에게 복지를 제공하거나 엄중한 위기 상황에서 국민 지원 조치로 도입되었다. 1940~50년대 북한에서도 배급제는 그렇게 인식되었다. 북한 매체는 사회주의 국가에서 배급제가 폐지되었다는 소식들을 기꺼이 보도하기도 했다.[1] 이에 많은 사람들은 훗날 북한 정

---

1 "헝가리 내각에서 고급맥분 배급제 폐지신청", ≪로동신문≫, 1950년 4월 6일, 4면; "불가리아에서 공업제품의 배급제 철폐", ≪로동신문≫, 1951년 4월 27일, 4면; "독일민주주의공화국에서 배급제 폐지와 물가 인하", ≪로동신문≫, 1952년 4월 4일, 4면; "파란에서 배급제 폐지, 체코슬로바키아의 공업 발전", ≪로동신문≫,

부도 배급제를 폐지할 것으로 여겼을 것이다. 그러나 김일성은 완전히 다른 길을 선택했다. 배급제 폐지는커녕 이를 대부분의 상품으로 확산시켰다. 1957년 국가는 다시 한 번 민간 알곡 무역을 금지했다.[2] 이제 주민들은 알곡을 국가로부터 받아야만 했다. 이 정책의 최종목표는 사(私)무역을 완전 소멸시키는 것이었다.[3]

경제에서 김일성은 참으로 극단주의자였다. 북한이 제1차 5개년 경제발전계획을 세웠을 때 소련 국가계획위원회는 이를 부정적으로 평가했다. 소련은 김일성의 계획이 중공업에는 우선권을 주지만 농업에는 해가 된다고 했다.[4] 하지만 이제 김일성은 소련의 지시를 무시할 수 있었다. 그는 바로 그렇게 했다.

1960년과 1961년 김일성은 극히 집중화된 경제관리제도 설립에 관한 두 개의 원칙들을 도입했다. 이들은 '청산리방법'과 '대안의 사업체계'라고 불렸다. 김일성은 평안남도 강서군 청산리에서 '청산리방법'을, 대안전기공장에서 '대안의 사업체계'를 선포하며 그런 이름을 붙였다. '청산리방법'에 따르면 당 간부들이 직접 농업을 관리해야 했고 계획은 상관의 승인을 받은 경우에만 변화

1953년 1월 11일, 1면.

2 *Дневник временного поверенного в делах СССР в КНДР Крюкова М.Е.* 19 ноября 1957 года(필자가 입수한 자료).

3 *Запись беседы с заместителем заведующего международным отделом, членом ЦК ТПК Ким Юн Соном*, 26 ноября 1970 года, РГАНИ, ф. 5, оп. 62, д. 456, лл. 327-332.

4 Natalia Matveeva, "Building a New World: The economic development strategies of the two Koreas in the Cold War, 1957-1966," PhD Thesis, University of London, School of Oriental and African Studies. 기존에 알려져 있지 않는 수많은 사료를 기반으로 쓴 이 학위논문은 김일성의 경제체계 연구에 돌파구를 만들었다. 1960년대 초반 설립된 이 제도는 수십 년 동안 유지되어왔고 북한을 전체 동아시아에서 가장 빈곤한 나라로 만들었다.

할 수 있었다. '대안의 사업체계'는 이런 제도를 공업에도 도입시켰다.

　김일성의 핵심 목표는 계획경제 설립보다는 중앙정부가 직접 조작할 수 있는 경제를 설립하는 것이었다. 수령은 경제계획을 존중하지 않았다. 1957년 1월부터 1958년 여름까지 북한 경제는 아무런 기본계획 없이 진행되었다. 이 계획은 아직 작성되지도 승인되지도 않았기 때문이다. 김일성은 자신이 마음대로 계획을 바꿔도 된다고 보았다. 예를 들면, 1958년 5개년 경제발전계획은 승인 직후 수령이 마음대로 수정하기 시작했다. 김일성은 애초의 계획이나 나라의 경제 현황은 무시해버리면서 더욱 큰 생산력을 나타내라고 요구했다.[5]

　김일성이 실행 불가능한 경제적 요구를 하면서 북한 경제는 또 하나의 문제를 대면하게 되었다. 계획을 완수하지 않으면 상관들이 분노할까 걱정한 간부들은 평양에 보내는 통계를 왜곡하기 시작했다. 대표적인 사례는 북한의 트랙터 생산 계산방법이었다. 트랙터를 대수로 센 것이 아니라 '가상 단위'로 계산했다. 즉, 생산된 트랙터의 엔진 출력을 총합해 제멋대로 세운 계수로 나누었다. 김일성이 받은 보고서들마저 나라 경제 현황을 객관적으로 표현한 것이 아니었다.[6] 북한 내각 중앙통계국 간부들이 1950년대 숙청의 희생자가 되었다는 사실도 부정적인 영향을 미쳤을 것이다.[7]

　또 하나의 요인은 '현지지도'라는 김일성의 새로운 취미였다.[8] '현지지도'는

5　Natalia Matveeva, "Dizzy with success: North Korea's ambitious, and troubled, first five-year plan," *NK News*, 27 May 2019, https://www.nknews.org/2019/05/dizzy-with-success-north-koreas-ambitious-and-troubled-first-five-year-plan/.

6　Natalia Matveeva, "The historical roots of North Korea's notoriously-unreliable statistics," *NK News*, 28 June 2019, https://www.nknews.org/2019/06/the-historical-roots-of-north-koreas-notoriously-unreliable-statistics/.

7　중앙통계국 직원이었던 김정기는 회고록에서 이 사실에 대해 언급했다. 金定基, 『密派』, 서울: 大英社, 1967, 120쪽.

8　≪로동신문≫은 '현지지도'에 대해 1955년 12월 언급한 바 있고, 김일성은 1957년

1963년의 북한 포스터

김일성이 협동농장, 학교, 공장 등을 방문해 지시를 내리는 것이었다. 김일성은 자동차를 타고 '현지지도'를 한 적도 있고 1940년대부터 있던 수령 전용열차를 타고 간 적도 있다.[9] 수령의 행차에 대해 알게 된 간부들은 김일성에게 좋은 인상을 주려고 노력했다. 이에 따라 겉치레를 보게 된 수령은 '나라가 빨리 발전하고 있다'며 매우 긍정적인 인상을 받은 경우가 적지 않았다. 김일성은 '현지지도'가 나라 관리에 가장 효과적인 방법이라고 믿게 되었고 부하들에게도 '현지지도'를 하라고 지시했다.[10] 물론 이 여행들은 대부분 시간낭비에 불과했고 나라의 경제 성장에 도움을 주지 않았다.

김일성은 경제에 대해 태만한 태도를 보였다. 북한에서 급속하게 발전한 경

6월 처음으로 공개적인 현지지도를 했다. "당 단체들의 생활에서: 농업 협동조합 지도 방조 그루빠들 현지 지도 사업에 착수", 《로동신문》, 1955년 12월 2일, 2면; "김일성동지 남포 지구 공장, 기업소들을 현지지도: 제1차 5개년 계획 작성에서 더 많은 예비를 동원할 것을 강조", 《로동신문》, 1957년 6월 15일, 1면.

9 韓載德, 『金日成을 告發한다: 朝鮮勞動黨治下의 北韓回顧錄』, 서울: 內外文化社, 1965, 164쪽.

10 "현지 지도는 곧 반관료주의 투쟁이다", 《로동신문》, 1956년 10월 20일, 1면.

제 분야는 김일성이 우선권이 준 곳뿐이었다. 중공업, 특히 군사공업이었다. 다른 분야의 생산력을 보면 노동자들은 "한 손에 총을 들고 다른 손에 낫과 망치를 들어야 한다"[11]라고 했던 1962년 김일성의 지시를 글자 그대로 이행한 것이라고 농담처럼 말할 수 있다.

반면 남한은 정치적 전환을 맞이했다. 1956년 이승만 대통령은 재선에 성공했지만 부통령 후보 이기붕은 낙선했다. 이러한 문제가 다시 생기지 않도록 이승만은 1960년 3월 15일 부통령 선거 결과를 왜곡하도록 지시했다. 부정선거의 결과는 전국적인 반정부 시위로 이어졌다. 시위가 확산하면서 한국 장관 중에서도 대통령이 하야해야 한다고 주장했다. 그리고 주한 미국대사 월터 패트릭 매카너기는 미합중국도 이승만에게 하야를 권유한다고 했다. 국내외 지지가 완전히 사라진 이승만은 미국 하와이로 망명했다. 그는 다시는 한국에 오지 않았다.[12]

위기의 시대는 끝나지 않았다. 이승만 타도 후 탄생한 제2공화국은 1961년 5·16군사정변으로 마무리되었다. 군대는 이제 장도영 중장을 의장으로 하는 국가재건최고회의가 나라를 통치할 것이라고 선포했다. 두 달도 되지 않아 국가재건최고회의 부의장인 박정희 소장은 장 중장으로부터 권력을 빼앗았고 1961년 7월 2일 의장 자리를 장악했다.[13]

지금은 우리 모두 박정희가 이후 18년 동안 한국을 통치했으며 그 시기 한강의 기적이나 유신 독재가 벌어진 것을 알고 있다. 그러나 1961년 당시 김일

---

11 이 연설에서 이러한 구호가 언급되었다. 김일성, "현 정세와 우리 당의 과업", ≪로동신문≫, 1966년 10월 6일, 2~7면.

12 김정남, 『4·19 혁명』, 서울: 민주화운동 기념사업회, 2004.

13 전영기, "'장도영 언행 혁명 방해' JP, 박 소장에게 보고 않고 기습 체포 … 박정희 '혁명에도 의리가' … JP '고뇌·아픔 없을 수 없었다'", ≪중앙일보≫, 2015년 4월 6일, https://news.joins.com/article/17520151.

성은 이 사실을 알 수 없었다. 그가 보기에 남한은 혁명 속에 있었다. 너무도 짧은 시간에 제1공화국의 이승만 대통령, 제2공화국의 장면 국무총리, 국가재건최고회의 장도영 의장 등 남한 지도자 3명이 타도되었다. 김일성은 아마도 설욕전을 위한 시간이 오지 않을까 생각했을 것이다. 바로 제2차 한국전쟁을 위한 시간이었다.

김일성의 계획은 놀랄 만한 것이 아니다. 첫째, 그는 새로운 전쟁에 대한 꿈을 꾼 유일한 사람이 아니었다. 1955년에도 이승만은 북진 멸공통일을 해야 한다고 말한 적이 있다.[14] 당시 이승만이나 김일성 모두 새로운 전쟁은 일으킬 수 없었다. 미국은 이승만에게, 소련은 김일성에게 이를 결코 허락하지 않았기 때문이다. 그러나 이제 북한의 상황이 바뀌었고 김일성은 소련의 통제를 받지 않았다. 둘째, 김일성은 이미 전쟁을 일으켜본 적이 있다는 것이다. 당시 그가 전쟁을 일으키지 않았던 것은 갑자기 생긴 평화사상 때문이 아니라 승리할 가능성이 없었기 때문이다. 이러한 상황에서 다시 김일성은 전쟁에 대해 생각하기 시작했다.

전쟁을 다시 한다면 참으로 많은 준비가 필요했다. 첫째, 인민군은 국군보다 훨씬 더 잘 무장해야 했다. 그리고 이 차이는 1950년 때보다 더 커야 했다. 둘째, 남한의 여론을 전복시켜야 했다. 김일성은 인민군이 서울에 다시 입성하면 남한 주민들이 반공 빨치산이 되는 것보다 '해방자'들을 환영할 사람들이 필요했다. 셋째, 남한에서 미군 철수를 달성해야 했다. 넷째, 김일성은 최소 한 개의 강대국 지원이 필요했다. 마오쩌둥의 중국이나 니키타 흐루쇼프의 소련 지원이 있어야 했다.

이 계획은 참으로 거만한 것이었다. 수행하려면 여러 해가 필요했다. 첫 번

---

14 *Incoming telegram from Seoul to the Secretary of State*, 26 May 1955, National Archives and Records Administration, Record Group 59, Central File 795.00/5-2655. 필자는 이 자료의 스캔본을 준 나탈리아 마트베예바에게 감사드린다.

째 임무는 바로 경제의 군사화였다. 1961년 개시 예정이던 7개년 경제발전계획의 초안은 경공업, 농업 등 인민 생활수준 향상에 우선권이 있었다. 이 모든 목표들은 완전히 폐지되었고 군사공업이 우선시되었다. 1962년 12월 당 중앙위 전원회의는 전 인민의 무장화, 전 국토의 요새화, 전 군의 간부화, 전 군의 현대화 등 4대 군사노선을 선포했다. 이후 북한은 정규군과 준군사(準軍事) 조직 발전에도 적극 노력했다. 전국에서 공사(工事)가 시작되었고, 동원된 노동자들은 전쟁을 위한 축성(築城)을 준비했다.[15]

국제 상황도 김일성에게 유리하게 돌아갔다. 흐루쇼프가 스탈린과 그의 유산을 거부한 뒤 마오쩌둥은 소련에 대한 신뢰가 떨어졌다. 시간이 흐르면서 중국과 소련 사이에 갈등이 강화되었다. 이제 독립적인 통치자가 된 김일성은 북한이 어떤 강대국을 지지할지 선택할 수 있었다. 문제는 북한이 소련과 중국의 물질적 지원에 매우 의존하고 있다는 것이었다. 김일성은 소련과의 관계를 완전히 단절하지 않지만 사상적으로 가까운 마오쩌둥에 대한 지지 발언을 하겠다고 결정했다. 북한의 수령은 개혁과 자본주의권과의 평화적 공존을 주장한 흐루쇼프보다는 스탈린의 유산을 지킨 마오쩌둥 노선을 지지했는데, 중국을 지지할 이유가 또 있었다. 김일성은 흐루쇼프가 제2차 남침을 절대 승인하지 않을 것이라고 생각했다. 반면 마오쩌둥은 승인할 가능성이 있었던 것처럼 보인 것이다. 1955년 중화인민공화국도 타이완의 저장성(浙江省) 따천(大陳) 열도를 침공해 합병한 바 있다.[16]

---

15 *Из дневника Оконникова О.В., Путивца А.Д. О поездке в Чондин*, 8-12 апреля 1963 года, АВП РФ, ф. 0102, оп. 19, п. 99, д. 26, л. 64. 필자는 이 자료의 스캔본을 준 나탈리아 마트베예바에게 감사드린다.

16 BBC는 이 소전(小戰)에 대해 보도한 적이 있다. BBC On This Day, "1955: US evacuates Pacific islands," http://news.bbc.co.uk/onthisday/hi/dates/stories/february/10/newsid_2538000/2538891.stm. 이 사이트를 통해 이 시대에 사진들을 참조할 수 있다. 「大陳列島撤

당시 북한이 친중 노선으로 갈 것처럼 보였던 글이 있는데 "사회주의 진영을 옹호하자"라는 ≪로동신문≫ 사설이었다. ≪로동신문≫이 1963년 10월 28일 이 사설을 게재한 후 거의 모든 중앙매체들은 이를 받아썼다.[17] 이 긴 사설은 소련 정책을 비난하면서 중국을 지지했다. 흐루쇼프에 대한 직접적인 언급은 없었지만 "혁명적 동지와 계급적 원쑤[18]들을 분별하지 않는다"는 '일부 사람들'과 그들의 서방과의 평화적 공존에 대한 공격이 있었다. 사설은 또 소련이 유일한 사회주의 기치였지만 지금은 어느 한 나라가 전체 사회주의권을 대표하지 않으며 대표할 수도 없다고 강조했다. 그리고 중화인민공화국을 고립시키는 시도들은 곧 사회주의권 분열 시도라고 주장했다. 이 사설은 중소(中蘇)분쟁에서 마오쩌둥을 지지한다는 선언이었다. 여기에 한 가지 중요한 점이 있다. 북한은 중국을 동등한 동반자로서만 지지할 것이라고 강조했고 중국의 위성국가는 절대로 되고 싶지 않았다. 북한 사람들은 김일성에게만 복종해야 했다.

김일성이 전쟁 준비가 완성되었다고 결정한 후 중국의 참전을 요청할 시간이 왔다. 1965년 가을, 김일성은 중국으로 돌아가려던 하오더칭(郝德青) 주북한 중국대사와 만났다. 수령은 대사에게 "가까운 미래에 조선은 전투장이 될 것입니다. 이것은 피할 수 없는 것입니다. 이 문제는 다른 해결책이 없습니다. 조선 인민은 이것을 반드시 겪어야 합니다"라고 했다. 그리고 "남조선 인민의 투쟁은 확대되고 있습니다. (사회적인) 모순들이 날카롭게 된다면 그들은 일어날 것입니다. 저희는 이것을 고려했습니다. 저희는 준비되어 있습니다. 저희는 이렇게 되기를 바랍니다. 우리는 옛 전우들이죠. 우리 만남들도 좋았죠. 다

退」, ≪中央硏究院社會學硏究所≫, http://dachen.ios.sinica.edu.tw/Cphotos.htm.

17 "사회주의 진영을 옹호하자", ≪조선녀성≫, 1963년 11월, 1~22쪽.

18 북한에서는 수령이라는 뜻이 담긴 '원수(元首)'나 '원수(元帥)'라는 단어와 구별하도록 '원수(怨讐)'를 '원쑤'라고 쓴다.

가오는 싸움에 당신네 군대도 참가하는 것을 요청드립니다!"라고 덧붙였다.[19]

그러나 중국은 김일성의 요청을 거절했다. 마오쩌둥은 김일성이 6·25전쟁을 일으켰으며 이 전쟁에 중국이 얼마나 큰 대가를 치렀는지 기억했다. 전쟁으로 얻은 것은 얼마나 적었는지도 잘 기억했다. 이 실수는 절대 반복되면 안 되는 것이었다. 김일성이 중국의 지원을 받을 수 없다는 것을 알게 된 후 '위대한 조중(朝中) 우정'은 급속하게 사라지게 되었다.

---

19 中华人民共和国外交部, 『驻朝鲜大使郝德青辞行拜会金日成首相谈话情况』, 解密档案 06 -01480-07, 成晓河, 「'主义'与'安全'之争: 六十年代朝鲜与中, 苏关系的演变」, ≪外交评论≫, 2009年 2月, 第21-35页에서 재인용.

제11장

쇄국의 시대, 주체사상 그리고 남한 습격

다음해인 1966년 북중관계는 급속하게 악화되었다. 마오쩌둥이 김일성의 전쟁 계획을 승인하지 않은 것이 유일한 이유는 아니었다. 또 다른 이유는 1966년 5월 마오쩌둥이 무산계급문화대혁명을 선포한 것이다. 이후 중국에서 벌어진 일들은 모든 사회주의권 역사상 전례가 없었다. 마오쩌둥은 오류가 있을 수 없는 자신 말고는 중국공산당 지도부가 썩어버렸다고 했고 중국 인민, 특히 중국 청년들에게 '사령부를 포격하라'는 지시를 하달했다. 몇 년 동안 마오쩌둥에 광신적으로 충성한 청년들로 설립한 '홍위병(紅衛兵)' 부대들은 전국에서 폭력을 쓰기 시작했다. 홍위병들은 '위대한 조타수' 마오쩌둥에 대한 충성 부족이 의심되는 사람들에게 굴욕과 구타, 고문을 행했다.[1]

홍위병의 테러는 김일성의 국가통치사상과 아무런 공통점이 없었다. 김일성은 마오의 통제된 혼란이 아니라 스탈린식의 엄중한 질서를 좋아했다. 수령의 적들은 성난 군중이 아니라 국가보위기관들이 처리해야 했다. 문화대혁명

---

1 Jung Chang, Jon Halliday, *Mao: The Unknown Story*, New York: Random House, 2005, pp. 503-514.

은 중국에서 멀어지는 또 하나의 이유가 되었다.

양국 사이 벌어지고 있던 갈등이 국경 충돌까지 일으킨 것은 놀라운 일이 아니다. 북한은 압록강과 두만강 강가에 마오쩌둥을 비난하는 구호를 설치했다. 이 구호들은 1968년까지 남아 있었다.[2] 당시 이 시대 대표적인 사건으로 신의주 청소년 행위가 있었다. 반마오주의 선전의 영향을 받았던 그들은 압록강을 찾아 중국 방향으로 돌팔매질을 했다. 압록강이 넓어서 중국 강변으로 돌을 다다르게 할 수는 없었지만 여기서 행위보다는 동기가 중요했다.[3] 중국은 북한에게 백두산 일부를 양보하라고 압박하기 시작했다. 어느 날 중국 정부는 군사작전을 개시할 수 있다고 위협했다.[4]

이 시대 북한에서 상당히 예외적이고 흥미로운 사건이 있었다. 중국의 간접적인 영향을 받았던 학생 반란이었다. 이 학생들은 북한 인민이 아니라 북한의 화교(華僑)들이었다. 당시 북한에는 중국 국적자 1만 명 정도가 거주했다.[5] 마오쩌둥이 문화대혁명을 선포한 1966년 5월 평양의 화교 청소년들은 룡악산(龍岳山)에서 애국 등산을 했다. 중국의 국기를 들고 있는 그들은 마오쩌둥과 중국공산당에 대해 만세를 부르면서 이들을 찬양하는 노래를 불렀다. 평양 중국인 중학교의 로동당 책임비서 김영섭(金永燮)은 학생들에게 관두라고 하면서 "미국 놈들이 이런 행위를 본다면 중국인민지원군이 조선에 들어왔다고 말하

---

2 В. Трибунский, *Информация о поездке в провинцию Рянган*, 27 августа 1969 года, РГАНИ, ф. 5, оп. 64, д. 420, лл. 84-86.

3 필자가 안찬일과 한 인터뷰, 2018년 7월.

4 Magyar Nemzeti Levéltár, XIX-J-1-j Korea, 1969, 59. doboz, 1, 002218/1/1969. 필자에게 이 자료를 준 살론타이 발라쉬에게 감사드린다.

5 중국 통계에 따르면, 1958년 기준으로 북한에 중화인민공화국 국적자는 1만 4,351명이 거주했다. 杨昭全, 孙玉梅, 『朝鲜华侨史』, 北京: 中国华侨出版公司, 1981, 第303页 참조.

평양 중국인 중고등학교 학생들(1966년)

겠지!"라고 했다. 학생들은 분노했다. 김영섭이 감히 중국 사람들에게 조국 사랑을 금지시키려는 게 아닌가?

　이런 충돌은 자주 벌어졌다. 처음에 북한 정부는 타협안을 찾으려고 했다. 그러나 1966년 8월 23일 이들은 홍위병의 선례를 따라 김영섭 책임비서 사무실로 침입했다. 북한 당국은 이를 간과할 수 없었다. 얼마 뒤 이 학교는 폐교되었다. 북한의 각 지방에서도 비슷한 사건들이 벌어졌고 이 지방 학교들은 평양 중국인 중학교와 같은 최후를 맞았다.[6] 이 사건이 발생한 뒤 북한 당국은 화교들에게 최후통첩을 내렸다. 북한에 귀화해 중국 국적을 버리지 않았거나 중국으로 돌아가지 않는 자들은 배급제에서 거의 제명되었고 기본 식량 외에 아무것도 받지 못했다. 북한 화교 역사상 최악의 시대가 시작되었다. 얼마 안 가 이

_____

6　梁森培, 「历史回顾: 平壤中国人高中"停课解散"事件(文, 图)」, ≪朝鲜华侨≫, http://cxhq. club/read.php?tid=1468&ordertype=desc&displayMode=1.

디아스포라는 사라지게 되었다.[7]

북중관계가 매우 악화되자 김일성은 소련과 관계 개선을 시도했다. 소련에서도 얼마 전 새로운 지도자가 등장했다. 1964년 니키타 흐루쇼프는 해임되었고 레오니트 브레즈네프가 권력을 장악했다. 김일성은 브레즈네프와 1966년 만났다. 이 정상(頂上)회담은 참으로 비정상(非正常)적이었다. 이는 육지가 아니라 블라디보스토크 근처에 있는 미사일 순양함에서 진행되었다. 김일성과 브레즈네프는 양국 관계를 다시 시작할 것을 합의했다.[8]

그런데 소련은 김일성의 요구를 받아들일 수 없었다. 이후 진행된 담화 결과를 보면 북한 수령은 체코슬로바키아 침공과 같은 소련 행동을 지지하고 마오쩌둥을 비난하려고 했다. 그러나 김일성이 요구한 것은 경제적 지원뿐 아니라 제3국가에 대해 소련 정보기관에 보고한 내용들에 대한 접근과 국내 정책까지 김일성의 요청들을 수락하는 것이었다. 김일성은 1956년 벌어졌던 일들에 흐루쇼프의 책임도 있다고 보아 그를 혐오했다. 이에 김일성은 소련 매체들이 흐루쇼프를 공개 비난해야 한다고 요청했다.[9] 소련은 김일성의 요구가 너무 지나치다고 보았고 '위대한 조소(朝蘇) 우정'은 복원되지 못했다. 하지만 공개 매체에서는 북한이나 소련도 상대를 사회주의 동맹국가처럼 보여주었다.

이 시기 북한을 방문한 국가 원수들은 많지 않았다. 그중 한 명은 노로돔 시아누크였다. 캄보디아 국왕이었던 그는 제2차 세계대전에서 프랑스의 비시 정

---

7 필자가 북한 이탈주민들과 한 인터뷰. 또한 王永贵,「朝鲜记忆」, ≪桥园≫, 第160期, 2013年 10月, 第68-69页 참조.

8 Переписка с ЦК КПСС (отчёт о поездке Советской Правительственной делегации на празднества в Народную Корею и записи бесед с Ким Ир Сеном 12 и 13 сентября 1968 г.), ГАРФ, ф. Р-5446, оп. 132, д. 16, л. 5.

9 Переписка с ЦК КПСС (отчёт о поездке Советской Правительственной делегации на празднества в Народную Корею и записи бесед с Ким Ир Сеном 12 и 13 сентября 1968 г.), ГАРФ, ф. Р-5446, оп. 132, д. 16.

권이나 일본제국과도 협력한 적이 있었다. 그는 1955년 퇴위하면서 '평민공동사회'라는 조직 지도자로서 캄보디아를 다스리게 되었다. 노로돔 시아누크의 전기(傳記)를 보면 김일성과는 친구가 될 가능성이 거의 없어 보인다. 그러나 이 둘은 실제 좋은 친구가 되었고, 김일성은 시아누크에게 ≪로동신문≫에 글을 쓸 것도 허용했다.[10]

이 시기 김일성은 주로 국내 정치에 신경을 썼다. 1966년 10월 그는 제2차 당 대표자회를 소집했다. 필자가 이 책을 작성하고 있는 현재 이 행사에 대해 잘 알려져 있는 것은 많지 않다. 다만 알려져 있는 정보는 다음과 같다. 우선 김일성의 당 지위의 이름이 바뀌었다. 그는 더 이상 '조선로동당 중앙위원회 위원장'이 아니라 '조선로동당 중앙위원회 총비서(總秘書)'였다. 이 개명은 친소반중(親蘇反中) 노선의 표시였다. 중국공산당 당수는 중앙위원회 위원장이었고 소련은 1966년 레오니트 브레즈네프가 '제1비서'라는 직위를 '총비서'로 개명한 바 있다. 이 대표자회에서는 대남정책 성과가 부족해 여러 고급 간부들이 비판을 받았다는 주장도 있다. 다른 간부들은 수령의 소원을 알아맞혀 전국을 김일성의 사상에 따라 재편하고 김일성을 절대 권력자일 뿐 아니라 모든 주민들의 전체 행위를 결정하는 사람으로 모시자고 제안했다.[11]

국제정책에서 북한은 이제 자신이 곧 소련이나 중국을 대체할 것처럼 굴었다. 그래서 북한은 마르크스-레닌주의나 마오쩌둥 사상을 대체할 사상이 필요했다. 이 결과는 아마 북한 역사상 가장 우스운 일화라고 할 수 있다.

제2차 대표자회에서 숙청된 간부 중에는 중위 감창만이 있었다. 그는 1950년대 소련의 영향력을 줄이기 위하여 '주체'라는 단어를 쓰자고 제안한 인물이다. 1960년대 초반 북한의 사상매체는 이 용어를 가끔 언급하긴 했지만 그리

---

10 "캄보쟈는 자국에 대한 공격이 계속 된다면 보복의 권리를 행사하여 반공격을 가할 것이다(캄보쟈 국가 원수 시하누크가 언명)", ≪로동신문≫, 1966년 1월 5일, 4면.
11 兪完植, 金泰瑞, 『北韓三十年史』, 서울: 現代經濟日報社, 1975, 265쪽.

자주 쓰지는 않았다. 김창만이 북한 정치에서 사라지면서 김일성은 그가 내세운 용어를 자신의 사상과 제도를 위하여 쓰도록 결정했다. 이 이름이 '주체사상'이었다.

1966년부터 북한은 국내외 선전매체에서 '주체'라는 용어를 적극적으로 홍보하기 시작했다. 문제는 김일성의 교육 수준이 중학교 퇴학에 불과했고 그는 마르크스주의나 철학의 지식 기반이 매우 부족했다는 것이다. 그는 '주체'라는 용어를 북한이 소련의 것이 아니라 김일성의 것이라는 것을 이 말 많은 소련 대표자들에게 보여주기 위해 사용하는 단어로 인식했다. 그 당시 북한에서 나타나고 있는 국가사상의 진짜 내용은 '김일성에게 완전히, 영원히 복종하라'였다. 즉, 그는 '주체'라는 용어가 필요 없었다. 김일성 자신도 '주체사상'의 내용을 제대로 설명하지 못했기 때문에 북한의 사상 일꾼들은 "주체사상은 곧 인간이 모든 것의 주인이라는 사실을 밝힌 사상이다"라는 한 문장을 계속 반복했다. 문제는 주체사상을 인류 철학의 가장 위대한 정점으로 보여주어야 한다는 것이었다. 그래서 북한 백과사전에서 주체사상에 대한 문서는 지극히 반복적이었다. 아래 문단은 북한에서 가장 권위 있는 참고서인 『조선대백과사전』에 나오는 주체사상에 대한 설명이다.

주체사상은 주체의 철학적원리와 사회력사원리, 혁명과 건설의 지도적원칙을 구성부분으로 하고 있다. 주체사상은 철학적원리를 중요한 구성부분으로 하고 있다. 주체사상의 철학적원리들중에서 대표적인것은 세계에서 사람이 차지하는 지위와 역할을 밝혀 주는 원리와 사람의 본질적특성을 밝혀 주는 원리이다. 주체사상의 철학적원리들중에서 가장 중요한 자리를 차지하는것은 세계에서 사람이 차지하는 지위와 역할을 밝혀 주는 원리인 사람이 모든것의 주인이며 모든것을 결정한다는 원리이다. 이 철학적원리는 주체철학의 근본문제인 세계에서 사람이 차지하는 지위와 역할문제에 대답을 주는 근본원리이기때문에 다른 모든 철학적원리의 기초로 되며 주체사상의 철학적원리전반을 대표한다. 사람이 모든것의 주인이라는것은 사람이 세계와 자기 운명의 주인이라는것이다. 다시말하여 그것은 사람이 자기를 둘러 싸고 있는 외부세계에 종속되어 사는것이 아니라 자연과 사회를 자신의 의사와 요구에 맞게 복무시키고 지배해 나가는 유일한 존재라는 것이다. 이것은 사람이 세계에서 차지하는 지위를 밝혀 준것이다. 사람이 세계에서 주인의 지위를 차지하고 있다는것은 사람이 끝 없는 세계를 현실적으로 다 지배하고 있다는것을 의미하지 않는다. 외부세계가 사람을 지배하는것이 아니라 사람이 자연과 사회의 모든것을 지배하면서 살아 가는 존재라는데 사람이 모든 것의 주인이라는 원리의 참다운 의미가 있다 ….[12]

위의 문단을 처음부터 끝까지 읽어준 독자들에게 큰 박수를 치고 싶다. 내용은 참으로 심심해서 실질적인 뜻이 없기 때문이다. 아마 이 문단을 쓴 백과사전 작성자들은 더욱 심심했을 것 같다. 그러나 주체사상의 내용이 무엇인지 김일성도 몰랐기 때문에 그들에게는 다른 선택이 없었다. '인간의 모든 것의 주인'이라는 문장도 의미가 있다고 하기 어렵다.

국제 북한학에서 이 '주체사상'의 본질을 파악하고자 한 연구는 매우 많다. 마르크스-레닌주의나 마오쩌둥 사상을 분석하는 연구도 마찬가지였다. 중국이나 소련의 지도사상과 달리 '주체사상'에 실질적인 내용이 없다는 것은 지극히 직관적으로 알 수 있는 것이었다. 주체사상에 본질이 없다는 사실에 대한 이해를 막은 요인 중 하나는 영미권 북한 전문가의 언어 실력 부족이다. 북한에 대한 관심이 많은 여러 독자들 가운데 영어 원어민 교수가 쓴 한글 책을 본 적이 있는지 떠올려보자. 영문으로 쓴 것을 한국인이 번역해준 것이 아니라 직접 한국어로 쓴 도서 말이다. 한 권도 떠올리지 못할 가능성이 크다. 문제는 영미권에서 북한학 전문가가 자리 잡기 위해서는 한국어를 유창하게 구사할 필

---

12 「주체사상」, 『조선대백과사전』, 제19권, 평양: 백과사전출판사, 2000, 342쪽.

요가 없다는 것이다. 영어는 국제 공용어이기 때문에 미국이나 영국, 호주 교수가 모국어로 쓴 연구는 거의 자동으로 '국제적 연구' 위상을 인정받아 수많은 언어들로 번역된다. 실제 북한학의 핵심 언어는 한국어이다. 다른 학술분야와 달리 북한학계에서 미국이나 영국은 중심 나라가 아닌데도 영어로 쓴 엉터리 연구가 지나치게 큰 권위를 얻는다.

'주체'라는 단어는 철학용어로 한국어를 유창하게 구사하지 않으면 이 뜻을 모를 수도 있다. 특히 이 단어는 원래 영어가 아니라 독일어에서 빌려온 단어이기 때문에 더욱 그렇다. 위에서 언급했듯 '주체'의 어원은 독일어의 '주벡트(Subjekt)'라는 단어다. 한영사전에서는 대개 'subject'라고 번역한다. 문제는 영어 'subject'에 '주체'라는 뜻이 있지만 현재 영어에는 거의 쓰지 않는다는 사실이다. 일반적으로 사람들은 'subject'를 '대상'이라는 뜻으로 보아 사전에서 '주체'는 곧 '대상'이라는 뜻으로 오해를 갖게 되었다. '대상사상'이 무슨 뜻인지는 전혀 이해할 수 없다. 따라서 영미권 전문가 중에는 "주체는 서양 사람이라면 인식·이해하기 불가능한 개념", "주체는 한국인이라는 것 자체를 전달하는 불가사의한 단어"라는 등 망언을 쏟아내는 경우까지 생겼다.[13] 물론 이 주장들은

---

13 '주체'라는 단어가 마치 어떤 불가사의한 수수께끼인 것 같은 이미지를 구축하는 데 있어 브루스 커밍스라는 유명한 미국 연구자의 기여가 컸다. 커밍스의 책이나 논문들에는 '주체'가 한국인의 본질을 의미하는 단어라거나 한(韓)민족이 아니라면 아예 인식이 불가능한 단어라는 등에 대한 전혀 근거 없는 망언들을 찾을 수 있다. Bruce Cumings, "Corporatism in North Korea," *The Journal of Korean Studies* 4, 1982~1983, pp. 269-294; Bruce Cumings, *Origins of the Korean War*, vol. 2, Princeton: Princeton University Press, 1990, p. 313; Bruce Cumings, "The corporate State in North Korea," in *State and Society in Contemporary Korea*, Ithaca: Cornell University Press, 1993, p. 214; Bruce Cumings, *North Korea: another country*, New York: The New Press, 2003, p. 159; Bruce Cumings, *Korea's place in the Sun*, New York: W.W. Norton & Company, Inc., 2005, p. 414 참조.

헛소리에 불과하다. 그러나 영문 도서는 영어로 썼다는 이유만으로도 위신을 얻어 무지의 결과로 나온 이 주장들은 특히 한자권 외의 나라들에서 어느 정도 인기를 얻기도 했다.

만일 어떤 외국 사람이 이 글을 읽고 있는 당신에게 '주체'라는 단어를 영어로 번역해달라고 한다면 'main driving force'라고 하면 될 것이다. 그렇게 한다면 '불가사의한 단어인 주체'에 대한 신화를 없앨 수 있을 것이다. 주체사상은 내용이 없어서 외국에서 어떤 인기도 얻지 못했다. 북한대사관들의 지원을 받았던 '주체사상 연구학회' 회원 외에 '인간이 모든 것의 주인'이라는 어색한 문장의 신봉자가 되고 싶어 하는 사람들은 없었다. 그리고 '주체사상 연구학회'들도 어떤 '연구'를 하는 집단이 아니라 북한 응원단에 불과했다.

세계 역사상 북한의 경험에서 영감을 받아 권력 장악을 시도한 사례는 딱 하나밖에 없다. 바로 1965년 불가리아의 정변 시도다.[14] 이는 주체사상이 나오기 직전 일어난 일이다. 주체사상이 나온 이후에는 그러한 시도가 전혀 없었다는 것은 북한의 선전이 완전히 실패했다는 증거라고도 할 수 있다.

김일성은 남한 정복의 꿈도 버리지 않았다. 중국의 지원이 없다면 직접적인 침공은 패배라는 결과가 불가피하기 때문에 수령은 제2차 한국전쟁 계획을 버릴 수밖에 없었다. 그러나 김일성은 한반도에서 베트남의 경험을 적용할 수 있

---

14 1965년 불가리아에서 몇몇 정치인들은 온건노선을 내세운 토도르 지프코프를 타도하기 위하여 음모를 꾸몄다. 음모의 핵심 인물 중 한 명은 전 주북한 불가리아대사 촐로 크러스테프였다. 크러스테프는 김일성의 국가 통치 방식이 마음에 들었다. 음모의 목표는 불가리아에서 민족주의·스탈린주의 정권을 설립하는 것이었고, 그들은 마오쩌둥의 중국과 엔베르 호자의 알바니아와 손잡을 생각이 있었다. 다행히도 불가리아 비밀경찰은 이들 모두를 체포했다. 체포 작전 암호명은 '바보'였다. 이 일화에 대해 Нико Яхиел, *Предупреждение на седминаата и заговор на Иван Тодоров - Горуня* // *Тодор Живков и личната власт*, София: М-8-М, 1997, стр. 344-354, http://prehod. omda.bg/public/knigi/t_zhivkov_lichnata_vlast_n_yahiel.pdf 참조.

을 것으로 기대했다. 한반도처럼 베트남은 사회주의 북반부와 자본주의 남반부로 분단되어 있었다. 1950년대 후반부터 베트남민주공화국과 베트남공화국 사이에 내전이 진행되었다. 이 내전에서 남베트남 지역은 공산주의 빨치산과 지하 운동가들의 공격들을 계속 받았다. 1960년대 후반 베트남 전쟁은 북베트남의 승리로 종결될 가능성이 높아 보였다. 북베트남을 바라보며 영감을 받았던 김일성 정권은 남한을 대상으로 수많은 도발과 사건을 일으켰다. 영미권에서는 이 사건들을 '제2차 한국전쟁'이라고 부르는 경우도 있다. 이런 호칭은 정확하지도 않고 6·25전쟁 희생자들에 대해 참으로 무례한 것이다. 이 사건들이 벌어진 이유는 마오쩌둥의 거절로 김일성의 제2차 한국전쟁 꿈이 실패했기 때문이다.

이 사건들 중 첫 번째이면서 아마 가장 중요한 사건은 박정희 대통령 암살 미수 사건이었다. 이 작전을 위해 조선인민군은 정예 특공대를 훈련시켰다. 국군 군복을 입은 특공대는 군사분계선을 넘어 1968년 1월 21일 서울 청운동까지 들어갔다. 거기서 한국 경찰관 최규식 총경은 특공대를 가로막고 검문에 들어갔다. 의심이 많았던 최 총경이 총을 빼들자 전투가 벌어졌다. 이 전투에서 최규식 총경은 순국했고 대부분의 특공대 대원들도 사살 당했다. 그중 한 명만 포로가 되었고, 다른 한 명은 탈출해 북한으로 돌아가는 데 성공했다. 다시 돌아간 박재경은 이후 인민군 육군 대장까지 진급했고,[15] 포로 김신조는 남한의 평범한 주민으로 계속 살면서 회고록도 썼다.[16] 둘 중 누가 더 행복했을까?

다음으로 중요한 사건은 이틀 뒤 벌어졌다. 공격 대상은 미국이었다. 1968년 1월 23일 북한 해군은 미해군 정찰함 푸에블로호를 나포했다. 김일성은 훗날 이 사건이 자신의 뜻과 달리 벌어졌다고 고백했다. 김일성은 당시 총참모장이었던 오진우 대장에게 전화를 받았는데, 총참모장은 해군이 미국 정찰함을

---

15 "1·21 청와대 습격사건 생포자 김신조 전격 증언", ≪新東亞≫, 2004년 1월 29일, http://shindonga.donga.com/3/all/13/103148/1.

16 김신조, 『나의 슬픈 역사를 말한다』, 서울: 동아출판사, 1994.

제11장 쇄국의 시대, 주체사상 그리고 남한 습격 233

나포했다고 보고했다. 놀란 김일성은 오 대장에게 어떻게 된 일인지 물어보았고, 자세한 보고를 들은 뒤에는 해군이 잘한 일이라고 판단했다. 나포된 푸에블로호는 예인되어 원산항으로 끌려갔고 승무원들은 포획되었다.[17]

포로들은 잔혹한 대우를 받았다. 아래는 포획된 승무원의 하선에 대한 증언이다. 소련 국적의 타티아나 리는 북한 남자와 결혼해 원산에서 살게 되었다. 1969년 원산을 찾았던 소련 외교관 드미트리 카푸스틴에게 푸에블로호 사건에 대해 증언했다. 아래는 카푸스틴의 보고서 일부다.

다른 승무원들을 뒷짐을 지게 해 손이 묶였고 눈가리개를 한 채 하선되었다. 많은 사람들에게 구타당한 자국이 있었다. 경비원들은 하선 과정에서 약탈을 했다. 포로들의 시계를 낚아챘고, 주머니를 뒤졌다. 하선 과정에서 군관들은 이 모든 물건들을 자기 주머니에 넣었다.

하선 과정에서 항의한 일부 승무원은 무리의 눈앞에서 때렸다. 리 씨는 이런 행위들이 조선인들의 반발을 샀다고 이야기했다. 어떤 경비원은 따로 서 있었는데 버스를 기다리며 눈가리개를 한 미국인 포로의 머리에 담뱃불을 껐을 때에 그랬다고 했다. 경비원은 가장 화가 난 노인을 발로 차서 차에 들이밀었으며 버스는 출발했다. 승무원 하선은 아침까지 밤새 이뤄졌다. 다음날이 되어서야 배에서 모든 해병들을 하선시켰다. 리 씨에 따르면, 이 사건을 지켜본 많은 조선인들이 불쾌해했다. 그러나 무리의 대부분, 특히 청년들은 호송병의 행위에 지지를 표시했고, 자신이 직접 손을 보는 것도 반대하지 않았다.[18] 푸에블

---

17 *Капитан Красной Армии Ким был хороший мужик* // "Коммерсантъ. Власть," № 38, 30 сентября 2002 года, стр. 72, https://www.kommersant.ru/doc/343387.

18 *Из дневника Капустина Д.Т. Информация о посещении города Вонсана*, 21 июля 1969 года, РГАНИ, ф. 5, оп. 61, д. 463, лл. 182-188.

푸에블로호 사건을 논의하는 김일성과 김정일

로호 승무원들은 1968년 12월까지 포로생활을 하다가 남한으로 석방되었다.[19]

북한의 작전은 끝났지 않았다. 1968년 12월 9일 북한 특공대가 강원도 평창군에 살았던 이승복(李承福)이라는 소년을 살해했다. 이승복은 당시 만 9살이었고 생일날 죽임을 당했다.[20] 이 비극은 남한 사회에 충격을 줬다. 특공대의 가학증은 아마도 정예군 출신이었던 그들이 이 의미 없는 잔혹행위를 위하여 임무를 사실상 포기한 것 같은 인상을 주었다. 당시 한국에서 이 사건은 박정희 정권과 보수매체가 조작하거나 과장한 것이 아닐까 의심한 사람들이 적지

19 이 사건에 대해 Mitchell B. Lerner, *The Pueblo incident: a spy ship and the failure of American foreign policy*, Lawrence: University Press of Kansas, 2002 참조. 미국 자료 기반으로 쓴 이 책은 푸에블로호 사건의 이해에 큰 도움을 준다.

20 이승복 살인 사건에 대해 처음에 보도한 신문은 조선일보였다. "'共産黨이 싫어요' 어린 抗拒 입 찢어", ≪朝鮮日報≫, 1967년 12월 11일, 4면 참조.

않았다. 그러나 노무현 대통령 시기 진행된 수사는 이 살인 사건이 실제로 벌어진 사실이라는 점을 확인했다. 이는 당시 북한에서 사상적 세뇌 수준이 얼마나 높았는지를 잘 보여준다.[21]

김일성의 57번째 생일인 1969년 4월 15일 또 하나의 사건이 벌어졌다. 이날 북한 공군은 미공군 록히드 EC-121 워닝스타 조기경보기를 청진 부근 동해상에서 격추했다. 비행기에 탄 31명 모두 사망했다. 이 사건에 대한 북한의 공식 입장은 제국주의자들이 공화국 영역에 침입하지 말라는 경고를 받았음에도, 이 경고를 위반해 벌을 받았다는 것이었다.[22]

이 시기 마지막 대표 사건은 대한항공 여객기 납북 사건이었다. 1969년 12월 11일 북한공작원들은 강릉비행장에서 김포공항까지 운항하는 YS-11기를 공중에서 납치해 북한으로 방향을 틀게 하고 함경남도 신상군에 위치했던 선덕비행장에 강제 착륙하도록 시켰다. 북한 당국은 승객 39명의 귀국을 허용했지만 나머지 승객 12명과 승무원 4명은 집으로 돌아오지 못했다.[23]

참으로 혼란스러운 시대였다. 김일성은 심한 스트레스로 불면증이 생겼다.[24] 당시 북한에는 수십 개의 화려한 빌라부터[25] 최신 기계가 있는 개인 병원

21 조현호, 「'이승복 사건' 김종배 무죄·김주언 집유 확정」, 2006년 11월 24일, http://www.mediatoday.co.kr/news/articleView.html?idxno=52102.

22 *Запись беседы с заместителем министра иностранных дел КНДР Хо Дамом*, 16 апреля 1969 года, РГАНИ, ф. 5, оп. 61, д. 462, лл. 71-74.

23 Andrei Lankov, "Take to the skies: North Korea's role in the mysterious hijacking of KAL YS-11," *NK News*, 29 March 2019, https://www.nknews.org/2019/03/take-to-the-skies-north-koreas-role-in-the-mysterious-hijacking-of-kal-ys-11/.

24 *Запись беседы с заместителем министра иностранных дел КНДР Ким Че Бомом*, 6 января 1969 года, РГАНИ, ф. 5, оп. 62, д. 461, лл. 23-24.

25 위성 기술의 발전으로 북한 지도부 별장들을 보다 쉽게 찾을 수 있게 되었다. ≪주간동아≫는 이 별장의 목록을 게재한 적이 있다. "김정일 별장 위치와 특징", ≪주

까지[26] 수령 전용시설들이 많았지만 북한 의사들은 김일성을 치료할 수 없었다. 러시아 문서보관소에 있는 사료들을 보면 북한 정부가 소련에 김일성 치료를 위하여 신경병리학자를 파견해달라고 했다는 기록을 확인할 수 있다.[27] 한 해가 지나 북한은 또 다른 요청을 했다. 이번에는 김일성이 불면증뿐만 아니라 염증이 생긴 오른쪽 어깨에 심한 통증이 있다는 것이었다.[28] 수령의 상태가 왜 이렇게 됐는지는 쉽게 알 수 있다. 북베트남은 성공했지만 북한은 성공하지 못했기 때문이다. 대한민국은 베트남공화국보다 훨씬 안정된 국가였고 김일성은 남한에서 의미 있는 빨치산 운동을 구성하지 못했다. 1970년대 초반 김일성도 이 사실을 인식하고 대남공작은 당분간 중단되었다.

사료를 보면 김일성이 북베트남을 지극히 선망했다는 것을 확인할 수 있다. 1975년 4월 30일 북베트남 군대가 남베트남 수도 사이공을 점령하자 ≪로동신문≫은 베트남 공산세력의 가장 위대한 대승에 대한 짧은 보도 위에 "위대한 수령님의 현명한 령도를 받들어나가는 우리 로동계급과 인민의 혁명위업은 필승불패이다"라는 사설을 게재했다.[29] 승리한 북베트남은 사이공에서 사회주의

간동아≫, № 582, 16~17쪽, https://weekly.donga.com/List/3/all/11/82177/1.

26 필자가 드미트리 카푸스틴과 한 인터뷰, 2019년 9월. 카푸스틴은 1960년대 후반 주 북한 소련대사관에서 근무했다. 그는 김일성 전용 병원에 대해 대사관 의사인 블라디미르 케키세프로부터 알게 되었다고 했다. 병원을 찾았던 케키세프는 병원에 설치된 매우 비싼 설비를 보고 깊은 인상을 받았다고 했다.

27 *Запись беседы с заместителем министра иностранных дел КНДР Ким Че Бомом*, 6 января 1969 года, РГАНИ, ф. 5, оп. 62, д. 461, лл. 23-24.

28 *Запись беседы с членом Президиума Политического Совета ЦК ТПК, первым замес-тителем Председателя Совета Министров КНДР Ким Иром*, 4 января 1970 года, РГАНИ, ф. 5, оп. 62, д. 456, лл. 16-19.

29 "위대한 수령님의 현명한 령도를 받들어나가는 우리 로동계급과 인민의 혁명위업은 필승불패이다", ≪로동신문≫, 1975년 5월 1일, 1면.

전세계 로동자들은 단결하라!

위대한 수령 김일성동지의 주체사상으로 튼튼히 무장하자!

로동신문

국제혁명력량과의 단결을 강화하자!

조선로동당 중앙위원회기관지

제121호 [주체 4102869호] 1975년 5월 1일 (목요일)

전세계 로동계급의 전투적명절 5.1절 만세!

사설

위대한 수령님의 현명한 령도를 받들어나가는 우리 로동계급과 인민의 혁명위업은 필승불패이다

위대한 수령 김일성동지께서와 부인 김성애동지가 캄보쟈국가원수의 어머니의 서거에 애도의 뜻을 표시하시여 화환을 보내시였다

《인민의 자유와 해방을 위하여》에 있는 회상기 《사득판에서 있은 일》을

스웨리해왕국 국왕 까를 구스타브 16세페하

조선민주주의인민공화국 주석

김 일 성

1975년 4월 30일

남부윁남전역 완전해방, 괴뢰도당 무조건 항복

남부윁남괴뢰도당이 모든 권력을 공화국시혁명정부에 넘길것이라고 발표

《로동신문》 1975년 5월 1일, 1면

정권인 '남베트남공화국'을 설립했고 베트남의 공식 통일은 다음해인 1976년 진행되었다. 그리고 이후 주북한 남베트남공화국 대사는 전체 재임기간 동안 김일성이나 국가서열상 북한의 2인자 김일 모두 그를 한 번도 만나주지 않았다고 소련 외교관들에게 하소연한 적이 있다.[30]

30 *Запись беседы с послом СРВ Ле Чунг Намом*, 3 августа 1976 года, РГАНИ, ф. 5, оп. 69, д. 2427, лл. 78-81.

제12장

유일사상체계

    '주체사상'의 등장과 이어진 남한 공격들은 국제사회 관찰자들의 이목을 끌었다. 그러나 이 사건들로 직접적인 영향을 받은 사람들은 수백 명에 불과하다. 당시 북한 안에서 벌어진 일들은 남녀노소 할 것 없이 모든 북한 주민들의 인생에 직접적인 영향을 미쳤다.

    1967년 김일성은 진짜 전체주의 제도를 설립하기 시작했다. 신질서의 이름은 유일사상체계(唯一思想體系)라고 했다. 무시무시한 이 표현은 이제 나라의 모든 행동이 김일성 사상을 무조건 따라야 할 것이며, 김일성 사상과 모순된 사상은 물론 김일성 사상과 관계없는 사상 역시 모두 금지될 것이라는 뜻이었다. 유일사상체계는 전체주의 선포였다. 김일성은 이 표현을 1967년 3월 처음 언급했고 1956년부터 발생한 모든 일의 결과가 바로 이 체계의 설립이라고 덧붙였다.[1]

    북한 역사상 수많은 사건들이 그러했듯 유일사상체계 설립은 당 행사에서

---

1 김일성, 「당사업을 개선하며 당 대표자회 결정을 관철할데 대하여」, 1967년 3월 17~24일, 『김일성 저작집』, 제21권, 평양: 조선로동당 출판사, 1983, 135~258쪽.

진행되었다. 이 행사는 조선로동당 중앙위원회 제4기 제15차 전원회의였다. 1967년 5월 4일부터 8일까지 비밀리에 진행된 이 회의는[2] 몇 년 동안 북한 문헌에서 언급조차 되지 않았다. 제14차 회의 다음이 제16차 회의였다.[3] 제15차 전원회의 참가자들의 연설은 녹음되었고, 이 기록은 지방 당 위원회들에 제출되었다. 당원 회의에서 일반 당원들도 이 기록을 듣게 되었다.[4] 그들은 수령이 여러 간부들을 '봉건주의, 유교 사상' 주입, 계획 미완수, 김일성이 내세운 구호에 대한 신뢰 부족 등으로 고발한 것을 들었다. 당시 이미 고위급 간부가 된 김일성의 장남 김정일도 이 회의에서 연설을 했다. 쨍쨍한 목소리로 김정일은 일부 당원이 수령의 유일영도를 거부하면서 당을 '오합지중(烏合之衆)'으로 바꾸려 한다고 했다. 이에 김정일은 당을 유일사상체계로 강화해야 한다고 했다. 나라에는 하나의 사상, 하나의 의지가 있어야 사회주의 건설도 공산주의 건설도 성공할 수 있었다.[5]

같은 달 하순인 1967년 5월 25일 김일성은 '당면한 당 선전사업 방향에 대하여'라는 기밀 연설을 했다. 북한에서 이 연설은 '5·25교시'로 부른다.[6] 이 연설

2 한국 중앙정보부는 회의 내용에 대해 알게 되었지만 처음에 나온 도서들에 이 회의가 5월에 아니라 4월에 진행되었다는 틀린 주장까지 나왔다. 이 사실로도 이 회의의 기밀 수준을 느낄 수 있다. 공보부, 『현대사와 공산주의』, 제1권, 서울: 공보부, 1968, 433~436쪽.
3 『백과전서』, 제4권, 평양: 과학, 백과사전 출판사, 1983, 491쪽.
4 김진계, 『조국: 어느 '북조선인민'의 수기』, 제2권, 서울: 현장문학사, 1990, 79쪽.
5 Ibid., 80쪽.
6 1967년 5월 25일 김일성은 '당면한 당 선전사업 방향에 대하여' 외에 '자본주의로부터 사회주의에로의 과도기와 프롤레타리아 독재 문제에 대하여'라는 연설도 했다. 북한은 두 번째 연설을 이후 공개했지만 첫 번째 연설은 제목 외에 공개한 적이 없다. 따라서 북한학계에서는 5·25교시가 '자본주의로부터 사회주의에로의 과도기와 프롤레타리아 독재 문제에 대하여'라는 틀린 주장이 인기를 얻었다. 필자는

은 북한을 스탈린식 독재국가에서 김일성주의 전체주의 국가로 변화시킨 출발점이 되었다.[7] 유일사상체계의 특징은 김일성 숭배, 주민통제, 국가 폐쇄, 계층사회 설립, 근로자 착취, 국가의 공포(恐怖) 사용 등이었다. 5·25교시 이후 이 시기 김일성주의의 여섯 기둥은 북한의 사회정치적 질서를 정의하고 있었다.

첫 번째 핵심 기둥은 김일성 숭배였다. 5·25교시가 나온 지 한 해도 지나지 않아 이는 스탈린 숭배보다 더 만연하게 되었다. 또한 1970년대 초부터 북한의 수령 숭배는 일상화되었다. 북한은 1965년 조총련을 우선적인 실험대상으로 사용했다. 당시 조총련 매체는 김일성에 대한 극찬을 시작했다.[8] 1967년 이 새로운 형태의 개인숭배가 북한에 도입되었다. 우선 '김일성'이라는 이름은 북한에서 성스러운 것이 되었다. 1974년 수령의 동명이인들은 개명하라는 명령을 받았다.[9] 글에 나오는 수령의 이름은 특별한 글씨체로 표시해야 했다. 굵은 글씨체나 큰 글자체가 사용되기도 했다. 예를 들어 북한의 1호 대학교 이름은 '김일성종합대학'이라고 쓰면 안 되고 '**김일성**종합대학'이라고 써야 했다. 만일 김일성 이름이 포함된 문장에 줄을 그어 지우려고 해도 '김일성'이라는 글자는 지울 수 없었다. 대신 수령 이름 둘레에 사각형을 그리고 사각형 옆에 구불구불한 선을 그려야 했다. 이렇게 해야만 '김일성'이라는 이름을 잘못 썼다는 것을 보여줄 수 있었다.

이 주장을 기반으로 쓴 석사학위논문까지 본 적이 있다. 그러나 북한 자료를 통해 5·25교시는 '당면한 당 선전사업 방향에 대하여'라는 사실을 확인할 수 있다. "사상 사업의 위력으로 백승을 떨쳐온 우리 당의 력사를 끝없이 빛내여나가자!", ≪로동신문≫, 2007년 5월 25일, 1면 참조.

7 성혜랑, 『등나무집』, 서울: 지식나라, 2000, 312~317쪽.

8 『朝鮮民族의 偉大한 領導者』, 도쿄: 朝鮮新報社, 1965, 138쪽.

9 김주원, "본명 김정일인 김정기 박사의 개명", 2016년 7월 19일, 자유아시아방송, https://www.rfa.org/korean/weekly_program/ae40c528c77cac00c758-c228aca8c9c4-c9c4c2e4/hiddentruth-07192016100504.html.

북한은 김일성 숭배를 위하여 표준어 문법까지 바꾸었다. 한국어의 일반 문장 순서는 '주어 → 목적어 → 동사'이지만, 북한에서는 목적어가 '김일성'일 경우 '목적어 → 주어 → 동사' 순서로 써야 했다. 그래서 북한 매체에서는 "위대한 수령 김일성동지의 불후의 고전적 로작들을 여러 나라 신문, 잡지, 통신들이 게재, 방송이 보도"와 같은 문장들이 등장하게 되었다.[10] 김일성 이름은 북한에서 한자교육에도 영향을 주었다. 한국에서 한자를 가르칠 때 일반적으로 '한 일(一)', '두 이(二)', '석 삼(三)' 등 단순한 한자로부터 시작한다. 그러나 북한에서는 '성씨 김(金)', '날 일(日)', '이룰 성(成)'이라는 한자를 먼저 배운다. 김일성(金日成) 이름에 포함되는 한자이기 때문이다.

김일성 숭배에서 또 다른 표현들은 수령에 대한 존칭들이었다. 김일성은 존칭이 매우 많았는데 수령에 대한 언급이 나올 때마다 사용해야 했다. 가장 많이 썼던 존칭은 '위대한 수령'이었다. 1970년대를 '혁명의 위대한 수령'이라고 쓴 경우도 많았다. 두 번째 존칭은 '경애하는 수령'이었다. 또한 '어버이 원수님', '절세의 위인', '민족의 태양' 등을 비롯한 수많은 존칭이 있었다. '민족의 태양'이라는 표현을 보면 김일성 이름의 한자 의미를 떠올릴 수 있다. '일성(日成)'은 '태양이 되는 자'라는 뜻이다. 한편으로 그는 진짜 태양이 되었다고 할 수도 있었다. 북한 매체에서 언급된 김일성에 대한 가장 길고 허풍스러운 존칭은 다음과 같은 것이 있다.[11]

---

10 "위대한 수령 김일성동지의 불후의 고전적로작들을 여러 나라 신문, 잡지, 통신들이 게재, 방송이 보도", ≪로동신문≫, 1977년 11월 26일, 1면. 북한 매체에서 이와 같은 보도는 수십 년 동안 계속 나왔다.

11 「편집부로부터」, 『조선중앙년감 1995(특별번)』, 평양: 조선중앙통신사, 1995, 전문 앞에 있는 쪽.

반만력사에서 처음으로 맞이하고 높이 모신 위대한 사상리론가, 철학자이시
며 절세의 애국자, 전설적영웅이시며 탁월한 군사전략가, 백전백승의 강철의 령
장이시며 세계인민들이 한결같이 우러러 흠모하여마지않는 위인중의 위인이신
경애하는 수령 김일성동지

일반적으로 김일성의 이름은 존칭 없이 언급할 수 없었다. 예외가 허용된
것은 김일성이 쓴 도서의 표지였다. 소련의 '레닌 전집'이나 '스탈린 저작집'처
럼 북한에서도 수령의 연설집은 존칭 없이 '김일성 저작집'이나 '김일성 전집'
이라는 제목으로 나왔다. 다른 경우 수령 이름은 존칭과 불가분이었다. 『조선
대백과사전』에서 김일성에 대한 항목들을 찾으려면 'ㄱ'으로 시작하는 항목에
서 찾으면 안 된다. 수령의 공식 전기는 모든 항목들 앞에 나왔고, 수령에 관한
항목 대부분은 '위'라는 글자에서 시작했다. 백과사전도 그를 무조건 '위대한
수령'이라고 호칭해야 했기 때문이다.

김일성 생일인 4월 15일은 북한에서 가장 중요한 명절이 되었다.[12] 이날 주
민들은 국가로부터 특별한 선물들을 받았다. 과자 같은 단순한 것도 있고 냉장
고나 텔레비전 수상기와 같은 비싼 가전제품도 있었다. 군대에서 장성 진급은
보통 4월 15일 직전 진행했다. 그렇게 한다면 수령의 생일은 장성의 개인적인
기념일도 될 수 있었다. 또한 김일성은 1912년생 쥐띠였기 때문에 북한에서는
띠 문화가 사라졌다.

북한은 김일성 초상화를 대규모로 생산하기 시작했다. 초상화도 성스러운
것처럼 모시게 되었다. 초상화는 '1호 화가' 자격이 있는 사람들만 그릴 수 있
었다.[13] 초상화는 살림집이나 아파트마다 벽에 걸려 있어야 했다. 이 벽에는

---

12 『이것이 北韓이다』, 서울: 內外通信社, 1978, 8쪽.
13 장세정, "김정은 초상화 언제 그리나 … 요즘 북한 1호 화가들 고민", ≪중앙일보≫,
2015년 6월 30일, https://news.joins.com/article/18131576.

수령 초상화 외에 다른 물건을 붙이는 것이 금지되었다. 각각의 사무실, 공장, 거리, 1970년 문을 연 평양 지하철 객차마다 김일성 초상화가 있어야 했다. 학생들이 학교에서 아침식사를 받을 때, 환자였다가 퇴원할 때, 선거에서 투표자가 또 하나의 찬성표를 투표함에 넣을 때 등에서 '어버이 원수님' 초상화에 절을 드리고 '경애하는 수령님'께 큰 감사를 드려야 했다.

이처럼 북한은 초상화를 성스러운 것으로 보았다. 북한 매체에서는 화재나 홍수가 났을 때도 김일성 초상화를 구출하기 위해 목숨을 잃거나 자신의 아기를 숨지도록 한 '영웅'에 대한 보도가 적지 않았다.[14] 도둑도 김일성 초상화는 훔칠 용기가 없었다. 이런 '대범죄'의 죗값은 곧 사형이기 때문이다.[15]

초상화 속 그림에 대해 말한다면 북한은 수령 외모에 있어서 예상치 못한 문제를 마주했다. 김일성은 목 뒤쪽에 혹이 생겼다. 1940년대에도 이미 이 혹이 있었지만 시간이 흐르면서 커져갔다. 김일성의 손자 김정은도 비슷한 혹이 있는 것을 보면 유전인 것 같기도 하다. 김정은의 혹은 수술로 제거되었지만 김일성의 혹은 그렇지 않았다. 당시 의학기술이 부족했거나 혹이 너무 커서 놔둔 것이라고 추정할 수 있다. 아니면 수령의 건강에 해롭지 않았거나 김일성이 불편을 느끼지 않았던 것 같지만,[16] 보기엔 좋지 않았다. 초상화에서는 당연히 혹이 없었다. 사진을 찍을 때는 혹이 보이지 않도록 정면이나 왼쪽에서 찍어야 했다. 그래도 혹이 보인다면 보정된 사진을 배포했다. 김일성 초상화가 있는 신문은 물건을 포장하는 등의 목적으로 사용할 수 없었다. 구기거나 버릴 수도 없었다. 이런 신문을 합법적으로 없애는 방법은 불사르는 것이었다. 이런 개인

---

14 예컨대, "큰물피해지역에서 높이 발휘된 수령결사옹위정신", ≪조선중앙통신사≫, 2007년 9월 8일, http://kcna.co.jp/calendar/2007/09/09-08/2007-0907-011.html 참조.

15 Barbara Demick, *Nothing to envy: Ordinary lives in North Korea*, New York: Spiegel &Grau, 2009, p. 104.

16 필자가 김영환과 한 인터뷰, 2019년 6월 4일.

북한 화폐의 김일성 초상

숭배의 특징은 북한에서만 있었던 것이 아니다. 여러 문화권에서 성스러운 문건은 파괴할 수 없지만 불사를 수 있다는 관습을 찾을 수 있다.

북한 화폐 원(圓)에서도 김일성 숭배가 표현되어 있었다. 1979년 당시 100원짜리는 북한 화폐 가운데 가장 큰 단위였는데 '혁명의 영재이시며 민족의 태양이시며 전설적 영웅이신 위대한 수령 김일성동지'의 모습을 볼 수 있었다. 초상화 아래 이 같은 문장이 적혀 있었다.

숭배의 또 다른 표현은 수령 동상을 건설하는 것이었다. 김일성의 초대 동상은 소련 민정청 통치 시기 나왔다. 유일사상체계가 도입되면서 북한에서는 최소한 수십 개의 새로운 동상들이 나왔다. 주민들은 집 근처 동상에 꽃을 놓고 절을 해야 했다.

1950년대 후반 김일성은 '현지지도'를 시작했다. 수령의 방문은 운명적이고 역사적인 사건으로 대우를 받았다. 김일성의 사소한 발언도 모두 기록되었다. 이 기록을 기반으로 수령의 교시 집행 계획서가 작성되었고 벽에 붙여두게 되었다. 김일성이 방문한 곳은 이 계획서에 무조건 복종해야 했다. 대문에는 '위대한 수령 김일성동지께서 19○○년 ○○월 ○○일 현지지도하신 ○○○○'라는 명판을 붙였다. 만일 이 행차가 첫 번째 방문이 아니라면 현지지도 표식비

가장 유명한 김일성 동상. 1972년 김일성의 환갑을 기념해 건립되었다

는 바뀌었다. 현지지도를 받는 곳이 비밀장소가 아니라면 수령의 현지지도 소식은 며칠 뒤 중앙과 지방매체들마다 첫 페이지에 보도되었다. 김일성 현지지도 방문일 뿐 아니라 정주년[17] 기념일도 특별한 날이 되었다. 김일성 현지지도 기념일이 되면 회의가 소집되었고 회의 참가자들은 수령의 교시 집행에 대한 보고를 했다. 북한 매체들은 다른 간부들의 현지 방문은 보도하지 말라는 지시를 받았다. 현지지도는 김일성의 독점권이 되었다.

수령이 만진 모든 물건들은 신성화되었다. 김일성이 앉는 의자나 벤치는 즉

---

17 정주년(整週年)은 10, 20돌과 같이 10년 단위로 의의 있게 맞는 주년이라는 북한 말투다. 영어 'jubilee'와 비슷하다.

김일성훈장

시 국가의 보호대상이 되었고 사람은 그곳에 앉을 수 없었다. 수령이 문헌에 서명하기 위해 사용한 볼펜도 같은 운명이었다. 김일성 숭배와 관련된 물건들을 보호하기 위하여 북한은 '모심실'이라는 특별 방공호(防空壕)들을 건설했다. 김일성 사망 이후 나왔던 조선로동당 중앙군사위원회 지시에 따르면 전쟁이 발생할 경우 인민의 첫 번째 의무는 민간인을 대피시키는 것이 아니라 숭배 대상물들을 모심실에 이동시켜 보위하는 것이었다.[18]

유일사상체계 시대의 북한에서는 김일성 숭배가 포함되지 않는 생활 분야를 찾기가 어려웠다. 학술논문은 무조건 김일성의 '불후의 고전적 로작(勞作)' 인용을 포함해야 했다. 수학 논문도 예외가 아니었다. 모든 북한 선수들은 자

---

18 「조선로동당 중앙군사위원회 지시. 제002호. 《전시사업세칙》을 내옴에 대하여」. 2004
   년 4월 7일(필자가 입수한 자료).

신의 승리를 늘 '위대한 수령님의 비범한 령도(領導)' 덕분이라고 해야 했다. 김일성 역할을 한 번이라도 한 배우는 평생 다른 역할을 맡는 것이 금지되었다.[19] 영화가 끝나고 나오는 자막에 이 배우의 이름은 나오지 않았다. 평범한 사람 이름이 어떻게 '민족의 위대한 태양이신 김일성 원수님' 옆에 있을 수 있을까? 그래서 역설적으로 김일성 역할을 한 배우들의 이름은 잘 알려져 있지 않다. 이들 중에는 강덕이라는 사람이 있었다는 설이 있지만 이 글을 쓰고 있는 시점까지 사실 여부를 확인할 수 없었다.[20]

북한 주민 대부분은 일주일에 수차례 '조직생활'을 해야 했다. 조직생활은 사상 회의였고, 핵심 주제는 김일성 찬양이었다. 북한 사람 가운데 아동, 노인, 수감자들만 이 회의에 불참할 수 있었다. 김일성에 대해 셀 수 없을 만큼 많은 문서, 도서, 노래, 시 등이 쏟아졌다. 당시 북한 출판계의 핵심 주제는 '김일성의 위대성'이었고 다른 주제들과 비교할 수 없을 정도로 자주 등장했다. 1972년 3월 20일 북한 당국은 김일성훈장을 제정했다. 이는 나라의 최고 훈장이었다.[21] 전후(戰後) 시기 건설된 평양의 핵심 광장은 이미 건설할 때부터 '김일성 광장'으로 불렸다.

김일성 숭배의 경제적인 비용도 잊어서는 안 된다. 동상, 초상화 등 숭배 대상물은 보호와 보관에 비용과 시간이 든다. '조직생활'을 한다고 낭비한 시간은 근무시간을 빼서 만든 시간이다. 결국 김일성 숭배는 단순한 수령의 자만심을 표현한 것이라기보다 북한 주민 생활의 핵심이 되었다. 유일사상체계 시기 수십 년 동안 이 숭배는 북한 문화, 교육, 경제, 일상생활, 역사관, 군사복무의

19 "김일성 역 한번 하면 평생 다른 역 못해", *NK Chosun*, 2001년 11월 20일, http://nk.chosun.com/news/articleView.html?idxno=12849.

20 Ibid.

21 "조선민주주의인민공화국 최고인민회의 상임위원회 정령. 김일성훈장을 제정함을 대하여", 《로동신문》, 1972년 3월 21일, 1면.

일부까지 삼켜 흡수해버렸다. '북한은 어떤 나라인가?' 이 질문에 한 문장으로 답하자면 아마도 '김일성을 숭배하는 나라'라는 대답이 가장 정확할 것 같다.

이 숭배는 사상적인 기반이 필요했다. 이 기반을 마련하기 위하여 북한 당국은 보다 적극적으로 역사 왜곡에 돌입했다. 목적은 김일성을 세계 역사상 가장 위대한 인물로 보여주는 것이었다. 북한의 새로운 역사관은 다음과 같았다.

김일성 가족은 조선에 살던 부유한 지식인 가족이 아니었다. 이들은 민족을 위하여 수십 년 동안 투쟁했던 절세 위인들이었으며 전설적인 영웅들이었다. 이 새로운 역사관에 따르면 김일성 증조부는 1866년 조선 평안도에 벌어진 미국 상선(商船) 제너럴셔먼호와의 전투에 참가했다. 김일성 아버지 김형직은 3·1운동 참가자가 아니라 향도자이자 영도자였다.[22] 김일성 어머니 강반석도 혁명가였다. 그녀는 만주 여자들을 항일운동에 동원시켰다.[23] 김일성은 소년 시절부터 '영도의 천재'로 인정받았다. 만 14살에 이미 '타도제국주의동맹'이라는 항일조직을 설립했다. 그는 전체 만주 항일운동의 지도자였다. 중국공산당과 그는 협력만 했고 입당한 적이 없었다. 중국 동무들은 김일성의 지혜를 존경해 지도적 지시를 달라고 했다.[24] 보천보 습격은 조선 벽지(僻地)에 위치한 작은 파출소를 공격한 것이 아니었다. 이 대공격은 일제에 커다란 공포를 준 작전이었다. 이제 '일본 놈들은 조선이 살아 있다'는 것을 보았다. 흥미롭게도 유일사상체계 시대의 첫 번째 큰 행사는 바로 보천보 습격 30주년 기념 행사였다. 습격은 6월 4일 진행되었고, 유일사상체계 출발점은 김일성의 '5·25교시'였기 때문이다.

'조선인민혁명군' 신화는 완전히 새로운 수준으로 올라갔다. '조선인민혁명

---

22 『불굴의 반일 혁명투사 김형직 선생』, 평양: 조선로동당 출판사, 1968.

23 『강반석 녀사에 따라 배우자』, 평양: 조선민주녀성동맹 중앙위원회, 1967.

24 이 새로운 이야기를 담은 도서 가운데 백봉의 김일성 전기(傳記)는 거의 첫 번째 도서였다. 백봉, 『민족의 태양 김일성 장군』, 제1권, 평양: 인민과학사, 1968.

군'은 1940년대 소련 민정청 간부들이 조작한 '김일성 빨치산 군대' 이름이었다. 1950년대 북한은 '조선인민혁명군'이 소일(蘇日)전쟁에서 붉은 군대를 도와주었다고 주장하기 시작했다. 유일사상체계 도입 이후 북한은 '조선인민혁명군'과 붉은 군대의 역할을 정반대로 뒤바꾸었다. 새로운 북한의 역사관에 따르면 붉은 군대는 '조선인민혁명군'의 보좌 세력에 불과했고 대일전쟁 승리는 실제 존재하지도 않았던 '조선인민혁명군'의 업적이라고 주장했다. 소련의 제25군이나 민정청 통치시대는 북한 공식 역사에서 제거되었다. 북한이라는 나라를 건국한 사람은 치스탸코프나 시트코프와 같은 장성이 아니라 '백전백승 강철의 령장(靈將) 김일성 장군'이라고 주장했다. 세계 공산주의 세력의 지도자이자 전체 진보적인 인류가 탁월한 영도자로 우러러 모시는 자는 스탈린이나 브레즈네프, 마오쩌둥과 같은 중국인이나 소련인이 아니라 '경애하는 수령 김일성 원수님'이었다.

북한에서 스탈린과 김일성의 이미지도 정반대로 뒤바뀌었다. 스탈린 시대 소련에서나 동시대 북한에서도 김일성은 매우 긍정적인 인물이지만 '세계의 수령'인 스탈린의 제자로 소개되었다. 그러나 이제 북한에서 스탈린은 물론 긍정적인 인물이지만 '세계의 수령'인 김일성의 제자로 소개되었다. 결국 북한 매체에서 스탈린은 1930년대 소련을 '무장으로 옹호'한 김일성에게 감사를 드렸으며[25] 김일성에게 '충심으로 되는 감사'를 드렸다는 주장까지 나오게 되었다.[26] 이 새로운 역사관은 유치원부터 대학교에 이르는 모든 교육기관에서 가르치게 되었다. 1968년부터 '위대한 수령 김일성 원수님의 혁명활동'과 '위대한 수령 김일성 원수님의 혁명력사'는 단독 과목들이 되었다.[27]

---

25 "동방에서 솟은 태양", ≪로동신문≫, 2012년 8월 15일, 2면.

26 "30대의 건국 수반께 드린 경의", ≪로동신문≫, 2011년 9월 11일, 4면.

27 한만길, 『통일 시대 북한 교육론』, 서울: 교육과학사, 1997, 162쪽. 이 도서는 널리 알려져 있지 않지만, 북한 교육사 연구 중에서 탁월한 단행본이라고 평가할 수 있다.

소련이나 중국은 이러한 역사 왜곡을 배신행위로 보았다. 20년 이상 "일제의 노예생활로부터 해방을 주신 위대한 소련 군대의 업적을 잊지 않으리"라고 했던 전 붉은 군대 대위가 감히 "소련은 조국 해방 위업에서 조선인민혁명군을 도와주었다"고 했다.[28] 같은 중국공산당원으로서 만주의 밀림에서 중국 전우들과 함께 싸웠던 빨치산은 자신의 과거를 버렸고 동북항일연합군에 복무한 적도 없었다고 주장했으며 자신이 어떤 실재하지 않는 군대의 사령관이었다고 위조했던 것이다. 김일성에게 반박하고 싶어 하는 사람들이 있었지만 소련이나 중국 모두 국가 검열에서 막혔다. 양국 정부는 북한이 반감을 갖지 않도록 김일성의 가짜 역사관 비판을 금지시켰다. 그러나 소련 정부는 제한적인 항의 조치를 이행했다. 소련은 조용히 소일전쟁 참가자 회고록 몇 권을 출판하기로 결정했다. 이 회고록에서 전쟁과 북한 역사 초반에 대한 이야기는 소련의 공식 역사관을 따랐지만 '조선인민혁명군'에 대한 언급은 전혀 없었다.[29] 이후 소련은 전쟁 시기 일부 사료를 기밀해제하고 출판까지 했다. 이 사료에서도 당시 조선에서 전투한 세력은 붉은 군대뿐이었음을 확인할 수 있다.[30] 그러나 소련에서 검열을 받지 않고 쓴 솔직한 회고록이나 연구는 1989~90년이 되어서야 출판할 수 있었다.

중국에서 북한의 역사 왜곡은 소련보다 훨씬 중요한 문제였다. 항일투쟁은 중국공산당의 공식 역사관의 중요한 일부였기 때문이다. 공산당은 일본 황군

---

28 주북한 러시아대사관 사이트에서 '조국해방위업에 피로써 도와준 쏘련군대'에 대한 언급이 있는 함흥시 해방문의 사진을 찾을 수 있다. http://www.rusembdprk.ru/images/hamhyn-graves/02.jpg 참조.

29 Юрий Ванин, *Изучение истории Кореи* // Корееведение в России: история и современность, Москва: Первое Марта, 2004.

30 *Отношения Советского Союза с народной Кореей. 1945-1980. Документы и материалы*, Москва: Наука, 1981.

과 전투한 핵심 세력이 중화민국의 국민혁명군이 아니라 중국공산당 부대들이라는 것을 보여주려 했다. 그러나 김일성이 항일투쟁에서 그다지 중요 인물이 아니었다는 것을 보여주는 사료가 나온다면 북한 부정적인 반응을 일으킬 수 있었다. 결국 중국 당국은 특별한 해결책을 찾았다. 김일성을 언급할 때는 수령의 이름에 대신 곱셈기호 3개(×××)를 쓰거나 당시 그의 직위를 썼다.[31]

이런 정책은 1991년이 되어서야 바뀌었다. 이 시기 중화인민공화국 주석 양상쿤(楊尚昆), 중국공산당 중앙고문위원회 부위원장 보이보(薄一波), 중국공산당 중앙고문위원회 상무위원 후챠오무(胡喬木) 등 3명은 김일성의 허위 역사관을 무시하는 『동북항일연합군의 투쟁사』[32]라는 책을 출판하기로 공동 승인했다.[33] 국가 주석이 이 문제를 해결해야 한 것을 보면 중국에서 얼마나 중요한 문제였는가를 알 수 있다.

김일성 숭배에 대한 이야기를 마무리하면서 이는 김일성 자신에게도 부정적인 영향을 미쳤다는 것을 강조하고 싶다. 물론 그는 친절도 보여줄 수 있었다. 예컨대, 1960년대 후반기에 김일성이 자신의 애완견을 부하에게 시키는 것보다 스스로 산책시켰다는 증언이 있다.[34] 그러나 마찬가지로 현지지도 때에 마음에 안 든 간부를 발로 찼다는 증언도 있다.[35] 아니면 이런 일화도 있었

---

31 金贊汀, 『비극의 抗日빨치산』, 서울: 동아일보사, 1992, 81쪽. 김일성의 이름을 '××
　×'로 바꾼 책들은 다음과 같다. 『吉林文史資料 第21辑. 東北抗日联军第一路军简史』,
　长春: 中国人民政治协商会议 吉林省委员会 文史资料研究委员会, 1987. 또는 제88여단
　출신 왕밍꿰이(王明貴)의 회고록도 참고할 수 있다. 중국 인민해방군에서 장성까지
　진급한 왕밍꿰이는 김일성의 허위 주장과 모순이 없도록 회고록을 편집할 수밖에
　없었다. 王明贵, 『踏破兴安万重山』, 哈尔滨: 黑龙江人民出版社, 1988, 第217页 참조.

32 『东北抗日联军斗争史』, 北京: 人民出版社, 1991.

33 史义军, 「东北抗日联军斗争史(第一版出版内情)」, ≪党史博览≫, 2012年 08期, 第26-27页.

34 필자가 드미트리 카푸스틴과 한 인터뷰, 2020년 2월.

35 안드레이 란코프가 이반 로보다와 한 인터뷰, 1990년 11월.

다. 어느 날 젊은 소련 외교관이 김일성에게 조선말로 '안녕하십니까?'라고 인사하자 김일성은 그에게 무례하게 '안녕하십니다'라고 답했다.[36]

자신에 대한 끝없는 찬양을 들었던 김일성은 본인이 진짜 절세의 위인이라고 믿게 된 것 같다. 누군가 그의 과거를 상기시켰을 때 수령은 귀찮다는 느낌을 받았다. 1979년 대표적인 일화가 발생했다. 김일성의 옛 친구 니콜라이 레베데프 소장이 평양에 방문했을 때 벌어진 일이다.[37] 김일성과 레베데프가 수령을 찬양하는 명판 앞에 섰을 때 레베데프 장군은 이들의 과거를 회고하기 시작했다. "일성아, 우리는 바로 여기에 누워서 얘기하곤 했잖아. 기억하지? 그때 얼마나 젊고 얼마나 바보 같았는지…" 감회에 젖은 소장이 수령의 어깨를 툭 쳤다. 이를 본 경호원들은 술렁거렸고 김일성은 당황했다. 수령은 정신을 가다듬은 후 "그래, 맞아. 넌 그때 진짜 젊었지. 그리고 완전 바보 같았어"라고 답했을 뿐이었다. 이 사건 후 레베데프는 더 이상 북한에 초대받지 못했다.[38]

이제 숭배 이야기를 마무리해야 할 것 같다. 숭배는 김일성주의의 핵심적인 특징이지만 유일한 특징은 아니다. 유일사상체계로 설립한 질서의 두 번째 특징은 국가가 사회를 완전히 통제하는 것이었다.

국가는 주민들의 이동의 자유를 박탈했다. 1967년 국내여행을 하려면 국가에서 발급하는 '려행증명서'가 필요했다. 원칙적으로 여행증명서가 없으면 군(郡)에서 떠날 수 없었다.[39] 평양이나 접경 지역을 방문하려면 '특별형 려행증

---

36 필자가 드미트리 카푸스틴과 한 인터뷰, 2020년 2월. 카푸스틴 선생님은 인터뷰했을 때에 "당시 동료들은 나를 믿지 않았지만 나는 김일성이 확실히 '안녕하십니다'라고 답한 것을 들었습니다. 정말 놀라운 일이었습니다"라고 강조했다.

37 Анатолий Журин, *Сделан в СССР* // Совершенно секретно, № 9/268, https://web.archive.org/web/20150628072203/http://www.sovsekretno.ru/articles/id/2889/.

38 Ibid.

39 김응교, 『조국』, 제2권, 서울: 풀빛, 1993, 91쪽.

명서'가 필요했다. 국제여행은 1967년 이전에도 거의 금지되어 있었다.[40] 유일
사상체계 시기 북한 사람들은 국가기관에 신고 없이 친족이나 친구 집에서 잠
을 잘 수 없었다. 신고를 받는 사람은 인민반장(人民班長)이었다. 인민반장은
거의 예외 없이 여성이었다. 인민반장 업무 중에는 주민 등록과 함께 '숙박 검
열'이 있었다. 숙박 검열은 인민반장이 해당 거주지에서 안전원[41] 팀과 함께 불
법 체류자를 임의 탐색하는 것이었다.

어린이와 수감자 외의 모든 북한 주민들은 조직에 소속되어 있어야 한다.
상류층의 조직은 조선로동당이었다. 청소년은 조선소년단, 청년은 청년동맹
에[42] 소속이 있어야 했다. 나머지 어른들은 직업동맹, 녀성동맹, 조선농업근로
자동맹 중에 소속이 있어야 했다. 조직의 핵심 임무는 소속된 사람들을 대상으
로 사상 회의를 소집하는 것이었다. 김일성 시기 이 회의는 주마다 여러 번 진
행되었고 회의마다 몇 시간씩 걸렸다.[43] 이 회의에서는 김일성주의 수업이 이
뤄졌고 김일성 공식 전기(傳記)를 배웠으며 국내외 상황에 대한 언론매체의 보
도를 보며 동지 비판과 자아비판을 했다. 비판 방식은 대체로 다음과 같았다.

첫 번째 참가자가 일어나 "A 동무를 비판하겠습니다. 위대한 수령 김일성동
지께서 다음과 같이 교시하시였습니다"라고 말한 후 김일성의 저작을 인용한

---

40 「조선민주주의인민공화국 려권 및 사증에 관한 규정, 1960년 12월 8일」, 『조선민주
   주의인민공화국 법규집』, 제1권, 평양: 국립출판사, 1961, 668~675쪽.

41 '안전원' 또는 '보안원'은 북한에서 경찰관을 칭하는 단어이다.

42 북한 청년동맹은 여러 번 이름이 바뀌었다. 북조선민주청년동맹으로 설립된 뒤 1961
   년 사회주의로동청년동맹, 1997년 김일성사회주의청년동맹, 2016년 김일성-김정일
   주의청년동맹, 2021년 사회주의애국청년동맹으로 바뀌었다.

43 서동익, 「북한 여성들의 結婚觀」, ≪月刊北韓≫, 1988년 5월, 96~103쪽; Андрей
   Ланьков, КНДР: вчера и сегодня, Москва: Восток-Запад, 2004, стр. 279-281;
   Идеологическая работа в КНДР в связи с подготовкой к 60-летию Ким Ир Сена,
   14 февраля 1972 года, РГАНИ, ф. 5, оп. 64, д. 419, лл. 30-49.

다. 그다음 "그러나 A 동무는 이런저런 실수를 했습니다"라고 덧붙인다. 실수는 A 동무가 출근을 늦게 한 것, 손을 자주 씻지 않는 것과 같은 아주 작은 것도 될 수 있었다. 다음으로 비판 받은 대상자가 일어난다. 우선 그도 "위대한 수령 김일성동지께서 다음과 같이 교시하시였습니다"라고 말한 후 김일성 저작을 인용한다. 그다음 그는 사과해야 한다. "그러나 나는 어버이 원수님의 영생불멸 교시 관철 사업에 태만했습니다. 나는 실수를 보완하고 참된 김일성주의자가 될 것을 당과 동지 앞에 굳게 맹세합니다." 자아비판의 경우에도 비슷한 형식이 사용되었다. 회의마다 차이가 있을 수 있지만 주로 이처럼 진행되었다. 이런 회의들은 사회적 연줄을 약화시키고 주민들을 분리시켰으며 그들에게 의기소침, 공포증, 의심증, 국가에 대한 복종 등을 주입시켰다.

  '조직생활' 외에 대부분의 주민들이 평생 대면한 것은 조선인민군이나 어떤 준군사(準軍事) 조직에 복무하는 것이었다. 북한 준군사 조직들은 마오쩌둥의 중국 영향을 크게 받아 1950~70년대 설립되었다. 이는 소련 군대의 형상대로 창조된 인민군과 차이가 있었다. 청소년기 북한 주민은 붉은청년근위대에서 2주 동안 기초군사 교육과 훈련을 받았다. 학교를 졸업하면 원칙적으로 조선인민군에 징병되거나 준군사 조직에 입대했다. 이 조직들은 대학생들이 군사교육을 받았던 대학 교도대(大學 敎導隊)들이었다. 대학 교도대를 졸업하면 대개 인민군 소재 당 자격을 받았다. 대학교에 입학하지 못한 청년들 가운데는 속도전 청년돌격대에 입대한 사람들이 적지 않았다. 돌격대는 대규모 건설 프로젝트에 동원된 노동 부대들이었다. 중년이 되면 직장 교도대에 입대했고 이후 로농적위대(勞農赤衛隊)에 입대했다. 이 조직들은 대원의 신체적응훈련 및 군사 능력 유지가 목적이었다. 군사나 준군사 조직의 질서는 사회 통제에 도움을 주었다. 이 조직들은 규율과 상관 명령에 대한 복종 정신을 길렀고 국가사상도 주입시켰다. 이는 북한군 복무 기간을 연장하는 원인이 되었을 것이다. 김일성 시대 초기 육군 복무기간은 3년 6개월, 해공군은 4년이었지만, 김일성 시대 후반에는 전 세계에서 볼 수 없던 10년으로까지 늘어났다.[44]

유일사상체계의 세 번째 기둥은 정보 제한이었다. 주민들은 검열을 받지 못한 정보에 접근하는 것이 금지되었다. 먼저 북한에서 해외 라디오 청취와 해외 신문을 보는 것은 범죄행위가 되었다. 금지대상은 자본주의권 매체뿐만이 아니었다. 소련의 ≪프라우다≫, 중국의 ≪인민일보(人民日報)≫도 미국 ≪뉴욕타임스≫나 일본 ≪아사히신문(朝日新聞)≫과 함께 금지 목록이었다. 주파수를 맞출 수 있는 라디오를 소유하는 것 자체도 범죄였다. 북한 사람은 북한의 국가 방송만 수신할 수 있는 라디오를 갖고 있어야 했다.

이 정보에 대한 접근 금지가 가져온 결과들은 많았지만, 여기서는 가장 대표적인 것을 이야기하고 싶다. 김일성이 사망한 지 17년이 지난 뒤에도 북한 주민들 가운데는 인간이 달에 발을 디딘 적이 있었다는 사실을 알고 있는 사람이 매우 적었다.[45] 필자가 이 글을 쓰고 있는 지금도 달에 간 적 있는 우주인들은 전부 미국인이었다. 북한은 주적의 대단한 업적에 대해서는 언급조차 하지 않았다. 1969년 닐 암스트롱이 역사적인 '작은 발걸음'을 했을 때 소련 매체도 미국의 영웅을 환영했다. 그러나 북한 매체는 달 상륙에 대해 보도하지 않았다. 암스트롱이 달에 간 적이 있다는 사실을 처음으로 인정한 북한 도서는 김일성 사망 10년 뒤쯤 출판된 『조선대백과사전』이었다.[46]

북한 공개매체는 국내 상황에 대해 부정적인 것을 보도할 수 없었다. 어떤 하급 간부가 한번 욕설을 했다거나 어느 리(里)의 인민위원회의 회의가 제시간

44 『北韓總覽』, 서울: 北韓研究所, 1983, 1505쪽; "북한 인민군은 10년 복무", ≪데일리NK≫, 2007년 1월 8일, http://www.dailynk.com/korean/read.php?catald=nk09000&num=35446; 김균태, 「옛날 군대, 이랬수다」, 『안경 없는 군대 이야기』, 서울: 의암출판문화사, 1993, 248~251쪽 참조.

45 Humphrey Hawksley, *Lessons from the death of North Korea's first leader*, 19 December 2011, http://www.bbc.com/news/world-asia-16252540.

46 「암스트롱, 넬 알덴」, 『조선대백과사전』, 제26권, 평양: 백과사전출판사, 2001, 610쪽.

보다 5분 늦게 시작한 것과 같은 미미한 사실까지도 보도할 수 없게 되었다. 유일사상체계 시대 ≪로동신문≫을 같은 시대 이 신문의 모체인 소련의 ≪프라우다≫와 비교해보면 그 차이는 ≪프라우다≫와 영국의 ≪데일리 텔레그래프≫와 같은 서방 신문보다도 더 심했다. 북한 매체는 북한을 단점이 하나도 없고 완벽한 유토피아 사회로, 북한 주민을 '사랑과 도덕의 최고 화신이신 경애하는 수령 김일성 원수님'께 끝까지 충성하는 행복한 인간으로 보여주어야 했다. '사랑과 도덕의 최고 화신'은 김일성을 수식하는 존칭 가운데 하나였다.

'형제적 사회주의 국가'를 비롯해 외국에서 나온 출판물은 대부분 금지되었다. 1960년대 후반 진행된 '도서 정리 사업' 캠페인 당시 마르크스, 엥겔스, 레닌, 스탈린, 마오쩌둥의 저작들은 도서관에서 몰수되었고 이 책들에 대한 접근은 제한되었다. 김일성주의와 고전 마르크스주의의 모순 중 하나는 역사의 주체에 대한 문제였다. 마르크스는 경제가 역사를 움직이며 개인은 역사를 바꿀 수 없다고 주장했다. 그러나 북한은 역사를 움직이는 것은 인간인데 모든 인간 중 가장 위대한 사람이 김일성이라고 주장했다. 당시 북한에서는 소련 문화와 중국 문화 대부분이 금지대상이었다. 북한에서 극소수의 중국과 소련 국적자가 남아 있었지만, 이들도 자국 문화에 거의 접근할 수 없었다. 1972년 북한 남자와 소련 여자의 가정에서 태어난 청소년이 학교에서 막심 고리키 책을 읽자 이를 본 학교 교원을 책을 빼앗아 책으로 때리면서 고리키 책을 읽는 것은 수정주의 행위라고 지적했다는 일화가 있다.[47] 이 학생의 부모가 모두 북한 주민이었다면 부모까지 더 큰 처벌을 받았을 것이다. 이후 외국 문화 금지정책은 완화되었지만 1960년대 후반부터 1970년대 초반까지 북한에서 소련 노래는 절대 부를 수 없었다는 것을 기억해야 한다.[48]

---

47 Л. В. Волкова, *Запись беседы с гражданкой СССР постоянно проживающей в КНДР Ли Татьяной Ивановной*, 1 декабря 1972 года, РГАНИ, ф. 5, оп. 64, д. 424, лл. 67-68.

1960년대 후반부터 1980년대 후반까지 20년 간 북한은 법률 공포를 거의 중단했다. 이 시대 법은 대부분 비공개이거나 국가 기밀 대상이었다. 1974년에 나온 '조선민주주의인민공화국 형법'은 기밀문서였다. 일반 주민들은 어떤 행위가 범죄행위인지 알 수도 없었다. 아무리 권위주의적이더라도 다른 나라에서는 있을 수 없는 일들이 김일성 시대 북한에서 일상적으로 일어났다.

1977년 선출된 최고인민회의 대의원 목록과 같은 무해한 것도 공개되지 않았다. 북한 매체들은 최고인민회의 선거가 진행되었고, 선거 결과는 이전처럼 '참가율 100.0%, 후보자 지지율 100.0%'였으며, 제120선거구(평안남도 안주군)에서 '경애하는 수령 김일성동지께서' 선출된 것만 보도했다.[49] 경제 통계 공포도 금지되었다.[50] 문학도서는 출판했을 때 저자 이름이 원칙적으로 표시되지 않았다. 국가기관에 명판은 없었다. 국가는 외부인들이 이 건물에 어떤 기관이 있는지 알 필요가 없다고 보았다.

유일사상체계 시대 북한의 넷 번째 기둥은 계급사회 설립이었다. 북한은 전체 주민들을 계층화시켰다. 1950년대 이미 주민들을 3개 분류로 나누는 제도가 있었지만, 이 제도는 김일성 시기 여러 번 바뀌었다. 1970년대 23개 분류 제

---

48 성혜랑, 『등나무집』, 서울: 지식나라, 2000, 314쪽.

49 선거에 대한 공보는 모든 후보자가 100.0% 지지를 받았고 선거 참가율이 100.0%인 것을 언급했지만, 후보자 이름은 알려주지 않았다. "위대한 수령 김일성동지의 두리에 하나의 사상 의지로 굳게 뭉친 우리 인민의 불패의 통일 단결 만세! 전체 선거자들의 100%가 투표에 참가 전체 선거자들의 100%가 찬성투표", ≪로동신문≫, 1977년 11월 13일, 2면 참조. 군인전용 신문 ≪조선인민군≫에서도 이 목록은 게재되지 않았다.

50 이 시대에 나왔던 자료나 연구에서 이 사실이 자주 언급된다. 예를 들면 주북한 소련대사관은 이 사실에 대해 보고한 적이 있다. *Внутреннее положение и внешняя политика Корейской Народно-Демократической Республики*, 28 марта 1969 года, РГАНИ, ф. 5, оп. 61, д. 466, лл. 71-81.

도가 있었고,[51] 51개 분류 제도도 있었다.[52] 김일성 시기 후반에 이 계층제도는 더욱 복잡해졌다. 이는 북한에서 유출된 절대비밀[53] 자료인 '주민등록참고서'를 통해 확인할 수 있다.[54] 참고서를 보면서 이 시대 제도를 좀 더 자세히 분석해보자.

북한 주민은 만 17살 되면 3개의 공식 신분을 받았다. 먼저 '출신 성분'과 '사회 성분' 등이었다. '사회 성분'은 주로 본인이 공부하거나 복무한 곳, 근무한 곳에 따라 배치되었고, '출신 성분'은 부친이나 본인과 가장 가까운 친족의 사회 성분이었다. 세 번째 신분인 '계층'은 출신 성분과 사회 성분, 그 밖의 다른 요인들을 고려해 배분되었다 신분마다 수십 개의 종류가 있었고, 계층은 추가적으로 '기본 군중', '복잡 군중', '적대 군중' 등으로 나뉘었다.[55] 북한은 '기본 군중' 대신 '핵심 군중', '복잡 군중' 대신 '동요 군중'이라는 명칭을 쓴 적도 있었지만, 제도의 본질은 바꾸지 않았다. 예컨대 '제대군인'은 '기본 군중' 소속,[56] '종교인'은 '복잡 군중',[57] 상인(商人)은 '적대 군중' 소속이었다.[58] '접견자(接見者)'

---

51 Е. Величко, *О делении населения КНДР на категории*, 4 октября 1974 года, РГАНИ, ф. 5, оп. 67, д. 715, лл. 95-96.

52 51개의 분류 제도는 1970~90년대 한국 중앙정보부·국가안전기획부의 기관지 역할을 맡았던 ≪내외통신≫ 공보에 처음으로 언급되었다. 『內外通信 綜合版』, 第4券, 서울: 內外通信社, 1978, 482~489쪽. 나중에 수많은 연구에서 이를 반복해 인용했다. 따라서 북한 성분과 계층 제도는 '51개의 분류 제도'라는 인식이 널리 퍼지게 되었다. 그러나 '51개의 분류 제도'는 성분·계층 제도의 변종 중 하나에 불과했던 것 같고, 이 변종은 오랫동안 유지되지 못한 것으로 보인다.

53 북한에서 국가비밀은 다섯 단계가 있다. '당(黨)안에 한함', '대내(對內)에 한함', '비밀', '절대 비밀', '극비'이다. 즉, '절대비밀' 자료는 대한민국 '2급비밀'에 해당한다.

54 김상선, 리성히, 『주민등록사업참고서』, 평양: 사회안전부 출판사, 1993.

55 Ibid.

56 Ibid., 143쪽.

와 같은 더욱 예외적인 분류도 있었다. 접견자는 김일성 혹은 1993년 이미 아버지의 후계자가 된 김정일과 직접 만난 사람이었다. 누구나 접견자가 되면 자동적으로 기본 군중까지 올라갔다.[59] '정치범 교화 출소자'와 '의거 입북자'도 '복잡 군중' 소속에 들어갔다.[60]

이 제도는 인도의 카스트 제도와 매우 닮았지만 북한 제도는 인도보다는 융통성이 있어 덜 비도덕적이라고 봐야 한다. 인민군에 입대하거나 육체노동을 하면 신분을 '개선'할 수 있거나 최소한 자녀들의 신분이 개선될 것을 기대할수 있었다. 대한민국 중앙정보부가 입수한 북한 내부통계에 따르면 1971년 기본 군중 27%, 복잡 군중 22%, 적대 군중 51%였지만, 5년 뒤 25%, 35%, 40%로 바뀌었다.[61] 1976년 적대 군중은 아직 가장 규모가 컸지만 급속히 줄어들게 되었다. 1993년 나온 '주민등록참고서'는 국내에 '적대 분자'가 '극소수'라고 강조했다.[62] 성분·계층 제도 때문에 평생 고통 받았던 사람들에게 이러한 사실은 조금이나마 위안이 되었다. 김일성 시대 북한 사회에서는 좋은 성분과 계층을 보유한 사람만이 출세할 수 있었다. 성분과 계층이 안 좋으면 대학교에도 입학할 수 없었다. 1970년대 중반 신분이 나쁜 주민은 농민만 될 수 있었다. 더 낮은 신분은 중노동만 할 수 있었고, 가장 신분이 낮은 주민들은 계속 감시받으며 일해야 했다.[63]

---

57 Ibid., 149쪽.

58 Ibid., 157~158쪽.

59 Ibid., 145쪽.

60 Ibid., 149쪽.

61 『이것이 北韓이다』, 서울: 內外通信社, 1978, 145~146쪽.

62 김상선, 리성히, 『주민등록사업참고서』, 평양: 사회안전부 출판사, 1993, 118쪽.

63 Е. Величко, *О делении населения КНДР на категории*, 4 октября 1974 года, РГАНИ, ф. 5, оп. 67, д. 715, лл. 95-96.

북한은 타 계층 간 결혼을 부정적으로 보았다. 그럼에도 결혼하겠다면 '귀인(貴人)' 출신 배우자는 계층이 내려가거나 로동당 출당까지 당할 수 있었다.[64] 이러한 정책에도 상대방과 결혼하겠다고 하는 사람들이 있었다. 사랑은 전체주의보다 더 강력할 수 있다.

북한 사회 계층제도에서 본질적으로 또 다른 특징은 수도의 특별한 지위였다. 김정일 시대 평양 사람들은 일반 주민이 받는 공민증(公民證) 대신 평양시민증을 받게 되면서 이 제도가 완수되었다. 김일성 시대에도 평양만의 특권이 두드러졌다. 성분과 계층이 나쁜 사람들은 '혁명의 수도 평양'에서 추방되었다.[65] 북한에서 다른 방식의 추방이 있었지만 이는 주로 국가가 안전 문제에 대해 신경 쓸 때 진행된 것이다. 국가가 신뢰하지 않는 주민들은 동해 바닷가에 위치한 원산에서도 다른 지역으로 추방되었다. 당국은 그들이 남한으로 탈출할까 봐 걱정했다.[66]

평양에서 추방당한 또 다른 집단은 장애인들이 있었다. 김일성 시기 북한 장애인들은 두 개의 완전 불평등한 분류로 나뉘었다. 첫 번째는 '영예군인', 즉 장애를 가진 군인이었다. 단어에서 추측할 수 있듯 국가는 영예군인들을 적극적으로 원조했다. 두 번째 분류는 나머지 장애인들이었다. 김일성 정권은 이들을 '혁명의 수도 평양'에 살 자격이 없는 '쓸모없는 불구자'로 보았다.[67]

---

64 Ibid.

65 다음 책의 저자는 추방 정책 희생자들 중 한 명이었다. 황만유, 『반역자의 땅』, 서울: 삶과 꿈, 2002, 2쪽.

66 *Из дневника Капустина Д.Т. Информация о посещении города Вонсана*, 21 июля 1969 года, РГАНИ, ф. 5, оп. 61, д. 463, лл.182-188; Л. Волкова, *Запись беседы с гражданкой СССР, постоянно проживающей в КНДР, Ти Екатериной*, 19 апреля 1973 года, РГАНИ, ф. 5, оп. 66, д. 682, лл. 81-83.

67 김동일, 이태수, 「북한의 특수교육 교육과정에 관한 탐색적 연구」, ≪특수교육학연구≫, 3호(42), 2007, 149~165쪽; 강창서, "장애인의날 '장애인들은 평양에 살 수

김일성은 수도가 공급에서 우선권을 받도록 직접 명령한 적이 있다. 수령은 '평양이 곧 나라의 얼굴'이라고 설명했다.[68] 평양 학생만 국가로부터 우유를 받았다는 사실은 이 정책의 대표적인 사례였다.[69] 평양지하철은 1973년 문을 열었다. 필자가 이 글을 쓰고 있는 지금도 평양에 지하철이 생긴 지 거의 50년이 지났지만 함흥, 청진 등 다른 대도시의 지하철 건설 계획은 전혀 없다. 독재국가에서는 수도 주민들의 지지가 가장 중요하기 때문이다. 수도의 반란은 지방에서 벌어지는 반란보다 탄압이 어려워서다.

북한은 당원 우대 제도도 다른 사회주의 국가들보다 명확했다. 원칙적으로 사회주의 국가에서 입당은 출세에 도움이 되었지만, 대부분 나라에서는 예외가 있었다. 엘리트 중에는 비당원도 찾을 수 있었다. 그러나 북한은 이런 예외가 없었다. 모든 조직에서 일정 수준 위로 비당원은 올라갈 수 없었다. 이 정책의 역설적인 결과 중 하나는 북한에서 조선로동당은 정당으로 인식되지 않게 된 것이었다. 히틀러의 독일에서는 유일 정당인 독일 민족사회주의노동자당 입당이 자발적인 것이었다. 따라서 이후 특히 서방 국가에서 '나치당 당원 = 히틀러의 지지자'라는 인식이 생겼다. 소련에서는 소련공산당 입당이 출세에 도움을 주었지만 완전히 필수적인 조건은 아니었다. 소련 주민들은 입당을 주로 국가에 대한 충성의 표시로 여겼다. 북한에서 조선로동당 입당은 승급에 불과했고, 입당은 결코 정치적인 행위로 보이지 않게 되었다.

로동당이 아닌 정당에 입당한 북한 사람들의 운명에 대해 궁금한 독자가 있

없어요'", ≪데일리NK≫, 2005년 4월 20일, https://www.dailynk.com/%5B장애인의 날%5D장애인들은-평양에-살/ 참조.

68 김일성, 「인민생활을 책임지고 돌볼데 대하여」, 『김일성 전집』, 제61권. 평양: 조선로동당 출판사, 2005, 407~431쪽; 김일성, 「인민정권기관 일군들의 역할을 더욱 높일데 대하여」, 『김일성 전집』, 제66권, 평양: 조선로동당 출판사, 2006, 504~528쪽.

69 Андрей Ланьков, *КНДР: вчера и сегодня*, Москва: Восток-Запад, 2004, стр. 307.

을지도 모르겠다. 조선민주당, 천도교 청우당 등 2개의 소당(小黨)은 유일사상 체계 시대에도 존재하고 있었다. 이 정당들은 6·25전쟁 전 이미 독립성이 사라졌다. 1950년대 후반 소당들의 지방 조직들은 해산되었다. 민주당과 청우당의 중앙위원회들은 남한을 비롯한 해외 좌경 정치인들과의 연락에 활용되었다. 1981년 1월 조선민주당은 조선사회민주당으로 이름이 바뀌었다. 이때에 1945년 신의주에서 잠시 존재했던 동명이당(同名異黨)에 대한 기억이 사라졌다. 민주당의 개명을 승인한 조선민주당 제6차 대회에서는 의장단 위에 붙어 있는 커다란 김일성 초상화를 볼 수 있었다.[70] 조선사회민주당과 천도교 청우당의 전체 당원들은 동시에 조선로동당 당원이어야 했다. 과거의 유산인 소당들까지도 북한 엘리트는 로동당 당원만 될 수 있다는 원칙을 피할 수 없었다.

북한의 계층분류는 상당히 역설적인 일이었다. 사람에게 육체노동을 시키는 것은 처벌이었다. 성분과 계층이 좋지 않은 사람들도 같은 운명을 맞았다. 그러나 이 정책은 노동자가 가장 진보적인 계급이라는 공산주의 원칙과 모순되었다. 국가는 노동자의 자녀들을 '귀인'으로 보았다. 이 모순은 융통성이 매우 부족한 북한 질서에서 사회적 유동성을 어느 정도 가능하게 만들었다.

유일사상체계 북한의 다섯 번째 기둥도 역설적이었다. 이는 근로자 착취였다. 스탈린 사망 후 사회주의 국가는 대체로 복지 제도를 내세웠다. 북한도 무상 교육과 무상 의료를 늘 강조했다. 그러나 1970년대 북한 당국은 근로시간 연장을 찬양하는 캠페인을 시작했다. '연장'이라는 말은 과소평가라고 할 수 있다. 당시 북한 사람들은 휴일 없이 날마다 12~14시간 일해야 했기 때문이다.[71] 당국은 이를 비상 상태가 아닌 조선민주주의인민공화국의 업적으로 보

---

70 "조선민주당 제6차대회 개막", ≪로동신문≫, 1981년 1월 29일, 2~3면.

71 이 사실에 대한 증언은 매우 많다. 예컨대 Л. Волкова, *Запись беседы с гражданкой СССР, постоянно проживающей в КНДР, Ти Екатериной*, 19 апреля 1973 года, РГАНИ, ф. 5, оп. 66, д. 682, лл. 81-83; *Отдел ЦК КПСС*, РГАНИ, ф. 5, оп. 68,

여주었다.[72] 그리고 북한은 소련과 같은 다른 사회주의 국가에서 근로시간이 훨씬 짧고 근로자들이 마음대로 일자리를 선택할 수 있다는 점을 비난했다. 소련 주민들이 얼마나 게으른 사람인지 보여주는 증거라며 소련의 이런 정책은 올바른 계획경제에 큰 해가 된다고 했다.[73] 즉, 필요할 때 북한은 서방의 극우 극단주의자보다 더욱 반동적인 담론을 사용할 수 있었다.

북한은 극좌 성격의 발언도 했다. 북한은 더 많은 일을 하는 근로자가 더 높은 소득을 받아야 한다는 주장에 의구심이 많았고 '부르주아적 망언'이라고 거절한 경우가 있었다.[74] 물론 이 정책의 결과는 북한 사람들이 열심히 근무하는 계기가 사라지게 된 것이었다. 당국은 근로자들을 선전과 공포로 동원시켰다. 북한은 우파 사상을 따를지 좌파 사상을 따를지 상관없었다. 당국의 목표는 근로자들이 되도록 많은 노동을 하고 되도록 작은 급여를 주는 것이었다. 이와 비슷한 정권은 독점자본주의에 대한 반유토피아 소설에서 찾아볼 수 있다. 잭

д. 1866, лл. 115-121; *О визите в КНДР делегации журнала ЦК КПСС «Партийная жизнь»*, РГАНИ, ф. 5, оп. 68, д. 1866, лл. 132-135 등 참조.

72 *Справка о пребывании в Советском Союзе туристов из Корейской Народно-Демократической Республики*, 15 сентября 1976 года, РГАНИ, ф. 5, оп. 69, д. 2420, лл. 96-99.

73 Е. Величко, *О некоторых политических настроениях трудящихся КНДР*, 6 декабря 1976 года, РГАНИ, ф. 5, оп. 64, д. 2422, лл. 240-246.

74 *Запись беседы с послом Румынии в КНДР С. Попа*, 26 июня 1969 года, РГАНИ, ф. 5, оп. 61, д. 463, лл. 178-180; *Выдержки из «Тезисов для изучения революционной истории товарища Ким Ир Сена». (Издательство ТПК, 1969 год)*, 23 марта 1970 года, РГАНИ, ф. 5, оп. 62, д. 462, лл. 47-58. 이 사료에서 언급된 북한 자료는 불가리아 외교관들이 입수해 소련 외교관들에게 준 북한 내부 자료이다. *Запись беседы с членом Политического Совета ЦК ТПК, первым заместителем Председателя Совета Министров КНДР Пак Сен Чером*, 7 ноября 1970 года, РГАНИ, ф. 5, оп. 62, д. 456, лл. 333-336.

런던의 『강철군화』에 나온 과두제가 대표적인 사례이다. 이러한 목표를 실제로 현실화한 나라는 사회주의 국가인 조선민주주의인민공화국이었다.

김일성 제도의 마지막 여섯 번째 기둥은 공포(恐怖)였다. 김일성 시대의 탄압은 아직 잘 알려져 있지 않다. 지극히 잔혹한 정권의 경우는 늘 그렇다. 국가가 사회를 완전히 통제하면 해외에 유출된 정보가 많이 없고 탈출에 성공한 사람들도 많지 않다. 그러나 1970년대 초반 북한에 대한 모든 증언은 예외 없이 대규모의 맹렬한 탄압 캠페인이 벌어지고 있었다는 것을 보여준다. 누군가를 사형시키기 위해 재판소 판결이나 안전위원회 결정은 필요하지 않았다. 북한 국가보위기관은 위반자들을 즉시 사형시킬 권한이 있었다. 고의가 아니더라도 김일성 초상화 훼손이나 '위대한 수령'에 대한 존경 부족으로 볼 수 있는 발언 등은 즉시 사형을 집행하는 원인이 될 수 있었다.

전 세계에 이 지긋지긋한 나날에 대해 알려준 증언자 중에는 공탁호(孔卓虎)라는 북한 국가정치보위부 대위가 있었다. 개성시에서 근무했던 공 대위는 어느 날 '위대한 수령'의 사상연구회에 참가했다. 펜에서 잉크가 잘 안 나와 글이 써지지 않자 그는 펜을 흔들었는데 펜심에서 나온 잉크 방울이 펼쳐진 책 속 김일성 초상화에 떨어졌다. 얼마 후 누군가 이 '용납할 수 없는 대죄'에 대해 보고했다. 보위부 대위였던 공탁호는 곧 사형을 받을 것을 알았다. 공 대위는 여러 우연 덕택에 살아남았다. 개성시가 군사분계선 근처에 있었다는 것, 비무장지대 입장 허가증이 있었던 것, 현지에서 체포되지 않았던 것, 비무장지대 경비원들이 그가 한 일을 몰랐던 것, 비무장지대 인민군 순찰대들이 그를 잡지 못한 것 등이 종합되어 공 대위는 탈북에 성공했고 대한민국으로 넘어올 수 있었다.[75]

베네수엘라 출신 시인 알리 라메다는 이 시대 또 하나의 증인이 되었다. 좌

---

75 孔卓虎, 『北傀政治保衛部內幕』, 서울: 弘元社, 1976.

파인 알리 라메다는 친북 성향이 있었고 1966년 평양에 갔다. 대다수 친북 외국인과 달리 알리 라메다는 조선말을 구사했다. 따라서 그는 북한에서 선전물 번역을 도와주게 되었다. 유일사상체계가 선포됐을 때 북한에 있었던 라메다는 북한 선전물 내용이 많이 이상해진 것을 볼 수 있었다. 그가 받게 된 선전물은 너무나 우스꽝스러워서 조심스럽게 비판적 태도를 표현했다. 결국 알리 라메다는 체포되었고 북한 노역수용소에서 6년을 보냈다. 국제 앰네스티로부터 루마니아 수령 니콜라에 차우셰스쿠까지 국제 세력의 노력으로 그는 결국 석방되었다.[76]

알리 라메다는 자신이 받았던 조작 재판에 대해 이렇게 기억했다. "재판소는 어떤 구체적인 기소를 내리지 않았습니다. 공식적인 혐의도 없었습니다. 피고인은 재판소 앞에서 자신을 기소해야 했습니다. 재판소는 어떤 증거를 제시할 필요도 없었습니다. 나는 내 자신을 변호할 수도 없었습니다. 유죄 인정만 할 수 있었습니다."[77] 알리 라메다는 형식적인 재판을 받았지만 이 시기 너무도 많은 사람들이 아무런 재판 없이 노역수용소에 수감되거나 사형까지 받았다.

1974년 북한 당국은 상기한 비밀 형법을 채택했다. 아마도 탄압 캠페인의 형식화와 '법칙화'를 위해 했던 조치라고 추측할 수 있다. 형법 제4조에 따르면 "조선민주주의인민공화국 형법의 임무는 조선민주주의인민공화국 주석을[78]

---

76 *Ali Lameda: A Personal Account of the Experience of a Prisoner of Conscience in the Democratic People's Republic of Korea*, Amnesty International, 1 January 1979, https://www.amnesty.org/en/documents/ASA24/002/1979/en/; *Ali Lameda, tortura terrible*, http://elestimulo.com/climax/ali-lameda-tortura-terrible/.

77 *Ali Lameda: A Personal Account of the Experience of a Prisoner of Conscience in the Democratic People's Republic of Korea*, Amnesty International, 1 January 1979, https://www.amnesty.org/en/documents/ASA24/002/1979/en/.

78 1972년 12월 북한은 1948년의 헌법을 폐지하고 새로운 '사회주의헌법'을 채택한 후 내각 수상이었던 김일성은 조선민주주의인민공화국 주석이 되었다. 개헌 이유

보위하고, 공화국 정부의 로선과 정책을 옹호관철하며, 모든 범죄적 침해로부터 로동자, 농민의 주권과 사회주의 제도와 혁명의 획득물을 지키며, 인민의 헌법적 권리와 생명, 재산을 보호하며, 국가생활의 모든 분야에서 혁명적 제도와 질서를 세워 전 사회를 주체사상으로 일색화(一色化)하는 력사적 위업에 기여함에 있다".[79]

1974년판 형법은 215개 조(條)로 구성되었고 '반혁명범죄'의 경우 대부분 사형과 전체 재산 몰수형에 처해야 한다고 했다. 이 범죄는 '반동선전선동죄'와 '사회주의 국가 적대 및 혁명적 인민 적대죄' 등을 포함했다. 형법에 따라 사형은 곧 "계급적 원쑤들의 더러운 운명에 최후의 종지부를 찍는 무자비한 혁명의 철추이며, 계급투쟁의 확고한 승리를 보장하는 가장 위력적인 법적 수단"이었다.[80]

북한 노역수용소의 경우 요덕(耀德) 제15호 이주민관리소에서 청소년기를 보낸 강철환(姜哲煥)과 같은 사람들의 증언이 있다.[81] 또 다른 증인은 전 북한

중의 하나는 1948년 헌법은 북한의 국가 원수(元首)가 누구인지 정하지 않았기 때문으로 추측할 수 있다. 김일성은 자신이 국가원수로 인정받는 것을 원했다. 1968년부터 북한 매체는 김일성을 '조선민주주의인민공화국의 국가원수'라고 불렀고 시간이 흐르면서 이 호칭은 더 자주 사용하게 되었다. 1972년 12월 새로운 헌법이 채택된 후 국가원수 자리에 대한 아무런 오해가 생길 수 없게 되었다.

79 이 인용과 하기(下記)한 1974년 형법의 인용 출처는 한국 정부기관들이 입수한 형법의 일부와 1980년대 북한 출판물이다. 김정일 등장과 함께 벌어졌던 체제 완화 덕분에 1980년대 북한 저자들은 형법을 인용할 수 있게 되었다. 金日秀, 「舊蘇聯 刑法이 北韓刑法의 變化에 미친 영향」, 《북한법률행정논총》, 9호, 1992년 9월, 259~300쪽; 法務部, 「조선민주주의인민공화국 형법 각칙(1974년 개정)」, 『北韓法의 體系的 考察』, 제2권, 서울: 昌信社, 1993, 876~897쪽.

80 金日秀, 「舊蘇聯 刑法이 北韓刑法의 變化에 미친 영향」, 《북한법률행정논총》, 9호, 1992년 9월, 259~300쪽; 法務部, 「조선민주주의인민공화국 형법 각칙(1974년 개정)」, 『北韓法의 體系的 考察』, 제2권, 서울: 昌信社, 1993, 876~897쪽

81 강철환의 회고록은 두 가지 변종이 있다. 첫 번째는 프랑스 인권운동가 피에르 리굴로와

보위부 하사 안명철(安明哲)이다. 그는 1987년부터 1994년까지 수용소 경비원으로 근무했다. 안명철은 회고록 2권을 썼다.[82] 강철환이나 안명철 같은 사람들은 전 세계에 북한의 노역수용소에 대해 알려주었다. 이 수용소에서는 사람들이 감시를 받으면서 노동을 해야 하는 구역도 있었고 고대 로마의 노예처럼 영양실조와 견딜 수 없는 노동으로 사망할 때까지 노역해야 하는 갱(坑)도 있었다. 이 북한 수용소에는 죄 없는 사람 수십만 명이 수감되었다.

김일성이 설립한 제도는 바로 이랬다. 이는 무시무시했던 것만큼 안정적이었다. 그러나 이 제도는 약점이 하나 있었다. 김일성은 언젠가 반드시 죽는 인간이었다. 수령이 죽으면 유일사상체계는 무너질 수 있었다. 김일성 자신도 이 사실을 알았고, 참으로 천재적인 방법으로 이러한 약점을 없애려고 했다.

공저로 쓴 책이다. Kang Chol-hwan, Pierre Rigoulot, *Les aquariums de Pyongyang*, Paris: Robert Laffont, 2000. 이 책의 영역도 존재한다. Kang Chol-hwan, Pierre Rigoulot, *The Aquariums of Pyongyang*, New York: The Perseus Press, 2001. 이 책은 강철환이 평양에서 보낸 어린 시절, 요덕수용소에서의 수감, 석방 후 북한에서의 생활, 탈북과 대한민국 입국에 대한 것이다. 두 번째 책은 한국어로 쓴 회고록이다. 불어판보다 더 개인적인 내용을 담은 이 책은 요덕수용소 수감 경험을 중심으로 쓴 것이다. 강철환, 『수용소의 노래』, 서울: 시대정신, 2005 참조.

82 안명철, 『그들이 울고 있다』, 서울: 천지미디어, 1995; 안명철, 『완전통제구역』, 서울: 시대정신, 2007. 안명철처럼 자기 과거를 대면하고 전 세계에 알려줄 용기가 있는 수용소 경비원은 극히 희귀하다. 그러나 아쉽게도 안명철의 회고록은 한국이나 특히 외국에서 아주 잘 알려져 있지 않다.

제13장

총비서 동지와 그의 세자

김일성의 57번째 생일 전날인 1969년 4월 14일 중국공산당은 새로운 규약을 채택했다. 이 규약에서 특히 다음 문단은 매우 선풍적인 내용을 담고 있었다.

> 린뱌오(林彪) 동지는 마오쩌둥 사상의 위대한 붉은 깃발을 언제나 높이 들고 있었고 마오쩌둥 동지의 프롤레타리아 계급적 혁명적 노선을 가장 충성스러우면서도 가장 꿋꿋하게 집행하고 옹위했다. 린뱌오 동지는 마오쩌둥 동지의 절친한 전우이자 후계자이다.[1]

전례가 없던 일이었다. 사회주의 국가에서 국가원수는 자신의 후계자를 임명한 적이 없었다. 사회주의 국가들은 형식적 민주주의를 유지했다. 수령의 후계자도 수령 사후 엘리트가 뽑았으며 중앙위원회나 당 회의가 승인했다. 4월 14일 중국은 불문율을 완전히 뒤집었다. 중국공산당 중앙위원회 부위원장 린

---

1   『中国共产党章程』, ≪人民网≫, http://cpc.people.com.cn/GB/64162/64168/64561/4429444.html.

뱌오는 살아 있는 수령 마오쩌둥의 후계자가 되었다.

이 사건을 접한 김일성은 스탈린의 사후 운명을 피할 수 있는 방법을 찾아낸 것 같다. 김일성은 1953년 3월 스탈린 사망 한 달도 되지 않아 소련 매체가 스탈린 찬양을 중단한 것을 기억하고 있었다. 흐루쇼프가 소련공산당 제20대회에서나 1961년 제22차 대회에서 스탈린을 어떻게 비난했는지도 기억했다. 김일성 자신은 이런 운명을 맞고 싶지 않았다. 그러나 그가 마오쩌둥처럼 후계자를 직접 뽑을 수 있다면 후계자가 후임자이자 계승자라는 것을 확정해 스탈린의 운명을 피할 수 있었다.

중국과 관계가 개선되면서 중국 모델을 따라가는 것이 더 쉬워졌다. 1970년 4월 마오쩌둥과 린뱌오 바로 다음 가는 중국의 3인자 국무원 총리 저우언라이가 방북했다. 이때 중국과 북한은 관계를 본질적으로 개선할 것을 합의했다.[2] 당시 북한 당국은 중국과 손잡지 않는 것이 더 어려웠다. 북한의 경제 상황이 별로 좋지 않았기 때문이다. 1961년 채택된 7개년 경제발전계획은 완수되지 못했고 외세의 대규모 원조가 필요했다. 북한 정부는 사회주의 국가로부터 돈을 빌리려 했지만, '형제적 조선민주주의인민공화국'을 계속 후원하고 싶지 않았던 사회주의 나라들은 북한 요청을 100% 수락하지는 않았다. 이에 북한은 자본주의 나라들과 접촉해 상당히 큰 외채를 지게 되었다. 이 외채를 상환할 의도가 없었던 북한은 이후 채무불이행을 선언했다.[3]

중국과의 우정에서 유일한 대안은 소련과의 우정이었다. 1966년 김일성은 브레즈네프와 상봉한 적이 있다.[4] 그러나 정상회담이나 회담 이후 북소담화 모

---

2 이종석, 『북한·중국 관계, 1945~2000』, 서울: 중심, 2000, 252쪽.

3 북한 외채 문제에 대해서는 김광현, 「외채의 늪에 빠진 북한 경제」, 《통일한국》, 46호, 1987년 10월, 12~13쪽 참조.

4 필자가 이 책을 작성할 당시 김일성과 브레즈네프의 정상회담에 대한 가장 구체적인 연구는 다음과 같은 보고였다. И. В. Безик, *Секретная встреча генерального секретаря*

김일성과 저우언라이

두 긍정적인 결과를 얻지 못하면서 북한 당국은 중국과의 관계 완화를 결정했다. 중국도 이에 보답했다. 이제 북한 매체에서 마오쩌둥은 '교조주의자'가 아니라 '중국 인민의 위대한 수령'이 되었고 마찬가지로 중국 매체에서 김일성은 '수정주의자'가 아니라 '조선 인민의 위대한 수령'이 되었다.

이 새로운 시대의 중요한 상징 중 하나는 《로동신문》을 비롯한 북한 매체에 게재된 '프로레타리아독재와 프로레타리아민주주의를 고수하자'라는 연설이었다.[5] 1971년 2월 4일 나온 이 연설문은 1963년 '사회주의 진영을 옹호하자'

ЦК КПСС Л. И. Брежнева с Ким Ир Сеном во Владивостоке в мае 1966 года // Российский Дальний Восток и интеграционные процессы в странах АТР, материалы конференции, 2006, стр. 92-103.

5 "프로레타리아독재와 프로레타리아민주주의를 고수하자", 《로동신문》, 1971년 2월 4일, 1면.

를 본보기로 작성한 것이었다. 이 연설문에는 당시 북한에서 금지되었던 레닌의 글이 갑자기 인용되는 등 두 연설문의 공통점을 볼 수 있다. '프로레타리아 독재와 프로레타리아민주주의를 고수하자'는 중국에 보내는 메시지였다. "우리는 다시 당신들의 편이다. 과거는 과거다." 북중관계 개선으로 북한에서 즉시 이득을 보았던 집단이 있었는데 바로 북한 화교(華僑)였다. 이들은 사실상 중국 국적을 회복할 수 있었다. 과정은 복잡했지만 대부분의 화교들은 다시 중국인이 되었다.[6]

1970년 북한에서는 조선로동당 제5차 대회가 개막되었다.[7] 핵심 주제는 경제문제였다.[8] 그러나 이 대회에서 또 하나의 중요한 사건이 벌어졌다. 당시 이미 높은 간부가 되었던 김정일은 아버지에 대한 아부를 통해 자신의 권위를 강화하려 했다. 이 대회에서 김정일이 모든 북한 주민들에게 김일성 초상화 휘장을 붙이고 다니자는 제안을 했다는 주장이 있다.[9] 이 제안은 수락되었고 북한 공장은 수천만 개의 김일성 초상 휘장을 생산했다. 1970년대 휘장의 형태는 성분과 계층에 따랐다는 주장이 있다.[10]

이듬해 중국을 모델로 한 후계자 임명은 갑작스러운 문제를 직면했다. 린뱌오의 실각이었다. 그가 후계자로 임명된 지 1년 만에 마오쩌둥과 린뱌오 사이

---

6 王永贵, 「朝鲜记忆」, ≪桥园≫, № 160, 2013年 10月, 第68-69页.

7 "조선로동당 중앙위원회 전원회의 결정서. 조선로동당 제5차 대회 소집에 대하여", ≪로동신문≫, 1969년 12월 6일, 1면.

8 Переписка с ЦК КПСС (отчёт о поездке Советской Правительственной делегации на празднества в Народную Корею и записи бесед с Ким Ир Сеном 12 и 13 сентября 1968 г.), ГАРФ, ф. Р-5446, оп. 132, д. 16, л. 18.

9 조선중앙통신사, "주석의 초상 휘장", 1999년 10월 27일, http://www.kcna.co.jp/item2/1999/9910/news10/27.htm#8.

10 E. Величко, О значках с изображением Ким Ир Сена, октябрь 1974 года, РГАНИ, ф. 5, оп. 67, д. 720, лл. 147-148.

1980년. 당 제6차 대회에서의 김일성과 김정일. 오른쪽에는 오진우 대장 앉아 있다

갈등이 생겼고, 1971년 9월 '마오쩌둥 동지의 친한 전우이자 후계자'의 비행기
는 몽골 상공에서 추락해 린뱌오가 사망했다. 린뱌오 사후 중국 정부는 그가
마오쩌둥 타도 음모를 준비했다고 주장했다. 이는 사실로 보인다. 김일성도 이
주장을 믿지 않았다고 할 근거는 없다. 결국 북한 수령은 후계자를 임명해도
되지만 후계자가 린뱌오처럼 그의 배후에 해를 입힐 수 있는 사람이면 안 된다
고 생각했다. 김일성은 후계자가 단순히 고급 간부가 아니라 수령 자리를 승계
할 경우 그 정당성 자체가 김일성으로부터 나올 사람이어야 한다고 생각한 것
같다. 그런 사람은 김일성 노선에서 이탈할 경우 타도 당할 위협을 받게 될 것
이었다. 후계자는 김일성 정책을 확실히 계승해야 했다. 이 조건에 맞는 사람
은 김일성 장남 김정일이었다.

　친아들을 후계자로 임명하다니! 봉건주의를 결사반대하는 사회주의 국가에
서 있을 수 없는 일이었다. 김일성이 이런 생각을 갖게 된 것은 당시 북한에서
발생한 대규모 족벌주의로 설명할 수 있다. 소련의 핵심 정보기관이었던 국가

김정일, 김일성 그리고 김경희

안전위원회 제1총지도국의 보고서를 보면 1960년대 후반 북한 지도부에 김일성 친족들이 적지 않았음을 확인할 수 있다. 김일성 남동생 김영주는 당 중앙위 조직지도부 부장이었다.[11] 수령의 영부인 김성애는 조선민주녀성동맹 중앙위 제1부위원장이었다.[12] 얼마 지나지 않아 그녀는 위원장 자리에 올랐다.[13] 위원장 자리에 있던 김성애의 전임자 김옥순도 김일성 친족이었다. 김옥순 남편

11 Борис Соломатин, *ЦК КПСС*, 12 февраля 1969 года, РГАНИ, ф. 5, оп. 61, д. 462, лл. 7-9. 이 자료를 작성할 당시 저자 보리스 솔로마틴은 제1총지도국 부국장으로 근무했다.

12 Ibid.

13 "수령님의 강력적 교시를 높이 받들고 녀성혁명화를 더욱 촉진하며 혁명의 전국적 승리와 사회주희의 완전 승리를 위하여 힘차게 전진하자!", ≪로동신문≫, 1971년 10월 11일, 1면.

최광은 당시 조선인민군 육군 대장이었다.[14] 김성애의 형제 김성윤과 김성갑도 좋은 자리에 있었다. 김성윤은 내각 사무처에서 근무했고 주민들에게 '위대한 수령님의 선물'을 공급 관리했다.[15] 김성갑은 사회안전성에서 근무했다. 김성갑의 상관 김병하는 김일성의 또 다른 친족 남편이었다.[16]

김일성 사촌 김정숙은[17] 조선 사회주의 로동청년동맹 중앙위 부위원장이었고 그녀 남편 허담은 외무성 제1부상이었다. 김일성의 또 다른 사촌인 김신숙은 김일성종합대학 역사학부 학부장이었고 김신숙 남편 양형섭은 고등교육상이었다.[18]

따라서 김정일의 경력도 예외적인 것이 아니었다. 수령의 장남은 김일성종합대학 졸업 후[19] 당 중앙위원회 선전선동부와 조직지도부에서 근무하게 되었다.[20] 1969년 김정일은 김일성경비대 사령관이 되었다. 이렇게 김정일은 자신

---

14 Борис Соломатин, *ЦК КПСС*, 12 февраля 1969 года, РГАНИ, ф. 5, оп. 61, д. 462, лл. 7-9.

15 유일사상체계 설립 얼마 후 북한 당국은 주민들에게 '위대한 수령님께서 주신 선물'을 받도록 했다. 김일성 생일을 비롯한 명절에 북한 주민들은 음식부터 가정용 전자제품과 같은 선물을 받는다.

16 Борис Соломатин, *ЦК КПСС*, 12 февраля 1969 года, РГАНИ, ф. 5, оп. 61, д. 462, лл. 7-9.

17 이 김정숙은 수령의 두 번째 부인 김정숙과 동명이인이다. 이후 그녀는 민주조선 신문 주필로 근무한 적도 있었다. 원칙적으로 북한에서 김씨 일가 구성원의 동명이인들은 강제로 개명을 당하지만, 수령의 친족인 그녀는 면제를 받았다.

18 Борис Соломатин, *ЦК КПСС*, 12 февраля 1969 года, РГАНИ, ф. 5, оп. 61, д. 462, лл. 7-9.

19 이 사실에 대한 김정일과 함께 공부했던 불가리아 외교관 미토프의 증언은 있다. *Краткие записи бесед с послами социалистических стран, аккредитованных в КНДР*, РГАНИ, ф. 5, оп. 67, д. 721, лл. 117-121 참조.

20 В. Немчинов, *Запись беседы с временным поверенным в делах СРР И. Урианом и*

이 효자라는 것을 보여주며 아버지와 접촉할 추가적인 기회를 받았다.[21] 그러나 세습 개념 자체는 공산주의 사상과 완전히 모순된 것이었다. 1970년판 북한 『정치용어사전』에서 '세습제도'는 "착취사회에서 특권계급의 신분에 기초하여 그 직위 또는 재산을 대대로 물려받도록 법적으로 고착시킨 반동적 제도"라고 정의했다.[22] 그러나 김일성 결정이 나오면서 북한은 이 '반동적 제도'를 부활시킬 준비를 시작했다.

필자가 이 책을 작성하고 있는 시기 알려져 있던 김정일 찬양 첫 번째 문서는 북한 여성 악기중주조의 일원이 서명한 충성 맹세문이었다. 문서는 1971년 11월 2[일]에 나왔다. 즉, 제5당대회 개막식 후 정확히 1년이 지난 시점이다.[23] 이 날짜는 의도적으로 선택했을 가능성이 있다. 북한에서 행사 기념일은 아주 중요한 날이기 때문이다. 문서 전문은 다음과 같다.

> 맹세문
>
> 위대한 수령 김일성 원수님의 친위대, 결사대들은 일편단심 위대한 수령님의 높으신 뜻 받들어 영생불멸의 김일성주의자로 경모하는 지도자동지께 충직한 돌격대가 될 것을 당 앞에 엄숙히 맹세합니다.
>
> 녀성악기중주조 1971년 11월 2[일]

맹세문의 극단적인 담론은 1970년대 북한에서 일반적인 일이었다. 당시 모

2-м секретарём посольства Д. Бёдеке, 20 июля 1969 года, РГАНИ, ф. 5, оп. 61, д. 462, лл. 153-157.

21 Борис Соломатин, *ЦК КПСС*, 12 февраля 1969 года, РГАНИ, ф. 5, оп. 61, д. 462, лл. 7-9.

22 「세습제도」, 『정치용어사전』, 평양: 사회과학출판사, 1970, 414~415쪽.

23 이 문서는 2004년 제작된 북한 영화 <위대한 전환의 1970년대>에 등장했다.

든 사람들은 김일성의 충직한 돌격대나 친위대, 결사대가 될 것을 맹세했다. 국가는 이 사상적 동원을 남북관계 완화에도 불구하고 유지했다. 1972년 7월 4일 대한민국과 북한은 불가침조약과 같은 공동성명을 채택했다.[24] 7·4공동성명 몇 달 뒤 북한은 나라의 수도가 평양이라는 것을 드디어 인정하는 헌법을 채택했다. 1972년까지 유효했던 헌법은 북한의 수도를 서울이라고 보았다.[25]

맹세문에서 가장 흥미로운 것은 음악가가 돌격대 입대를 맹세한 것이 아니었다. '경모(敬慕)하는 지도자동지'에 대한 언급이었다. '경모하는 지도자동지'는 '위대한 수령님'과 명확하게 다른 인물이기 때문이다. 먼 훗날, 김일성과 김정일이 모두 사망한 뒤 북한은 '경모하는 지도자'라는 표현이 김정일의 존칭 중 하나였다고 인정했다.[26]

아직 '경모하는 지도자'는 후계자가 아니었다. 그리고 그는 경쟁자가 생겼다. 바로 '존경하는 위원장 동지'였다. 이 표현은 1971년 조선민주녀성동맹 중앙위 위원장 자리에 있던 김일성의 배우자 김성애의 존칭이었다. 경모하는 지도자 찬양 캠페인은 예술가에게만 진행되었지만, '존경하는 위원장 김성애동지'라는 표현은 북한 주요 매체에 등장했다.[27]

24 7·4선언 전문은 여기서 참조할 수 있다. "南北共同聲明: 全文", ≪每日經濟新聞≫, 1974년 7월 4일, 1면.

25 재미있게도 북한에서 1972년 헌법과 1992년 헌법은 김일성이 직접 쓴 문서로 간주해 김일성 전집에 포함된다. 김일성, 「조선민주주의인민공화국 사회주의 헌법」, 『김일성 저작집』, 제27권, 평양: 조선로동당 출판사, 1984, 625~649쪽; 김일성, 「조선민주주의인민공화국 사회주의 헌법」, 『김일성 전집』, 제43권, 평양: 조선로동당 출판사, 1996, 312~341쪽 참조.

26 "인민의 다함없는 칭송을 받으시며", ≪우리민족강당≫, http://ournation-school.com/process/download.php?menu=lecture&id=361.

27 "김성애동지께서 각급 녀맹 단체들의 사업을 지도하시였다", ≪조선녀성≫, 1971년 5월, 26~33쪽.

김성애 찬양이나 김정일 찬양도 모두 김일성 지시에 따라 진행되었다. 김정일이 계모의 등장에 신경 썼을 근거가 있었다. 김정일의 친어머니 김정숙은 1949년 사망했고 김성애는 아들이 2명 있었다. 김평일이나 김영일도 김일성의 후계자 자격이 있는 것처럼 보였다. 수령이 아내보다 장남을 선호한다는 첫 번째 징후는 1972년 진행된 최고인민회의 선거였다. 여기서 '경애하는 수령 김일성동지'는 제216선거구에 출마했다.[28] 당시 이 사실에 주목한 외국 관찰자는 한 명도 없었던 것 같다. 그러나 나중에 알게 된 사실은 이 선거구 번호가 중요한 상징이었다는 것이

김성애

다. 216은 김정일을 상징했다. 그의 생일 2월 16일을 의미하는 것이었다. 1970년대 '216'은 이미 김정일의 상징이 되었다는 증언들이 있다.[29]

김성애는 그래도 의붓아들을 막으려고 노력했다. 1973년 인민군대에서 '존경하는 위원장 동지'를 군인들의 '대표자'로 찬양하는 캠페인이 진행되었다.[30] 김정일은 반격을 좀 비정상적으로 방법으로 이행하도록 결정한 것 같다. 이 방

28 "위대한 수령 김일성동지의 두리에 굳게 뭉친 우리인민의 불패의 통일단결 만세 전체 선거자들의 100%가 투표에 참가 전체 선거자들의 100%가 찬성투표. 최고인민회의 및 지방 각급 인민회의 대의원선거 승리적으로 진행. 중앙선거위원회 보도』, ≪로동신문≫, 1972년 12월 14일, 1면.

29 황장엽, 『나는 역사의 진리를 보았다』, 서울: 한울, 1999, 239쪽.

30 필자가 안찬일과 한 인터뷰, 2018년 7월.

한길명

법은 영화 촬영이었다. 당시 북한의 영화 예술은 바로 김정일의 책임 분야였다. 1973년 북한에서 〈우리 집 문제〉라는 영화가 나왔다. 매우 예외적인 사례로 이 영화의 반동인물은 북한 사람이었다. 착한 주인공은 우편국장이었고, 악당을 맡은 반동인물은 그의 배우자 길순이었다. 영화는 이기적이고 인정 없는 길순이 어떻게 남편을 조종해 그의 삶을 파멸시켰는지 보여주었다. 그리고 더욱 특이한 것은 이 영화가 동시대 북한에 대한 영화였지만 행복한 결말을 내지 않았다는 것이다. 원칙적으로 김일성의 북한은 단점이 없는 인민의 낙원으로 보여주어야 했지만, 이 영화의 마지막 장면은 마누라 조종의 희생자가 된 주인공이 그저 슬프게 강기슭을 걸어갈 뿐이었다. 재미있게도 악당 길순 역을 맡은 배우 한길명의 외모도 김성애를 상당히 닮았다. 이러한 사실들로 보아 이 영화는 김일성을 위해 제작한 것으로 보인다. 영화를 통해서 김정일은 "아버님, 아내에게 권한을 많이 주면 바로 이렇게 될 것입니다"라는 메시지를 보냈다.

시간이 흐르면서 새 어머니와 의붓아들의 싸움은 김정일에게 유리해져 갔다. 1973년판 『정치용어사전』에서 '세습제도'라는 단어가 사라진 것을 증거로 볼 수 있다.[31] 그해 김정일은 중앙위원회 비서 겸 선전선동부 부장으로 임명되었다.[32] 그는 가까운 미래에 후계자가 될 것으로 보였다.

---

31 『정치사전』, 평양: 사회과학출판사, 1973.

32 А. Путивец, *Запись беседы с первым секретарём посольства СРР в КНДР Аурелио Лазером*, 22 сентября 1973 года, РГАНИ, ф. 5, оп. 66, д. 682, л. 185; О. Чука-

1974년 2월 김성애와 김정일의 싸움은 김정일의 완전한 승리로 끝났다. 2월 16일 김정일은 33살이 되었고 아버지는 그때 아들을 후계자로 임명하기로 결정한 것으로 추정된다. 김일성도 33살이 되던 1945년 북한 지도자가 되었다. 당 중앙위원회 제5기 제8차 전원회의는 김정일을 아버지의 후계자로 추대했고 정치위원회 위원으로 임명했다. 이 자리 위로는 김일성 총비서 자리밖에 없었다. 개인 면담을 통해 김성애는 아직도 자신은 중요한 인물이고 김정일이 김일성 아들인 것만큼 자기 아들이라고도 강조했지만[33] 너무 늦었다. 2월 전원회의 이후 북한 매체에서 김성애에 대한 언급들은 줄어들었고 결국 북한의 공식 역사에서 사라지게 되었다. 1995년 2월 오진우 원수가 사망했을 때 국가장의위원회 101번째 위원이었던 김성애는 북한 매체에 마지막으로 언급된 채 이후 등장하지 않았다.[34] 김정일 등장의 또 다른 결과는 삼촌 김영주의 강등이었다. 1974년 2월 그는 정무원 부총리로 강등되었고[35] 얼마 뒤 북한 매체에서 사라졌으며 오랫동안 재등장하지 못했다.

김정일이 후계자가 된 후 북한 선전에 있어 독특한 시기가 등장했다. 김일성은 외국에서 이러한 임명을 몰랐으면 좋겠다고 생각했다. 왜 그렇게 결정했는지는 모르지만 후계자 임명을 돌릴 수 없는 결정이 되게 하고 싶지 않았다고 추정할 수 있다. 결정이 대내외에 공포(公布)되면 되돌리기 어려울 수 있었다.

노브, *Справка к документу № 33047 от 27 сентября 1973 г.*, 18 февраля 1974 года, РГАНИ, ф. 5, оп. 66, д. 682, л. 186.

33 Б. К. Пименов, *Запись беседы с советником посольства НРБ в КНДР А. Апостоловым*, 25 февраля 1976 года, РГАНИ, ф. 5, оп. 69, д. 2428, лл. 20-21.

34 "조선로동당 중앙위원회, 조선로동당 중앙군사위원회, 조선민주주의인민공화국 국방위원회에서", ≪로동신문≫, 1995년 2월 26일, 1면.

35 "정령: 김영주동지를 조선민주주의인민공화국 정무원 부총리로 임명함에 대하여", ≪로동신문≫, 1974년 2월 16일, 1면.

수령이 마음을 바꾼다면 북한 내에서 김정일을 문제없이 제거할 수도 있었다. 그러나 그렇게 된다면 외국에서 후계자 실각에 대한 소문이 퍼질 수도 있었고 김일성은 이러한 상황을 피하고 싶었다. 그래서 수령은 이 결정이 확실할 때까지 기다리기로 했다.

김정일 승계 캠페인은 비밀리에 펼쳐졌다. 몇 년 동안 《로동신문》을 비롯해 외국으로 수출하는 북한 매체는 김정일 이름을 언급할 수 없었다. 김정일이 아버지의 후계자가 되었다는 사실도 밝힐 수 없었다.[36] 매체들은 대신 '당중앙'이라는 암호명을 사용했다. 일반적으로 북한에서 '당중앙'은 '당중앙위원회'라는 뜻이었기 때문에 비밀을 몰랐던 사람들은 당중앙에 대한 언급을 그렇게 오해했다. 비밀을 아는 사람들은 당중앙이 곧 후계자 김정일이라는 것을 알았다. 아버지 앞에서 '겸허'를 보여주어야 하는 김정일은 부하들에게 보내는 보고서에 '경모하는 지도자동지'와 같은 존칭을 쓰지 말고 '당중앙위원회 김정일'로 쓰라고 했다는 주장이 있다.[37] '당중앙'이라는 표현이 '당중앙위원회 김정일'이라는 표현의 줄임말이 되었을 가능성도 있다.[38]

대내 매체에서는 김정일 찬양에 아무런 제한이 없었으며, '친애하는 지도자 김정일동지'가 얼마나 위대한 사람인지 서술했다.[39] 한참 뒤 북한은 '친애하는

---

36 《로동신문》이 '당중앙'이라는 표현을 처음으로 언급한 날은 1974년 2월 14일, 김정일을 아버지의 후계자로 추대한 직후였다. "위대한 수령님의 부르심과 당중앙의 호소를 받들고 전당, 전국, 전민이 사회주의대건설사업에 총동원되자!", 《로동신문》, 1974년 2월 14일, 2면 참조.

37 "남 다른 겸허성", 《우리민족강당》, http://ournation-school.com/index.php?menu=term&id=4360&pno=7&page=11.

38 1970년대 북한 간부가 소련 외교관에게 설명했듯 '당중앙'은 김정일 자신뿐 아니라 그의 부하 핵심층도 호칭했다. Е. Краснов, *Отдел ЦК КПСС*, РГАНИ, ф. 5, оп. 68, д. 1866, лл. 115-121 참조.

39 *Дорогому руководителю товарищу Ким Ден Иру*, РГАНИ, ф. 5, оп. 68, д. 1863, лл.

지도자'라는 존칭이 당 중앙위원회의 승인으로 나온 것이라고 주장했다.[40] 북한이 어떤 나라였는지 떠올린다면 이 주장은 사실로 보인다. 승계 캠페인 초기 김정일 숭배는 그의 책임 분야였던 예술 조직에서 더 강력하게 이뤄졌다. 1974년 9월 소련 외교관은 조선2·8예술영화촬영소에 김정일 초상화가 걸려 있는 것을 보았다.[41] 당시 다른 곳에서는 김정일 초상화를 자주 볼 수 없었지만 얼마 뒤 김정일 숭배도 확대되었다.

김정일은 후계자라고 할 만한 전기(傳記)가 필요했다. 북한 당국은 이를 작성하기 시작했다. 여기서 역사적 사실은 정치적 요구의 희생자가 되었다. 1976년 이미 북한에서는 김정일이 '백두산 밀영'에서 태어났다고 가르치게 되었다.[42] '친애하는 지도자' 고향이 소련이라는 것은 인정할 수 없었다. 물론 김일성이 대체 왜 아이를 낳기 위해 김정숙을 적지(敵地)로 끌고 갔는지는 설명하지 않았다. 수령은 이 밀영을 '찾으라'고 지시했다.[43] 밀영은 존재하지 않았기 때문에 부하들은 이를 건설해야 했다. 밀영은 백두산의 중국 쪽이 아니라 북한 쪽에 있었고 장군봉(將軍峰)에서 딱 216m 위치에 있었다. 216은 김정일을 상징하는 숫자였다.[44] 북한은 이러한 사실을 '신비스럽다'고 주장하지만 '밀

11-12. 이 사료는 북한 소련대사관이 입수한 청진에 위치한 김책제철소 출간 신문에 게재된 편지의 러시아어 번역이다. 신문은 1975년 1월 1일 나왔다. 또한 "친애하는 지도자동지를 우러러 드리는 충성의 노래", ≪조선인민군≫, 1975년 2월 16일, 5면 참조.

40 "제5장. 전군 주체 사상화의 기치를 높이 드시고", ≪우리민족끼리≫, http://www.uriminzokkiri.com/index.php?ptype=book&no=2372&pn=7.

41 *Из дневника Игербаева А.Т. Запись бесед с иностранными дипломатами, аккредитованными в Пхеньяне*, Сентябрь 1974 года, РГАНИ, ф. 5, оп. 67, д. 421, лл. 222-223.

42 "金正一生日祝賀 朝總聯集會 열어", ≪東亞日報≫, 1976년 2월 20일, 1면.

43 "누리에 솟아 빛나는 정일봉에 깃든 사연", ≪우리민족끼리≫, 2015년 2월 16일, http://uriminzokkiri.com/m/index.php?ptype=urigisa&categ=36&no=90738.

영'의 조작사(造作史)를 알면 그다지 신비하지 않다. 이후 1988년 8월 김일성은 장군봉을 김정일 이름을 따 정일봉(正日峰)으로 개명하라고 지시했다.[45]

1973~74년, 이때는 대체로 후계자 추대에 좋은 시기였던 것 같다. 북한의 경제성장 시기였기 때문이다.[46] 1972년 7·4공동성명 이후 북한은 군사공업 투자를 줄였다고 설명할 수 있을 것 같다. 1973년 중국 지원으로 건설된[47] 평양 지하철이 문을 열었다.[48] 1974년 북한 당국은 개인 과세 제도를 폐지했다.[49] 물론 이들은 개인 세금이 국가예산에 중요하지 않다는 사실은 언급하지 않았다.[50] 많은 북한 주민들은 상황이 좋아지고 있는 것처럼 느꼈다.

1976년 8월 18일 북한은 갑자기 판문점 위기에 직면했다. 이는 '판문점 도끼 살인 사건'으로 잘 알려져 있다. 원인은 판문점에 있던 미루나무였다. 남쪽

---

44 "정일봉은 고향집에서 216m…신비스러워", ≪데일리NK≫, 2011년 2월 16일, https://www.dailynk.com/정일봉은-고향집에서-216m신비스러워/.

45 "천하제일 정일봉", ≪우리민족끼리≫, 2017년 2월 26일, http://www.uriminzokkiri.com/index.php?ptype=igisa2&no=124862.

46 *Запись беседы с премьером Административного Совета Ким Иром*, 11 мая 1973 года, РГАНИ, ф. 5, оп. 66, д. 682, лл. 133-134.

47 老熊,「揭秘中国援建平壤地铁: 真的死了很多工人? 白送了很多列车吗?」, 2018年 5月 4日, https://www.weibo.com/ttarticle/p/show?id=2309404236000246271546&infeed=1.

48 "위대한 수령님의 대해같은 은덕 길이길이 노래하리. 력사에 길이 빛날 로동당시대의 기념비적창조물 위대한 수령 김일성동지의 참석하에 평양지하철도개통식이 성대히 진행되였다", ≪로동신문≫, 1973년 9월 6일, 1면.

49 1972년 사회주의헌법 제33조는 이미 '국가는 낡은 사회의 유물인 세금제도를 완전히 없앤다'고 선포했다. 김정일을 아버지의 후계자로 추대한 당 중앙위원회 전원회의가 세금제도를 없앨 데 대한 지시를 내린 뒤 북한은 1974년 3월 이 결정을 선포했다. "세금제도를 완전히 없앨데 대하여", ≪로동신문≫, 1974년 3월 22일, 1면 참조.

50 Peter Ward, "The biggest tax cuts in North Korean history," *NK News*, 7 May 2018, https://www.nknews.org/2018/05/the-biggest-tax-cuts-in-north-korean-history/.

에서 보면 이 나무는 시야를 가리고 있었고 국군은 이 나무를 자르도록 결정했다. 국군과 미군이 벌목을 시도하자 현장에 나타난 북한군 장교는 이 미루나무는 김일성이 심은 나무라며 벌목을 즉시 중단할 것을 요구했다. 국군과 미군이 이를 무시하자 인민군이 공격을 시작했다. 이 싸움으로 미군 장교 2명이 사살당했고, 부상자들도 나왔다. 유엔군 사령부는 이 도발에 대해 군사력 과시로 답할 것을 결정했다. 사령부는 이 불행의 원인이 된 나무를 자르기 위해 병사를 파견했다. 병사들은 벌목을 하면서 공군은 판문점 영공을 순찰했다. 흥미로운 점은 당시 판문점에서 복무했던 한국 병사 가운데는 2017년 대한민국 대통령으로 선출된 문재인도 있었다.[51] 이 사건에서 북한은 전투태세를 선언했지만[52] 한미군의 '폴 버니언' 벌목 작전이 종결되면서 사태는 완화되었다. 김일성은 유엔 측에 유감을 표시하는 편지까지 보냈다.[53]

한반도 외에서도 남북 사이 보이지 않는 싸움이 펼쳐졌다. 남한이나 북한 모두 유엔 가입을 시도했다. 유엔총회에서 필요한 표를 얻기 위하여 남한과 북한 모두 최근 독립한 아프리카 나라들과 접촉했다. 남한은 가봉과 좋은 관계를 만들었고[54] 북한은 짐바브웨의 우정국이 되었다. 조선인민군 고문관들은 짐바브웨 독재자 로버트 무가베를 위하여 병사를 훈련하기도 했다.[55] 이 외교전과

51 이가영, "문재인 대통령과 판문점의 과거 인연 '도끼 만행사건'", 2018년 4월 27일, ≪중앙일보≫, https://news.joins.com/article/22573872.

52 "조선인민군 최고사령부의 보도. 조선인민군 최고사령관 인민군 전체 부대들과 로농적위대, 붉은청년근위대 전체대원들에게 전투태세에 들어갈데 대한 명령을 하달", ≪조선인민군≫, 1976년 8월 20일, 1면.

53 Richard A. Mobley, *Flash Point North Korea: the Pueblo and EC-121 crises*, Annapolis: Naval Institute Press, 2003, p. 153.

54 한국과 가봉의 관계, 한국의 아프리카에 대한 정책은 KBS 다큐멘터리 <가봉의 봉고 대통령, 그는 왜 한국 최고의 국빈이 되었나>, KBS, 2003년 6월 7일 참조.

55 Abiodun Alao, *Mugabe and the Politics of Security in Zimbabwe*, Montreal: McGill-

함께 북한은 제3세계에 '주체사상'을 선전했다.[56] 그러나 이 시도는 완전히 실패했다. 내용이 없는 주체사상의 추종자가 되고 싶어 하는 사람은 거의 없었기 때문이다.

1977년경 북한은 조총련 책에 김정일을 언급하라는 지시를 내렸다. 그 당시 조총련 책에 세자의 사진이 등장했다.[57] 다만 사진 아래 이 청년이 김정일이라는 설명은 없었다. 김정일 이름 언급에 대한 금지도 해제되었다. 당시 조총련에서 나온 『은혜로운 태양』이라는 김일성 찬양 도서에는 이런 문장이 있었다. "이러한 청을 받으신 친애하는 김정일동지께서는 건설자들에게 이렇게 써 보내시였다. '수령님께서 비준하신대로 하시오'."[58] 보다시피 조총련은 여전히 김정일을 단독 인물이라기보다는 김일성의 충성한 제자로 보았지만 시간이 흐르면서 김정일 권위는 커졌다.

김정일이 후계자라는 것을 대내외에 공인(公認)하는 시간이 다가온 것처럼 보였다. 하지만 1978년쯤 김일성은 이 결정에 대한 의구심을 갖게 된 것 같다. 귀순 전 비무장지대 부근 북한군에서 복무했던 안찬일 전 인민군 상사가 필자에게 전한 바에 따르면 1978년 인민군 병영에서 김정일 초상화들이 제거되었고 그를 찬양하는 캠페인도 중단되었다. 당 중앙위원회는 김정일이 겸손한 사람이기 때문에 그렇게 지시했다고 설명했다.[59] 주북한 호주대사관에 근무했던 외교관 에드리안 부조도 북한에서 '당중앙' 언급이 사라진 것을 관찰했다.[60] 같

Queen's Press, 2012, pp. 42-44 참조.

56 В. Волков, *О публикациях за рубежом статей и речей Ким Ир Сена*, 14 февраля 1972 года, РГАНИ, ф. 5, оп. 64, д. 419, лл. 24-27.

57 『인민들 속에서』, 제13권, 도꾜: 구월서방, 1977, 전문 앞에 사진 페이지.

58 오태석, 백봉, 리상규, 『은혜로운 태양』, 제3권, 도꾜: 인민과학사, 1977, 282쪽.

59 필자가 안찬일과 한 인터뷰, 2018년 7월. 1979년 7월 27일 귀순한 안찬일은 인민군 상사로 복무했다.

은 시기 주북한 헝가리인민공화국대사관도 부다페스트에 김정일 찬양 캠페인 규모가 상당히 줄어들었다는 보고서를 보냈다.[61] 이 위기의 원인이 무엇인지는 알 수 없지만, 1979년 7월에 끝났다. 김일성은 다시 아들을 내세우려 노력했다.[62] 1979년 7월 29일 군인 전용신문 ≪조선인민군≫은 다시 김정일을 찬양하기 시작했다.[63] 승계 캠페인 역시 복원되었다.[64]

'친애하는 지도자동지'의 등장과 함께 한국의 정치적 상황은 악화되었다. 1972년 박정희 대통령은 비상계엄령을 선포한 후 개헌 조치를 내렸다. 새로운 '유신헌법'은 나라를 독재국가로 만들었다. 한국에서 대통령 직접선거는 사라졌다. 대신 7년마다 '통일주체국민회의'라는 조직이 박정희를 대통령으로 다시 추대했다. 유신헌법 제39조에 따라 대통령 선거는 '토론 없이' 진행되었다. '통일주체국민회의' 이름에는 '주체'라는 단어가 포함되었다. 이 조직의 대의원 선거는 북한과 달리 선거구마다 후보자가 여러 명 있었지만 북한처럼 사실상 정부가 승인한 사람들만 출마할 수 있었다. 유신질서는 오랫동안 유지될 것처럼 보였지만 1979년 10월 26일 중앙정보부장 김재규가 박 대통령을 사살했다.[65]

---

60 필자가 에드리안 부조와 한 인터뷰, 2018년 4월. 부조는 1970년대 북한에서 근무했던 호주 외교관이었다.

61 Hungarian Embassy in the DPRK, "Celebration of Kim Jong Il's Birthday," 24 February 1978, http://digitalarchive.wilsoncenter.org/document/116008.

62 상기한 것처럼 안찬일은 1979년 7월 27일 귀순했다. 그의 증언에 따르면 그때 김정일 찬양 캠페인은 중단된 상태였다. 그러나 이 캠페인은 이틀 후 복원되었다. "친애하는 지도자동지의 말씀을 철저히 관철하자", ≪조선인민군≫, 1979년 7월 29일, 5면 참조.

63 Ibid.

64 예컨대, "영광스러운 김일성주의 우리 조국 조선민주주의인민공화국 창건 31돌 만세! 우리당과 우리 인민의 경애하는 수령 김일성 원수님께와 친애하는 지도자 김정일동지께 드리는 충성의 노래 모임", ≪조선인민군≫, 1979년 8월 15일, 6면 참조.

18년간의 박정희 시대가 갑작스럽게 끝나면서 나라의 안전은 흔들리게 되었다. 대통령 대행이 된 최규하 총리는 국가원수가 될 준비가 부족했다. 최 대통령의 힘이 약해 권력에 야심이 있던 전두환 소장이 1979년 12월 정변을 일으켜 권력을 장악했다. 얼마 뒤 전 장군은 최규하 대통령에게 하야를 강요했고 자신이 대통령 자리에 올랐다. 전두환 대통령 취임식 얼마 뒤 북한은 김정일이 후계자라는 사실을 인정했다.

김일성의 계획에 따르면 이 공포는 당대회 같은 엄숙한 행사에서 진행해야 했다. 1979년 12월 13일 북한 매체는 제6차 당대회 소집에 대한 보도를 했다.[66] 1980년 2월 김정일의 생일 축하 행사는 전례 없이 대규모로 이뤄졌다. 그러나 대외매체에서는 여전히 김정일에 대해 언급하지 않았다. 김정일에 대한 언급은 당대회 개막 후 등장했다. 1980년 10월 10일 조선로동당 제6차 대회가 개막되었다. 개막식 전날 주스위스 북한대사 신형림은 김정일이 김일성의 후계자라는 것을 전 세계에 선포했다.[67] 대회에서 김정일은 모든 당 지도 기관 간부로 선출되었다. 이제 그는 중앙위 비서 겸 중앙군사위원회 위원 겸 정치국 상임위원회 위원이었다. 그의 이름이 드디어 ≪로동신문≫에 등장하게 되었다.[68]

이듬해인 1981년 '친애하는 지도자'는 모든 북한 매체가 찬양하게 되었다. 김정일의 공식 전기는 다시 바뀌었다. 1982년부터 북한은 김정일이 1941년생이 아니라 1942년생이라고 주장했다.[69] 이러한 왜곡은 꼭 필요한 것이 아니었

---

65 박정희 암살 사건에 대해 趙甲濟, 『朴正熙의 마지막 하루』, 서울: 月刊朝鮮社, 2005 참조.

66 "조선로동당 중앙위원회 전원회의 결정서", ≪로동신문≫, 1979년 12월 13일, 1면.

67 "北傀제네바大使 金日成의 후계자로 金正一 5년 전 결정", ≪京鄕新聞≫, 1980년 10월 9일, 1면.

68 "조선로동당 중앙위원회 제6기 제1차전원회의에 관한 공보", ≪로동신문≫, 1980년 10월 15일, 1면.

지만 김일성의 생년인 1912년과 김정일의 가짜 생년인 1942년 사이에는 그럴 듯해 보이는 30년의 시차가 생겼다. 후계자 등장의 결과 중에는 김일성 권력이 덜 절대적인 것이 됐다는 것도 있었다. 북한에서 또 한 명의 '절세의 위인'이 생기면서 나라의 정치 제도는 점점 김일성 독재보다도 김일성과 김정일 양두(兩頭) 정치 제도에 더 가까워졌다. 이는 북한의 대남정책에 영향을 미치지는 않았다. 박정희 사망으로 발생한 위기를 본 김일성은 1960년대 초반으로 돌아온 것처럼 느껴졌다. 늘 적화통일(赤化統一)을 꿈꿔왔던 수령은 대남정책을 직접 관리했다.

김일성은 어쩌면 어떤 기적이 일어나 대한민국을 흔들리게 하고 합병할 수도 있을 것이라고 기대했다. 남한의 외채가 너무 커서 무너질 수 있다는 것, 그리고 남한을 홍콩처럼 일국양제(一國兩制)식으로 합병할 수 있다고 꿈꾸었던 김일성의 육성녹음이 있다.[70] 수령은 한국을 불안정하게 만들기 위해 당시 인기를 얻고 있었던 새로운 방법을 선택했다. 바로 테러리즘이었다.

1980년대 북한은 남한에 적어도 세 번의 테러 공격을 했다. 첫 번째 공격 대상은 전두환이었다. 1983년 10월 버마를 방문한 전 대통령은 이 나라 건국의 아버지 아웅산 묘소에 방문할 예정이었다. 북한 당국은 주버마 북한대사관에

---

69 1976년에 국민방첩연구소가 출판한 『북한용어대백과』에 따르면 1974년에 북한에서 김정일 탄생 33주년을 기념하여 그에게 축하문을 보내는 행사가 있었다. 國民防諜硏究所, 「김정일 탄생 33주년축하문」, 『北韓用語大百科』, 서울: 國民防諜硏究所, 1976. 311쪽 참조. 그래서 1974년에 북한 당국도 김정일이 1941년생인 사실을 인정했었다고 판단할 수 있다. 또한 필자는 김정일의 생년이 1942년에서 1941년으로 바뀌었다는 사실을 전 북한 외교관으로부터 들은 적이 있다.

70 신상옥 감독 부인 최은희는 김일성과 만났을 때 김 부자(父子) 육성을 녹음기로 녹음했고 탈북한 후 공개했다. 이런 만남을 통해 김일성은 남한 병합에 대한 꿈을 꾸게 되었다. 「金日成·金正日 육성녹음」, 『北韓, 그 충격의 실상』, 서울: 月刊朝鮮社, 1991, 266~281쪽 참조.

폭탄을 보냈고, 북한 요원들은 이 폭탄을 아웅산 묘소 지붕에 설치했다. 폭발로 서석준(徐錫俊) 부총리를 비롯한 한국 정부 고위 인사 16명과 현장에 있던 ≪동아일보≫ 사진기자 이중현이 숨졌다. 폭발 당시 전두환은 현장에 없어 살아남았다. 버마 정부는 격렬히 분노했다. 버마는 북한과 단교했을 뿐 아니라 더 이상 북한을 국가로 인정하지 않겠다고 선포했다.[71]

다음 테러 대상은 김포국제공항이었다. 독일의 동독문서보관소에 방문한 적이 있는 일본 기자 무라타 노부히코(村田信彦)가 밝힌 것처럼 북한 당국은 팔레스타인 테러리스트 두목 중 한 명인 아부 니달과 접촉해 그를 고용했다. 아부 니달의 요원들은 김포공항에 폭탄을 설치했다. 폭발로 5명이 목숨을 잃었고 38명이 부상을 당했다.[72]

1987년 11월 29일 또 하나의 테러 공격이 벌어졌다. 북한 요원 2명이 이라크 수도 바그다드에서 서울로 운항 예정이던 대한항공 비행기에 폭탄을 설치했다. 이 폭발로 115명이 목숨을 잃었다. 테러리스트는 북한으로 돌아가려 했지만 귀국 도중 바레인에서 체포되었다. 체포 순간 그들은 자살을 시도했다. 첫 번째 요원인 김승일은 자살했지만, 두 번째 요원 김현희는 실패했다. 한국으로 추방당한 김현희는 사형 판결을 받았고 이후 사면되었다. 석방된 김현희는 김일성 사상을 버렸다. 그녀는 자신의 무시무시한 경험을 담은 책 2권을 출판했다.[73]

이 모든 공격에서 '어버이 수령님'의 스타일을 느낄 수 있다. 김정일이 지지

---

71 "버마, 北傀와 斷交·승인取消", ≪京鄕新聞≫, 1983년 11월 5일, 1면.

72 "5명 사망, 29명 부상한 1986년 9월 14일 김포공항 테러의 진실: 북한 청부 받은 '아부 니달' 조직이 저질러", ≪月刊朝鮮≫, 2009년 3월, http://monthly.chosun.com/client/news/viw.asp?ctcd=&nNewsNumb=200903100019.

73 김현희, 『이제 여자가 되고 싶어요』, 서울: 고려원, 1991; 김현희, 『사랑을 느낄 때면 눈물을 흘립니다』, 서울: 고려원, 1992.

하지 않았더라도 이를 바꿀 수는 없었다. 그러나 대내정책은 어느 정도 달랐다. 시간이 지나면서 김일성보다 조금 더 온건한 김정일의 영향이 보이게 되었다. 후계자 등장과 함께 북한에서 통제 완화를 고려하는 징후들이 나오게 되었다. 이는 우연의 일치일 수 없다. 김일성 시기 후반 개혁들 가운데 최소한 일부는 '친애하는 지도자동지'가 발의한 것으로 보인다.

새로운 시대를 알리는 첫 번째 징후는 1982년 최고인민회의 대의원 목록 공포였다. 최고인민회의는 아무런 실권이 없어 사실상 이는 상징에 불과했다. 그러나 1977년 대의원 목록이 공포되지 않은 것과 비교해 북한의 정보 통제는 조금 완화되었다고 판단할 수 있다. 참으로 미세한 것이었지만 지난 수십 년과 비교해 전례 없이 나라를 덜 폐쇄된 사회로 만든 조치였다. 국내 사상 캠페인들도 완화되었다. 더 이상 조직생활 모임에서 사람을 때리지 않았다. 모임 자체도 덜 극심해졌고 횟수도 줄었다. 국가 선전도 점점 시대 변화를 받아들였다. 북한의 영화예술은 여전히 김정일이 책임지고 있는 분야였는데 1986년 나온 〈다시 시작된 우리 집 문제〉에서는 동지에 대한 비판을 지나치게 열심히 하는 등장인물이 웃음거리가 되는 내용이 나왔다. 김정일은 북한의 영화예술 발전에 많은 노력을 기울였다. 유일사상체계는 단순하고 끝없는 김일성 찬양으로 이뤄졌기 때문에 그 어떤 변화는 개선을 의미하는 것이었다.

김정일은 한국 감독 신상옥(申相玉)을 영화예술 책임자로 임명했다. 이를 위해 북한 요원들은 신 감독을 부인과 함께 영국령 홍콩에서 납치했다. 신상옥의 '신필름' 스튜디오는 사상성이 덜 들어간 영화를 만들었다. 신 감독 영화에 등장하는 인물들은 경애하는 수령에 대한 불같은 충성으로 위대하신 그이를 영원히 자기 태양으로 모시고 싶어 한다는 것보다는 일상생활, 자신의 꿈과 희망 같은 것을 이야기했다.[74] 북한 사회는 새로운 스타일의 영화를 환영했다.[75]

---

74 신상옥, 「북녘 하늘에 뜨운 영화의 꿈」, 『난, 영화였다』, 서울: 랜덤하우스코리아,

김일성과 마오쩌둥

정치적 해빙기라는 또 다른 징후는 북한에서 법규들이 다시 공포된 것이었다. 1980년대 중반부터 더 많은 법전들이 출판되면서 일반 주민들의 접근이 가능해졌다. 1974년판 형법은 기밀 해제되지 않았지만, 대신 1987년 덜 극단적인 형법이 공포되었다.[76] 북한 작가들도 더 이상 익명으로 출판하지 않았고 표지에 자신의 이름을 붙일 수 있었다. 유일사상체계가 균열이 생기는 것처럼 보였다. 1970년 시작된 이 광기의 시대가 끝을 맞이하지 않을까 생각하는 사람들이 적지 않았다. 하지만 머지않아 김정일의 개혁에 대한 관심은 매우 제한적이었다는 것을 모두가 알 수 있었다.

1980년대 초반 북한은 여전히 중국을 지지하는 편이었다. 당시 중국에서는 시대가 변하기 시작했다. 1976년 마오쩌둥이 사망한 후 예젠잉(葉劍英) 국방부

2007, 117~140쪽.

75 안드레이 란코프가 1984년 북한에서 유학 당시에 쓴 수필 중.

76 『조선민주주의인민공화국 형법』, 1987. (이 도서에는 출판사에 대한 정보가 없다.)

부장을 비롯한 군사 지휘관들의 지지를 얻었던 개혁파 지도자 덩샤오핑(鄧小平)은 마오주의자로부터 권력을 빼앗았다. 1977년 12월 중국공산당 중앙위원회의 지지를 받았던 덩샤오핑은 1978년 개혁개방(改革開放) 정책을 시작했다. 정책의 결과는 중국의 정치적 완화와 급속한 경제성장이었다.[77] 덩샤오핑의 정책은 북한에 중대한 도전이 되었다. 북한 간부 중에는 중국이 가는 길의 장점을 보고 지도부에 중국의 경험을 고려해달라고 조언한 사람들이 있었다. 북한은 본질적인 개혁이 필요했기 때문이다.[78] 이 간부들이 개혁을 호소했던 핵심 원인은 북한의 농업관리제도가 농업 자체를 죽이고 있었기 때문이다. 이러한 정책이 계속되면 나라는 기근에 직면할 수 있었다. 농업의 대규모 위기는 원인이 많았다. 협동농장의 낮은 효율성, 북한 일부 지역에서 도입한 계단식 농업,[79] 농업 기계화 부족, 기반시설 발전 부족 등이었다.[80]

덩샤오핑과 만난 김일성은 남한 경제가 북한보다 우세해졌다는 것을 인정했지만[81] 중국식 개혁을 하게 되면 북한의 체제안정에 해를 줄 수 있다고 보았

---

77 덩샤오핑의 중국에 대해 Ezra F. Vogel, *Deng Xiaoping and the Transformation of China*, Cambridge, Massachusetts: Harvard University Press, 2011 참조.

78 Peter Ward, "When North Korea almost backed China-style economic reforms," *NK News*, 8 January 2018. https://www.nknews.org/2018/01/when-north-korea-almost-backed-china-style-economic-reforms/; "정치논리로 망친 북한 농업", ≪新東亞≫, 2005년 3월 7일, http://shindonga.donga.com/3/all/13/101347/1.

79 Kongdan Oh, Ralph C. Hassig, *North Korea Through the Looking Glass*, Washington, D.C.: Brookings Institution Press, 2000, p. 35.

80 李佑泓, 『가난의 共和國』, 서울: 統一日報社, 1990. 이 책의 저자 이우홍은 일본 출신으로 1980년대 원산농업대학에서 강의한 농업학자였다. 그가 쓴 『가난의 공화국』과 『어둠의 공화국』이라는 책은 김일성 시대 후반에 대한 매우 소중한 증언이다.

81 오진용, 『김일성 시대의 중소와 남북한』, 서울: 나남, 2004, 83쪽. 필자가 이 책을 작성할 당시 오진용의 역작은 냉전 후반기 북중관계와 북소관계에 대한 가장 구체적인 연구였다.

다. 결국 1980년대 북한의 개혁조치들은 중국의 위대한 개혁가 정책과 비교하면 그림자에 불과했다. 북한이 취한 첫 번째 조치는 '8·3운동'이었다. 이 운동은 1984년 8월 3일 김정일의 연설 '주민들에 대한 상품공급 사업을 개선하는 데서 나서는 몇 가지 문제에 대하여'에서 이름을 받았다.[82] 이 연설과 관련된 조치로 '8·3 인민 소비품 생산 운동'이 실시되었다. '8·3운동'은 폐기물과 부산물을 재활용하는 운동이었다. 폐기물과 부산물로 만든 물품은 어느 정도 물자 부족을 채워주었다. 8·3운동은 결국 북한 자영업의 출발점이 되었다. 사회주의 국가는 원칙적으로 모든 사람이 국영기업에서 일해야 하며 일하지 않는다는 것은 사회에 기생하는 죄가 되었다. 그러나 8·3운동 참가자로 등록한 사람은 이러한 원칙에서 면제될 수 있었다. 8·3운동 참가자들이 만든 수제품의 질은 별로 높지 않았다. 결국 북한말에서 '8·3'이라는 표현은 '졸작(拙作)'이라는 뜻을 얻었다. 이 표현은 비유적으로도 쓰이게 된다. 예컨대 '8·3부부'는 동거하는 미혼 연인이라는 뜻이다.[83]

1984년 9월 8일, 8·3운동 개시 한 달 뒤 북한은 합작회사 운영을 관리하는 합영법(合營法)을 채택했다.[84] 이 법칙이 채택된 것은 제2차 7개년 경제발전계획(1978~84년) 실패가 원인이 된 것 같다. 북한은 소득원의 대안이 필요했다. 합영법은 외국기업이나 개인 사업가가 북한과 합작회사를 설립하는 것을 허용했다. 합영법은 북한의 첫 투자유치 시도였다. 이 시도는 결국 성공하지 못했다. 합영법에 따라 설립된 합작회사는 53개에 불과했다. 절반 이상인 27개는

---

82 「주민들에 대한 상품공급 사업을 개선하는 데서 나서는 몇 가지 문제에 대하여」, 『김정일 선집』, 제8권, 평양: 조선로동당 출판사, 1998, 131~144쪽.

83 "북한의 '8·3부부'를 아시나요?", ≪아시아경제≫, 2011년 10월 9일, https://www.asiae.co.kr/article/2011100911513462162.

84 "조선민주주의인민공화국 합영법", ≪조선의 오늘≫, http://www.dprktoday.com/index.php?type=101&g=1&no=152.

조총련 관계자가 설립한 것이었다.[85] 합영법은 국제사회의 큰 이목을 끌었지만 북한 경제에 미치는 영향은 크지 않았다.

북한이 중국의 길을 거부한 결과는 북소관계 개선으로 나타났다. 20년 동안 상당히 냉정했던 이 관계가 드디어 호전되었다. 이 변화는 1982년 시작되었다. 당시 소련은 아직 레오니트 브레즈네프가 통치하고 있었다. 김일성에게 이 친화적이고 허영심 많은 늙은이는 정력적이며 잔재주가 많은 덩샤오핑보다 덜 위험한 인물로 보였다. 북소 간의 우정은 브레즈네프 후계자인 유리 안드로포프와 콘스탄틴 체르넨코 통치 시대에도 이어졌다. 1984년 김일성은 모스크바를 방문해 체르넨코와 정상회담도 했다. 회담에서 북한 수령은 체르넨코의 선물을 받았고[86] 1946년 자신이 경험했던 암살미수 사건에 대한 영화를 제작하자고 소련에 제안했다. 당시 김일성을 구출한 사람은 소련군 소위(少尉) 야코브 노비첸코였다.

소련은 이 프로젝트를 승인한 뒤 영화감독은 예측하지 못한 문제에 대면했다. 1940년대 북한에서 벌어진 사건에 대해 소련과 북한은 큰 입장 차이가 있었다. 타협에 이르기는 쉽지 않았다. 결국 이 영화 러시아어판에서는 붉은 군대가 '조선인민군'과 손잡고 일본과 싸웠다는 주장이 나왔다. 물론 이것은 사실이 아니었다. 1945년 조선인민군은 존재하지도 않았다. 그러나 북한이 주장하는 '조선인민혁명군'과 달리 조선인민군은 1948년 구성된 실제 조직이었다. 그럼에도 불구하고 북한 더빙판에서 '조선인민군'은 '조선인민혁명군'으로 바꾸어 언급하게 되었다. 북소 공동 영화의 북한 이름은 〈영원한 전우〉였고 소련 이름은 〈공훈을 위한 1초〉였다. 영화의 수준은 일반 소련 영화와 북한 영화

85 "합영법: 배경·내용", ≪NK Chosun≫, 2013년 10월 25일, http://nk.chosun.com/bbs/list.html?table=bbs_24&idxno=2803&page=14&total=282.

86 Дмитрий Волкогонов, *Семь вождей*, том 2. Москва: АО Издательство «Новости», 1995, стр. 229.

사이에 있었다고 할 수 있다. 따라서 이 영화는 북한에서 인기를 얻었지만, 소련에서는 완전히 실패했다.[87]

후반기의 소련은 북한에서 인기가 있었다. 당시 북한 엘리트도 자본주의 나라를 방문하는 것은 쉽지 않았기 때문에 북한 사람들에게 소련은 어느 정도 서방을 대리하는 나라가 되었다. 북한과 비교해 소련은 생활수준이나 자유도가 높았다. 김일성 친척 중에서도 소련을 좋아했던 사람들이 있었다. 김일성 딸 김경희는 모스크바국립대학교에서 공부했고[88] 특히 북한 왕가(王家)의 여성 중에는 모스크바를 자주 찾은 사람들이 적지 않았다.[89]

북한을 통치하는 김씨 일가는 법률상으로도 특별한 신분을 얻게 되었다. 이들은 일반 북한 주민과 달리 등록 대상이 아니었고 성분이나 계층도 없었다. 이 때문에 김정일이 누군가와 결혼할 경우 정식 결혼이라고 하기 어려웠다. 북한 세자는 여러 번 결혼했다. 일부 증언에 따르면 김정일의 첫 번째 배우자 이름은 홍일천이었다. 홍일천은 김정일과 1966년 결혼하고 1969년 이혼했다. 그녀는 김정일의 장녀 김혜경을 낳았다. 이혼에도 불구하고 김정일과 홍일천의 사이는 나쁘지 않았으며, 이후 '친애하는 지도자동지'는 홍일천을 김형직사범대학의 총장으로 임명했다.

김정일의 두 번째 배우자는 성혜림이었다. 성혜림은 김정일의 장남 김정남을 낳았다. 김일성은 성혜림을 좋아하지 않았고 김정남은 북한 엘리트나 일반 사회에서 분리되어 성장했다.[90] 성혜림 언니 성혜랑은 이후 탈북했고 2000년 『등

---

87 Анатолий Журин, *Сделан в СССР* // Совершенно секретно № 9/268. https://web.archive.org/web/20150628072203/http://www.sovsekretno.ru/articles/id/2889/.

88 *Из дневника Сударикова Н.Г. Запись беседы с первым заместителем министра иностранных дел КНДР Хо Дамом*, 7 февраля 1970 года, РГАНИ, ф. 5, оп. 62, д. 461, лл. 42-44.

89 성혜랑, 『등나무집』, 서울: 지식나라, 2000, 387~390쪽.

나무집』라는 회고록이 한국에서 출판되었다.[91] 김정일은 성혜림의 첫 번째 남편이 아니었다. 그녀는 북한의 '1호 소설가' 리기영 아들인 리평과 결혼했었다. 그러나 김일성이 못마땅하게 여겨 성혜림은 김정일과도 이혼할 수밖에 없었다. 그녀는 모스크바에서 2002년 사망했다. 김정남은 모스크바 트로예쿠롭스코예 공동묘지 구역에 어머니의 묘지를 모셨다. 그는 2017년 이복동생 김정은의 명령으로 암살당했다.[92]

김정일의 세 번째 부인은 김영숙이었다. 성혜림과 달리 김영숙은 김일성의 마음에 들었다. 김영숙은 김설송과 김춘송 등 딸 두 명을 낳았다. 김설송이라는 이름은 김일성이 직접 지었다는 설(說)도 있다.[93]

김정일의 네 번째이자 가장 중요한 배우자는 고용희였다. 그녀는 1984년 1월 8일 김정일의 세자 김정은을 낳았다. 알다시피 2011년 12월 김정은은 아버지를 승계해 북한 최고지도자가 되었다.[94] 김정은 외에도 고용희와 김정일 사이에는 아들 김정철과 딸 김여정도 있었다. 고용희는 1952년 오사카에서 태어났고, 10살 때 가족이 북한으로 이주했다. 그녀는 북한에서 가장 유명한 예술

---

90 Anna Fifield, *The Great Successor: The Divinely Perfect Destiny of Brilliant Comrade Kim Jong Un*, London: Hachette UK, 2019, pp. 217-218.

91 성혜랑, 『등나무집』, 서울: 지식나라, 2000.

92 하준수, "비운의 성혜림, 묘마저 없어질까", KBS News, 2017년 2월 17일, https://news.kbs.co.kr/news/view.do?ncd=3430825.

93 "北 김정은 '비선 실세'는 이복누나 김설송?", ≪東亞日報≫, 2016년 12월 29일, http://www.donga.com/news/article/all/20161229/82084196/2.

94 필자가 이 책을 작성했을 때에 제일 구체적인 김정은 전기(傳記)가 뉴질랜드 출신 기자 안나 파이필드가 쓴 책이었다. Anna Fifield, *The Great Successor: The Divinely Perfect Destiny of Brilliant Comrade Kim Jong Un*, London: Hachette UK, 2019. 필자는 이 책의 영문판을 편집한 적도 있었다. 도서의 한국어 번역도 존재하지만, 오역 등 문제가 많은 번역서였다.

단인 만수대예술단 무용수가 되었고, 이때 김정일을 알게 되었다. 고용희는 능력자였다. 1972년 마지막 날 ≪로동신문≫에는 그녀에게 공훈배우 칭호를 수여하는 김일성의 정령이 등장한다.[95] 이 자료를 통해서도 그녀의 이름은 한국에서 논란이 분분했던 '고영희'가 아니라 '고용희'라는 것을 확인할 수 있다. 당시 그녀는 20살에 불과했다.

김정일의 다섯 번째 결혼은 김일성 사망 후 진행되었지만 이 이야기를 완결하기 위해 김정일의 마지막 부인도 언급해야 할 것 같다. 그녀는 김옥이었다. 김정일보다 훨씬 젊었던 그녀는 고집스럽고 야심 많은 여자로 보였다. 김정일 사망 후 김정은이 새 어머니를 노역수용소로 보냈다는 보도가 나왔다.[96]

김일성의 질서는 아주 오랫동안 변화 없이 유지될 수 있을 것처럼 보였다. 그러나 기대하지 않았던 곳에서 변화가 나왔다. 북한에서 멀고 먼 모스크바에서 총비서 콘스탄틴 체르넨코가 사망한 것이다. 소련공산당 중앙위 정치국은 체르넨코의 후임자를 임명하기 위해 회의를 소집했다. 이 회의에서 소련 외무장관 안드레이 그로미코는 아마도 20세기 후반 가장 중요한 발언을 했다. "소련공산당 중앙위원회 총비서 자리에 알맞은 후보자로 미하일 세르게예비치 고르바초프가 떠오릅니다." 고르바초프의 선출은 전 세계에 커다란 변화를 가져왔다. 결국에는 바르샤바조약기구, 소련공산당, 소비에트연방 모두 지구상에서 사라졌다.

고르바초프가 총비서로 추대되기 얼마 전 남한의 수도권 지역은 홍수피해를 입었다. 북한 정부는 이 사실을 알게 된 뒤 대남 수해지원을 하겠다고 제안했다. 그들은 전두환 정권이 이 제안을 거절해 남한 주민들에게 전두환이 잔혹

---

95 "예술인들에게 조선민주주의인민공화국 공훈배우칭호를 수여함에 대하여", ≪로동신문≫, 1972년 12월 31일, 1면.

96 윤고은, "김정일 부인 김옥 숙청·북한 테러조 파견", 연합뉴스, 2016년 7월 31일, https://www.yna.co.kr/view/AKR20160730027900033.

하게 보이기를 기대했는지 알 수 없다. 그러나 남한 정부는 결국 북한의 원조를 받기로 결정했다.[97] 이러한 협력 분위기는 작은 기적의 문을 열었다. 남북한은 냉전시대 한반도에서 벌어진 일 가운데 가장 순수하고 감동적인 사건이 된 행사를 열기로 합의했다. 바로 이산가족 상봉이었다. 1953년 7월 6·25전쟁이 끝난 뒤 너무도 많은 사람들이 철의 장막 건너편에 남아 있는 가족과 헤어지게 되었다. 한반도 철의 장막은 유럽보다도 철통같아서 가족을 잃어버린 사람들 가운데는 앞으로 이들을 영원히 못 볼 것이라고 생각한 사람들이 적지 않았다. 그러나 남북은 이산가족 고향방문에 대한 합의를 채택했다. 상대측 이산가족 목록을 받아 운이 좋을 경우 상봉 대상자로 뽑혔다. 계획에 따르면 북한 사람들은 서울을 방문하고 남한 사람들은 평양을 방문해야 했다. 서울과 평양에서 문화행사도 진행될 예정이었다.

행사는 계획대로 진행되었다. 1985년 9월 한국 매체는 너무나 신기하게도 한국 사람들이 사랑하는 가족을 만나러 군사분계선을 넘어간 것에 대해 보도했다. 평양 고려호텔 3층에서 그들은 수십 년간 못 본 가족을 만났고 사흘을 함께 보낼 수 있었다. 참으로 있을 수 없는 일처럼 보였다. 사흘이 지나자 돌아갈 시간이 왔다. 이들 대다수는 더 이상 영원히 가족을 볼 수 없게 되었다.[98]

이산가족 상봉 후 김일성 통치 시대를 마무리할 수 있는 사건이 일어났다. 심장마비가 온 김일성은 혼수상태에 빠졌다. 김정일은 아버지를 구출하기 위하여 모든 노력을 다 했다. 그는 즉시 소련대사 니콜라이 슈브니코프에게 제발 고르바초프에게 연락해 소련 의사를 김일성의 묘향산 별장으로 파견해달라는 요청을 보내달라고 부탁했다. 소련은 요청을 수락했고 소련 의사들이 김일성을 구했다.[99] 기절과 혼수상태를 경험한 김일성은 자신도 언젠가는 죽을 것이

---

97 전두환, 『회고록』, 제2권, 파주: 자작나무숲, 451~459쪽.

98 "再會혈육 다시'離散'", ≪每日經濟新聞≫, 1985년 9월 23일, 1면.

99 Alexandre Y. Mansourov, "Inside North Korea's Black Box: Reversing the Optics,"

라는 사실을 상기했다. 몇 달 뒤 전 세계는 한반도 냉전시대에서 가장 어색한 사건을 보게 된다.

김일성은 자신이 사망하고 나면 세계가 이 소식을 어떻게 받아들일지 궁금했던 것 같다. 따라서 1986년 11월 16일부터 18일까지 사흘간 비무장지대 근처에서 확성기를 통해 '수령님께서 서거하셨다'는 충격적인 보도를 했다. 이 사건은 남한을 혼란에 빠트렸지만 전두환 정부는 북한이 이 사실을 공식 보도하기까지 기다리기로 결정했다.[100] 김일성 사망 보도는 없었고 얼마 뒤 북한은 살아 있는 김일성 활동에 대해 보도했다.[101] 한국에서는 이 사건을 '김일성 사망 오보 사건'으로 기억하지만 오보라기보다는 북한의 가장 불가사의한 작전 중 하나였다고 할 수 있다. 이 작전이 벌어진 지 수십 년이 지났지만 유출된 정보가 없는 것을 보면 김일성이 나라를 얼마나 강력하게 통제했는지 알 수 있다.

유신헌법으로 시작된 한국의 독재는 1987년 드디어 끝이 났다. 전두환 대통령은 직선제 개헌을 하지 않겠다고 선언했다. 이는 전례 없는 대규모 반정부 시위를 일으켰다. 시위자들은 직선제 개헌을 요구했다. 정부는 무장탄압을 고려했지만 유혈사태를 일으키지 않기로 결정했다. 한국의 민주화운동이 승리한 날은 1987년 6월 29일이었다. 이날 전두환 정권의 2인자였던 민주정의당 총재 권한대행 노태우 대장은 정부가 시위자들의 모든 요구를 수락한다고 선포했

---

in *North Korean Policy Elites*, Institute for Defense Analyses, June 2004, pp. IV-8 - IV-9.

100 Fyodor Tertitskiy, "When Kim Il Sung died in 1986," *NK News*, 29 August 2017, https://www.nknews.org/2017/08/when-kim-il-sung-died-in-1986/; 대한민국 국무회의, 「김일성 사망설에 관한 분석 및 대비책(제48회)」, 대한민국 국가기록원, 관리번호: BA0085296.

101 "조선 인민과 몽골 인민 사이의 불패의 형제적친선단결 만세! 몽골인민공화국 당 및 국가대표단 평양 도착(위대한 수령 김일성동지께서 잠빈 바뜨멍흐동지를 따뜻히 영접하시었다)", 《로동신문》, 1986년 11월 19일, 1면.

다. 직선제 개헌, 양심수 석방, 대선에서의 전두환 대통령 불출마 등 모든 조치가 국민 뜻에 따라 진행될 것이라고 약속했다.[102] 이날은 사실상 제6공화국 탄생일이 되었다. 대통령 중임(重任) 금지를 비롯한 새로운 헌법에서의 견제와 균형은 한국을 진짜 민주주의 국가로 만들었다.

대한민국 민주화 결과 중 하나는 1988년 서울 올림픽이 전두환 정권의 행사가 아니라 새로운 민주주의 대한민국의 명절이 되었다는 사실이다. 1980년 모스크바 올림픽에서는 자본주의권 나라들이 불참했고, 1984년 로스앤젤레스 올림픽에서는 사회주의권 나라들이 불참했다. 그러나 서울 올림픽은 전 세계를 통일했다. 정치국에서 벌어진 열렬한 토론 이후 소련 지도부는 서울에 올림픽 선수단을 파견하도록 결정했다. 덩샤오핑의 중국도 참가를 결정했다.

한국의 성공을 본 북한은 극히 분노했다. 북한 매체는 거의 날마다 '남조선 도당'을 욕하고 공동 올림픽 개최를 요구하는 사설을 게재했다.[103] 그러나 세계는 상관없어 했다. 대한민국이 이 끝없는 혐오에 준 대답은 1988년 올림픽의 공식 주제곡 〈손에 손잡고〉였다.

하늘 높이 솟는 불
우리들 가슴 고동치게 하네
이제 모두 다 일어나
영원히 함께 살아가야 할 길 나서자

이 노랫말을 들은 참가자들은 세계평화를 노래하는 것으로 인식했을 테지

---

102 「6·29 민주화 선언」, 국사편찬위원회, http://contents.history.go.kr/front/hm/view.do?treeId=020108&tabId=01&levelId=hm_151_0050.

103 "배격 받는 분렬, 폭압, 전쟁 올림픽, 높아가는 반미, 반괴뢰 투쟁", ≪로동신문≫, 1986년 9월 16일, 5면.

만 한반도 재통일의 꿈에 대한 노래로도 볼 수 있지 않을까 싶다. 북한은 서울 올림픽에 상응하는 거대한 행사로 즉시 대응해야 한다고 느꼈다. 북한은 제13 차 세계청년학생축전을 평양에서 진행하도록 했다. 올림픽보다는 덜 알려져 있는 이 스포츠 축전은 4년마다 국제 좌경조직의 지지를 받아 진행되었다. 1989년 세계청년학생축전의 핵심 사건은 한국외국어대학교 학생 임수경(林琇卿)의 방북이었다. 당시 20살이었던 임수경은 동지의 도움을 받아 서울에서 도쿄와 동베를린을 거쳐 평양에 도착했다. 임수경의 방북은 북한에서 화제가 되었다. 그녀는 김일성을 직접 만나 '아버지'라고 불렀다. 북한 사람들은 임수경의 가족이 체포되지 않았다는 사실을 알고 가장 놀라워했다. ≪로동신문≫의 '남조선은 생지옥'이라는 주장에 의심을 갖는 사람들이 적지 않았다.[104]

북한은 축전 준비를 위하여 전국에서 가장 큰 호텔을 평양에 건설하기 시작했다. 호텔 이름은 '류경(柳京)'이었다. 류경은 평양의 옛 이름 중 하나였다. 유리로 된 각뿔 모양으로 우뚝 솟은 이 호텔은 '사회주의 조선'의 성공을 대표하는 상징이 될 예정이었다. 그러나 북한 경제는 계속 악화하고 있었고 호텔 건설은 중단될 수밖에 없었다. 결국 이 회색 각뿔의 빈 창틀과 위에 남아 있던 기중기는 실패한 김일성 야망의 상징이 되었다.

세계청년학생축전은 김일성 시대 북한의 마지막 대규모 국제행사가 되었다. 고르바초프의 개혁 정책은 세계를 바꾸고 있었다. 동유럽에서는 혁명이 계속 일어났고 공산당 정권들은 무너졌다. 1990년 3월 소련공산당은 일당제를 폐지하고 권력 양보를 결정했다. 소련은 사실상 더 이상 사회주의 국가가 아니었다. 북한은 소련이나 동유럽 나라들과 더 이상 우정관계를 유지할 수 없었다. 북한은 동유럽을 시작으로 1989~90년에는 소련에서 유학하고 있는 학생

---

104 Kim Seok-hyang, Andrei Lankov, "Unexpected Results of a Political Pilgrimage: Yim Su-gyong's 1989 Trip to North Korea and Changes in North Koreans' Worldview," *Asian Perspective* 40, 2016, pp. 245-270.

김일성과 에리히 호네커

들에게도 귀국을 명령했다.

북한은 또다시 쇄국상태로 돌아갔다. 김일성은 이런 세계적 변화를 막을 수 없었기 때문이다. 동유럽은 민주화되면서 대한민국과 수교할 수 있었다. 1990년 9월 30일은 한소수교(韓蘇修交)의 날이 되었다. 1991년 9월 17일 남북한은 국제연합에 가입했다. 1992년 8월 24일 대한민국은 중화인민공화국과도 수교했다. 남한을 고립시키기 위하여 수십 년간 해왔던 북한 외교관들의 노력은 완전히 그리고 영원히 실패했다. 그러나 북한에 더 중요한 소식은 소련의 대북 경제 원조가 거의 완전히 중단될 것이라는 선포였다.[105] 한중수교로 북중관계도 상당히 악화돼 중국도 북한 예산을 메울 방법이 되지 않았다. 북한은 커다란 경제위기를 맞을 것처럼 보였다. 김일성은 나라의 어두운 장래를 인식했더라도 별로 신경 쓰지 않았던 것 같다.

---

105 *Из дневника Георгия Кунадзе. Запись беседы с Чрезвычайным и полномочным послом КНДР в СССР Сон Сен Пхиром*, 20 сентября 1991 года, ГАРФ, ф. 10026, оп. 4, д. 2083, лл. 1-3.

김일성과 김정일 그림

　나이가 많은 김일성을 대신해 김정일이 사실상 섭정하게 되었다. 1991년 12월 24일 그는 조선인민군 최고사령관으로 추대되었고 1993년 4월 9일에 국방위원회 위원장이 되면서 북한의 일체 무력을 지휘 통솔할 권위를 얻었다. 1992년 4월 김일성은 새롭게 제정된 조선민주주의인민공화국 대원수(大元帥) 계급을 수여받았다. 그 달에 수령은 80살이 되었다.

　전체 사회주의권에서 대원수 계급은 소련과 중국에만 있었다. 이오시프 스탈린과 마오쩌둥을 위하여 만든 계급이었다. 스탈린이나 마오쩌둥도 대원수가 되는 것에 대해 어느 정도 고민한 것 같다. 대원수가 된 스탈린은 대원수 군복 디자인 승인을 거절했고 죽을 때까지 원수 군복을 입고 다녔다. 중국에서 대원수 계급이 생긴 뒤 마오는 스스로에게 이 계급을 수여하지 않도록 결정했다. 그러나 김일성은 이들과 달리 아무런 고민이 없었다. 그가 대원수가 되고 얼마 후 '대원수복을 입으시는 수령님'의 초상화가 나오게 되었다.

　수령의 자만이 끝이 없었던 것에 대한 증언은 적지 않는다. 1975년에 유고

대원수복을 입은 김일성 초상화

슬라비아에 국빈방문한 김일성은 빌라 블레드 호텔 귀빈실에 묵다가 갑자기 귀빈실의 전체 가구를 사고 싶다고 했다. 유고슬라비아 측은 김일성의 요청을 수락해서 가구는 결국에 북한의 박물관에 보관하게 되었다.[106]

이 시대 북한의 공개문헌을 보면 늙어버린 김일성이 변덕스러운 노인처럼 행동하는 경우가 있었던 것을 볼 수 있다. 당시 김일성의 성격을 잘 보여주는 일화가 있다. 정춘실이라는 간부가 김일성에게 선물로 곰을 주자 수령은 "정춘실동무가 선물로 가져온 곰을 금수산의사당에 가져가는것이 좋겠습니다. 곰을 금수산의사당에 가져다 놓아야 내가 자주 볼수 있습니다"[107]라고 했다.

---

106 필자가 안톤 베블러와 한 인터뷰, 2021년 8월 31일.

107 김일성, 「일군들은 당과 수령을 위하여 조국과 인민을 위하여 충실히 일하여야 한다」, 『김일성 저작집』, 제43권, 평양: 조선로동당 출판사, 1996, 212~218쪽.

나이가 많아진 김일성은 현재나 미래보다 과거를 더 많이 생각했다. 1991년 5월 묘향산 별장에서 비밀리에 북한을 방문한 한국의 좌파 학생 김영환과[108] 만났을 때 김일성은 '남조선 혁명'의 미래보다는 1930~40년대 자기 인생에 대해 이야기했다. 김일성은 상당히 건강한 노인이었고 식욕도 부진하지 않았다. 그러나 그는 나라를 통치하는 것에 대해 생각하는 것이 쉽지 않았고 재미도 없었다.[109] 김일성이 생각했던 주제는 다가오는 북한 경제의 붕괴나 사회주의권 대부분의 소멸도 아니었고 북한을 통치했던 나날도 아니었다. 아니, 수령은 그가 태어난 칠골, 어린 시절에 봤던 만경대, 공부했던 위원중학교, 너무도 길고 위험했던 빨치산 부대 복무 시절에 대해 생각했다. 당시 김일성은 주로 중국어를 썼는데 1992년 그는 갑자기 한문시를 썼다.[110] 어떤 '역전된' 효도처럼 보이는 이 시의 주제는 김정일의 위대성이었다. 북한 학교에서는 효부(孝父)가 된 김일성의 이 시를 배우게 되었다.

김일성의 과거에 대한 생각들은 긍정적인 결과도 있었다. 수령에 반대했던 세력들이 격멸된 지 오래 되었는데 김일성은 예상 외로 과거 숙청 희생자들에 대해 자비(慈悲)를 내렸다. 1970년대 실각되었던 수령의 동생 김영주는 다시 북한 엘리트로 돌아왔고 공화국 부주석 중 한 명이 되었다. 어떤 이들은 공포되지 않은 채 사면을 받았고 사후 명예가 회복되어 좋은 묘지에 묻힌 사람들도 있었다.[111] 공식 매체에서는 이들이 예전에 숙청당했다는 사실을 언급하지 않았다. 이 과정을 관찰했던 외국 외교관 중에는 이들이 훗날 김정일과 싸우지

---

108 김영환은 이후 사상이 완전히 바뀌어 유명한 인권운동가가 되었다.

109 필자가 김영환과 한 인터뷰, 2019년 6월 4일.

110 김일성, 「김정일동지 탄생 50돐에 즈음하여」, 『김일성 저작집』, 제43권, 평양: 조선로동당 출판사, 1996, 288쪽.

111 Александр Жебин, *Эволюция политической системы КНДР в условиях глобальных перемен*, Москва: Русская панорама, 2006, стр. 61-62.

않도록 하기 위해 김일성이 명예회복을 시켜준 것이라고 추정하기도 했다.[112] 김일성은 이를 고려할 수 있었겠지만 이러한 조치는 노인이 된 김일성이 과거에 대해 지속적으로 생각한 결과일 뿐일 수도 있었다.

1988년 7월 김일성은 잠시 소련을 방문했는데 제88여단 복무시절 머물렀던 뱌츠코예 마을을 방문할지 잠시 고민한 적이 있다. 결국 김일성은 사상을 이유로 가지 않기로 결정했지만[113] 북한은 뱌츠코예에서 사망한 빨치산 묘지에 묘석을 설치하도록 사람들을 파견했다.[114] 김일성이 붉은 군대에 복무했다는 사실은 1980년대 후반 북한 역사에서 완전히 사라졌다. 그러나 수령은 부하들과 자주 과거에 대해 이야기하면서 이 시절은 북한 역사책에 다시 등장했다. 물론 북한 책에 나온 이야기는 정치적으로 해가 되지 않도록 완전히 왜곡되었다.

1990년대 초반 북한에서는 김일성의 공식 회고록 『세기와 더불어』가 출간되었다.[115] 김일성 생존시 6권, 사후 '계승본'으로 2권이 추가로 나왔다. '계승본'의 기본 내용은 명확하게 김일성이 승인한 것이었고 수령이 살아 있을 때 이미 당 역사 교과서에 등장했다.[116] 『세기와 더불어』는 1945년 이전 김일성 인생에 대한 이야기였는데 실제 역사와 많이 달랐다. 이 책에는 김일성이 공부했던 위원중학교, 그가 방문했던 푸쏭현, 그가 만난 사람들에 대해 언급하고 있는데 허구적인 내용이 많았다. 『세기와 더불어』에 따르면 김일성은 어릴 때부터 지도력이 비교할 수 없게 우수했고 청소년기부터 이웃의 흠모를 받았으며 결코 동북항일연합군 투사가 아니었고 '조선인민혁명군'을 지휘했다. 이 모

112 Ibid.

113 *Кто вы, маршал Ким Ир Сен?*, Хабаровский экспресс, 9-15 октября 1993 года, стр. 1, 5, http://debri-dv.com/article/5000.

114 金贊汀, 『비극의 抗日빨치산』, 서울: 동아일보사, 1992, 56~57쪽.

115 김일성, 『세기와 더불어』, 평양: 조선로동당 출판사, 1992~1998.

116 『조선로동당 력사』, 평양: 조선로동당 출판사, 1991.

든 허위 주장들은 북한에서 출간된 책에 나와 있으며 『세기와 더불어』에도 나왔다.

'회고록'에 있는 주장 중에는 새로운 것도 있었다. 김일성은 1940년대 초반 만주에 있었지만 가끔 하바롭스크를 찾았고 중국, 소련과 함께 '국제연합군' 설립을 합의했으며 알렉산드르 바실렙스키, 키릴 메레츠코프, 로디온 말리놉스키 등 소련 원수(元帥)들과 만났고 말리놉스키와 '친교'를 맺었다.[117] 책 내용에 따르면 메레츠코프 원수가 김일성에게 "일본제국주의를 반대하는 전쟁에서는 조선동지들이 우리들의 선배입니다. 대일작전에 조선동지들의 역할이 매우 중요합니다. 우리는 당신들의 활동에 큰 기대를 가지고 있습니다"라고 한 적도 있다.[118]

이것이 끝이 아니었다. 『세기와 더불어』에 따르면 대일(對日)전쟁 발발 전 김일성은 모스크바를 방문해 정치국 위원 안드레이 즈다노프와 만났다. 즈다노프는 김일성에게 스탈린과 시트코프를 통해 "조선의 빨치산 김일성에 대한 말을 많이 들었다"고 했다.[119] 『세기와 더불어』 8권에서는 김일성이 즈다노프에게 '건국투쟁'에 "될수록 자체의 힘으로 나라를 일떠세우려고 한다"고 했고 이 답을 들은 즈다노프는 '만족'했다.[120] 또 김일성 '회고록'에는 그가 제1극동 전선 사령부에서 전술을 가르쳤다는 주장도 있으며 '조선인민혁명군'이 조선뿐 아니라 만주 여러 대도시들을 '해방했다'는 주장이 나왔다. 진창(金昌), 뚱닝(東寧), 무렁(穆棱), 무딴지앙(牡丹江)[121] 등 만주 도시는 전체 '조선인민혁명군

117 『김일성동지 회고록 세기와 더불어(계승본)』, 제8권, 평양: 조선로동당 출판사, 1998, 448쪽.

118 Ibid., 450쪽.

119 Ibid., 451쪽.

120 Ibid., 453쪽.

121 Ibid., 458쪽.

이 해방해준' 도시들이라는 것이다. 또 김일성은 소련 병사들이 '조선인민혁명
군'을 경배했고 조선 빨치산들이 '제일'이라고 했다고 했다.[122]

김일성의 자기 찬미는 북한 역사의 최종본이 되었다. 이 글을 쓰고 있는 지
금도 북한의 역사교육은 여전히 『세기와 더불어』의 담론을 따르고 있다.

---

122 Ibid., 459쪽.

제14장

죽은 수령의 강력한 손

김일성 시대 후반 북한의 핵무기 개발에 관한 첫 번째 위기가 발생했다. 당시 이런 위기가 얼마나 더 일어날지 예측하는 사람들은 거의 없었다.

1980년대 초반 북한이 브레즈네프의 소련과 관계를 개선하자 소련은 북한에 원자력발전소 건설을 제안했다. 하지만 소련은 북한의 핵무장에 대한 꿈을 알고 있었고 이를 지지하지 않았다. 따라서 소련은 북한이 핵확산방지조약에 가입하고 이 조약을 준수할 것을 조건으로 했다.[1] 북한은 이를 수락해 1985년 12월 12일 조약에 가입했다.[2] 훗날 북한 당국은 이 결정이 잘못된 것이었다고 생각했다. 소련 붕괴와 함께 원자력발전소 건설 계획은 일장춘몽(一場春夢)이

---

1 북소(北蘇)관계에서 핵문제에 대해 James Clay Moltz, Alexandre Y. Mansourov, *The North Korean Nuclear Program: Security, Strategy, and New Perspectives from Russia*, Brighton: Psychology Press, 2000 참조.

2 전체 북한학계에서 북한의 핵문제처럼 자주 연구된 주제는 없는 것 같다. 다음 사이트는 북한 전략 무기 발전에 관한 구체적인 연대표를 공개하고 있다. "Chronology of U.S.-North Korean Nuclear and Missile Diplomacy," *Arms Control Association*, https://www.armscontrol.org/factsheets/dprkchron?c=1526528518057.

되었다.

1991년 국제사회는 한반도 비핵화에 대한 희망을 갖고 있었다. 미국 대통령 조지 부시는 9월 해외에 배치된 미국 핵무기를 모두 철수하겠다고 선포했다. 소련 대통령 미하일 고르바초프는 자신의 마지막 대통령령 중 하나로 같은 조치를 이행했다. 1992년 남북은 한반도의 비핵화에 관한 공동선언을 체결했다. 이는 상당히 구체적인 합의문으로 "남과 북은 핵무기의 시험, 제조, 생산, 접수, 보유, 저장, 배비(配備), 사용을 하지 아니 한다"고 약속하면서 "핵에너지를 오직 평화적 목적에만 이용한다"고 선포했다. 그리고 이 합의문에는 "핵 재처리 시설과 우라늄농축시설을 보유하지 아니 한다"는 약속도 포함되었다.

만일 이 합의가 실행되었다면 한반도는 비핵지대가 되었을 것이다. 북한은 공약을 지키지 못했다. 핵확산방지조약에 따라 북한은 국제원자력기구의 사찰 대상이 되었는데 이 사찰은 북한이 조약을 위반하고 있다는 사실을 밝혀냈다. 국제원자력기구 감독관들은 북한의 핵폐기물 보관소로 의심되는 장소 두 곳에 대한 접근을 요청했지만 북한은 1993년 2월 이를 거절했다. 위기가 확산되면서 북한은 1993년 3월 8일 준전시 상태를 선포했고[3] 3월 12일에는 3개월 뒤 핵확산방지조약에서 탈퇴할 것이라고 선포했다.[4]

인민군 기관지 《조선인민군》을 비롯한 북한 매체들은 이 비상 동원이 한미의 '팀 스피리트 93'라는 '침략적인' 훈련 때문이라고 설명했지만[5] 실제로는 핵확산방지조약에서 탈퇴를 선언하기 위해서였다. 당시 특히 외국 매체들은

---

3 "전국, 전민, 전군에 준전시상태를 선포함에 대하여", 《로동신문》, 1993년 3월 9일, 1면.

4 "민족의 자주권과 나라의 최고리익을 수호하기 위하여 자위적조치를 선포한다", 《로동신문》, 1993년 3월 13일, 1면.

5 "경애하는 최고사령관동지의 명령을 높이 받들고 전군이 만단의 전투태세를 갖추자", 《조선인민군》, 1993년 3월 9일, 1면.

'한반도에서 전쟁이 발발할 수 있다'는 보도를 많이 내보냈는데 북미 외교관들은 타협에 들어갔고 북한은 핵확산방지조약에서 탈퇴하기로 했던 하루 전날인 1993년 6월 12일 이 결정을 취소했다. 북미 제네바합의에 따라 북한은 대규모 경제적 원조로 배상(賠償) 받을 예정이었다.

1993년 북한은 핵개발 프로그램을 갈취 목적으로 사용했다. 이것이 마지막이 아닐 것이라고 예측한 사람들은 많지 않았다. 1980년대 후반부터 1990년대 초반은 전 세계 민주혁명의 시대였다. 동유럽, 소련, 몽골에서 공산당 통치 시대가 끝났다. 한국, 파라과이, 칠레에서 우익 군사독재가 무너졌다. 타이완은 민주국가가 되었다. 남아프리카공화국에서는 너무도 길고 무서웠던 아파르트헤이트 시대가 끝이 났다. 흥미로운 사건들은 계속 펼쳐졌고, 당시 미국의 사회학자 프랜시스 후쿠야마는 그 유명한 '역사의 종말'을 예언했다. 후쿠야마는 앞으로 아주 가까운 미래 전 세계에 자유민주주의 정권이 설립될 것이고 권위주의는 최후의 패배를 맞을 것이라고 선언했다.[6]

이런 분위기 속에서 북한 정권도 곧 무너지지 않을까 생각한 사람들이 많았다. 그중 한 명이 김정일이었다. 아버지는 나이가 너무 많아 다가오는 위협을 인식하지 못했지만, '친애하는 지도자동지'는 미래를 내다보며 두려워했다. 1992년 국가보위부 일꾼과 만난 김정일은 "소련과 동구라파[7] 나라들이 다 망했다. 우리가 지금 해이해지면 내일은 쓴맛을 보게 될 것이다. 사회주의가 망하면 숙청대상은 가장 먼저 당과 보위기관 일꾼들이다"라고 한 적도 있다.[8] 김

---

6 Francis Fukuyama, *The End of History and the Last Man*, New York: Free Press, 1992.

7 동구라파(東歐羅巴)는 '동유럽'의 옛말이다.

8 백명규, "보위사에 밀리던 김영룡, 의문의 죽음", ≪데일리NK≫, 2005년 10월 25일, https://www.dailynk.com/보위사에-밀리던-김영룡-의문의-죽음. 이 칼럼의 저자 백명규는 북한에서 보위원으로 복무했다. 그의 북한 국가보위기관에 대한 칼럼 시리즈는 매우 소중한 증언이다.

정일의 두려움에는 근거가 있었다. 1992년 조선인민군 장교들이 김일성과 김정일, 그리고 북한 정치 엘리트 대부분을 몰살시킬 음모를 꾸몄다는 증언이 있다. 음모자들은 고르바초프의 소련에서 유학한 사람들이었다. 페레스트로이카 정신을 받아들인 그들은 북한에서도 변화를 바라게 되었다. 그러나 권력이 김일성과 김정일에게 있다면 아무 것도 변화하지 않을 것임을 잘 알았다. 따라서 이들은 어버이 수령과 경애하는 최고사령관 동지를 제거하려는 음모를 꾸몄다. 증언에 따르면 예정된 공격일은 1992년 4월 25일이었다. 이날 평양에서 열병식이 진행될 예정이었다. 계획은 북한 지도부가 서 있는 강단(講壇)에 탱크가 지나갈 때 탱크는 바로 강단에 포를 쏘아야 했다. 성공했다면 김일성과 김정일은 물론 북한 지도부 전체를 없앨 수 있었다. 그러나 음모자들은 운이 좋지 않았다. 열병식 진행 책임을 맡은 지휘관이 다른 부대의 탱크를 쓰도록 결정했고 김일성 암살 작전은 무산되었다. 얼마 뒤 국가보위부가 음모에 대해 알게 되었고, 인민군에서 대숙청이 벌어졌다.[9] 김일성과 김정일, 그리고 그들의 정권은 살아남았다.

이 위기가 지나면서 김일성은 대규모 행사를 준비했다. 역사상 첫 남북 정상회담이었다. 북한 수령은 김영삼 대통령을 평양에 초대했다. 1994년 6월 28일 정상회담은 평양에서 7월 25일부터 27일까지 진행될 것이라는 보도가 나왔다.[10] 정상회담 날짜가 정해진 지 열흘이 지났다. 1994년 7월 7~8일 밤 평양에서는 전례 없는 폭우가 쏟아졌다. 어떤 사람들은 '하늘이 미쳤나'라고 했다. 평양 사람들은 평생 그런 폭우를 본 적이 없었다.[11] 바로 이날 밤 김일성의 건강

9 박성길, 「북한 군사 쿠데타 사건 종합」, 『북한군의 불편한 진실』, 서울: 한국 군사 문제연구원, 2013, 246~252쪽. 이 책에서도 정변 시도에 대한 언급이 있다: 강명도, 『평양은 망명을 꿈꾼다』, 서울: 중앙일보사, 1995, 255~272쪽. 필자도 이 정변 시도에 대한 수많은 증언과 소문을 들은 적이 있다.

10 "7월 25일에 평양서 정상회담", ≪한겨레≫, 1994년 6월 29일, 1면.

이 갑자기 악화되었다는 말이 있다. 수령은 10년 전[12] 건설된 묘향산 별장에 머물고 있었다. 별장에는 자격 있는 의사가 부족했고 평양에서 호출되었다. 날씨는 헬기를 운항하기에 극히 위험했지만, 어버이 수령님이 편찮으시다는데 누가 평민의 안전을 신경 쓸 수 있을까? 평양 의사팀은 헬기를 타고 즉시 묘향산 별장으로 떠났다. 폭우 탓에 조종사는 헬기를 착륙시키지 못하고 별장 근처 저수지로 떨어졌다. 헬기에 탄 모든 사람들이 사망했다.[13] 수령은 도움을 받지 못했다. 바로 이날 밤 폭우와 번개, 암흑 속에서 김일성은 사망했다. 1994년 7월 8일 밤 2시였다. 수령은 당시 82살이었다.

김정일도 아버지를 구하려 서둘렀다는 소문이 있었다. 이 소문에 따르면 배우자 고용희와 경비원들은 그에게 이 불운한 헬기를 타지 말라고 설득했다. 만일 그들이 설득에 실패했다면 후계자는 수령과 같은 날 죽었을 것이고 북한에서는 전례 없는 정치적 위기가 벌어질 수밖에 없었다.[14] 이후 2000년대 들어 김정일은 아버지가 사망했던 묘향산 별장을 철거하도록 지시했다.[15]

7월 8일 폭우는 멎었다. 폭풍도 중단되었다. 이날 북한 주민들은 평소처럼 학교나 직장으로 집을 나섰다. 그들은 온 나라가 숭배하는 이 사람이 그들이 자고 있을 때 사망했다는 사실을 아직 몰랐다. 토요일인 7월 9일, 조선중앙텔

---

11 주성하, 「1994년 7월 8일, 김일성종합대학에서」, 『서울에서 쓴 평양 이야기』, 서울: 기파랑, 2010, 118~125쪽.

12 "김일성 숨진 '향산별장' 철거됐다", 자유아시아방송, 2014년 4월 29일, https://www.rfa.org/korean/weekly_program/radio-world/radioworld-04292014151939.html.

13 주성하, 「1994년 7월 8일, 김일성종합대학에서」, 『서울에서 쓴 평양 이야기』, 서울: 기파랑, 2010, 118~125쪽.

14 Ibid.

15 구글어스나 Planet.com의 위성사진을 분석하면 2004년 2월에는 이 별장이 아직 있었지만 2010년 4월에는 이미 철거된 것을 확인할 수 있다. 묘향산 별장의 좌표는 N39°58'17.27, E126°19'13.88였다.

레비죤은 낮 12시 중대 방송이 있을 것이라고 예고했다. 많은 사람들은 중대 방송 주제가 무엇일지 예상하지 못했다. 알아낸 사람들도 조용히 있었다. 만일 그가 살아 있을 가능성이 조금이라도 있다면 어떻게 그를 죽었다고 추정할 수 있을까. 그렇게 말하는 사람은 반혁명분자였고, 사형 대상이었다. 드디어 정오가 되었다. 모든 시청자들은 화면에서 북한의 가장 유명한 방송원 전형규(田亨奎)를 보았다. 그는 회색 양복을 입고 조금은 오래된 듯한 1970년대 스타일의 김일성 휘장을 달고 있었다. 전형규는 호소문을 읽어 내려가기 시작했다.

전체 당원들과 인민들에게 고함

우리의 전체 로동계급과 협동농민들, 인민군 장병들, 지식인들과 청년 학생들!

조선로동당 중앙위원회와 조선로동당 중앙군사위원회, 조선민주주의인민공화국 국방위원회와 중앙인민위원회, 정무원은 조선로동당 중앙위원회 총비서이시며 조선민주주의인민공화국 주석이신 위대한 수령 김일성동지께서 천구백구십사년 칠월 팔일 두시에 급병으로 서거하시였다는것을 가장 비통한 심정으로 온 나라 전체 인민들에게 알린다.[16]

이 호소문의 형식은 북한이 만든 것이 아니었다. 이는 1976년 중국에서 방송된 마오쩌둥 사망 보도 형식을 따른 것이고[17] 마오쩌둥 사망 보도는 1953년 소련의 스탈린 사망 보도 형식을 따른 것이다.[18] 1953년과 1976년처럼 1994년

16 "위대한 수령 김일성동지의 서거에 즈음하여", ≪로동신문≫, 1994년 7월 9일, 2면.

17 "中国共产党中央委员会, 中华人民共和国全国人民代表大会常务委员会, 中华人民共和国 国务院, 中国共产党中央军事委员会 告全党全军全国各族人民书", ≪人民日报≫, 1976 年 9月 10日, 第2页.

18 От Центрального Комитета Коммунистической Партии Советского Союза, Совета министров Союза ССР и Президиума Верховного Совета // Правда, 6 марта 1953

보도는 시청자들에게 커다란 충격을 주었다. 북한 주민들은 이를 사실이라고 믿지 못하는 사람들이 많았다. "어떻게? 그런 일이 어떻게 있을 수 있나? 이제 우리는 어떻게 되는 거지?" 서로서로 물어보는 사람들은 많았다.[19]

그리고 전형규는 계속했다.

> 오늘 우리 혁명의 진두에는 주체혁명위업의 위대한 계승자이시며 우리당과 인민의 탁월한 령도자이시며 우리 혁명군의 최고사령관이신 김정일동지께서 서 계신다.
> 우리당의 세련된 령도는 김일성동지께서 개척하시고 이끌어 오신 주체의 혁명위업을 대를 이어 빛나게 계승 완성해 나갈수 있는 확고한 담보로 된다.[20]

참으로 예언 같은 말이었다. 이후 전 세계는 아들을 후계자로 임명해 자신의 노선 계승을 확정한 김일성의 사악한 천재성을 보게 되었다. 스탈린이 사망했을 때 온건한 게오르기 말렌코프 부수상부터 과격한 내무상 라브렌티 베리야까지 모든 소련 지도부는 개혁의 필요성을 느꼈다. 마오쩌둥이 사망했을 때 그의 노선을 계승하고 싶어 하는 지도자들도 있었지만 개혁파는 군인과 손을 잡고 권력을 장악했다. 동유럽에서 가장 닫혀 있는 나라 알바니아에서 1944년 건국부터 1985년 사망 시까지 통치한 엔베르 호자 제1비서는 직접 후계자 라미즈 알리아를 선택했다. 알리아의 개혁은 매우 제한적이었지만 알바니아 주

года, стр. 1.

19 주성하, 「1994년 7월 8일, 김일성종합대학에서」, 『서울에서 쓴 평양 이야기』, 서울: 기파랑, 2010, 118~125쪽; 바바라 드믹 미국 기자는 북한 주민들의 김일성 사망에 대한 증언을 수집했다. Barbara Demick, "Twilight of the God," in *Nothing to envy: Ordinary lives in North Korea*, New York: Spiegel&Grau, 2009, pp. 90-102 참조.

20 "위대한 수령 김일성동지의 서거에 즈음하여", 《로동신문》, 1994년 7월 9일, 2면.

민들은 변화하는 시대정신을 느낄 수 있었다. 결국 알바니아 수도 티라나에서 시위가 벌어졌고 라미즈 알리아와 그의 알바니아 노동당은 권력을 잃었으며 알바니아는 민주국가가 되었다.

그러나 북한의 운명은 달랐다. 김정일의 통치 정당성은 그가 김일성 아들이 자 가장 충성스러운 제자라는 사실에서 나왔다. 진짜 개혁을 한다면 이러한 이미지는 흔들릴 수 있는 것이었다. 김정일은 개혁이 체제 안정성에 해를 줄 수 있다는 것을 알았다. 따라서 이제 '위대한 령도자'로 불리게 된 그는 아버지 노선을 변함없이 계승할 것이라고 선언했다. 김일성은 죽었지만 그의 손은 죽었어도 매우 강력했다. 그의 유산은 북한 경제를 파괴하고 있더라도 그의 손은 나라를 잡고 있었다. 소련과 중국의 원조가 끊기자 북한 주민에게 필요한 만큼의 식량은 부족하게 되었다. 대기근이 발생했고 아사자가 수십 만 명에 이르렀다. 중국의 대약진운동 이후 동아시아 최악의 기근이었다.[21]

그러나 자신의 두 눈으로 사회주의권 붕괴를 지켜본 김정일은 나라에 필요한 본질적인 개혁은 추진하지 않았다. 대신 그는 아버지에 대한 숭배를 더욱 강화하도록 결정했다. 김일성의 주석궁은 수령의 능(陵)이 되었다. 북한 매체는 이 '금수산기념궁전'이 '수령의 영생위업'을 위하여 어떻게 화려한 건물이 되었는지를 굶고 있는 사람들에게 자랑스럽게 선언했다.[22] 김일성의 미라가 있는 외재궁(外梓宮)에 대한 접근을 허용하기 전 북한은 사진사들에게 그렇게 많은 불편을 주었던 수령의 혹을 시신에서 제거했다.[23]

---

21 Daniel M. Goodkind, Loraine A. West, Peter Johnson, "A Reassessment of Mortality in North Korea, 1993-2008," Paper presented at the Annual Meeting of the Population Association of America; 31 March – 2 April 2011; Washington, D.C.

22 "우리 당과 인민의 위대한 수령 김일성동지를 영생의 모습으로 모신 «금수산기념궁전» 개관식 엄숙히 거행", ≪로동신문≫, 1995년 7월 9일, 1면.

23 필자는 금수산태양궁전에 방문하여 이 사실을 확인해준 아나스타시야 코롤료바에

금수산의사당에 안치된 김일성의 시신

    1997년 7월 8일, 김일성 사망 3주년을 맞아 북한은 새로운 연호인 '주체년호'를 쓸 것이라고 선포했다. 주체년호는 김일성이 태어난 1912년을 원년으로 했다. 김일성의 생일은 '태양절(太陽節)'로 부르게 되었다.[24] 두 달 뒤 이 결정은 유효화되었고 1997년은 주체 86년이 되었다.[25] 전 세계에서 사용하는 연호의

    게 감사드린다.

24 "조선로동당 중앙위원회 조선로동당 중앙군사위원회 조선민주주의인민공화국 국방위원회 조선민주주의인민공화국 중앙인민위원회 조선민주주의인민공화국 정무원. 결정서. 위대한 수령 김일성동지의 혁명생애와 불멸의 업적을 길이 빛내일데 대하여", 《로동신문》, 1997년 7월 10일, 1면.

25 "주체년호와 더불어 김일성조선은 영원히 빛나리라", 《로동신문》, 1997년 9월 9일, 2면.

원년은 디오니시우스 엑시구스라는 기독교 성직자가 '잘못' 계산한 예수 그리스도가 탄생한 해다. 따라서 북한은 김일성을 예수처럼 모시게 되었다. 북한에서 일반 연호와 주체년호를 보통 같이 썼지만(예: 주체 85[1996]년 9월 13일) 주체년호만 쓴 경우도 있었다.

김일성은 사망했지만 북한은 그를 여전히 조선민주주의인민공화국 주석으로 보았다. 김정일이 이 직위를 승계할 계획도 있었지만[26] '위대한 령도자'는 더 좋은 생각을 떠올렸다.[27] 북한은 김일성을 '공화국의 영원한 주석'으로 모실 것이라고 선언했다.[28]

김정일이 아버지가 건설한 체제를 전혀 바꾸지 않았다고는 할 수 없다. 김정일 시대 들어 범죄자 가족까지 처벌하는 제도는 거의 폐지되었다. 김정일 집권 몇 년 후 대기근이 끝나자 '위대한 령도자'는 경제개혁을 개시했다. 김정일의 개혁은 제한적이었고 되돌리는 경우도 적지 않았다. 그러나 이 시기 국가는 주민들이 민간무역과 상업을 할 권리가 있다는 것을 사실상 인정했다. 김정일은 예술에 대한 통제를 많이 완화했고, 수십 년 동안 소박한 선전밖에 몰았던

---

26 "위대한 령도자 김정일동지의 국가주석추대지지환영 및 조선민주주의인민공화국창건 50돐 경축준비위원회 결성모임(여러 나라에서 진행)", ≪로동신문≫, 1998년 8월 11일, 1면.

27 「위대한 수령 김일성동지를 우리 공화국의 영원한 주석으로 높이 모시자」, 1994년 7월 11일, 19일, 『김정일 선집(증보판)』, 제18권, 평양: 조선로동당 출판사, 2012, 1~8쪽. 원문에서 이 연설의 날짜는 1994년 7월 11일과 19일로 표시되어 있다. 북한 당국의 역사적 현실에 대한 태도를 보면 두 날짜 모두 사실이 아니라고 추측할 수 있다. 특히 이 연설에서 김정일이 주석 자리에 올라가는 것을 거절하는 것으로 보아 의심의 여지는 더 커진다. 3년 뒤에도 북한은 외국 인사들이 김정일을 주석으로 추대할 것을 지지한다고 여러 번 공포했다. 따라서 김정일은 이 연설을 1994년 7월 이후에 했다고 판단할 수 있다.

28 "공화국의 영원한 주석", ≪로동신문≫, 1998년 10월 9일, 1면.

나라는 진짜 그림과 좋은 음악도 생겼다. 그러나 다른 사회주의권 나라들과 비교해보면 북한의 개혁은 너무나 미미한 수준이었다.

김일성이 만든 사이비 군주제는 진짜 군주제보다도 더욱 그의 노선 계승을 보장했다. 세자가 등극하면 죽은 왕의 노선을 계승할 의무가 없다. 그는 왕이 되었고 자신의 뜻대로 나라를 통치해도 되기 때문이다. 그러나 북한에서는 상황이 달랐다. 김정일이 최고지도자 자리에 오른 근거는 김정일이 가장 충실한 김일성주의자였기 때문이다. 이는 김일성의 참으로 천재적인 창조였다. 49년 동안 나라를 통치했던 김일성은 어떤 입장에서 보면 죽어서도 권력을 유지하게 된 것이다.

'위대한 수령 김일성동지께서 영원히 우리와 함께 계신다.' 이 글은 김정일의 지시에 따라 전국에 세워진 '영생탑'이라는 커다란 기둥에서 볼 수 있다. 틀린 말은 아니었다. 공화국의 영원한 주석 김일성은 오늘도 우리 모두와 함께 남아 있다.

맺음말

　북한의 운명은 과연 달라질 수 있었을까? 만일 남한이 존재하지 않았다면 대부분 역사학자들은 그렇지 않았다고 판단했겠다. 그들의 연구에서 "조선의 수천 년 역사에서 민주주의는 아예 찾을 수 없고 조선 사람들은 자치 경험도 거의 없었다. 그래서 조선은 불가피하게 이 지구에서 제일 닫히고 빈곤하고 자유가 없는 나라 중의 하나가 될 수밖에 없었다"와 같은 주장을 찾을 수 있었겠다. 아마도 '진화 개념 자체를 부인하는 유교 문화의 여파', '반동적이고 폭력적인 전통 농민사회', '절대 군주제의 유산', '1940년대 초반에 일본제국이 주입한 광신적인 군국주의' 등 추론을 볼 수 있었겠다. 과거에 대한 믿을 만한 설명을 만드는 것은 역시 역사를 연구하는 우리들의 직업병이다.

　그러나 한반도는 참으로 예외적인 곳이다. 이를 보면 '운명은 없다'라는 사실을 알 수 있다. 어떤 나라가 불가피하게 번영이나 빈곤, 민주주의나 독재에서 살 운명은 없다. 남한의 실제 운명을 보면 북한 역사는 완전히 달랐다고 확신할 수 있다. 예를 들어 만일 미국이 히로시마 원자폭탄을 2주 전에만 투하했더라도 소련은 참전하지 않았을 것이다. 그렇다면 북한이라는 개념 자체가 생기지 않았을 것이고 수천만 명이 6·25전쟁의 고통과 공포와 가난 속에서 수십 년 동안 살아갈 운명을 피할 수 있었을 것이다.

　1945년 북한 지도자가 김일성이 되리란 것도 미리 정해진 것이 아니었다. 만일 저우바오중이 바실렙스키에게 편지를 보내지 않았다면 김일성의 귀국은 지체되었을 것이다. 그렇다면 그는 아마도 북한 수령으로 선택받을 결정적인 시기를 놓쳤을 것이다. 베리야도 스탈린에게 김일성을 추천하지 않았을 수도 있다. 아니면 스탈린 자신이 다른 후보자를 선택할 수도 있었다. 그러나 수많은 우연의 일치로 북한의 수령은 바로 이 정치적 모략과 권력에 대단한 능력이 있으면서 경제적 관리 능력은 극히 부족하며 잔혹하고 주민의 필요나 운명에는 관심 없는 김일성이라는 자가 되었다.

김일성이 북한의 수령이 된 후에도 북한의 운명은 달라질 수 있었다. 소련과 미국을 타협했다면 여운형이나 다른 정치인이 통일 한국의 지도자가 될 수 있었다. 1946년 김형집이 김일성을 죽일 수도 있었다. 마오쩌둥이 원래 계획처럼 6·25전쟁에 참전하지 않았다면 김일성의 시대는 1950년 가을 종결될 수도 있었다. 북한 야권의 능력이 더 컸다면 불가리아나 헝가리처럼 독재자를 해고할 수도 있었다. 리상조 대사가 결단력이 더 컸으면 아나스타스 미코얀이 김일성 해고를 요구할 수도 있었다. 이 모든 사건들 뒤에라도 1957년 알렉산드르 푸자노프 대사는 김일성으로부터 절대 권력을 빼앗았을 수 있었다.

1950년대 후반 북한의 운명은 돌아오기 불가능한 지점을 지나쳤다. 정치 모략의 대사범인 김일성은 아무도 할 수 없었던 일에 성공했다. 소련에 복종하는 위성국가로 설립된 나라가 소련의 통제에서 벗어난 것이었다. 북한은 나라를 통치하는 데 있어 김일성의 사상을 반영했다. 북한 경제는 가능한 만큼 집중화되었으며 수령은 언제든 계획을 취소하고 새로운 지시를 내릴 수 있었다. 북한은 이에 금세 익숙해졌다. 공장과 농장은 당 간부들이 다스리게 되었다. 공산주의자들이 주장했던 '노동자의 자치'나 '농민 자치' 원칙은 흔적도 남지 않게 되었다.

나라의 모든 문화는 세계문화와 완전히 분리되었고 하나의 절대적인 목표인 김일성 숭배에 따라 재형성되었다. 북한의 모든 가정집에 김일성 초상화가 있었고, 북한의 거의 모든 문서에 김일성이 언급되며 김일성을 찬양했다. 모든 주민은 날마다 김일성을 찬양해야 했다. 김일성 숭배는 모든 북한의 사상들을 삼켜 흡수했다. 북한의 존재 자체가 수령을 경배하는 것이었고 여기에 어떠한 다른 사상적 근거도 필요하지 않았다.

김일성이 장점이라고는 전혀 없는 순수한 악인(惡人)이라고 한다면 그것도 과장이다. 그는 대단히 용감하고 잔재주가 많은 사람이었다. 친절이나 관용, 연민 등을 느끼지 못한 사람이라고 할 수도 없다. 그러나 한반도 역사상 최악의 인물이 김일성이었다는 점은 의심할 여지가 없다. 그는 한반도 전체 역사에서 가장 비참한 전쟁을 일으킨 사람이었다. 그는 세계 역사상 가장 폐쇄적이며 잔혹한 정권 중 하나를 설립했다. 그는 무능한 정책으로 나라를 대기근으로 이끈 사람이었다. 사망한 이후에도 이러한 제도가 될 수 있는 한 오래 유지되도록 최대의 노력을 한 사람이었다.

김일성은 어느 정도 공산주의자이자 민족주의자였다고 할 수도 있다. 그러나 그는 어떤 사상이나 민족보다도 자기 자신에 대해 신경 썼다. 수령의 자존심과 숭배는 상호 강화되었고 결국 김일성은 자신이 그 어떤 문제도 틀릴 수 있다고 생각하지 못하게 되었다. 수령은 나라에서 일어나는 모든 문제의 원천이 그의 통치 방식이 아니라 부하들의 우둔, 나태, 태만 등이라고 믿게 되었다. 김일성 통치 후반 북한은 중국과 소련의 지지를 잃게 되었다. 이제 북한은 전쟁이 발발해도 중국이나 소련의 지원을 받지 못할 것이라고 여기게 되었고, 그동안 의존해왔던 경제 원조마저 중단되었다. 김일성 후반기는 경제적으로 퇴조하는 시대가 되었다. 김일성 사망으로 경제적 퇴조는 비참한 대기근으로까지 확대되었다.

'위대한 수령'의 가장 중요한 유산은 유일사상체계였다. 이 체계는 김일성이 사망한 뒤에도 수십 년 동안 유지되어왔다. 이 글을 마무리하고 있는 지금도 이 체계는 유지되고 있으며 김일성 손자의 통치하에 수천만 명의 북한 주민들이 살고 있다. 이 김일성주의가 어떻게 종말을 맞을지는 아무도 알 수 없다.

김일성 연대표

1912년 4월 15일	김성주, 김형직과 강반석의 첫 번째 친아들로 식민지 조선 평안남도 평양부 용산면 하리 칠골이라는 마을에서 탄생
1917년 11월	러시아에서 사회주의 혁명
1919년 3월	3·1운동 발발, 평양에서 김형직이 적극 참가
1919년 3월 2일	국제공산당 설립
1919년 5월	김형직, 가족과 함께 만주로 망명
1921년 7월 23일	중국공산당 창당
1922년 12월 30일	소비에트 사회주의 공화국 연방 건국
1927년	김성주, 위원중학교 입학
1928년 12월	장제스, 북벌 성공. 중국 영토 대부분 통합
1929년경	볼셰비키 당내 투쟁에서 이오시프 스탈린이 완전한 승리를 거둠
1929년 5월	김성주, 조선공산청년회 가입. 한 달도 안 돼서 조선공산청년회는 강제 해산되고 김성주는 체포됨
1929년 10월	여러 사람들이 김성주의 보증인이 되어 김성주는 석방됨
1930년경	김성주, 국민부 조선혁명군 가입
1930년	김성주, 동성조선인농민총동맹(東省朝鮮人農民總同盟) 푸쏭(撫松)·안투(安圖) 지방 담당 지부동맹조직위원에 임명
1930년경	국민부 간부 이종락이 김성주를 남만주학원에 파견하고 공부하도록 지시
1930년경	이종락을 비롯한 국민부 좌경 성원들은 국민부에서 탈퇴, 세화군(世火軍) 설립. 김성주는 세화군 군정위원회(軍政委員會) 위원으로 임명됨
1931년 9월 18일	일본제국의 관동군, 만주 공격, 5달 후 완전 점령 성공
1931년경	김성주, 김일성으로 개명
1931~1932년경	김성주(김일성), 이청산의 추천을 받아 중국공산당 입당
1932년 2월	왕더린(王德林), 중국국민구국군 설립
1932년 3월	만주국 건국. 청나라 마지막 황제인 푸이는 집정(執政)으로 추대됨
1932년 봄	김일성, 선전가로서 중국국민구국군에 가입

1932년 중반	난징의 중화민국 정부 탄압을 받아 왕더린은 구국군에서 공산주의자를 숙청함. 김일성도 구국군에서 퇴역
1932년경	김일성, 안투(安圖)유격대 가입
1932년 11월경	김일성, 왕칭(汪淸) 항일유격대의 정치위원으로 임명
1935년경	김일성, 동북인민혁명군(東北人民革命軍) 제2군 독립사단 제3연대의 정치위원 겸 참모장으로 임명
1936년 2월 20일	중국공산당, 동북항일연합군 설립
1936년경	김일성, 동북항일연합군 제2군 제6사단 사단장으로 임명
1937년 6월 4~5일	김일성의 유격대, 보천보 습격
1937년 7월 8일	중일전쟁 발발
1938년경	김일성, 동북항일연합군 제1집단군 제2방면군 사령관으로 임명
1930년대 후반	김일성, 한성희와 결혼
1939년 10월	관동군, 노조에 마사노리(野副昌德) 대좌를 만주 빨치산 소탕 책임자로 임명. 빨치산 운동의 암흑기 시작
1940년 여름	일본 군대, 김일성의 첫 번째 부인 한성희 체포
1940년 후반기	김일성, 김정숙과 결혼
1940년 10월경	김일성, 만주국을 떠나 소련으로 탈출
1941년 1월	전우들과 함께 김일성은 소련에서 신분확인을 받음. 국제공산당 간부들은 김일성을 긍정적으로 평가
1941년 2월 16일	김일성 장남 유라 탄생. 유라는 나중에 전 세계에 '김정일'로 알려지게 됨
1941년 4월 9일	국제공산당, 만주에 2개 수색대 파견. 김일성을 한 수색대의 대장(隊長)으로 임명. 작전 목적은 동북항일연합군 제1집단군 사령관 웨이정민(魏拯民) 수색
1941년 4월 13일	소련과 일본제국, 중립조약 체결
1941년 6월 22일	나치 독일, 소련 공격. 독소전쟁 발발
1941년 8월 28일	김일성, 수색대 일부와 소련으로 귀환, 웨이정민이 사망했다고 보고
1941년 9월 14일	김일성, 수색대의 나머진 일원들과 상봉하러 만주에 다시 파견
1941년 11월 12일	김일성, 전체 수색대와 함께 소련 귀환. 극동전선사령부, 김일성을 만주 빨치산 남야영(南野營)에 정주시킴
1942년 3월 31일	수많은 빨치산들은 북야영에 떠난 후에 김일성은 남야영의 군사·정치 책임관으로 위임

1942년 7월	극동전선에서 상당히 많은 인원들이 스탈린그라드 전투에 참가하러 파견. 인원부족 문제 해결을 위하여 전선 사령관 이오시프 아파나센코 대장은 만주 빨치산으로 붉은 군대 여단을 설립할 것을 결정
1942년 7월 16일	김일성 B야영(오케안스카야)에서 출발한 후에 아파나센코 장군의 지시를 받으러 하바롭스크에 도착
1942년 7월 17일	김일성, 붉은 군대 입대, 대위 임관, 극동전선 제88독립보병여단 제1독립대대 대대장으로 임명
1942년 7월 22일	아파나센코 대장, 저우바오중(周保中), 리자오린(李兆麟) 그리고 김일성에게 40분동안 제88여단의 임무에 대한 브리핑을 함
1942년 7월 23일	김일성은 붉은 군대에 복무하러 A야영(뱌츠코예)에 도착
1943년 5월 15일	국제공산당 해산
1943년 11월 27일	카이로 선언 체결. 선언에서 영국, 미국, 중화민국 정부는 일본 패전 이후 조선이 독립을 얻을 것이라고 선포
1944년	김일성 차남 슈라 탄생
1944년 7월	제88여단의 일부 인원이 참석한 회의에서 김일성은 빨치산 부대 입대 전 깡패였고 공산주의자들을 살인했다는 고발을 받음. 김일성은 그가 살인한 자들이 트로츠키주의자였다고 주장함. 사건은 여파가 없는 것으로 처리됨
1945년 2월	얄타회담에서 처칠 영국 수상과 루즈벨트 미국 대통령은 소련이 대일(對日) 전쟁에 참가할 것을 설득. 스탈린은 독일 항복 후 일본 공격을 약속
1945년 봄	소련 정부는 일본 패전 후 조선 지도자 문제를 처음으로 고려함. 문일이라는 고려인 당 중앙위 대표자에게 김일성을 추천
1945년 4월 5일	소련, 일본제국과의 중립조약 탈퇴
1945년 5월	나치 독일의 무조건 항복
1945년 8월 6일	히로시마 원자폭탄 투하. 세계 역사상 첫 번째 핵무기 사용
1945년 8월 8일	소련, 대일(對日) 선전포고, 8월 9일부터 유효
1945년 8월 9일	소일(蘇日)전쟁 발발. 붉은 육군 및 해군은 일본제국과 만주국 공격
1945년 8월 10일	찰스 본스틸과 딘 러스크 미 육군 대령 2명은 조선을 38선으로 분단하자는 계획안을 체결. 며칠 동안 미국 정부와 소련 정부가 이 계획안을 승인
1945년 8월 15일	히로히토 천황의 항복 방송. 천황은 제국이 연합군 조건을 받아들이고 항복한다고 선포
1945년 8월 중순	키릴 메레츠코프 원수의 명령에 따라 그리고리 메클레르 중령이 제88여단 방문. 메클레르 중령은 보고서에서 김일성 대위 높이 평가

1945년 8월	조선공산당 재설립
1945년 8월 24일	제88여단 여단장 저우바오중은 알렉산드르 바실렙스키 원수에게 붉은 군대가 점령한 지역 통치에 여단 성원을 사용하자고 보고
1945년 8월 25일	키릴 메레츠코프 원수는 제25군 사령관 이반 츠스탸코프 상장에게 함흥 또는 평양을 군의 참모부의 주둔지로 선택하라고 명령. 치스탸코프 상장, 평양 선택
1945년 8월 25일	붉은 군대 장교, 제88여단 출신 조선인들을 조선에 파견하는 계획안 작성. 이에 따르면 김일성은 평양시 경무관의 부관(副官)이 되어야 함
1945년 8월 26일	치스탸코프 상장, 평양사관구 사령관 다케시타 요시하루 중장의 항복을 받음. 북조선에서 일본 통치 시대 종결
1945년 8월 30일	김일성 대위, 붉은 기 훈장 수훈
1945년 9월 2일	일본 제국의 항복 의식. 제2차 세계대전 종결
1945년 9월 19일	김일성, 전우들과 함께 '예멜리얀 푸가쵸프'호로 조선 원산 귀국. 강원도 경무관 블라디미르 쿠추모프가 이들 상봉
1945년 9월 말	문일, 김일성을 레베데프 소장에 소개
1945년 9월 말	제25군 북조선 지도자의 후보자 목록 작성
1945년 10월 13일	조선공산당 북부조선분국(北部朝鮮分局) 설립. 김용범, 분국 제1비서로 임명. 김일성, 분국 조직국 위원으로 임명
1945년 10월 14일	김일성, 붉은 군대 찬양집회에 등장, 평양 시민 앞에서 연설
1945년 10월 말	소련 지도부에 올린 보고서에 김일성은 미래 북조선 정부 수관(首官) 직위에 올바른 후보자로 추천됨
1945년 12월 18일	김일성, 조선공산당 북부조선분국 책임비서로 임명. 따라서 그는 북조선의 공산당 지도자가 됨
1945년 12월 27일	모스크바회의에서 미영소(美英蘇) 외무상들은 조선에 대한 5년의 신탁통치안 체결, 공포. 이 계획안은 조선 엘리트의 반대를 받음
1946년 1월 1일	김일성, 첫 신년사 공포
1946년 2월 8일	김일성, 북조선임시인민위원회 위원장으로 임명. 이에 따라 북조선 정부 수관이 됨
1946년 4월 21일	소련의 지시에 따라 독일공산당과 독일사회민주당은 독일사회주의통일당으로 합당. 이 합당은 사회주의권에서 첫 번째 공산당과 사회민주당의 합당
1946년 5월 22~23일	조선공산당 북부조선분국, 북조선공산당으로 개명. 조선공산당 분리됨
1946년 5월 30일	김일성 장녀 김경희 탄생

1946년 8월	북조선공산당과 북조선신민당 합당. 북조선로동당 설립. 김일성, 북조선로동당 중앙위원회 부위원장으로 임명
1946년 10월 1일	김일성종합대학 설립
1947년 2월	김일성, 북조선인민위원회 위원장으로 임명
1947년	김일성 차남 슈라 익사
1947년 10월 21일	소련 대표단, 미소공동위원회 탈퇴. 조선 통일정부에 대한 토론 중단
1948년 5월 10일	대한민국 제헌 국회의원 선거. 남조선도 단독 정부 설립 준비
1948년 7월 10일	조선민주주의인민공화국 헌법 북조선에서 실시. 태극기를 인공기로 교체. 조선 분열의 완성
1948년 8월 15일	남조선에서 미군 통치 종결, 대한민국 선포
1948년 9월 8일	김일성, 조선민주주의인민공화국 내각 수상으로 임명
1949년 6월	소련으로부터 또 한 번의 신원확인을 받은 김일성, 조선로동당 중앙위원회 위원장 임명. 북한 정부 수관 겸 로동당 당수로서 북한 최고 간부가 됨
1949년 8월 12일	김일성과 박헌영은 소련대사 시트코프에게 남한을 공격하고 나라를 무력통일하자고 신중하게 제안
1949년 9월 22일	김일성의 두 번째 부인 김정숙 사망
1949년 10월 1일	마오쩌둥, 중화인민공화국 건국 선포
1950년 1월 30일	스탈린, 남침 계획 승인. 북한, 소련 참사관들과 함께 남침 계획 준비
1950년 6월 25일	북한군, 남한 공격. 한국전쟁 발발
1950년 6월 27일	소련 대표자 불참 상황에서 국제연합 안전보장이사회는 국제연합 가입국가에게 한국에 지원 권리를 주는 제83호 결의 통과
1950년 6월 28일	북한군, 서울 점령. 김일성, '해방된 조선민주주의인민공화국 수도 시민들에게' 연설을 함
1950년 7월 4일	김일성, 조선인민군 최고사령관으로 임명
1950년 9월 15일	미군의 인천상륙작전, 한국전쟁에 전환, 북한군 후퇴 시작
1950년 9월 28일	연합군, 서울 수복
1950년 10월 7일	중국 정부, 북한에 군대 파견 결정
1950년 10월 중순	김일성, 평양에서 떠나 강계 이동
1950년 10월 25일	중국 군대, 한국전쟁 참전. 전황의 두 번째 전환
1950년 가을	김일성, 김성애와 결혼
1950년 12월 6일	중국군, 평양 입성
1951년 1월 4일	중국군, 서울 점령

1951년 3월 15일	연합군, 서울 수복
1951년 7월	한반도 휴전회담 시작
1953년 2월 7일	김일성, 조선민주주의인민공화국 원수 칭호 수여받음
1953년 3월 5일	이오시프 스탈린 사망
1953년 봄	김일성, 박헌영·리승엽을 비롯한 핵심 적대파 인물 탄압
1953년 7월 2일	소련파 비공식 리더 허가이 부수상 사망. 자살 가능성이 높지만, 허가이 가족은 김일성이 그를 암살 명령했다고 생각함
1953년 7월 27일	한국전쟁 휴전 합의. 전쟁 종결, 한반도 군사분계선 획정
1953년 8월	김일성, 북한 농업집단화 정책 실시
1954년	농업집단화 탓에 북한 식량 위기 발발, 수천 명 아사
1953년 10월 1일	한미상호방위조약 체결
1954년 8월 10일	김일성 셋째 아들 김평일 탄생
1955년 5월 14일	바르샤바 조약기구 설립
1955년	김일성 넷째 아들 김영일 탄생
1955년경	김일성, 소련문화 영향 반대 캠페인 개시
1956년 2월 25일	소련공산당 제20차 대회에서 니키타 흐루쇼프가 스탈린 정책과 개인숭배 개념 비난
1956년 8월 30일	조선로동당 중앙위원회 전원회의에서 반김일성파가 김일성 공격, 실패
1956년 9월	주소련 북한대사 리상조, 중소(中蘇) 공동개입 발의·조직. 중소공동대표단은 김일성에게 반대파 탄압 중단 강요
1956년 10~11월	헝가리, 반공 반란. 소련, 반란을 탄압하기 위해 군대 파견
1957년 9월	김일성, 2인자 최용건 민족보위상 직위에서 해임, 조선민주주의인민공화국 차수(次帥) 칭호 박탈
1957년 9월 20일	소련대사관의 신중한 압박에도 김일성은 자신을 내각 수상으로 재임명, 권력 분할 사실상 거절
1957년 10월 22일	소련대사관은 김일성 재임명에 개입하지 말라는 명령을 받음. 북한에서 소련의 정치적 영향 급속히 하락
1958년 3월	조선로동당 제1차 대표자회의 진행. 김일성, 반대파 숙청
1958년 8월	베이다이허(北戴河) 회의에서 중국 지도부 대약진운동 결정
1958년 10월 28일	북한 주둔 중국군 철수 완성
1959년 1월 22일	노동교화소 설립에 대한 조선민주주의인민공화국 내각 결정 제7호 통과

1960년 2월	김일성, 당이 북한 농업을 직접 관리하라는 '청산리 방법' 선포
1960년 4월	대한민국 정부, 부통령 선거부정. 4·19혁명 발발, 이승만 정권 몰락
1961년 5월 16일	대한민국, 군사정변. 국가재건최고회의 권력 장악. 박정희 소장, 얼마 후 국가재건최고회의 의장에 임명
1961년 7월 6일	북한, 소련과 우호협력 상호원조 조약 체결
1961년 7월 11일	북한, 중국과 우호협력 상호원조 조약 체결
1961년 9월	조선로동당 제4차 대회. 김일성, 모든 직위에 자기 지지자들 임명. 북한에서 김일성 권력 장악과정 완성
1961년 12월	김일성, 당이 북한 공업을 직접 관리하라는 '대안의 사업체계' 선포
1963년 10월 18일	북한 매체들, 중소분쟁에서 중국에 대한 지지를 표현하는 '사회주의 진영을 옹호하자'라는 연설문 공포
1964년 10월 14일	니키타 흐루쇼프 사직. 소련에서 레오니트 브레즈네프가 권력 장악
1965년 6월 22일	한일기본조약 조인
1965년 가을	김일성, 중국에 제2차 남침 계획 제안, 중국 측은 원조 거절
1966년 10월 12일	조선로동당 제2차 대표자회에서 김일성은 당 직위를 '조선로동당 총비서'로 개명
1967년 5월 4~8일	조선로동당 중앙위원회의 제4기 제15차 전원회의. 유일사상체계 선포. 북한에서 완전한 전체주의 제도 탄생
1967년 5월 25일	김일성, '당면한 당선전사업 방향에 대하여'라는 연설, 유일사상체계 실시에 대한 세칙 하달
1968년 1월 21일	북한 특공대, 박정희 한국 대통령 암살 미수 사건
1968년 1월 23일	북한 해군, 미국 '푸에블로'호 나포. 한국전쟁 휴전 이후 한반도 최대 위기
1968년 8월 20~21일	바르샤바 조약기구 연합군, 체코슬로바키아 침략, 개혁파 정부 강제 사임
1969년 4월 14일	중국, 린뱌오(林彪)를 마오쩌둥의 후계자로 선포. 사회주의권 역사상 처음으로 살아 있는 지도자에 후계자 임명 전례
1969년 4월 15일	김일성 57세 생일에 북한공군, 미공군 조기경보기 EC-121 격추
1969년 12월	북한 특공대 한국 강원도 침투, 이승복 소년 사살로 남한에 반공의식을 들끓게 함
1970년 4월	저우언라이 중국 국무원 총리 북한 방문, 북중관계 개선 합의
1971년 2월 4일	북한 매체, '프로레타리아독재와 프로레타리아민주주의를 고수하자'라는 연설문 통해 친중노선 재선포. 북한은 이전보다 신중하게 중국 지지

1971년 9월 13일	린뱌오, 비행기 추락 사고로 사망. 중국 당국은 그가 마오쩌둥 타도 음모를 준비했다며 비난
1972년 4월 15일	김일성 환갑. 평양 만수대에 거대한 김일성 동상 설립
1972년 7월 4일	한국과 북한, 상대방을 반대하는 무력행사를 일으키지 않는다는 공동 성명 체결 공포
1972년 10월 17일	박정희 한국 대통령, 비상계엄령 하달, 개헌 강요, 사실상 독재정권 설립. '유신시대' 개막
1972년 12월 28일	조선민주주의인민공화국 사회주의 헌법 제정, 김일성은 국가 주석이 됨
1974년 2월	조선로동당 중앙위원회 제5기 제8차 전원회의, 김정일을 김일성 후계자로 임명
1974년 4월	북한 당국은 김일성에게 완전히 무조건 복종을 명령하는 '당의 유일사상체계 확립의 10대 원칙' 제정
1974년 8월 15일	조총련 요원 문세광, 박정희 한국 대통령 암살미수 사건. 박 대통령은 살았지만 영부인 육영수 사망
1975년 4월 30일	사이공 함락. 남베트남의 멸망, 베트남 전쟁의 종결
1976년 7월 2일	베트남의 통일
1976년 8월 18일	판문점 무장 난투. 북한 당국, 전투태세 선언
1976년 9월 9일	마오쩌둥 사망
1978년 12월	중국공산당 중앙위원회 제11기 제3차 전원회의 개방·개혁 정책 결정
1979년 10월 26일	김재규 한국 중앙정보부 부장, 박정희 대통령 살해. 박정희 시대 종결
1980년 5월	한국 육군, 광주시 민주화 시위 탄압, 유혈 상태, 수천 명 사망
1980년 9월 1일	군사정변으로 권력을 장악한 전두환 대장, 대한민국 대통령 취임
1980년 10월	조선로동당 제6차 대회 개막 직전 북한은 김정일이 김일성 후계자라는 사실을 대외에 선포
1982년 4월 15일	김일성 70번째 생일. 주체사상탑과 개선문 건립. '일본제국을 쳐부순 조선인민혁명군'을 기념하는 개선문은 가짜 사건을 기념하는 세계 최대 건물이 됨
1983년 10월 9일	북한 요원들, 버마에서 전두환 대통령 암살 미수
1984년 1월 8일	김정일 아들 김정은 탄생. 이후 북한의 세 번째 지도자가 됨
1985년 3월	미하일 고르바초프, 소련공산당 중앙위원회 총비서 선출. 페레스트로이카 시대 개막
1985년 5월 27~30일	평양과 서울에서 한반도 역사상 첫 이산가족 상봉

1986년 여름	김일성 뇌졸중, 며칠 동안 혼수상태. 김정일 요청에 따라 소련 의료팀 파견, 김일성 구출
1986년 9월 14일	북한 당국, 아부 니달 팔레스타인 테러 우두머리 고용. 아부 니달 요원들은 서울 김포공항에 폭탄 설치. 폭발로 사망자 5명, 부상자 38명
1986년 11월	며칠 동안 군사분계선에 위치한 북한군 초소에서 김일성 사망 보도. 한국에서 가벼운 공황 상태 발생
1987년 6월 29일	대한민국 민주화운동의 승리. 노태우 민주정의당 당수, 6·29 민주화 선언 하달, 군사독재 몰락
1987년 11월 29일	북한 요원 김현희와 김승일, 대한항공 비행기에 폭탄 설치. 항공기 공중 폭파, 사망자 115명
1988년 9월 17일	북한 당국의 결사반대에도 서울에서 제24회 하계올림픽 개막, 중국과 소련 대표단 참가. 한국은 사회주의권과 접촉 시작
1989년 7월	평양에서 제13차 세계청년학생축전. 한국외국어대학교 학생 임수경 평양 방문해 김일성과 상봉
1989년 12월 1일	동독 인민의회, 일당제를 폐지함. 사회주의통일당 정권의 종말
1990년 3월 14일	소련에서 일당제 폐지, 공산당 독재 시대 종결
1990년 9월 30일	대한민국, 소련과 수교
1990년 10월 30일	독일의 재통일
1991년 2월 25일	바르샤바 조약기구 해산
1991년 9월 17일	대한민국과 조선민주주의인민공화국, 국제연합 가입
1991년 11월 6일	소련공산당 해산, 활동금지
1991년 12월 13일	남북 기본합의서 체결, 공포. 한국과 북한은 상대방의 정치 제도 인정 존중 서약
1991년 12월 24일	김일성, 김정일을 조선인민군 최고사령관에 임명
1991년 12월 26일	소비에트 사회주의 공화국 연방 완전 해산
1992년 4월 13일	김일성, 조선민주주의인민공화국 대원수 칭호 수여받음. 스탈린 다음으로 사회주의권 역사상 두 번째 대원수가 됨
1992년 4월 25일	조선인민군 창건 '60돌' 기념 열병식. 소련 유학파 북한군 장교들이 이 열병식에서 김일성과 김정일 암살 음모를 준비했다는 증언이 있음
1992년 8월 24일	대한민국, 중화인민공화국과 수교
1993년 3월 12일	북한, 핵확산방지조약 탈퇴 선언. 북한 전략무기에 관한 첫 번째 위기 발발
1993년 4월 9일	김일성, 김정일을 국방위원회 위원장에 임명

1994년 6월 28일	한국과 북한은 1994년 7월 하순 첫 정상회담 진행 합의
1994년 7월 8일	김일성, 82살에 심장마비로 사망

참고문헌

한국어 문헌

가브릴 코로트코프. 『스탈린과 김일성』 제1권. 어건주 옮김. 서울: 東亞日報社. 1992.

"각정당행동통일위원회, 신탁실시반대 결의하고 성명서발표". ≪每日申報≫. 1945년 10
　월 29일. http://db.history.go.kr/id/dh_001_1945_10_26_0010.

『강반석 녀사에 따라 배우자』. 평양: 조선민주녀성동맹 중앙위원회. 1967.

강웅천. 「조선민주주의인민공화국 국호의 기원과 제정 과정 연구」. 북한대학원대학교
　석사학위논문. 2018.

강창서. "장애인의날 '장애인들은 평양에 살 수 없어요'". ≪데일리NK≫. 2005년 4월
　20일. https://www.dailynk.com/%5B장애인의날%5D장애인들은-평양에-살/.

강철환. 『수용소의 노래』. 서울: 시대정신. 2005.

강효순. 『노을 바낀 만경봉』. 평양: 조선 사회주의로동청년동맹 출판사. 1964.

「개인숭배사상」. 『대중정치용어사전』. 평양: 조선로동당 출판사. 1957. 47쪽.

"경애하는 최고사령관동지의 명령을 높이 받들고 전군이 만단의 전투태세를 갖추자".
　≪조선인민군≫. 1993년 3월 9일. 1면.

『古堂 曺晚植』. 서울: 古堂傳·平壤誌刊行會. 1966.

「固軒實記」. 독립기념관. http://search.i815.or.kr/ImageViewer/ImageViewer.jsp?tid=co&id
　=1-000919-002.

"'골목대장' 김일성을 기억하는 102세 고향 후배". ≪BBC코리아≫. 2021년 9월 3일.
　https://www.bbc.com/korean/media-58430776.

공보부. 『현대사와 공산주의』 제1권. 서울: 공보부. 1968.

"共産黨이 싫어요 어린 抗拒 입 찢어". ≪朝鮮日報≫. 1967년 12월 11일, 4면.

孔卓虎. 『北傀政治保衛部內幕』. 서울: 弘元社. 1976.

"공화국의 영원한 주석". ≪로동신문≫. 1998년 10월 9일. 1면.

國民防諜研究所. 「김정일 탄생 33주년축하문」. 『北韓用語大百科』. 서울: 國民防諜研究所.

1976.

"金日成被殺?". ≪東亞日報≫. 1937년 11월 18일. 2면.

"金正一生日祝賀 朝總聯集會열어". ≪東亞日報≫. 1976년 2월 20일. 1면.

金贊汀. 『비극의 抗日빨치산』. 서울: 동아일보사. 1992.

「김광진」. 『조선대백과사전』. 제4권. 평양: 백과사전출판사. 1996. 148~149쪽.

김광현. 「외채의 늪에 빠진 북한 경제」. ≪통일한국≫ 46호. 1987년 10월. 12~13쪽.

김국후. "한밤 평양형무소서 처형 / 극적으로 밝혀진 조만식 선생 최후". ≪중앙일보≫.
　　1991년 7월 19일. 3면. https://news.joins.com/article/2615466.

김국후. 『평양의 카레이스키 엘리트들』. 파주: 한울. 2013.

김균태. 「옛날 군대, 이랬수다」. 『안경 없는 군대 이야기』. 서울: 의암출판문화사. 1993,
　　248~251쪽.

김남식, 심지연. 「박헌영에 대한 북한의 재판 기록」. 『박헌영 노선 비판』. 서울: 세계.
　　1986. 459~535쪽.

김동일, 이태수. 「북한의 특수교육 교육과정에 관한 탐색적 연구」. ≪특수교육학연구≫
　　3호(42). 2007. 149~165쪽.

"김봉률동지의 서거에 대한 부고". ≪조선인민군≫. 1995년 7월 20일. 4면.

김상선, 리성히. 『주민등록사업참고서』. 평양: 사회안전부 출판사. 1993.

"김성애동지께서 각급 녀맹 단체들의 사업을 지도하시였다". ≪조선녀성≫. 1971년 5
　　월. 26~33쪽.

김성칠. 『역사 앞에서』. 정병준 옮김. 파주: 창비. 2009.

김신조. 『나의 슬픈 역사를 말한다』. 서울: 동아출판사. 1994.

「김영환」. 『조선대백과사전』. 제4권. 평양: 백과사전출판사. 1996. 244쪽.

김응교. 『조국』 제2권. 서울: 풀빛. 1993.

"김일성 숨진 '향산별장' 철거됐다". 자유아시아방송. 2014년 4월 29일. https://www.rfa.
　　org/korean/weekly_program/radio-world/radioworld-04292014151939.html.

"金日成 愛妻가 歸順". ≪朝鮮日報≫. 1940년 7월 5일. 2면.

"金日成 將軍에게 보내는 멧세이지". ≪正路≫. 1945년 12월 14일. 2면.

<金日成 將軍의 노래>. 『人民歌謠曲集』. 平壤: 北朝鮮音樂同盟編. 1947. 1~3쪽.

『김일성 장군의 략전』. 평양: 조선로동당 중앙위원회 선전선동부. 1952.

「金日成 將軍의 演說 要旨」. 『朝鮮中央年鑑 1949』. 平壤: 朝鮮中央通信社. 1949. 63쪽.

김일성. "一九四九年을 맞이하면서 전국 인민에게 보내는 신년사". ≪조선인민군≫, 1949
　　년 1월 1일. 1~2면.

김일성. "현 정세와 우리 당의 과업". ≪로동신문≫. 1966년 10월 6일. 2~7면.

김일성. 「경공업을 발전시켜 인민 생활을 더욱 높이자」. 『김일성 전집』 제84권. 평양:
　　조선로동당 출판사. 2009. 198~213쪽.

김일성. 「김정일동지 탄생 50돐에 즈음하여」. 『김일성 저작집』 제43권. 평양: 조선로동
　　당 출판사. 1996. 288쪽.

김일성. 「당사업을 개선하며 당 대표자회 결정을 관철할데 대하여」. 1967년 3월 17~24
　　일. 『김일성 저작집』 제21권. 평양: 조선로동당 출판사. 1983. 135~258쪽.

김일성. 「사상사업에서 교조주의와 형식주의를 퇴치하고 주체를 확립할 데 대하여」. 『김
　　일성 선집』 제4권. 평양: 조선로동당 출판사. 1960. 325~354쪽.

김일성. 「인민생활을 책임지고 돌볼데 대하여」. 『김일성 전집』 제61권. 평양: 조선로동
　　당 출판사. 2005. 407~431쪽.

김일성. 「인민정권기관 일군들의 역할을 더욱 높일데 대하여」. 『김일성 전집』 제66권.
　　평양: 조선로동당 출판사. 2006. 504~528쪽.

김일성. 「일군들은 당과 수령을 위하여 조국과 인민을 위하여 충실히 일하여야 한다」.
　　『김일성 저작집』 제43권. 평양: 조선로동당 출판사. 1996. 212~218쪽.

김일성. 「조선민주주의인민공화국 사회주의 헌법」. 『김일성 저작집』 제27권. 평양: 조
　　선로동당 출판사. 1984. 625~649쪽.

김일성. 「조선민주주의인민공화국 사회주의 헌법」. 『김일성 전집』 제43권. 평양: 조선
　　로동당 출판사. 1996. 312~341쪽.

김일성. 『세기와 더불어』. 평양: 조선로동당 출판사. 1992~1998.

「金日成·金正日 육성녹음」. 『北韓, 그 충격의 실상』. 서울: 月刊朝鮮社. 1991. 266~281쪽.

『金日成과 北韓』. 서울: 內外問題硏究所. 1978.

"김일성동지 남포 지구 공장, 기업소들을 현지지도: 제1차 5개년 계획 작성에서 더 많
은 예비를 동원할 것을 강조". ≪로동신문≫. 1957년 6월 15일. 1면.

『김일성동지 회고록 세기와 더불어(계승본)』 제8권. 평양: 조선로동당 출판사. 1998.

"김일성동지에게 새 내각 조직을 위임". ≪로동신문≫. 1957년 9월 20일. 1면.

"金日成同志의 빛나는 鬪爭史". ≪正路≫. 1945년 12월 21일. 1면.

"김일성역 한번 하면 평생 다른 역 못해". ≪NK Chosun≫. 2001년 11월 20일. http://
nk.chosun.com/news/articleView.html?idxno=12849.

金日秀.「舊蘇聯 刑法이 北韓刑法의 變化에 미친 영향」. ≪북한법률행정논총≫ 9호. 1992
년 9월. 259~300쪽.

김재웅.「북한의 38선 월경 통제와 월남 월북의 양상」. ≪한국민족운동사연구≫ № 87.
2016. 189~232쪽.

金定基.『密派』. 서울: 大英社. 1967.

김정남.『4·19 혁명』. 서울: 민주화운동 기념사업회. 2004.

「김정우」. 국사편찬위원회. http://db.history.go.kr/id/im_101_03235.

"김정일 별장 위치와 특징". ≪주간동아≫ № 582. 16~17쪽. https://weekly.donga.com/
List/3/all/11/82177/1.

김주원. "본명 김정일인 김정기 박사의 개명". 자유아시아방송. 2016년 7월 19일.' https:
//www.rfa.org/korean/weekly_program/ae40c528c77cac00c758-c228aca8c9c4-c9c4c2e4
/hiddentruth-07192016100504.html.

김진계.『조국: 어느 '북조선 인민'의 수기』 제2권. 서울: 현장문학사. 1990.

김찬정. "빨치산만가: 김일성과 88독립여단". ≪新東亞≫ № 7. 1992. 360~387쪽.

金昌順. "'조선노동당'의 창당". ≪月刊北韓≫. 1989년 11월. 38~48쪽.

김태우.『폭격: 미공군의 공중 폭격 기록으로 읽는 한국전쟁』. 서울: 창비. 2013.

김현희.『사랑을 느낄 때면 눈물을 흘립니다』. 서울: 고려원. 1992.

김현희.『이제 여자가 되고 싶어요』. 서울: 고려원. 1991.

"남 다른 겸허성". ≪우리민족강당≫. http://ournation-school.com/index.php?menu=term
&id=4360&pno=7&page=11.

"南北共同聲明: 全文". ≪每日經濟新聞≫. 1974년 7월 4일. 1면.

"내가 치른 북한 숙청 (32)". ≪중앙일보≫. 1993년 8월 16일. 11면. https://news.joins.com /article/2830546.

"내가 치른 북한 숙청 (33)". ≪중앙일보≫. 1993년 9월 14일. 31면. https://news.joins.com /article/2834135.

"내가 치른 북한 숙청 (34)". ≪중앙일보≫. 1993년 9월 28일. 31면. https://news.joins.com /article/2835979.

『內外通信 綜合版』第4券. 서울: 內外通信社. 1978.

"누리에 솟아 빛나는 정일봉에 깃든 사연". ≪우리민족끼리≫. 2015년 2월 16일. http:// uriminzokkiri.com/m/index.php?ptype=urigisa&categ=36&no=90738.

"당 단체들의 생활에서: 농업 협동조합 지도 방조 그루빠들 현지 지도 사업에 착수". ≪로동신문≫. 1955년 12월 2일. 2면.

『대중정치용어사전(증보판)』. 평양: 조선로동당 출판사. 1959.

대한민국 국무원. 「국호 및 일부 지방명과 지도색 사용에 관한 건」. 1950년 1월 16일.

대한민국 국무회의. 「김일성 사망설에 관한 분석 및 대비책(제48회)」. 대한민국 국가기 록원. 관리번호: BA0085296.

대한민국 전사편찬위원회. 『증언록. 면담번호 271(황규면, 1977년 4월 30일)』.

「도(평양시)당위원회내 검열꼬미씨야를 검열위원회로 개칭하고 그 역할을 제고할데 대 하여」. 『北韓關係史料集』第30券. 果川: 國史編纂委員會. 1998. 845~846쪽.

"독일민주주의공화국에서 배급제 폐지와 물가 인하". ≪로동신문≫. 1952년 4월 4일. 4면.

"동방에서 솟은 태양". ≪로동신문≫. 2012년 8월 15일. 2면.

呂政. 『붉게 물든 대동강』. 서울: 동아일보사. 1991.

李命英. 『北傀魁首 金日成의 正體: 4人의「金日成」에 관한 硏究』. 서울: 民族文化社, 1975.

"리승엽 도당 사건에 대한 공판정에서 피소자들 자기 범죄 행동을 진술". ≪로동신문≫, 1953년 8월 7일. 3~4면.

李容相. 『삼색의 군복』. 서울: 한줄기. 1994.

李佑泓. 『가난의 共和國』. 서울: 統一日報社. 1990.

리준하. 『교화소 이야기』. 서울: 시대정신. 2008.

『만경대』. 평양: 국립미술출판사. 1960.

『맑스 엥겔스 전집』 제1권. 평양: 조선로동당 출판사. 1964.

"名士의 片影: 金日成氏". ≪民衆日報≫. 1945년 10월 14일. 1면. http://www.nl.go.kr/nl/
search/bookdetail/online.jsp?contents_id=CNTS-00063301047#.

"민족의 자주권과 나라의 최고리익을 수호하기 위하여 자위적조치를 선포한다". ≪로
동신문≫. 1993년 3월 13일. 1면.

박명림. 『한국 1950: 전쟁과 평화』. 서울: 나남. 2002.

박병엽. 『조선민주주의인민공화국의 탄생』. 서울: 선인. 2010.

박성길. 「북한 군사 쿠데타 사건 종합」. 『북한군의 불편한 진실』. 서울: 한국 군사문제
연구원. 2013. 246~252쪽.

「박일우의 반당적 종파행위에 대하여」. 『北韓關係史料集』 第30券. 果川: 國史編纂委員
會. 1998. 662~666쪽.

「박정호」. 『조선대백과사전』 제10권. 평양: 백과사전출판사. 1999. 340쪽.

『박정호간첩사건』. 『한국민족문화대백과사전』. http://encykorea.aks.ac.kr/Contents/Item/
E0021133.

박최월, 양리집, 리지홀. 『조선민주주의인민공화국』. 평양: 국립미술출판사. 1958.

"배격받는 분렬, 폭압, 전쟁 올림픽, 높아가는 반미, 반괴뢰 투쟁". ≪로동신문≫. 1986
년 9월 16일. 5면.

"北傀제네바大使 金日成의 후계자로 金正一 5년전결정". ≪京鄕新聞≫. 1980년 10월 9
일. 1면.

배영대. "배영대의 지성과 산책: 『100년을 살아보니』 쓴 김형석 교수, 97세 교수님의
장수 키워드, 조심조심·미리미리". ≪중앙일보≫. 2016년 12월 28일. https://www.
joongang.co.kr/article/21054574#home.

『백과전서』 제4권. 평양: 과학, 백과사전 출판사. 1983.

백명규. "보위사에 밀리던 김영룡, 의문의 죽음". ≪데일리NK≫. 2005년 10월 25일.
https://www.dailynk.com/보위사에-밀리던-김영룡-의문의-죽음.

백봉. 『민족의 태양 김일성 장군』 제1권. 평양: 인민과학사. 1968.

"백선엽과 김형석, 文武 100년의 대화 '내 친척 할머니가 김일성 젖물려 키워... 두 아 들이 공산당에 죽자 통탄'". ≪朝鮮日報≫. 2020년 1월 2일. https://www.chosun.com /site/data/html_dir/2020/01/02/2020010200287.html.

"버마, 北傀와 斷交·승인取消". ≪京鄕新聞≫. 1983년 11월 5일. 1면.

法務部. 「조선민주주의인민공화국 형법 각칙(1974년 개정)」. 『北韓法의 體系的 考察』 제2권. 서울: 昌信社. 1993. 876~897쪽.

"普天堡事件續報". ≪每日申報≫. 1937년 6월 6일. 3면.

"普天堡襲擊續報". ≪東亞日報≫. 1937년 6월 6일. 1면.

"普天堡被襲事件續報". ≪東亞日報≫. 1937년 6월 6일. 1면.

"本社特派員朴錦手記 (五) 樹枝에 걸린 瀑布 鬱林에 一條石徑". ≪東亞日報≫. 1929년 8 월 7일. 5면.

"北 김정은 '비선 실세'는 이복누나 김설송?". ≪東亞日報≫. 2016년 12월 29일. http:// www.donga.com/news/article/all/20161229/82084196/2.

"北, 납북-월북 62人 평양묘역 공개". ≪東亞日報≫. 2005년 7월 7일. http://www.donga. com/news/article/all/20050727/8213658/1.

"북남총선거를 승리적으로 이끄시여". ≪우리민족끼리≫. http://www.uriminzokkiri.com /m/download.php?categ2=100&no=2952&page=20.

「북조선로동당 중앙본부 결정서 상一九호」. 『北韓關係史料集』 第1券. 서울: 國史編慕委 員會. 1982. 477쪽.

「북조선로동당 창립대회」. 『朝鮮勞動黨大會 資料集』 제1권. 서울: 國土統一院. 1980. 11~ 106쪽.

北朝鮮藝術總聯盟. 「김일성 장군」. 『우리의 太陽(金日成將軍 讚揚特輯)』. 1946. 11-7. Item #1-100, (RG 242; National Archives Collection of Foreign Records Seized), 18쪽.

「北朝鮮人民會議 第五次會議 會議錄[1948.7.9.]」. 『北韓關係史料集』 第8券. 서울: 國史編 慕委員會. 1989. 341~408쪽.

「北朝鮮人民會議特別會議會議錄」. 『北韓關係史料集』 第8券. 서울: 國史編慕委員會. 1989.

219~340쪽.

"북한 人共旗 舊소련서 만들었다". ≪東亞日報≫. 1993년 9월 26일. 14면.

"북한 인민군은 10년 복무". ≪데일리NK≫. 2007년 1월 8일. http://www.dailynk.com/
korean/read.php?cataId=nk09000&num=35446.

『北韓民主統一運動史, 平安南道篇』. 서울: 北韓研究所. 1990.

"북한의 '8·3부부'를 아시나요?". ≪아시아경제≫. 2011년 10월 9일. https://www.asiae.
co.kr/article/2011100911513462162.

『北韓總覽: '45-'68』. 서울: 共産圈問題研究所. 1968.

『北韓總覽』. 서울: 北韓研究所. 1983.

"分局責任秘書에 金日成同志就任". ≪正路≫. 1945년 12월 21일. 1면.

"불가리아에서 공업제품의 배급제 철폐". ≪로동신문≫. 1951년 4월 27일. 4면.

『불굴의 반일 혁명투사 김형직 선생』. 평양: 조선로동당 출판사. 1968.

"사상 사업의 위력으로 백승을 떨쳐온 우리 당의 력사를 끝없이 빛내여나가자!". ≪로
동신문≫. 2007년 5월 25일. 1면.

"사회주의 진영을 옹호하자". ≪조선녀성≫. 1963년 11월. 1~22쪽.

서동익. "북한 여성들의 結婚觀". ≪月刊北韓≫. 1988년 5월. 96~103쪽.

성혜랑. 『등나무집』. 서울: 지식나라. 2000.

"세금제도를 완전히 없앨데 대하여". ≪로동신문≫. 1974년 3월 22일. 1면.

「세습제도」. 『정치용어사전』. 평양: 사회과학출판사. 1970. 414~415쪽.

"少年 김정일'을 둘러싼 7가지 미스터리". ≪新東亞≫. 2006년 9월 22일. http://shindonga.
donga.com/Library/3/01/13/100670/1.

"수령님의 강력적 교시를 높이 받들고 녀성혁명화를 더욱 촉진하며 혁명의 전국적 승
리와 사회주희의 완전 승리를 위하여 힘차게 전진하자!". ≪로동신문≫. 1971년 10
월 11일. 1면.

"스탈린 / 김일성 오른쪽 앉혀 낙점암시 / 45년 만에 밝혀진 북한 비사". ≪중앙일보≫.
1991년 11월 30일. 3면. https://news.joins.com/article/2664096.

"新年을 맞이하면서 우리 人民에게 드림". ≪正路≫. 1946년 1월 1일. 1면.

신상옥. 「북녘 하늘에 띄운 영화의 꿈」. 『난, 영화였다』. 서울: 랜덤하우스코리아. 2007. 117~140쪽.

신효숙. 「김일성 종합대학의 창립 및 고등 교육」. 『소련 군정기 북한의 교육』. 서울: 교육과학사. 2003. 154~180쪽.

심지연. 『朝鮮新民黨硏究』. 서울: 동녘. 1988.

안명철. 『그들이 울고 있다』. 서울: 천지미디어. 1995.

안명철. 『완전통제구역』. 서울: 시대정신. 2007.

「암스트롱, 넬 알덴」. 『조선대백과사전』 제26권. 평양: 백과사전출판사. 2001. 610쪽.

"애도문". ≪로동신문≫. 1949년 9월 23일. 2면.

엄주엽. "21세기는 누가 더 '열린사회'로 가느냐에서 승부". ≪문화일보≫. 2016년 1월 1일. http://www.munhwa.com/news/view.html?no=2016010101032939173001.

"영광스러운 김일성주의 우리 조국 조선민주주의인민공화국 창건 31돐 만세! «우리당 과 우리 인민의 경애하는 수령 김일성 원수님께와 친애하는 지도자 김정일동지께 드리는 충성의 노래 모임» 자료". ≪조선인민군≫. 1979년 8월 15일. 6면.

"예술인들에게 조선민주주의인민공화국 공훈배우칭호를 수여함에 대하여". ≪로동신문≫. 1972년 12월 31일. 1면.

오가타 요시히로. 「이승만 정부의 '재일동포' 정책 연구」. 연세대학교 박사학위논문. 2018.

吳泳鎭. 『蘇軍政下의 北韓: 하나의 證言』. 서울: 國土統一院. 1983. 번각판.

오진용. 『김일성 시대의 중소와 남북한』. 서울: 나남. 2004.

오태석, 백봉, 리상규. 『은혜로운 태양』 제3권. 도꾜: 인민과학사. 1977.

"우리 당과 인민의 위대한 수령 김일성동지를 영생의 모습으로 모신 «금수산기념궁전» 개관식 엄숙히 거행". ≪로동신문≫. 1995년 7월 9일. 1면.

「우리 조국 수도 서울 해방에 제하여」. 『조선중앙년감 1951~1952』. 평양: 조선중앙통 신사. 1953. 63쪽.

"위대한 령도자 김정일동지의 국가주석추대지지환영 및 조선민주주의인민공화국창건 50돐 경축준비위원회 결성모임(여러 나라에서 진행)". ≪로동신문≫. 1998년 8월

11일. 1면.

「위대한 수령 김일성동지를 우리 공화국의 영원한 주석으로 높이 모시자」. 1994년 7월

11, 19일. 『김정일 선집(증보판)』 제18권. 평양: 조선로동당 출판사. 2012. 1~8쪽.

"위대한 수령 김일성동지의 두리에 굳게 뭉친 우리인민의 불패의 통일단결 만세 전체

선거자들의 100%가 투표에 참가 전체 선거자들의 100%가 찬성투표. 최고인민회의

및 지방 각급 인민회의 대의원선거 승리적으로 진행. 중앙선거위원회 보도". ≪로

동신문≫. 1972년 12월 14일. 1면.

"위대한 수령 김일성동지의 두리에 하나의 사상 의지로 굳게 뭉친 우리 인민의 불패의

통일 단결 만세! 전체 선거자들의 100%가 투표에 참가 전체 선거자들의 100%가

찬성투표". ≪로동신문≫. 1977년 11월 13일. 2면.

"위대한 수령 김일성동지의 불후의 고전적로작들을 여러 나라 신문, 잡지, 통신들이 게

재, 방송이 보도". ≪로동신문≫. 1977년 11월 26일. 1면.

"위대한 수령 김일성동지의 서거에 즈음하여". ≪로동신문≫. 1994년 7월 9일. 2면.

"위대한 수령님의 대해같은 은덕 길이길이 노래하리. 력사에 길이 빛날 로동당시대의

기념비적창조물 위대한 수령 김일성동지의 참석하에 평양지하철도개통식이 성대히

진행되었다". ≪로동신문≫. 1973년 9월 6일. 1면.

"위대한 수령님의 부르심과 당중앙의 호소를 받들고 전당, 전국, 전민이 사회주의대건

설사업에 총동원되자!". ≪로동신문≫. 1974년 2월 14일. 2면.

"위대한 수령님의 현명한 령도를 받들어나가는 우리 로동계급과 인민의 혁명위업은 필

승불패이다". ≪로동신문≫. 1975년 5월 1일. 1면.

「유공자정보: 金一成」. 국가보훈처. http://e-gonghun.mpva.go.kr/user/ContribuReportDetail.

do?goTocode=20001&mngNo=7201.

兪完植, 金泰瑞. 『北韓三十年史』. 서울: 現代經濟日報社. 1975.

윤고은. "김정일 부인 김옥 숙청·북한 테러조 파견". ≪연합뉴스≫. 2016년 7월 31일.

https://www.yna.co.kr/view/AKR20160730027900033.

이가영. "문재인 대통령과 판문점의 과거 인연 '도끼 만행사건'". ≪중앙일보≫. 2018

년 4월 27일. https://news.joins.com/article/22573872.

『이것이 北韓이다』. 서울: 內外通信社. 1978.

이동훈. "北 '푸에블로호' 사건 구소련 외교문서 극비해제". ≪주간조선≫. 2019년 9월 22일. http://news.chosun.com/site/data/html_dir/2019/09/20/2019092002511.html.

이완범. 『삼팔선 획정의 진실』. 서울: 지식산업사. 2001.

이용상. "제85화 나의 친구 김영주: '김일성'으로 둔갑". ≪중앙일보≫. 1991년 5월 27일. 9면. https://news.joins.com/article/2567178.

이종석. 『북한·중국 관계, 1945-2000』. 서울: 중심. 2000.

『인민들 속에서』 제13권. 도꾜: 구월서방. 1977.

"인민의 다함없는 칭송을 받으시며". ≪우리민족강당≫. http://ournation-school.com/process/download.php?menu=lecture&id=361.

「一九四九年을 맞이하면서 全國 人民에게 보내는 新年辭」. 『北韓關係史料集』 第37券. 果川: 國史編慕委員會. 2002. 435~444쪽.

張世胤. 「朝鮮革命軍 硏究」. 『한국독립운동사연구』 제4권. 천안: 독립기념관 한국 독립운동사 연구소. 1990. 315~343쪽. http://www.i815.or.kr/data2/ganhaeung/thesis/1990/199010.pdf.

장세정. "김정은 초상화 언제 그리나… 요즘 북한 1호 화가들 고민". ≪중앙일보≫. 2015년 6월 30일. https://news.joins.com/article/18131576.

장시원. 「농지개혁」. 『해방전후사의 재인식』 제2권. 서울: 책세상. 2006.

張浚翼. 『北韓 人民軍隊史』. 서울: 서문당. 1991.

장학봉. 『북조선을 만든 고려인 이야기』. 서울: 경인문화사. 2006.

"再會혈육 다시 '離散'". ≪每日經濟新聞≫. 1985년 9월 23일. 1면.

"전국, 전민, 전군에 준전시상태를 선포함에 대하여". ≪로동신문≫. 1993년 3월 9일. 1면.

전두환. 『회고록』 제2권. 파주: 자작나무숲.

전상숙. 『조선총독 정치연구』. 파주: 지식산업사. 2012.

전영기. "장도영 언행 혁명 방해, JP, 박 소장에게 보고 않고 기습 체포… 박정희 '혁명에도 의리가' … JP '고뇌·아픔 없을 수 없었다'". ≪중앙일보≫. 2015년 4월 6일.

https://news.joins.com/article/17520151.

전현수. 「1947년 12월 북한의 화폐개혁」. ≪역사와 현실≫ 19호. 1996년 3월. 175~218쪽.

"정령: 김영주동지를 조선민주주의인민공화국 정무원 부총리로 임명함에 대하여". ≪로
　　동신문≫. 1974년 2월 16일. 1면.

"정령: 양영순 동지를 체코슬로바키야 공화국 주재 조선 민주주의 인민공화국 특명 전
　　권 대사로 임명함에 관하여". ≪로동신문≫. 1954년 3월 11일. 1면.

"정일봉은 고향집에서 216m... 신비스러워". ≪데일리NK≫. 2011년 2월 16일. https://
　　www.dailynk.com/정일봉은-고향집에서-216m신비스러워/.

"정치논리로 망친 북한 농업". ≪新東亞≫. 2005년 3월 7일. http://shindonga.donga.com
　　/3/all/13/101347/1.

『정치사전』. 평양: 사회과학출판사. 1973.

"제5장 전군 주체 사상화의 기치를 높이 드시고". ≪우리민족끼리≫. http://www.urimin
　　zokkiri.com/index.php?ptype=book&no=2372&pn=7.

趙甲濟. 『朴正熙의 마지막 하루』. 서울: 月刊朝鮮社. 2005.

"조국을 수호하는 성전의 승리를 경축하여 평양시 군중회 성황리에 진행". ≪조선인민
　　군≫. 1953년 7월 29일. 4면.

趙東瀅. "내가 겪은 新義州 학생반공의거". ≪月刊北韓≫ № 164. 1985년 8월. 50~55쪽.

"조선 인민과 몽골 인민 사이의 불패의 형제적친선단결 만세! 몽골인민공화국 당 및
　　국가대표단 평양 도착(위대한 수령 김일성동지께서 쟘빈 바뜨멍흐동지를 따뜻히
　　영접하시였다". ≪로동신문≫. 1986년 11월 19일. 1면.

"朝鮮共産黨 北部朝鮮分局 設置". ≪正路≫. 1945년 11월 1일. 1면.

"조선로동당 규약". ≪로동신문≫. 1956년 4월 29일. 2면.

『조선로동당 력사』. 평양: 조선로동당 출판사. 1991. 157쪽.

『조선로동당 제1대표자회의 회의록』. 평양: 조선로동당 중앙위원회. 1958.

「조선로동당 중앙군사위원회 지시. 제002호. ≪전시 사업 세칙≫을 내옴에 대하여」. 2004
　　년 4월 7일. (필자가 입수한 자료)

"조선로동당 중앙위원회 전원회의 결정서. 조선로동당 제5차 대회 소집에 대하여". ≪로

동신문》. 1969년 12월 6일. 1면.

"조선로동당 중앙위원회 전원회의 결정서". ≪로동신문≫. 1979년 12월 13일. 1면.

"조선로동당 중앙위원회 제6기 제1차전원회의에 관한 공보". ≪로동신문≫. 1980년 10월 15일. 1면.

"조선로동당 중앙위원회 조선로동당 중앙군사위원회 조선민주주의인민공화국 국방위원회 조선민주주의인민공화국 중앙인민위원회 조선민주주의인민공화국 정무원. 결정서. 위대한 수령 김일성동지의 혁명생애와 불멸의 업적을 길이 빛내일데 대하여". ≪로동신문≫. 1997년 7월 10일. 1면.

"조선로동당 중앙위원회, 조선로동당 중앙군사위원회, 조선민주주의인민공화국 국방위원회에서". ≪로동신문≫. 1995년 2월 26일. 1면.

조선로동당 중앙위원회. 「각도, 시(구역), 군, 당 위원회 위원장동지들에게. 농업 협동경리 조직 문제에 대하여」. 이 사료의 복사본을 러시아 문서보관소에서 찾을 수 있다. 문헌정보는 РГАНИ, ф. 5, оп. 28, д. 190, лл. 87-90(оборот)이다.

"조선로동당 중앙위원회와 조선민주주의인민공화국 내각에서 전체 조선로동당 당원들과 전체 조선 인민에게 고함". ≪로동신문≫. 1953년 3월 7일. 1면.

『朝鮮勞動黨大會 資料集』 제1권. 서울: 國土統一院. 1980.

『朝鮮民族의 偉大한 領導者』. 도꾜: 朝鮮新報社. 1965.

"조선민주당 제6차대회 개막". ≪로동신문≫. 1981년 1월 29일. 2~3면.

"조선민주주의 인민공화국 민족보위상 최용건동지에게 조선민주주의인민공화국 차수 칭호를 수여함에 관하여". ≪조선인민군≫. 1953년 2월 7일. 1면.

조선민주주의인민공화국 과학원 경제 법학연구소. 『해방 후 우리나라의 인민 경제 발전』. 평양: 과학원 출판사. 1960.

「조선민주주의인민공화국 려권 및 사증에 관한 규정, 1960년 12월 8일」. 『조선민주주의인민공화국 법규집』 제1권. 평양: 국립출판사. 1961. 668~675쪽.

「조선민주주의인민공화국 림시 헌법 초안」. 『미국 공문서 보관소 소장 북한관련 자료목록』. 서울: 한국 마이크로필름. 1972. 29~35쪽.

『조선민주주의인민공화국 인민군 내무규정』. 평양: 민족보위성 군사출판부. 1955.

「조선민주주의인민공화국 최고인민회의 법령. 자강도 및 함경북도 라진군 신설에 관하여」. 1949년 월 31일. 『조선민주주의인민공화국 법규집』 제1권. 평양: 국립출판사. 1961. 93~94쪽.

"조선민주주의인민공화국 최고인민회의 상임위원회 정령. 김일성훈장을 제정함을 대하여". ≪로동신문≫. 1972년 3월 21일. 1면.

조선민주주의인민공화국 최고재판소. 『미제국주의 고용 간첩 박헌영 리승엽 도당의 조선민주주의인민공화국 전권 전복 음모와 간첩 사건공판 문헌』. 평양: 국립출판사. 1955.

"조선민주주의인민공화국 합영법". ≪조선의 오늘≫. http://www.dprktoday.com/index.php?type=101&g=1&no=152.

『조선민주주의인민공화국 형법』. 1987. (이 도서는 출판사에 대한 정보가 없다.)

「朝鮮民主主義人民共和國 憲法 草案」. 『北朝鮮通信』 제1권. 平壤: 北朝鮮通信社. 1948. 1~11쪽.

"조선인민군 병종 장령 및 군관 성원들의 견장 형태 및 도해". ≪조선인민군≫. 1953년 1월 3일. 2면.

「조선인민군 상급 지휘성원 및 군관들에게 군사칭호를 제정함에 관하여」. 『조선민주주의인민공화국 법규집』 제1권. 평양: 국립출판사. 1961. 365~369쪽.

"조선인민군 최고사령관 김일성동지에게 조선민주주의 인민공화국 원수 칭호를 수여함에 관하여". ≪조선인민군≫. 1953년 2월 7일. 1면.

"조선인민군 최고사령부의 보도. 조선인민군 최고사령관 인민군 전체 부대들과 로농적위대, 붉은청년근위대 전체대원들에게 전투태세에 들어갈데 대한 명령을 하달". ≪조선인민군≫. 1976년 8월 20일. 1면.

『朝鮮中央年鑑 1949』. 平壤: 朝鮮中央通信社. 1949.

조선중앙통신사. "주석의 초상 휘장". 1999년 10월 27일. http://www.kcna.co.jp/item2/1999/9910/news10/27.htm#8.

조현호. 「'이승복 사건' 김종배 무죄·김주언 집유 확정」. 2006년 11월 24일. http://www.mediatoday.co.kr/news/articleView.html?idxno=52102.

「주민들에 대한 상품공급 사업을 개선하는 데서 나서는 몇 가지 문제에 대하여」.『김
  정일 선집』제8권. 평양: 조선로동당 출판사. 1998. 131~144쪽.

주성하.『서울에서 쓴 평양 이야기』. 서울: 기파랑. 2010.

"주체년호와 더불어 김일성조선은 영원히 빛나리라".《로동신문》. 1997년 9월 9일. 2면.

「주체사상」.『조선대백과사전』제19권. 평양: 백과사전출판사. 2000. 342쪽.

『證言 金日成을 말한다: 兪成哲, 李相朝가 밝힌 북한정권의 실체』. 서울: 한국일보社.
  1991.

『創氏改名』. 정운현 편역. 서울: 학민사. 1994.

「천도교청년당」.『한국민족문화대백과사전』. http://encykorea.aks.ac.kr/Contents/Item/E0
  078227.

"천하제일 정일봉".《우리민족끼리》. 2017년 2월 26일. http://www.uriminzokkiri.com/
  index.php?ptype=igisa2&no=124862.

최선경.『반간첩 투쟁을 전 인민적 운동으로 전개하자』. 평양: 국립출판사, 1955.

"최용건동지의 서거에 대한 부고".《조선인민군》. 1976년 9월 21일. 1면.

「최창익, 윤공흠, 서휘, 리필규, 박창옥 동무들에 대한 규률문제를 개정할데 관하여」.『北韓
  關係史料集』第30券. 果川: 國史編纂委員會. 1998. 796쪽.

「최창익, 윤공흠, 서휘, 리필규, 박창옥 등 동무들의 종파적음모행위에 대하여」.『北韓
  關係史料集』第30券. 果川: 國史編纂委員會. 1998. 784~879쪽.

"친애하는 지도자동지의 말씀을 철저히 관철하자".《조선인민군》. 1979년 7월 29일.
  5면.

"칠골 사람들".《로동신문》. 1960년 6월 4일. 3면.

"캄보쟈는 자국에 대한 공격이 계속 된다면 보복의 권리를 행사하여 반공격을 가할 것
  이다(캄보쟈 국가 원수 시하누크가 언명)".《로동신문》. 1966년 1월 5일. 4면.

"큰물피해지역에서 높이 발휘된 수령결사옹위정신". 조선중앙통신사. 2007년 9월 8일.
  http://kcna.co.jp/calendar/2007/09/09-08/2007-0907-011.html.

"파란에서 배급제 폐지, 체코슬로바키아의 공업 발전".《로동신문》. 1953년 1월 11
  일. 1면.

「편집부로부터」.『조선중앙년감 1995(특별번)』. 평양: 조선중앙통신사. 1995.

『평양은 망명을 꿈꾼다』. 서울: 중앙일보사, 1995.

표도르 쩨르치즈스키(이휘성).「표도로프와 립시츠의 보고 요지」.『김일성 이전의 북한』.
파주: 한울아카데미. 2018. 172~190쪽.

표도르 쩨르치즈스키. "북한보위성의 아버지, 방학세". ≪月刊北韓≫ № 553. 2018년 1
월. 109~117쪽.

표도르 쩨르치즈스키. "소련파 비공식 리더 허가이 6·25 전쟁 종료 직전 의문의 자살".
≪月刊北韓≫ 566호. 2019년 2월. 126~137쪽.

"프로레타리아독재와 프로레타리아민주주의를 고수하자". ≪로동신문≫. 1971년 2월 4
일. 1면.

하준수. "비운의 성혜림, 묘마저 없어질까". KBS News. 2017년 2월 17일. https://news.
kbs.co.kr/news/view.do?ncd=3430825.

『韓國戰爭被害統計集』. 서울: 國防軍士硏究所. 1996.

한만길.『통일 시대 북한 교육론』. 서울: 교육과학사. 1997.

韓載德.『金日成을 告發한다: 朝鮮勞動黨治下의 北韓回顧錄』. 서울: 內外文化社. 1965.

"咸南普天堡를 襲擊 郵便所, 面所에 衝火". ≪東亞日報≫. 1937년 6월 5일. 1면.

함석헌.「내가 겪은 新義州學生事件」. ≪씨알의 소리≫ № 6. 1971. 33~48쪽.

"합영법: 배경·내용". ≪NK Chosun≫. 2013년 10월 25일. http://nk.chosun.com/bbs/list.
html?table=bbs_24&idxno=2803&page=14&total=282.

"항가리 내각에서 고급맥분 배급제 폐지신청". ≪로동신문≫. 1950년 4월 6일. 4면.

『해방10년 일지 1945-1955』. 평양: 조선중앙통신사. 1955.

"현지 지도는 곧 반관료주의 투쟁이다". ≪로동신문≫. 1956년 10월 20일. 1면.

洪淳官. "前金日成 비서실장충격 고백". ≪新東亞≫. 1994년 10월. 188~207쪽.

황만유.『반역자의 땅』. 서울: 삶과 꿈. 2002.

황장엽.『나는 역사의 진리를 보았다』. 서울: 한울. 1999.

"1·21 청와대 습격사건 생포자 김신조 전격 증언". ≪新東亞≫. 2004년 1월 29일. http://
shindonga.donga.com/3/all/13/103148/1.

「1952년 12월 31일 정령 "조선인민군 상급 지휘성원 및 군관들에게 군사칭호를 제정함에 관하여"의 일부를 변경함에 관하여」, 『조선민주주의 인민공화국 법령 및 최고인민회의 상임위원회 정령집』 제3권. 도꾜: 학우서방. 1954. 138~141쪽.

"30대의 건국 수반께 드린 경의". ≪로동신문≫. 2011년 9월 11일. 4면.

"5명 사망, 29명 부상한 1986년 9월 14일 김포공항 테러의 진실: 북한 청부 받은 '아부 니달' 조직이 저질러". ≪月刊朝鮮≫. 2009년 3월. http://monthly.chosun.com/client/news/viw.asp?ctcd=&nNewsNumb=200903100019.

"6·25때 북한군 작전국장/유성철 '나의 증언': 1". ≪한국일보≫. 1990년 11월 1일. https://www.hankookilbo.com/News/Read/199011010041424744.

"6·25때 북한군 작전국장/유성철 '나의 증언': 7". ≪한국일보≫. 1990년 11월 8일. https://www.hankookilbo.com/News/Read/199011080057393135.

「6·29 민주화 선언」. 국사편찬위원회. http://contents.history.go.kr/front/hm/view.do?treeId=020108&tabId=01&levelId=hm_151_0050.

"7월 25일에 평양서 정상회담". ≪한겨레≫. 1994년 6월 29일. 1면.

A. V. 토르쿠노프. 『한국전쟁의 진실과 수수께끼』. 구종서 옮김. 서울: 에디터. 2003.

러시아어 문헌

88 отдельная стрелковая бригада (второго формирования), ЦАМО России, ф. 1896, оп. 1, д. 1, л. 2.

Архивное следственное дело в отношении Цай-Ши-Юна, ЦА ФСБ, следственное дело Н-17437.

Бакулин, В. *Итоги довыборов в Верховное Народное Собрание КНДР*, 11 августа 1959 года. (필자가 입수한 자료)

Безик, И.В. *Секретная встреча генерального секретаря ЦК КПСС Л. И. Брежнева с Ким Ир Сеном во Владивостоке в мае 1966 года* // Российский Дальний Восток и интеграционные процессы в странах АТР, материалы конференции, 2006, стр. 92-103.

Бердинских, Виктор, Бердинских, Иван, Веремеев, Владимир. *Система спецпоселений в Советском Союзе в 1930-1950-х годах.* Москва: РОССПЭН, 2017.

Березуцкая, Валентина. *«Мой удел — тетки из народа».* Караван историй. 5 февраля 2018 года. https://7days.ru/caravan-collection/2018/2/valentina-berezutskaya-moy-udel-tetki-iz-naroda/7.htm.

Ванин, Юрий. *Изучение истории Кореи* // Корееведение в России: история и современность. Москва: Первое Марта, 2004.

Вартанов, В. Н., Почтарёв, А. Н. *'Сталинский спецназ': 88-я отдельная стрелковая бригада* // Новый часовой, № 5, 1997.

Вартанов, Валерий. *Итоговый отчёт по военно-историческому труду "Война в Корее 1950-1953 гг.: Документы и материалы".* Москва, 1997.

Васильева, Светлана. *Особый театр боевых действий* // Русский базар № 4 (875), http://russian-bazaar.com/ru/content/111461.htm.

Васин, Леонид. *О созыве организационного собрания Демократической партии Кореи.* ЦАМО России, ф. УСГАСК, оп. 433847, д. 1, лл. 126-128.

Васин, Леонид. *Товарищ капитан* // Совершенно секретно, № 7, 1991, стр. 25.

Величко, Е. *О делении населения КНДР на категории.* 4 октября 1974 года. РГАНИ, ф. 5, оп. 67, д. 715, лл. 95-96.

Величко, Е. *О значках с изображением Ким Ир Сена.* октябрь 1974 года, РГАНИ, ф. 5, оп. 67, д. 720, лл. 147-148.

Величко, Е. *О некоторых политических настроениях трудящихся КНДР,* 6 декабря 1976 года. РГАНИ, ф. 5, оп. 64, д. 2422, лл. 240-246.

Внутреннее положение и внешняя политика Корейской Народно-Демократической Республики, 28 марта 1969 года. РГАНИ, ф. 5, оп. 61, д. 466, лл. 71-81.

Волков, В. *О публикациях за рубежом статей и речей Ким Ир Сена,* 14 февраля 1972 года. РГАНИ, ф. 5, оп. 64, д. 419, лл. 24-27.

Волкова, Л. *Запись беседы с гражданкой СССР, постоянно проживающей в КНДР, Ти*

Екатериной. 19 апреля 1973 года. РГАНИ, ф. 5, оп. 66, д. 682, лл. 81-83.

Волкова, Л. В. *Запись беседы с гражданкой СССР постоянно проживающей в КНДР Ли Татьяной Ивановной*, 1 декабря 1972 года, РГАНИ, ф. 5, оп. 64, д. 424, лл. 67-68.

Волкогонов, Дмитрий. *Семь вождей.* Москва: АО Издательство "Новости," 1995.

Выдержки из «Тезисов для изучения революционной истории товарища Ким Ир Сена». (Издательство ТПК, 1969 год). 23 марта 1970 года. РГАНИ, ф. 5, оп. 62, д. 462, лл. 47-58.

Выписка из плана использования 88-й отдельной стрелковой бригады Дальневосточного фронта с началом боевых действий. ЦАМО России, ф. 2, оп. 17582, д. 1, лл. 8-12. 필자는 이 사료의 질 나쁜 복사본을 받았다. 그래서 이 문헌정보는 틀릴 수도 있다.

Григоренко, Пётр. *Дальневосточный фронт 1941-43 гг.* // «В подполье можно встретить только крыс», http://militera.lib.ru/memo/russian/grigorenko/20.html.

Григоренко, Пётр. *Дальний Восток* // «В подполье можно встретить только крыс», http://militera.lib.ru/memo/russian/grigorenko/16.html.

Директива ставки Верховного главнокомандующего Красной Армией Главнокомандующему советскими войсками на Дальнем Востоке, военным советам Приморского военного округа и 25-й армии о взаимоотношениях войск с местными органами власти и населением Северной Кореи. ЦАМО России, ф. 148, оп. 3763, д. 111, лл. 92-93 (копия).

Дневник временного поверенного в делах СССР в КНДР Крюкова М.Е. 19 ноября 1957 года. (필자가 입수한 자료)

Дневник поверенного в делах СССР в КНДР Суздалева С. П. 27 июля 1956 года. (필자가 입수한 자료)

Дневник поверенного в делах СССР в КНДР Суздалева С. П. 30 июня 1953 года. (필자가 입수한 자료)

Дневник поверенного в делах СССР в КНДР Суздалева С. П. 9 мая 1953 года. (필자가 입수한 자료)

Дневник посла СССР в КНДР А. М. Пузанова. 4 июня 1957 года, АВП РФ, ф. 0102, оп. 13, д. 72, д. 5, лл. 114-130.

Дневник посла СССР в КНДР А. М. Пузанова. 5 июля 1957 года, АВП РФ, ф. 0102, оп. 13, д. 72, д. 5, лл. 131-145.

Дневник посла СССР в КНДР В. И. Иванова. 1 сентября 1956 года. РГАНИ, ф. 5, оп. 28, д. 410, л. 320.

Дневник посла СССР в КНДР В. И. Иванова. 29 августа 1956 года, РГАНИ, ф. 5, оп. 28, д. 410, лл. 317-319.

Дневник посла СССР в КНДР В. И. Иванова. 6 августа 1956 года. (필자가 입수한 자료)

Дневник посла СССР в КНДР В. И. Иванова. 6 сентября 1956 года. РГАНИ, ф. 5, оп. 28, д. 410, л. 328.

Дневник посла СССР в КНДР В. И. Иванова. 6 сентября 1956 года. РГАНИ, ф. 5, оп. 28, д. 410, л. 328.

Дневник посла СССР в КНДР Иванова В. И. 25 ноября 1955 года. (필자가 입수한 자료)

Дневник посла СССР в КНДР Иванова В. И. 20 января 1956 года. РГАНИ, ф. 5, оп. 28, д. 412, л. 120.

Дневник посла СССР в КНДР тов. А. М. Пузанова. 3 сентября 1957 года, АВП РФ, ф. 0102, оп. 13, д. 72, д. 5, лл. 275-300.

Дневник посла СССР в КНДР тов. А. М. Пузанова. 4 сентября 1957 года, АВП РФ, ф. 0102, оп. 13, д. 72, д. 5, лл. 275-300.

Дневник посла СССР в КНДР тов. Иванова В. И. 18 апреля 1956 года. (필자가 입수한 자료)

Дневник посла СССР в КНДР тов. Иванова В. И. 10 мая 1956 года. АВП РФ, ф. 0102, оп. 12, п. 68, д. 5.

Дневник посла СССР в КНДР тов. Иванова В. И. 18 мая 1956 года. (필자가 입수한 자료)

Дневник посла СССР в КНДР тов. Иванова В. И. 19 апреля 1956 года. (필자가 입수

한 자료)

Дневник посла СССР в КНДР тов. Иванова В. И. 19 марта 1956 года. РГАНИ, ф. 5, оп. 28, д. 411, л. 164.

Дневник посла СССР в КНДР тов. Иванова В. И. 21 марта 1956 года. (필자가 입수한 자료)

Дневник посла СССР в КНДР тов. Иванова В. И. 23 мая 1956 года. (필자가 입수한 자료)

Дневник посла СССР в КНДР тов. Иванова В. И. 25 июля 1955 года. (필자가 입수한 자료)

Дневник посла СССР в КНДР тов. Иванова В. И. 5 июня 1956 года. (필자가 입수한 자료)

Дневник посла СССР в КНДР тов. Иванова В. И. 6 и 7 августа 1956 года. (필자가 입수한 자료)

Дневник посла СССР в КНДР тов. Иванова В. И. 8 июня 1956 года. (필자가 입수한 자료)

Дневник Т. Ф. Штыкова, запись за 26 июля 1948 года. 국사편찬위원회. http://db.history. go.kr/item/compareViewer.do?levelId=fs_010r_0010_0040_0050.

Дневник Т. Ф. Штыкова, запись за 27 августа 1948 года. 국사편찬위원회. http://db.history. go.kr/item/compareViewer.do?levelId=fs_010r_0010_0040_0150.

Дневник Т. Ф. Штыкова, запись за 30 августа 1948 года. 국사편찬위원회. http://db.history. go.kr/item/compareViewer.do?levelId=fs_010r_0010_0040_0170.

Дневник Т. Ф. Штыкова, Запись за 7 июля 1946 года. 국사편찬위원회. http://db.history. go.kr/item/level.do?itemId=fs&levelId=fs_010_0010_0010_0260&types=o.

Дневниковые записи генерала армии И.Р. Апанасенко // Археографический ежегодник за 1995 год, 1997, стр. 210-212.

Доклад об итогах работы Советской Гражданской Администрации за три года. Том I. Политическая часть. АВП РФ, ф. 0480, оп. 4, д. 46.

Доклад об итогах работы Советской Гражданской Администрации за три года. Том II. Экономическая часть, АВП РФ, ф. 0480, оп. 4, д. 47.

Доклад посла СССР в КНДР заместителю начальника Генерального штаба Советской армии о подготовке и ходе военных действий корейской Народной армии. 26 июня 1950 года. ЦАМО России, ф. 5, оп. 918795, д. 122, лл. 9-14.

Доклад товарища Ким Ир Сена, РГАНИ, ф. 5, оп. 28, д. 411, лл. 303-307.

Документы о расформировании 88 отдельной стрелковой бригады. ЦАМО России, ф. 1896, оп. 1, д. 2.

Донесение командующего войсками 1-го Дальневосточного фронта главнокомандующему Советскими войсками на Дальнем Востоке с соображениями о послевоенной дислокации войск на Дальнем Востоке. 24 августа 1945 г. ЦАМО России, ф. 66, оп. 117499, д. 1, лл. 376-378.

Донесение о списочной численности Хабаровского пехотного училища по состоянию на 1 июля 1942 г., ЦАМО России, ф. 60096, оп. 35188, д. 7, л. 113.

Донесения о положении в Северной Корее за 1947. РГАСПИ, ф. 17, оп. 128, д. 392, л. 120.

Дорогому руководителю товарищу Ким Ден Иру, РГАНИ, ф. 5, оп. 68, д. 1863, лл. 11-12.

Емельян Пугачёв (до 21.04.1943 г. Louis Agassiz), http://www.sovnavy-ww2.ho.ua/transports /typ_liberty.htm#pugachev.

Емельян Пугачёв // ПАО «Дальневосточное морское пароходство». https://www.fesco. ru/about/history/fleet-roll/12043/.

Жебин, Александр. *Эволюция политической системы КНДР в условиях глобальных перемен.* Москва: Русская панорама, 2006.

Журин, Анатолий. *Сделан в СССР* // Совершенно секретно № 9/268. https://web.archive. org/web/20150628072203/http://www.sovsekretno.ru/articles/id/2889/.

Журнал боевых действий 25 армии с 9 по 19 августа 1945 г. Приложение к журналу боевых действий. ЦАМО России, ф. 379, оп. 11019, д. 9, лл. 35-37.

Записка А. И. Микояна в ЦК КПСС, 21 сентября 1956 года. ГАРФ, ф. Р-5446, оп. 98с, д. 718. лл. 12-16.

Запись беседы 1-го секретаря Дальневосточного отдела Васюкевича В. А. с советником Гришаевым А.К. 8. II. 1955 года. (필자가 입수한 자료)

Запись беседы 1-го секретаря Посольства СССР в КНДР т. Васюкевича В.А. с секретарём ЦК ТПК Пак Чан Оком. 4 апреля 1953 года. (필자가 입수한 자료)

Запись беседы И. В. Сталина с Ким Ир Сеном и Пын Дэ-хуай. 4 сентября 1952 года. (필자가 입수한 자료)

Запись беседы И. Сталина с Чжоу Эньлаем. 20 августа 1952 г. АПРФ, ф. 45, оп. 1, д. 329, лл. 64-72.

Запись беседы Председателя Совета Министров СССР с Председателем Кабинета Министров Корейской Народно-Демократической Республики о перспективах советско-корейских межгосударственных отношений. 5 марта 1949 года. АП РФ, ф. 45, оп. 1, д. 346, лл. 13-23, 46.

Запись беседы Председателя Совета Министров СССР с председателем Центрального народного правительства Китайской Народной Республики по вопросам советско-китайских межгосударственных отношений и военно-политической обстановки в Юго-Восточной Азии. 16 декабря 1949 г. АП РФ, ф. 45, оп. 1, д. 329, лл. 9-17.

Запись беседы с заместителем заведующего международным отделом, членом ЦК ТПК Ким Юн Соном, 26 ноября 1970 года, РГАНИ, ф. 5, оп. 62, д. 456, лл. 327-332.

Запись беседы с заместителем министра иностранных дел КНДР Ким Че Бомом, 6 января 1969 года. РГАНИ, ф. 5, оп. 62, д. 461, лл. 23-24.

Запись беседы с заместителем министра иностранных дел КНДР Хо Дамом, 16 апреля 1969 года, РГАНИ, ф. 5, оп. 61, д. 462, лл. 71-74.

Запись беседы с послом Румынии в КНДР С. Попа, 26 июня 1969 года. РГАНИ, ф. 5, оп. 61, д. 463, лл. 178-180.

Запись беседы с послом СРВ Ле Чунг Намом, 3 августа 1976 года, РГАНИ, ф. 5, оп. 69, д. 2427, лл. 78-81.

Запись беседы с премьером Административного Совета Ким Иром, 11 мая 1973 года. РГАНИ, ф. 5, оп. 66, д. 682, лл. 133-134.

Запись беседы с членом Политического Совета ЦК ТПК, первым заместителем Председателя Совета Министров КНДР Пак Сен Чером. 7 ноября 1970 года. РГАНИ, ф. 5, оп. 62, д. 456, лл. 333-336.

Запись беседы с членом Президиума Политического Совета ЦК ТПК, первым заместителем Председателя Совета Министров КНДР Ким Иром, 4 января 1970 года. РГАНИ, ф. 5, оп. 62, д. 456, лл. 16-19.

Иван Афанасьевич меняет профессию // Огонёк, январь 1991 года, стр. 25-27.

Иванов, Василий. *В тылах Кватунской армии*. Москва: ИДВ РАН, 2009.

Иванов, Василий. *Итоги III съезда Трудовой Партии Кореи*, РГАНИ, ф. 5, оп. 28, д. 411, лл. 143-145.

Иванов-Ардашев, Владимир. *В тени вождей* // Литературная газета, № 33, 2012, 23 февраля 2015 года.

Иванова-Шершнева, София. *Давно минувшее*. Углич: Lulu.com, 2013.

Игнатова, Н. *В Северной Корее* // Сталинский сокол, 23 октября 1946 года, стр. 4.

Игнатьев – военному совету 25 армии, 23 июля 1946 года. ЦАМО России, ф. УСГАСК, оп. 102038, д. 2, лл. 256-258.

Игнатьев – военному совету 25 армии, 27 июля 1946 года. ЦАМО России, ф. УСГАСК, оп. 102038, д. 2, лл. 263-264.

Идеологическая работа в КНДР в связи с подготовкой к 60-летию Ким Ир Сена, 14 февраля 1972 года. РГАНИ, ф. 5, оп. 64, д. 419, лл. 30-49.

Из дневника 1-го секретаря Посольства СССР в КНДР Пименова Б.К. Запись беседы с заведующим 1-м отделом МИД КНДР Пак Киль Еном. 8 декабря 1957 года. АВП РФ, ф. 102, оп. 13, д. 6, п. 72.

Из дневника Георгия Кунадзе. Запись беседы с Чрезвычайным и полномочным послом КНДР в СССР Сон Сен Пхиром. 20 сентября 1991 года, ГАРФ, ф. 10026, оп. 4, д. 2083, лл. 1-3.

Из дневника И. Ф. Курдюкова. Приём посла КНДР в СССР Ли Сан Чо, 11 августа 1956 года. (필자가 입수한 자료)

Из дневника Игербаева А.Т. Запись бесед с иностранными дипломатами, аккредитован-ными в Пхеньяне. сентябрь 1974 года, РГАНИ, ф. 5, оп. 67, д. 421, лл. 222-223.

Из дневника Капустина Д.Т. Информация о посещении города Вонсана, 21 июля 1969 года. РГАНИ, ф. 5, оп. 61, д. 463, лл. 182-188.

Из дневника Оконникова О.В., Путивца А.Д. О поездке в Чондин, 8-12 апреля 1963 года. АВП РФ, ф. 0102, оп. 19, п. 99, д. 26, л. 64.

Из дневника Пузанова А. М. Запись беседы с тов. Ким Ир Сеном. 13 ноября 1957 года, АВП РФ, ф. 0102, оп. 13, д. 5.

Из дневника Самсонова Г. Е. Запись беседы с референтом министерства Госконтроля КНДР Ки Сек Поком. 31 мая 1956 года. АВП РФ, ф. 102, оп. 12, д. 6, п. 68.

Из дневника советника Посольства СССР в КНДР тов. Филатова С. Н. Запись беседы с т. Пак Ен Бином 25 февраля 1956 года. АВП РФ, ф. 102, оп. 12, д. 6, п. 68.

Из дневника секретаря Посольства СССР в КНДР И.С. Бякова. Запись беседы с редак-тором журнала "Новая Корея" т. Сон Дин Фа. 29 марта 1955. АВП РФ, ф. 11, оп. 60, д. 8, лл. 157-160.

Из дневника секретаря Посольства СССР в КНДР И.С. Бякова. Запись беседы с предсе-дателем провинциального комитета провинции Сев. Хванхе тов. Хе Бином. 18 марта 1955 года. АВП РФ, ф. 11, оп. 60, д. 8, лл. 135-139.

Из дневника советника посольства А. М. Петрова и первого секретаря И.С. Бякова. Запись беседы с председателем народного комитета провинции Чаган Пак Иллario-ном Дмитриевичем, 31 марта 1955 года. (필자가 입수한 자료)

Из дневника советника посольства СССР в КНДР Филатова С.Н. Запись беседы с членом

Политсовета ЦК Пак Ен Бином. 4 февраля 1955 года. (필자가 입수한 자료)

Из дневника Сударикова Н.Г. Запись беседы с первым заместителем министра иностранных дел КНДР Хо Дамом, 7 февраля 1970 года, РГАНИ, ф. 5, оп. 62, д. 461, лл. 42-44.

Из дневника Суздалева С.П. Запись беседы с зам. Председателя кабинета министров и председателем Госплана КНДР Пак Чан Оком. 1 февраля 1955 года. (필자가 입수한 자료)

Из телеграммы А.И. Микояна в ЦК КПСС о приёме Мао Цзедуном. 16 сентября 1956 года. ГАРФ, ф. Р-5446, оп. 98с, д. 717, лл. 2-3.

К беседе с партийно-правительственной делегацией КНДР. АВП РФ, ф. 0102, оп. 13, п. 72, д. 11.

Кабинет Министров КНДР. *Постановление № 7 от 22 января 1959 года.* АВП РФ, ф. 0102, оп. 15, п. 83, д. 32, лл. 8-10.

Капитан Красной Армии Ким был хороший мужик // Коммерсантъ. Власть," № 38, 30 сентября 2002 года, стр. 72, https://www.kommersant.ru/doc/343387.

Катышевцева, Е., Мин, К.-Х. *Партийно-политическая работа в 88-й стрелковой бригаде и Ким Ир Сен (1942-1945 гг.) //* Вопросы истории, № 9, 2018, стр. 101-122.

Ким Кен Чен // Открытый список. https://ru.openlist.wiki/Ким_Кен_Чен_(1885).

Ковыженко, В. *Тов. Баранову Л.С.* 20 апреля 1948 года. РГАСПИ, ф. 5, оп. 10, д. 618, лл. 30-36.

Когай. Юрий. *Страна моего детства,* 17 февраля 2009 года, http://world.lib.ru/k/kogaj_j_p/infaneco.shtml.

Коротков, Гавриил. *Сталин и Корейская война //* Война в Корее 1950-1953 гг.: взгляд через 50 лет. Тула: Grif i Ko, стр. 67-89.

Краснов, Е. *Отдел ЦК КПСС.* РГАНИ, ф. 5, оп. 68, д. 1866, лл. 115-121.

Краткие записи бесед с послами социалистических стран, аккредитованных в КНДР. РГАНИ, ф. 5, оп. 67, д. 721, лл. 117-121.

Кто вы, маршал Ким Ир Сен?, Хабаровский экспресс, 9-15 октября 1993 года, стр. 1, 5. http://debri-dv.com/article/5000.

Куксин, Илья. *Генерал-полковник Григорий Михайлович Штерн*, Журнал-газета "Мастерская," http://club.berkovich-zametki.com/?p=34230.

Ланьков, Андрей. *Август, 1956 год: Кризис в Северной Корее*. Москва: РОССПЭН, 2009.

Ланьков, Андрей. *КНДР: вчера и сегодня*. Москва: Восток-Запад, 2004.

Ленин, Владимир. *Империализм как высшая стадия капитализма* // Полное собрание сочинений, том 27, 5-е издание. Москва: Государственное издательство политической литературы, 1969, стр. 299-426.

Ли Сан Чо. *Товарищу Ким Ир Сену*. ГАРФ, ф. Р-5446, оп. 98с, д. 721, лл. 3-13.

Ли Сан Чо. *Уважаемому товарищу Хрущёву Н.С.*, 3 сентября 1956 года. ГАРФ, ф. Р-5446, оп. 98с, д. 721, лл. 168-169.

Ли, Герон. *Великое покаяние*. Бишкек: ID Salam, 2005.

Лившиц. *Информационная сводка о состоянии компартии в северных провинциях Кореи* // Документы, характеризующие политические партии и общественные организации Северной Кореи за 1945 г., 20 октября 1945 года. ЦАМО России, ф. 172, оп. 614630, д. 5, лл. 45-51.

Личное дело Цзин Жи-чена // РГАСПИ, ф. 495, оп. 238, д. 60.

Малиновский, Тевченко. *Донесение командующего войсками Забайкальского фронта главнокомандующему Советскими войсками на Дальнем Востоке о приёме командира 88-й бригады*. 3 октября 1945. ЦАМО России, ф. 66, оп. 178499, д. 11, стр. 384.

Маршалу Василевскому, Военному Совету Приморского военного округа, Военному совету 25 армии, ЦАМО России, ф. 148, оп. 3763, д. 111, стр. 92-93.

На приёме у Сталина. Москва: Новый Хронограф, 2008.

Немчинов, В. *Запись беседы с временным поверенным в делах СРР И. Урианом и 2-м секретарём посольства Д. Бёдеке*, 20 июля 1969 года, РГАНИ, ф. 5, оп. 61, д.

462, лл. 153-157.

О ветеранах 88-ой отдельной стрелковой бригады // Ассоциация коренных малочис-
ленных народов Севера Хабаровского края. http://akmns-khab.ru/2016/05/11/о-вет
еранах-88-ой-отдельной-стрелковой-д/.

О визите в КНДР делегации журнала ЦК КПСС «Партийная жизнь». РГАНИ, ф. 5,
оп. 68, д. 1866, лл. 132-135.

О Корейской войне 1950-1953 гг. и переговорах о перемирии. 9 августа 1966 года.
РГАНИ, ф. 5, оп. 58, д. 266, лл. 122-131.

*Общие размеры ущерба. нанесенного народному хозяйству КНДР за период войны 1950
-1953 гг.* АВП РФ, ф. 0102, оп. 10, п. 57, д. 49, лл. 29-48.

*От Центрального Комитета Коммунистической Партии Советского Союза, Совета
министров Союза ССР и Президиума Верховного Совета //* Правда, 6 марта 1953
года, стр. 1.

Отдел ЦК КПСС. РГАНИ, ф. 5, оп. 68, д. 1866, лл. 115-121.

Отношения Советского Союза с народной Кореей. 1945-1980. Документы и материалы.
Москва: Наука, 1981.

Перевод доклада представителей Наньманьского партийного комитета (1-й ОНРА), 1
января 1941. РГАСПИ, ф. 514, оп. 1, д. 1041, лл. 2-8.

*Переписка с ЦК КПСС (отчёт о поездке Советской Правительственной делегации на
празднества в Народную Корею и записи бесед с Ким Ир Сеном 12 и 13 сентября
1968 г.).* ГАРФ, ф. Р-5446, оп. 132, д. 16.

Петухов, Валентин. *У истоков борьбы за единство и независимость Кореи.* Москва:
Наука, 1987.

Печать и радио, ЦАМО России, ф. УСГАСК, оп. 433847, д. 1, лл. 64-70.

Пименов, Б.К. *Запись беседы с советником посольства НРБ в КНДР А. Апостоловым,*
25 февраля 1976 года, РГАНИ, ф. 5, оп. 69, д. 2428, лл. 20-21.

Письмо командира 88-й отдельной бригады главнокомандующему Советскими войсками на Дальнем Востоке с предложениями по использованию бригады. ЦАМО России, ф. 66, оп. 3191, д. 2, лл. 14-15.

Письмо Председателя Кабинета министров КНДР послу СССР в КНДР с просьбой к советскому правительству разрешить создать на территории Советского Союза военно-морское училище и школу для подготовки личного состава для ВМС КНДР. 25 октября 1950 года. АП РФ, ф. 3, оп. 55, д. 828, л. 93.

Письмо члена ЦК Трудовой партии Кореи Со Хуэя и трёх других товарищей в ЦК КПК, ГАРФ, ф. Р-5546, оп. 98, д. 721, лл. 170-190.

Постановление Военного Совета 25 армии Приморского военного округа // Постановления Военного Совета 25 армии за 1946 год. 15 января 1946 года. ЦАМО России, ф. 25А, оп. 532092, д. 1, лл. 3-5.

Постановление Политбюро ЦК ВКП(б) от 24 сентября 1949 г. Выписка из протокола № 71 заседания Политбюро ЦК ВКП(б) №П 71/191 и приложение к лл. 191(ОП) пр. ПБ № 71. АП РФ, ф. 3, оп. 65, д. 776, лл. 30-32.

Постановления народного комитета Северной Кореи о демократическом преобразовании за 1946 г. ЦАМО России, ф. 172, оп. 614631, д. 29, л. 5.

Почтарёв, Андрей. *Тайный советник "солнца нации" //* Независимое военное обозрение, 14 января 2005 года, http://nvo.ng.ru/history/2005-01-14/5_kim_ir_sen.html.

Предложение Штыкова от 7.3.46 г. № 2776. РГАСПИ, ф. 17, оп. 128, д. 998, лл. 3-4.

Приказ командующего Советской 25 армией в Северной Корее, ЦАМО России, ф. УСГАСК, оп. 433847, д. 1, лл. 26-27.

Проект выступления Юн Кон Хыма на пленуме ЦК Трудовой Партии Кореи в августе 1956 года // Материалы к визиту тов. Микояна в Северную Корею. (필자가 입수한 자료)

Протокол № 62 // Решения Политбюро ЦК ВКП(б) за 27 января – 17 марта 1948 г. 3 февраля 1948 года. РГАСПИ, ф. 17, оп. 162, д. 39, л. 24.

Протокол № 63 // Решения Политбюро ЦК ВКП(б) за 26 марта – 26 мая 1948 г. 24

апреля 1948 года. (필자가 입수한 자료)

Протокол № 79. Решение Политбюро ЦК. 126. О тов. Штыкове Т. Ф. РГАСПИ, ф. 17, оп. 3, д. 1086, л. 24.

Протокол № 80. От 3.II.51 г. 175. О тов. Штыкове. РГАСПИ, ф. 17, оп. 3, д. 1087, л. 34.

Путивец, А. *Запись беседы с первым секретарём посольства СРР в КНДР Аурелио Лазером.* 22 сентября 1973 года, РГАНИ, ф. 5, оп. 66, д. 682, л. 185.

Распоряжение начальника штаба Главного командования советскими войсками на Дальнем Востоке Военному Совету Забайкальского фронта с информацией об использовании на разведработе китайцев и корейцев 88-й бригады, ЦАМО России, ф. 66, оп. 178499, д. 11, л. 322.

Свечков, Данил. *Почему Ким Ир Сен в Свердловске отказался от бани с Ельциным?* Комсомольская Правда. Екатеринбург, 6 февраля 2015 года, https://www.ural.kp.ru/daily/26339.7/3221562/.

Секретарю ЦК ВКП/б/ тов. Маленкову, заместителю народного комиссара обороны – генерал-армии – тов. Булганину, начальнику Главного политического управления Красной Армии генерал-полковнику тов. Шикину, ЦАМО России, ф. 172, оп. 614631, д. 23, лл. 21-26.

Селиванов, Игорь. *Советский Союз и сентябрьские события 1956 года в Северной Корее,* Курск: Курский Государственный университет, 2015.

Смирнов, Андрей. *Как Советская Армия внедрила в Северную Корею президента Ким Ир Сена и его правительство* // Совершенно секретно. № 8, 1992, стр. 10-11.

Советские корейцы, находившиеся в составе 88-й осбр (с. Вятское), предназначенные для работы в Корее. 31 августа 1945 года. ЦАМО России, ф. 2, оп. 19121, д. 2, л. 15.

Советский капитан по фамилии Ким Ир Сен // НКВД. Балтимор: Vesa Vega Incorporated, 1995.

Соломатин, Борис. *ЦК КПСС*, 12 февраля 1969 года, РГАНИ, ф. 5, оп. 61, д. 462, лл. 7-9.

Социал-демократическая партия // Документы, характеризующие политические партии и общественные организации Северной Кореи за 1945 г., ЦАМО России, ф. 172, оп. 614630, д. 5, лл. 74-76.

Список личного состава 1-го батальона 88-й отд. стр. Бригады 2-го Дальневосточного фронта, предназначенного для работы в Корее. ЦАМО России, ф. 3, оп. 19121, д. 2, лл. 14-15.

Справка К. Ф. Вилкова, И. П. Плышевского, А. Г. Зюзина и А. И. Когана "Состояние партийных организаций и партизанского движения в Маньчжурии" 23 мая 1941. РГАСПИ, ф. 514, оп. 1, д. 944, лл. 14-104.

Справка о враждебных партиях, существующих в настоящее время в Корее // Документы, характеризующие политические партии и общественные организации Северной Кореи за 1945 г., ЦАМО России, ф. 172, оп. 614630, д. 5, лл. 17-18.

Справка о политических партиях и общественных организациях в советской зоне оккупации Кореи. РГАСПИ, ф. 17, оп. 128, д. 205, лл. 13-25.

Справка о положении в Корее, 1955 год . (필자가 입수한 자료)

Справка о пребывании в Советском Союзе туристов из Корейской Народно-Демократической Республики. 15 сентября 1976 года, РГАНИ, ф. 5, оп. 69, д. 2420, лл. 96-99.

Справка-доклад о политическом положении в Северной Корее. (필자가 입수한 자료)

Стенограмма заседания политсекретариата ИККИ // *ВКП (б), Коминтерн и Китай: Документы: 1931–1937. Москва:* РОССПЭН, 2006, стр. 230-241.

Телеграмма А. И. Микояна в Москву из Пекина о встрече с делегацией ТПК, 17 сентября 1956 года. ГАРФ, ф. Р-5446, оп. 98с, д. 718, л. 47.

Телеграмма А. И. Микояна в Москву из Пекина о встрече с руководством ТПК, 19 сентября 1956 года. ГАРФ, ф. Р-5446, оп. 98с, д. 718, лл. 35-38.

Телеграмма министра иностранных дел СССР послу СССР в КНДР с рекомендациями
ЦК КПСС Председателю Кабинета Министров КНДР не участвовать в подписании
Соглашения о перемирии в Корее. 24 июля 1953 года. АП РФ, ф. 3, оп. 65, д.
830, лл. 170-171.

Телеграмма Министра иностранных дел СССР послу СССР в КНР с сообщением китайс-
кому правительству об одобрении решения правительства КНДР приступить к объ-
единению Севера и Юга Кореи № 8600. 14 мая 1950 года. АП РФ, ф. 45, оп. 1,
д. 334, л. 55.

Телеграмма посла СССР в КНДР Министру иностранных дел СССР с запросом советс-
кого правительства по поводу возможного вступления в войну китайских войск, 981.
29 августа 1950 года. ЦАМО России, ф. 5, оп. 918795, д. 1227, лл. 666-669.

Телеграмма посла СССР в КНДР начальнику Генерального штаба Советской Армии о
беседе с Главнокомандующим корейской Народной армии по вопросы смены Главных
советских военных советников и о результатах совещания с командующими соедине-
ниями КНА № 37, 22 ноября 1950 года, ЦАМО России, ф. 5, оп. 918795, д. 124,
лл. 308-310.

Телеграмма посла СССР в КНДР Первому заместителю министра иностранных дел СССР
с информацией о заседании ЦК Трудовой партии Северной Кореи. № 1258. 22 сентября
1950 года. ЦАМО России, ф. 5, оп. 918795, д. 125, лл. 89-91.

Телеграмма посла СССР в КНДР первому заместителю министра иностранных дел СССР
о намерениях правительства КНДР просить правительство Советского Союза подго-
товить лётные кадры и офицеров других специальностей из числа советских корейцев
и корейских студентов, обучающихся в СССР, № 1426. 6 октября 1950 года, ЦАМО
России, ф. 5, оп. 918795, д. 124, лл. 89-90.

Телеграмма посла СССР в КНДР первому заместителю министра иностранных дел СССР
о положении в Корее № 1468. 13 октября 1950 года, ЦАМО России, ф. 5, оп.
918795, д. 124, лл. 136-140.

Телеграмма посла СССР в КНДР Председателю Совета Министров СССР о беседе с руководством Северной Кореи об обстановке на фронте. 4 июля 1950 года. АП РФ, ф. 45, оп. 1, д. 346, лл. 136-139.

Телеграмма посла СССР в КНДР Председателю Совета Министров СССР о реакции северокорейских руководителей на его письмо с сообщением о поддержке войны корейского народа КНР и Советским Союзом. 8 октября 1950 года. ЦАМО России, ф. 5, оп. 918795, д. 121, л. 720.

Телеграмма посла СССР в КНДР Председателю Совета Министров СССР с текстом письма Председателя Центрального Народного правительства КНР о позиции ЦК КПК по вопросу ввода китайских войск на территорию Кореи, № 2270. 3 октября 1950 года. АП РФ, ф. 45, оп. 1, д. 334, лл. 105-106.

Телеграмма посла СССР Министру иностранных дел СССР с информацией северокорейского правительства об обстановке на фронте и просьбой прислать для прикрытия войск интернациональные авиационные части, № 932. 19 августа 1950 года. ЦАМО России, ф. 5, оп. 918795, д. 122, лл. 621-623.

Телеграмма посла СССР Председателю Совета Министров СССР с информацией северокорейского правительства об обстановке на фронте и состоявшихся китайско-корейских переговорах о возможном вступлении с войну Китая № 649. 20 июля 19 50 года. ЦАМО России, ф. 5, оп. 918795, д. 122, лл. 352-355.

Телеграмма Председателю Совета Министров СССР о перестройке органов управления корейской Народной армии и первом отчёте её боевых действий. 7 июля 1950 года. ЦАМО России, ф. 5, оп. 918795, д. 122, лл. 168-171.

Телеграмма Председателя Кабинета Министров КНДР Председателю Совета Министров СССР о ходе выполнения поставок свинцовосодержащих материалов из Кореи в Советский Союз. 26 июня 1951 года. АП РФ. ф. 45, оп. 1, д. 348, л. 35.

Телеграмма Председателя Совета Министров СССР Главному военному советнику Корейской Народной армии с указанием разобраться в сути посланных ему ранее пред-

ложений о повышении боеспособности КНА. 3 февраля 1951 года. АП РФ, ф. 45, оп. 1, д. 348, л. 20.

Телеграмма Председателя Совета Министров СССР послу СССР в КНР с рекомендациями китайскому правительству оказать помощь КНДР войсками. 1 октября 195 0 года. АП РФ, ф. 45, оп. 1, д. 334, лл. 97-98.

Телеграмма председателя центрального народного правительства КНР Председателю Совета Министров СССР с информацией об итогах первых пяти заседаний переговоров о прекращении боевых действий в Корее. 20 июля 1951 года. АП РФ, ф. 45, оп. 1, д. 340, лл. 88-91.

Телеграмма представителя Генерального штаба Советской Армии в Северной Корее Председателю Совета Министров СССР об обстановке на корейском фронте из Пхеньяна № 1298. 27 сентября 1950 года. АП РФ, ф. 3, оп. 65, д. 827, лл. 103-106.

Телеграмма представителя Генерального штаба Советской Армии в Северной Корее Председателю Совета Министров СССР с информацией о корейско-китайских переговорах по поводу ввода войск КНР на территорию КНДР. 7 октября 1950 года. ЦАМО России, ф. 5, оп. 918795, д. 121, лл. 705-706.

Телеграмма представителя Генерального штаба Советской Армии в Северной Корее Председателю Совета Министров СССР с информацией от северокорейского правительства о порядке сосредоточения и ввода соединений китайских народных добровольцев на территорию КНДР, № 1437. 8 октября 1950 года. ЦАМО России, ф. 5, оп. 918795, д. 121, лл. 712-713.

Телеграмма руководителя группы советских специалистов в Северо-Восточном Китае Председателю Совета Министров СССР об итогах китайско-корейских переговоров о сотрудничестве в военной области № 54611, 18 мая 1949 года. АП РФ, ф. 4, оп. 1, д. 331, лл. 59-61.

Телеграмма Рощина в Москву. 25 октября 1950 г. АП РФ, ф. 45, оп. 1, д. 335, лл. 80-81.

Телеграмма Рощина Сталину. 2 июля 1950 г. АП РФ, ф. 45, оп. 1, д. 331, лл. 76-77.

Телеграмма Сталина Ким Ир Сену. 12 октября 1950 года. АП РФ, ф. 45, оп. 1, д. 334, л. 109.

Телеграмма Сталина Тункину. 11 сентября 1949 года. АП РФ, ф. 3, оп. 65, д. 775, л. 122.

Телеграмма Сталина Штыкову. 2 февраля 1950 года. АП РФ, ф. 45, оп. 1, д. 347, л. 12.

Телеграмма Сталина Штыкову. 30 января 1950 года. АП РФ, ф. 45, оп. 1, д. 346, л. 70.

Телеграмма Сталина Штыкову. 8 октября 1950 года. АП РФ, ф. 45, оп. 1, д. 334, лл. 112-115.

Телеграмма Тункина в Москву. 14 сентября 1949 года. АП РФ, ф. 3, оп. 65, д. 837, лл. 94-99.

Телеграмма Тункина в Москву. 3 сентября 1949 года. АП РФ, ф. 3, оп. 65, д. 775, лл. 116-119.

Телеграмма Центра Штыкову. 9 февраля 1950 года. *Шифртелеграмма № 2429 МИД СССР*. АП РФ, ф. 45, оп. 1, д. 346, л. 76.

Телеграмма Штыкова в Москву, 12 августа 1949 года. АП РФ, ф. 3, оп. 65, д. 775, лл. 102-106.

Телеграмма Штыкова в Москву, 27 августа 1949 года. АП РФ, ф. 3, оп. 65, д. 775, лл. 112-114.

Телеграмма Штыкова в Москву. 16 июня 1950 года. АП РФ, ф. 3, оп. 65, д. 830, лл. 9-11.

Телеграмма Штыкова в Москву. 19 января 1950 года. АП РФ, ф. 45, оп. 1, д. 346, лл. 62-65.

Телеграмма Штыкова в Москву. 21 марта 1950 года. АП РФ, ф. 45, оп. 1, д. 346, лл. 90-91.

Телеграмма Штыкова в Москву. 29 мая 1950 года. АП РФ, ф. 3, оп. 65, д. 829, лл. 43-44.

Телеграмма Штыкова в Москву. 4 октября 1949 года. АП РФ, ф. 43, оп. 1, д. 346, л. 59.

Телеграмма Штыкова в Москву. 4 февраля 1950 года. АП РФ, ф. 45, оп. 1, д. 346, л. 71.

Телеграмма Штыкова Сталину. 21 июня 1950 года. АП РФ, ф. 45, оп. 1, д. 348, лл. 14-15.

Телеграмма Штыкова Сталину. 31 января 1950 года. АП РФ, ф. 45, оп. 1, д. 346, лл. 71-72.

Титоренко, Е. *Запись беседы с Нам Марией Авксентьевной, женой Нам Ира, члена Политбюро ЦК ТПК.* РГАНИ, ф. 5, оп. 49, д. 640, л. 204.

Торбенков, Н. Е. *Запись беседы с советником МИД КНДР Пак Док Хваном.* 1 июня 1960 года, АВП РФ, ф. 0102, оп. 16, д. 6.

Торкунов, Анатолий. *Загадочная война: корейский конфликт 1950-1953 годов.* Москва: РОССПЭН, 2000.

Трибунский, В. *Информация о поездке в провинцию Рянган.* 27 августа 1969 года. РГАНИ, ф. 5, оп. 64, д. 420, лл. 84-86.

Туманов, Георгий. *Как изготовляли великого вождя* // Новое время, 1993, № 16, стр. 32-34.

Усольцев, Валерий. *Покушение на вождя* // Дальний Восток, ноябрь 1990, стр. 203-211.

Фёдоров, Лившиц. *Докладная записка* // Разные материалы, поступившие из Гражданской администрации Северной Кореи. ЦАМО России, ф. 172, оп. 614631, д. 37, лл. 14-32.

Фронтовой приказ 10/н, 29 августа 1945 года. ЦАМО России, ф. 33, оп. 687572, д. 2317.

Характеристика на кандидатов во Временное демократическое правительство Кореи, РГАСПИ, ф. 17, оп. 128, д. 61, лл. 1-14.

Хрущёв, Никита. *Доклад на закрытом заседании XX съезда КПСС "О культе личности и его последствиях".* Москва: Госполитиздат, 1959.

Частная торговля // Доклад об итогах работы Советской Гражданской Администрации за три года. Том II. Экономическая часть, АВП РФ, ф. 0480, оп. 4, д. 47, лл. 162-174.

Черушев, Николай. *1937 год: элита Красной армии на Голгофе.* Москва: Вече, 2003.

Чистяков, Иван. *Необычное задание //* Служим Отчизне, http://militera.lib.ru/memo/rus sian/chistyakov_im/19.html.

Чувырин, Серафим, Анкудинов, Михаил. *Из доклада начальника РО Ставки Главноко-мандования Советскими войсками на Дальнем Востоке Маршалу Советского Союза А.М. Василевскому,* ЦАМО России, ф. 3, оп. 19121, д. 2, лл. 3-4.

Чуканов, О. *Справка к документу № 33047 от 27 сентября 1973 г.,* 18 февраля 1974 года, РГАНИ, ф. 5, оп. 66, д. 682, л. 186.

Шикин – Булганину. 11 февраля 1946 года. ЦАМО России, ф. 32, оп. 473, д. 45, лл. 104-105.

Шифртелеграмма № 21726. 13 июля 1951 года, *2 ГУ ГШ СА.* АП РФ, ф. 45, оп. 1, д. 339, лл. 35-42.

Шифртелеграмма № 4829. 14 октября 1950 г. *2 ГУ ГШ ВС СССР.* АП РФ, ф. 45, оп. 1, д. 347, л. 77.

Шифртелеграмма № 25629. 13 октября 1950 года, *2 ГУ ГШ ВС СССР,* АП РФ, ф. 45, оп. 1, д. 334, лл. 111-112.

Шифртелеграмма № 501869/ш. 1 июля 1951 года, *8 Упр. ГШ СА.* АП РФ, ф. 45, оп. 1, д. 340, лл. 3-4.

Штыков, Терентий. *Донесение.* 20 марта 1946 года, ЦАМО России, ф. 172, оп. 614631, д. 14, лл. 3-5.

Штыков, Терентий. *Товарищу Сталину.* 9 января 1947 года. ЦАМО России, ф. 172, оп. 614633, д. 3, лл. 9-10.

Янковский, Валерий. *От Гроба Господня до гроба Гулага: быль.* Ковров: Маштекс, 2000.

중국어 문헌

"柴世荣". ≪历史今天≫. 2016. http://www.todayonhistory.com/people/201708/27890.html.

陈志岩, 廖维宇, 贾成森. 『金日成在吉林毓文中学』. 吉林: 吉林毓文中学. 1997.

成晓河. 「"主义"与"安全"之争: 六十年代朝鲜与中, 苏关系的演变」. ≪外交评论≫. 2009年 2月. 第21-35页.

「大陳列島撤退」. 中央研究院社會學研究所. http://dachen.ios.sinica.edu.tw/Cphotos.htm.

『东北地区革命历史文件汇集』. 哈尔滨: 黑龙江省出版总社. 1988-1994.

「东北抗联第一路军越境人员统计表」. 『东满地区革命历史文献汇编』1册. 延吉: 中共延边州委党史研究室. 第862页.

『东北抗日联军斗争史』. 北京: 人民出版社. 1991.

高千一. "王德林". ≪中国军网≫. http://www.81.cn/yljnt/2018-02/14/content_7945180.htm.

郭福昌, 吴德刚. 『教育改革发展论』. 石家庄: 河北教育出版社. 1996.

紀雲龍. 『楊靖宇和抗聯第一路軍』. 1946.

『吉林文史资料 第21辑. 东北抗日联军第一路军简史』. 长春: 中国人民政治协商会议 吉林省委员会 文史资料研究委员会. 1987.

「金日成, 安吉, 徐哲给王新林的报告」, 『东北地区革命历史文件汇集』甲60册. 哈尔滨: 黑龙江省出版总社. 1991. 第95-105页.

「金日成給周保中, 金策的信」. 『东北地区革命历史文件汇集』甲60册. 哈尔滨: 黑龙江省出版总社. 1991. 第371-381页.

「抗联第一路军略史」. 『东北抗日联军史料』. 北京: 中共党史资料出版社. 1987. 第665-679页.

『苦难与斗争十四年』. 北京: 中国大百科全书出版社. 1995.

老熊. 「揭秘中国援建平壤地铁: 真的死了很多工人? 白送了很多列车吗?」. 2018年 5月 4日.

https://www.weibo.com/ttarticle/p/show?id=2309404236000246271546&infeed=1.

梁森培. 「历史回顾: 平壤中国人高中"停课解散"事件 (文, 图)」. ≪朝鲜华侨≫. http://cxhq.
　　club/read.php?tid=1468&ordertype=desc&displayMode=1.

尚钺. 『尚钺史学论文选集』. 北京: 人民出版社. 1984.

徐万民. 『中韩关系史』. 北京: 社会科学文献出版社. 1996.

沈志华. 『毛泽东, 斯大林与朝鲜战争』. 广州: 广东人民出版社. 2004.

沈志华. 『最后的"天朝": 毛泽东, 金日成与中朝关系』. 香港: 香港中文大学出版社, 增订版.
　　2017-18.

沈志华. "彭德怀质疑金日成: 朝鲜战争究竟是谁发动的?". ≪凤凰周刊≫. 2011年 12月 24日.
　　http://news.ifeng.com/history/zhuanjialunshi/shenzhihua/detail_2011_12/24/11543343_
　　0.shtml.

史义军. 「《东北抗日联军斗争史》 第一版出版内情」. ≪党史博览≫. 2012年 08期. 第26-27页.

「探访吉林省革命火种发源地毓文中学」. 『新华网吉林频道』. 2011年 5月 12日. https://web.arc
　　hive.org/web/20170114170655/http://www.jl.xinhua.org/newscenter/2011-05/12/content
　　_22750474.htm.

「汪清反日游击队」. ≪吉林省地方志编纂委员会≫. http://dfz.jl.gov.cn/jldywh/dbkl/201806/
　　t20180606_5217625.html.

王明贵. 『踏破兴安万重山』. 哈尔滨: 黑龙江人民出版社. 1988.

王永贵. 「朝鲜记忆」. ≪桥园≫. 第160期. 2013年 10月. 第68-69页.

萧雪, 刘建新. 『燃烧的黑土地: 东北抗战纪实』. 北京: 团结出版社. 1995.

杨昭全, 孙玉梅. 『朝鲜华侨史』. 北京: 中国华侨出版公司. 1981.

「中共东满特委书记冯康的报告(之一). 关于东满特委书党团干部和人民革命军干部简历(一九
　　叁五年 十二月二十日)」. 『东北地区革命历史文件汇集』 甲67册. 哈尔滨: 黑龙江省出版
　　总社. 1989. 第180页.

中共辽宁省委宣传部, 共青团辽宁省委员会, 东北新闻网. 『辽宁抗战往事』. 沈阳: 辽宁人民出
　　版社.

『中国-朝鲜·韩国关系史』 下册. 天津: 天津人民出版社. 2001.

「中国共产党党章」. ≪中共中央文件选集四≫. http://cpc.people.com.cn/GB/64184/64186/66631/4489536.html.

「中国共产党章程」. ≪人民网≫. http://cpc.people.com.cn/GB/64162/64168/64561/4429444.html.

"中国共产党中央委员会, 中华人民共和国全国人民代表大会常务委员会, 中华人民共和国国务院, 中国共产党中央军事委员会 告全党全军全国各族人民书". ≪人民日报≫. 1976年9月 10日. 第2页.

中国历史网.「彭施鲁——河南籍将领人物传记简介」. 2017年 10月 22日. http://lishi.zhuixue.net/2017/1022/72253.html.

中华人民共和国外交部.「驻朝鲜大使郝德青辞行拜会金日成首相谈话情况」. 解密档案 06-01480-07.

周保中.『东北抗日游击日记』. 北京: 人民出版社. 1991.

『周保中给季青, 柴世荣, 金日成, 安吉, 崔贤, 朴德山, 郭池山的信(1942年 3月 31日)』.

「周保中致王新林的信」.『东北地区革命历史文件汇集』甲61册. 哈尔滨: 黑龙江省出版总社. 1991. 第337-344页.

「周保中给金策, 张寿篯的信」.『东北地区革命历史文件汇集』甲61册. 哈尔滨: 黑龙江省出版总社. 1991. 第345-356页.

일본어 문헌

「外事警察報第百二十四号」. 1932. https://www.digital.archives.go.jp/das/image/F0000000000000093102.

「京城高等法院検事局思想部. 中共薫南満省委眞會睿記豪東北抗日聯車第一路軍副司令魏拯民ヨリ國除共産黨中國代表委員等ニ宛タル状 況告賚(一九四〇年四月)」. ≪思想彙報≫第25号. 1940年12月. 62-75頁.

"共産匪二百名越境し郵便所, 學校等を襲ふ 雑貨商を銃殺の上放火惠山鎮上流普天堡を全滅". ≪京城日報≫. 1937年6月6日. 2頁.

金森香.「祖父の持ち物とそれにまつわる話」. http://alpha.bccks.jp/viewer/21896/.

「金日成の活動狀況」.『特高月報』. 1944年 11月. 76-78頁.

在吉林總領事館. 「朝鮮共産靑年會組織ノ件」.『外務省警察史』 第13.3卷. 滿洲ノ部. 東京:
　　不二出版. 1997. 172-173頁. 9640-9643面.

小林和子. 「私は金日成首相の小間使いだった」.『在外邦人引揚の記録: この祖国への切なる
　　慕情』. 東京: 毎日新聞社. 1970. 119-122頁.

「昭和十一年中　間島(琿春縣ヲ含ム)及接壤地方治安情况報告ノ件」. http://search.i815.or.kr/
　　ImageViewer/ImageViewer.jsp?tid=mf&id=1-006466-001-0440.

森田芳夫.『朝鮮終戦の記録』. 東京: 巌南堂書店. 1964.

張鴻鵬. 「遠藤三郎と満洲国」. ≪Journal of Modern Chinese Studies≫ 第5券(2). 2013. http:
　　//iccs.aichi-u.ac.jp/archives/report/042/5155250cd4214.pdf, 35-55頁.

「朝鮮共産黨關係」.『日本共産黨關係雜件』第5巻. 1930. 分割5. https://www.jacar.archives.
　　go.jp/aj/meta/image_B04013181300.

朝鮮總督府 政務局. 「不逞團關係雜件 朝鮮人ノ部 在内地 二」. 1918. http://db.history.go.
　　kr/item/level.do?setId=3&itemId=haf&synonym=off&chinessChar=on&page=1&pre_pa
　　ge=1&brokerPagingInfo=&position=0&levelId=haf_108_0610.

朝鮮總督府. ≪官報≫. 1911年5月31日. http://dl.ndl.go.jp/info:ndljp/pid/2951737/6.

朝鮮總督府警務局.『國外に於ケル容疑朝鮮人名簿』. 京城: 行政學會. 1934.

朝鮮總督府咸鏡南道警察部. 『中國共産黨の朝鮮内抗日人民戰鬪結成および日支事變後方攬
　　亂事件』. 京城: 朝鮮總督府咸鏡南道警察部. 1940.

木村幹. 「総力戦体制期の朝鮮半島に関する一考察-人的動員を中心にして」.『日韓歴史共同
　　研究報告書』 第3分科篇 下巻. 2005. 321-344頁.

木村光彦, 安部桂司.『北朝鮮の軍事工業化: 帝国の戦争から金日成の戦争へ』. 東京: 知泉書
　　館. 2003.

「陸軍側調査ニ係ル鴨緑江沿岸地方支那地ニ於ケル在住朝鮮人ノ戶口其他ニ關スル件」. http://
　　db.history.go.kr/id/haf_095_0230.

林隠.『北朝鮮王朝成立秘史: 金日成正伝』. 東京: 自由社. 1982.

咸興地方法院.『惠山事件 判決書寫』. 1941.

「咸鏡南道國境地帶思想淨化工作槪況」. ≪思想彙報≫ 第20号. 1939年8月31日. 7-41頁. http://e-gonghun.mpva.go.kr/portal/url.jsp?ID=PV_SS_0020_00000005.

영어 문헌

Arms Control Association. "Chronology of U.S.-North Korean Nuclear and Missile Diplomacy." https://www.armscontrol.org/factsheets/dprkchron?c=1526528518057.

Alao, Abiodun. *Mugabe and the Politics of Security in Zimbabwe*. Montreal: McGill-Queen's Press. 2012.

Ali Lameda. "A Personal Account of the Experience of a Prisoner of Conscience in the Democratic People's Republic of Korea." *Amnesty International*. 1 January 1979. https://www.amnesty.org/en/documents/ASA24/002/1979/en/.

Allen, Robert C. et al. "Wages, Prices, and Living Standards in China, 1738-1925: in Comparison with Europe, Japan and India." *London School of Economics*. July 2009, http://eprints.lse.ac.uk/27871/1/WP123.pdf.

Barry, Mark. "The U.S. and the 1945 Division of Korea." *NK News*. 12 February 2012. https://www.nknews.org/2012/02/the-u-s-and-the-1945-division-of-korea/.

BBC On This Day. "1955: US evacuates Pacific islands." http://news.bbc.co.uk/onthisday/hi/dates/stories/february/10/newsid_2538000/2538891.stm.

Chang, Jung and Halliday, Jon. *Mao: The Unknown Story*. New York: Random House. 2005.

Conroy, Hilary. *The Japanese seizure of Korea, 1868-1910: a study of realism and idealism in international relations*. Pennsylvania: University of Pennsylvania Press. 1960.

Cumings, Bruce. "Corporatism in North Korea." *The Journal of Korean Studies* 4. 1982-1983. pp. 269-294.

Cumings, Bruce. "The corporate State in North Korea." in *State and Society in Contemporary Korea*. Ithaca: Cornell University Press. 1993. pp. 197-230.

Cumings, Bruce. *Korea's place in the Sun*. New York: W.W. Norton & Company, Inc.

2005.

Cumings, Bruce. *North Korea: another country*. New York: The New Press. 2003.

Cumings, Bruce. *Origins of the Korean War* vol. 2. Princeton: Princeton University Press. 1990.

Demick, Barbara. *Nothing to envy: Ordinary lives in North Korea*. New York: Spiegel& Grau. 2009.

"Exchange Rates Between the United States Dollar and Forty-one Currencies." *Measuring Worth*. https://www.measuringworth.com/datasets/exchangeglobal/.

Fifield, Anna. *The Great Successor: The Divinely Perfect Destiny of Brilliant Comrade Kim Jong Un*. London: Hachette UK. 2019.

Fukuyama, Francis. *The End of History and the Last Man*. New York: Free Press. 1992.

Goodkind, Daniel M., West, Loraine A. and Johnson, Peter. "A Reassessment of Mortality in North Korea, 1993-2008." Paper presented at the Annual Meeting of the Population Association of America, 31 March – 2 April 2011, Washington, D.C.

Hawk, David. *The parallel GULAG*. Washington, DC: Committee for Human Rights in North Korea. 2017. https://www.hrnk.org/uploads/pdfs/Hawk_The_Parallel_Gulag_Web.pdf.

Hawksley, Humphrey. "Lessons from the death of North Korea's first leader." 19 December 2011. http://www.bbc.com/news/world-asia-16252540.

Hess, Jerry N. and McKinzie, Richard D. "Oral History Interviews with John J. Muccio." Harry S. Truman Library Museum. 1971, 1973. https://www.trumanlibrary.gov/library/oral-histories/muccio.

Hungarian Embassy in the DPRK. "Celebration of Kim Jong Il's Birthday." 24 February 1978. http://digitalarchive.wilsoncenter.org/document/116008.

Incoming telegram from Seoul to the Secretary of State, 26 May 1955. National Archives and Records Administration, Record Group 59, Central File 795.00/5-2655.

Jager, Sheila Miyoshi. *Brothers at War: The Unending Conflict in Korea*. London: Profile

Books. 2013.

Joint Strategic Plans Committee. Directive. "A Preliminary Study on the Evacuation of ROK Personnel from Korea." 16 June 1951. 이 자료의 복사본은 한국전쟁기념관에 보관되어 있다.

Kang, Chol-hwan and Rigoulot, Pierre. *The Aquariums of Pyongyang.* New York: The Perseus Press, 2001.

Kim Il Sung and his Personality Cult. May 1956, National Archives of the United Kingdom, FO 1100/2287/2 (B342), pp. 1-2.

Kim, Nam G. *From Enemies to Allies: The Impact of the Korean War on U.S.-Japan Relations.* New York: International Scholars Publications, 1997.

Kim, Seok-hyang and Lankov, Andrei. "Unexpected Results of a Political Pilgrimage: Yim Su-gyong's 1989 Trip to North Korea and Changes in North Koreans' Worldview." *Asian Perspective* 40. 2016. pp. 245-270.

Kim, Taewoo. "Limited War, Unlimited Targets: U.S. Air Force Bombing of North Korea during the Korean War, 1950–1953." *Critical Asian Studies* 44(3). 2012. pp. 467-492.

Kwong, Chi Man. *War and Geopolitics in Interwar Manchuria: Zhang Zuolin and the Fengtian Clique during the Northern Expedition.* Leiden: Brill. 2017.

Lankov, Andrei. "Take to the skies: North Korea's role in the mysterious hijacking of KAL YS-11." *NK News.* 29 March 2019. https://www.nknews.org/2019/03/take-to-the-skies-north-koreas-role-in-the-mysterious-hijacking-of-kal-ys-11/.

Lee Chong-Sik. "Witch Hunt among the Guerrillas: The Min-Sheng-T'uan Incident." *The China Quarterly* no. 26. April-June 1966. pp. 107-117.

Lerner, Mitchell B. *The Pueblo incident: a spy ship and the failure of American foreign policy.* Lawrence: University Press of Kansas. 2002.

Mansourov, Alexandre Y. "Inside North Korea's Black Box: Reversing the Optics" in *North Korean Policy Elites.* Institute for Defense Analyses, June 2004, pp. IV-8 - IV-9.

Matveeva, Natalia. "Building a New World: The economic development strategies of the two Koreas in the Cold War, 1957-1966." PhD Thesis. University of London, School of Oriental and African Studies.

Matveeva, Natalia. "Dizzy with success: North Korea's ambitious, and troubled, first five -year plan." *NK News*. 27 May 2019. https://www.nknews.org/2019/05/dizzy-with-succ ess-north-koreas-ambitious-and-troubled-first-five-year-plan/.

Matveeva, Natalia. "The historical roots of North Korea's notoriously-unreliable statistics." *NK News*. 28 June 2019. https://www.nknews.org/2019/06/the-historical-roots-of-north-koreas-notoriously-unreliable-statistics/.

Matveeva, Natalia. "Why the USSR tried — and failed — to slow North Korean collec tivization." *NK News*. 22 April 2019. https://www.nknews.org/2019/04/why-the-ussr-tried-and-failed-to-slow-north-korean-collectivization/.

Mobley, Richard A. *Flash Point North Korea: the Pueblo and EC-121 crises*. Annapolis: Naval Institute Press. 2003.

Moltz, James Clay and Mansourov, Alexandre Y. *The North Korean Nuclear Program: Security, Strategy, and New Perspectives from Russia*. Brighton: Psychology Press. 2000.

Myers, Brian. *North Korea's Juche myth*. Pusan: Shtele Press. 2015.

Oh, Kongdan and Hassig, Ralph C. *North Korea Through the Looking Glass*. Washington, D.C.: Brookings Institution Press. 2000.

"Report of the Meeting of the Ministers of Foreign Affairs of the Union of Soviet Socialist Republics, the United States of America, the United Kingdom." Lillian Goldman Law Library. http://avalon.law.yale.edu/20th_century/decade19.asp.

Soh, C. Sarah. *The Comfort Women: Sexual Violence and Postcolonial Memory in Korea and Japan*. Chicago: University of Chicago Press. 2008.

"Stories of Cruelty (March 20)" in *The Korean "Independence" Agitation*. Articles reprinted from Seoul Press. Keijo: Seoul Press. 1919, p. 4.

Suh, Dae-Sook. *Kim Il Sung: The North Korean Leader*. New York: Columbia University Press. 1988.

Szalontai, Balázs. *Kim Il Sung in the Khrushchev era*. Palo Alto: Stanford University Press. 2005.

Tertitskiy, Fyodor. "When Kim Il Sung died in 1986." *NK News*. 29 August 2017. https://www.nknews.org/2017/08/when-kim-il-sung-died-in-1986/.

Truce Is Signed, Ending The Fighting In Korea; P.O.W. Exchange Near; Rhee Gets U.S. Pledge; Eisenhower Bids Free World Stay Vigilant. *The New York Times*. 27 July 1953. p. 1.

Vogel, Ezra F. *Deng Xiaoping and the Transformation of China*. Cambridge, Massachusetts: Harvard University Press, 2011.

Ward, Peter. "Purging 'Factionalist' Opposition to Kim Il Sung – The First Party Conference of the Korean Worker's Party in 1958." *European Journal of Korean Studies* vol. 18, no. 2, 2019. pp. 105-125. https://www.ejks.org.uk/download/peter-ward-purging-factionalist-opposition-to-kim-il-sung-the-first-party-conference-of-the-korean-workers-party-in-1958-pages-105-125/.

Ward, Peter. "The biggest tax cuts in North Korean history." *NK News*. 7 May 2018. https://www.nknews.org/2018/05/the-biggest-tax-cuts-in-north-korean-history/.

Ward, Peter. "When North Korea almost backed China-style economic reforms." *NK News*. 8 January 2018. https://www.nknews.org/2018/01/when-north-korea-almost-backed-china-style-economic-reforms/.

기타 언어 문헌

Kang Chol-hwan, Pierre Rigoulot. *Les aquariums de Pyongyang*. Paris: Robert Laffont. 2000.

Stelzl-Marx, Barbara. *Stalins Soldaten in Österreich*. Wien: Böhlau Verlag. 2012.

Alí Lameda, tortura terrible. http://elestimulo.com/climax/ali-lameda-tortura-terrible/.

Praha uvítala korejskou vládní delegaci. Rudé právo, 22. června 1956. S. 1.

Veber, Václav. *Osudové únorové dny*. Praha: NLN. 2008.

Magyar Nemzeti Levéltár. XIX-J-1-j Korea, 1969, 59. doboz, 1, 002218/1/1969.

Popin, Vladimir. *1956.* http://mek.oszk.hu/05500/05525/05525.pdf.

Димитров, Георги. *Дневник. 9 март 1933 – 6 февруари 1949.* София: Университетско издателство “Св. Климент Охридски”. 1997.

За смяната на караула в държавата, за приликите и различите…. 2 април 2016 г., RNews.bg. https://rnews.bg/априлски-пленум-червенков-живков/.

Яхиел, Нико. *Предупреждение на седмината и заговор на Иван Тодоров - Горуня // Тодор Живков и личната власт.* София: М-8-М. 1997. Стр. 344-354. http://prehod. omda.bg/public/knigi/t_zhivkov_lichnata_vlast_n_yahiel.pdf.

인터뷰(괄호 안은 인터뷰 날짜)

필자의 인터뷰

김영환: 1991년 김일성과 만났던 전 주사파 활동가. 현재 유명한 인권운동가. (2019년 6월 4일)

드미트리 카푸스틴: 1967년부터 1970년까지 주북한 소련대사관에 근무했던 외교관. (2019년 9월, 2020년 2월)

북한 이탈주민 여러 명과의 인터뷰: 인터뷰 대상자와 그의 가족 보호를 위하여 이들의 이름은 공개하지 않는다.

안찬일: 1979년 7월에 귀순한 전 조선인민군 상사. (2018년 7월)

안톤 베블러: 1975년 김일성의 유고슬라비아 국빈 방문 준비에 참가한 슬로베니아 학자. (2021년 8월)

에드리안 부조: 1970년대에 주북한 호주대사관에 근무했던 외교관. (2018년 4월)

유리 강: 전 북한 내무성 부상 강상호의 아들. (2021년 4월)

안드레이 란코프의 인터뷰

강상호: 전 북한 내무성 부상. (1989년 10월 31일, 1990년 1월 13일, 1990년 3월 7일)

게오르기 플로트니코프: 북한에서 복무했던 소련군 대령. (1990년 2월 1일)

김찬: 조선중앙은행 초대 총재. (1991년 1월 15일)

니콜라이 레베데프: 붉은 군대 소장, 소련령 북조선을 통치했던 제25군 군사위원회 위원. (1989년 11월 13일 및 1990년 1월 19일)

바딤 트카첸코: 소련공산당 중앙위원회 간부. (1990년 1월 23일)

박병율: 대남 정찰사업, 나중에 북한 군사공업을 관리했던 전 북한 고위 간부. (1990년 1월 25일)

박일산: 8월 종파사건의 핵심 인물 중의 하나인 박창옥의 아들. (2001년 2월 4일)

비비아나 박: 박헌영의 딸. (1990년 1월 28일)

비탈리 강: 마하일 강의 아들. (2001년 2월)

유성걸(니콜라이 유가이): 전 조선인민군 소장. (1991년 1월 22일)

유성철: 전 조선인민군 중장. (1991년 1월 18, 29일)

이반 로보다: 소련의 정찰기관과 밀접한 관계가 있었던 기자. (1990년 11월)

인노켄티 김: 1940년대 북한에서 근무한 소련 비밀경찰 간부. (2001년 9월 14일)

파냐 샵시나: 1945년에 주서울 소련영사관에 부영사로 근무했던 아나톨리 쿨리코프의 부인. (1992년 1월 23일)

소련 제1극동전선에서 복무했던 그리고리 메클레를 중령과의 인터뷰 동영상: 동영상 파일은 닉 홀트 감독이 필자에게 준 것이다.

미발간 원고

Ланьков, Андрей. *Заметки*. Пхеньян, 1984.

Лебедев, Николай. *Дневник*. Пхеньян-Сеул, 1947-1948.

영화 및 방송

<가봉의 봉고 대통령, 그는 왜 한국 최고의 국빈이 되었나>. KBS. 2003년 6월 7일.

<위대한 전환의 1970년대>. 조선중앙텔레비죤. 2004.

<조선의 나폴레옹 김경천 장군>. YTN. 2019년 1월 27일. https://www.youtube.com/wat

ch?v=Q0HBuRVjCVA.

사진

함흥시 해방문 사진. 주북한 러시아대사관. 2006년 10월 20일 제작. http://www.rusembdprk.
ru/images/hamhyn-graves/02.jpg.

지은이

표도르 쩨르치즈스키(이휘성)

    페레스트로이카 시대의 모스크바에서 1988년에 출생했다. 중국 역사학자인 아버지의 영향을 받아 어렸을 때부터 역사, 특히 현대사에 대한 관심이 많았다. 중학생 시절 북한에 관한 책을 읽고, 한 민족이지만 너무나 다른 길로 간 남북한, 특히 김일성이라는 인물에 큰 관심을 갖게 되었다. 결국 고등학생 때 앞으로 북한 연구자가 되겠다고 결심했다. 대학교에서는 한국학을 전공했고, 2011년에 서울시로 이주했다.

    석사과정은 서울 삼청동에 있는 북한대학원대학교에서, 박사과정은 서울대학교에서 마쳤다. 석사논문으로는 북한 화교에 대해, 박사논문으로는 북한 군대의 사회사에 대해 썼다. 2017년에 박사학위를 받았고 2018년에 첫 번째 단행본인『김일성 이전의 북한』(한울아카데미)을 출판했다. 현재는 국민대학교 한국학연구소 책임연구원 겸 고려대학교 사학과 강사로 근무하고 있다.

    앞으로도 한국과 북한 주민의 더 좋은 미래를 위해 노력하고자 한다.

한울아카데미 2379

김일성 전기

ⓒ 표도르 째르치즈스키(이휘성), 2022

지은이 ǀ 표도르 째르치즈스키(이휘성)
펴낸이 ǀ 김종수
펴낸곳 ǀ 한울엠플러스(주)
편집 ǀ 배소영

초판 1쇄 인쇄 ǀ 2022년 6월 16일
초판 1쇄 발행 ǀ 2022년 6월 23일

주소 ǀ 10881 경기도 파주시 광인사길 153 한울시소빌딩 3층
전화 ǀ 031-955-0655
팩스 ǀ 031-955-0656
홈페이지 ǀ www.hanulmplus.kr
등록 ǀ 제406-2015-000143호

Printed in Korea.
ISBN 978-89-460-7379-1 93990 (양장)
       978-89-460-8187-1 93990 (무선)

* 책값은 겉표지에 표시되어 있습니다.
* 무선제본 책을 교재로 사용하시려면 본사로 연락해 주시기 바랍니다.